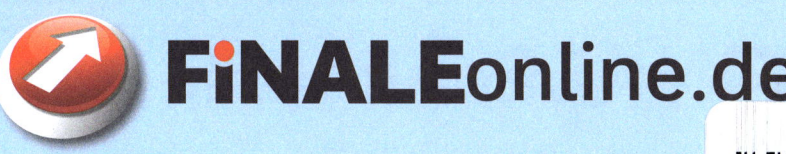

FiNALEonline ist die digitale Ergänzung zu deinem Abiturband. Hier findest du eine Vielzahl an Angeboten, die dich bei deiner Prüfungsvorbereitung zusätzlich unterstützen.

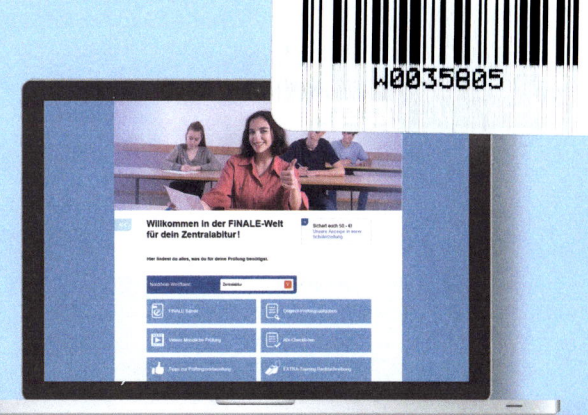

Das Plus für deine Vorbereitung:

→ Original-Prüfungsaufgaben mit Lösungen (bitte Code von Seite 4 eingeben!)

→ EXTRA-Training Rechtschreibung
So kannst du einem möglichen Punktabzug bei deinen Abi-Klausuren vorbeugen.

→ Videos zur mündlichen Prüfung

→ Tipps zur stressfreien Prüfungsvorbereitung

→ Abi-Checklisten mit allen prüfungsrelevanten Themen

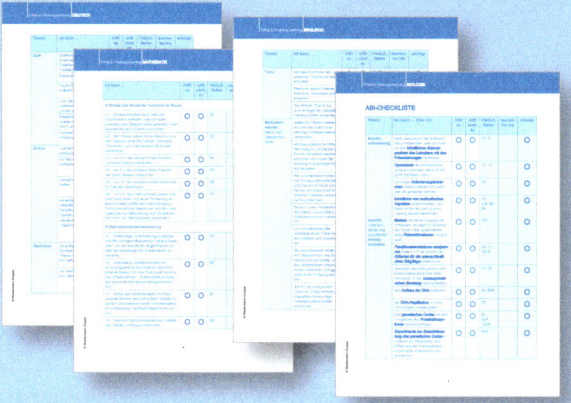

Abi-Checklisten
Sie helfen dir, den Überblick über den Prüfungsstoff zu behalten.

Foto: © Peter Wirtz, Dormagen

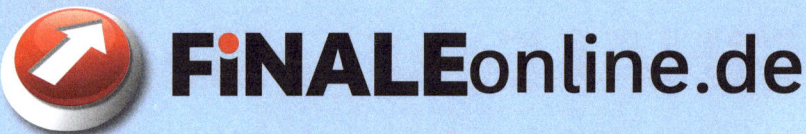

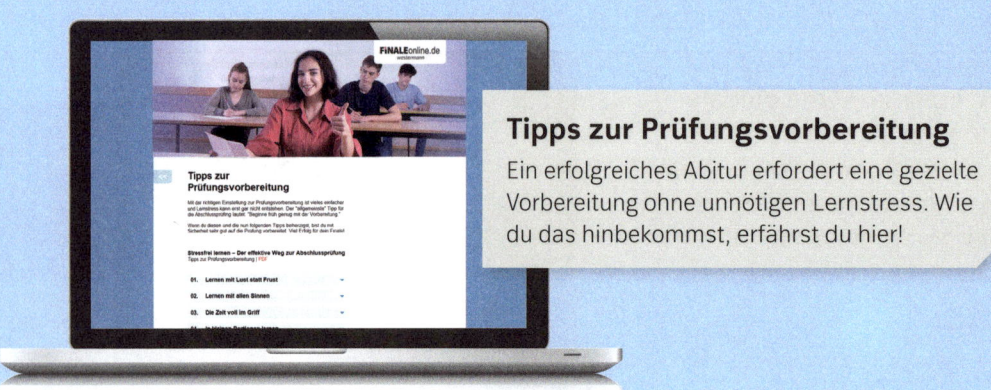

Tipps zur Prüfungsvorbereitung

Ein erfolgreiches Abitur erfordert eine gezielte Vorbereitung ohne unnötigen Lernstress. Wie du das hinbekommst, erfährst du hier!

Videos zur mündlichen Prüfung

Nur wenige Abiturienten wissen genau, wie sie abläuft, die „Mündliche". Die Videos geben dir Einblick in den Ablauf der Prüfung und Tipps für die richtige Vorbereitung.

Die Kombination aus FiNALE-Buch und FiNALEonline bietet dir die optimale Vorbereitung für deine Prüfung und begleitet dich sicher zu einem erfolgreichen Abitur 2024!

www.finaleonline.de

westermann

FiNALE Prüfungstraining

Baden-Württemberg

Abitur 2024

Mathematik

Heinz Klaus Strick
Hanns Jürgen Morath
Martin Brüning
Benno Burbat
Alexander Konrad
Tom Laudes
Dr. Holger Reeker

FiNALEonline.de

Liebe Schülerin, lieber Schüler,

sobald die Original-Prüfungsaufgaben zur Veröffentlichung freigegeben sind, können sie unter **www.finaleonline.de** zusammen mit ausführlichen Lösungen kostenlos heruntergeladen werden. Gib dazu einfach diesen Code ein:

MA7V6E5

Einfach mal reinschauen: www.finaleonline.de

© 2023 Westermann Lernwelten GmbH, Georg-Westermann-Allee 66, 38104 Braunschweig
www.westermann.de

Druck A[1]/Jahr 2023
Alle Drucke der Serie A sind im Unterricht parallel verwendbar.

Redaktion: Ulrich Kilian
Kontakt: finale@westermanngruppe.de
Layout: LIO Design GmbH, Braunschweig
Umschlaggestaltung: Gingco.Net, Braunschweig
Umschlagfoto: Peter Wirtz, Dormagen

Druck und Bindung: Westermann Druck GmbH, Georg-Westermann-Allee 66, 38104 Braunschweig

ISBN 978-3-07-**172475**-4

Komplexere Trainingsaufgaben – Analytische Geometrie

Komplexere Trainingsaufgaben – Stochastik

4 Original-Prüfungsaufgaben

Pflichtteil

Wahlteil

1 Arbeiten mit FiNALE

Liebe Abiturientin, lieber Abiturient,

dieses Buch dient der Vorbereitung sowohl der schriftlichen Abiturprüfungen 2023 im Leistungsfach Mathematik als auch der mündlichen Abiturprüfungen im Basisfach.

Zur gezielten Vorbereitung auf die Abiturprüfungen 2024 bietet FiNALE:
- ein Paket mit 5 Trainingsaufgaben, die speziell auf die möglichen Anforderungen im mündlichen Prüfungsfach abgestimmt sind;
- vielfältige Aufgabenbeispiele mit ausformulierten Beispiellösungen, ggf. auch mit Lösungsalternativen, für den Pflicht- und den Wahlteil der schriftlichen Prüfung im Leistungsfach;
- Original-Prüfungsaufgaben von 2022 mit ausformulierten Lösungen. Sobald die Original-Prüfungsaufgaben 2023 zur Veröffentlichung freigegeben sind, können sie zusammen mit den ausführlichen Lösungen kostenlos im Internet unter **www.finaleonline.de** heruntergeladen werden.

Alle diese Aufgaben dienen also sowohl dem Training für die schriftlichen Prüfungen im Leistungsfach wie auch der Vorbereitung der mündlichen Prüfungen im Basisfach (Letzteres gilt natürlich nur für die Kenntnisse und Fertigkeiten, die den im Bildungsplan angegebenen Anforderungen des Basisfachs entsprechen).

Damit auf den ersten Blick erkennbar ist, welche Inhalte und Aufgaben über die Anforderungen des Basisfachs hinausgehen, sind diese durch ein LF gekennzeichnet.

Dies gilt insbesondere
- für die umfangreichen und gut strukturierten Angebote zur systematischen Wiederholung und zeitökonomischen Vertiefung des erforderlichen Basiswissens.

FiNALE ist so konzipiert, dass bei der Arbeit mit dem Buch eine *individuelle* Vorbereitung möglich ist. Sie können sich schnell einen Überblick über Ihre persönlichen Stärken und Schwächen in den Themenbereichen Analysis, Analytische Geometrie und Stochastik verschaffen und damit die Intensität der Arbeit nach eigenen Bedürfnissen genau dosieren.

Das detaillierte *Inhaltsverzeichnis*, das übersichtlich zusammengestellte Verzeichnis der für die Abiturprüfung notwendigen Kompetenzen (*Abi-Checkliste*), die alle Kompetenzen abdeckenden *Trainingsaufgaben* mit den entsprechenden Querverweisen zur Kompetenzübersicht sowie ein *Stichwortverzeichnis* erleichtern dabei die Orientierung in FiNALE.

Beachten Sie: Die in diesem Buch abgedruckten Trainingsaufgaben für den Wahlteil umfassen stets mehrere Teilaufgaben, durch die unterschiedliche Aspekte eines Sachverhalts angesprochen werden. Der Umfang dieser Aufgaben *geht deutlich über den Umfang der Wahlaufgaben in der schriftlichen Abiturprüfung hinaus*, wo – aus Zeitgründen – nur jeweils einzelne der möglichen Fragestellungen berücksichtigt werden können.

Der systematische Aufbau und die komprimierte Form fördern eine zeitökonomische und effektive Abiturvorbereitung. FiNALE empfiehlt sich von daher als sinnvolle Begleitung und Ergänzung des Fachunterrichts.

Wir wünschen Ihnen viel Erfolg!

Tipps zum Umgang mit FiNALE

Für die Vorbereitung auf die zentrale Abiturprüfung im Fach Mathematik schlagen wir folgende Arbeitsweisen vor:

Möglichkeit 1:

Um einen Überblick über die verschiedenen Themenbereiche zu erhalten, sollten Sie zunächst die Kompetenzübersicht (Abi-Checkliste) sowie die Ausführungen in Form des Basiswissens lesen und sich anhand der Beispiele verdeutlichen, welche Anforderungen mit den Kompetenzen zu erfüllen sind. Dabei können Sie gleichermaßen feststellen, welche Prüfungsinhalte Sie bereits gut beherrschen und was Ihnen noch Schwierigkeiten bereitet. Wir empfehlen Ihnen hier, sich zu notieren, welche Themen Sie noch intensiver wiederholen sollten, um damit die Vorbereitung auf die Abiturprüfung zu strukturieren. Wenn Sie hier systematisch vorgehen und sich über Ihre Stärken und Schwächen im Klaren sind, wird die Vorbereitung effizient und zielorientiert sein.

Nach der Entscheidung, in welchem Themenbereich für Sie in der persönlichen Vorbereitung auf das Abitur der größte Handlungsbedarf besteht, können Sie die entsprechenden Kapitel im Basiswissen nochmals intensiv durcharbeiten. Hier werden auch die im Basiswissen von FiNALE enthaltenen einfachen Aufgabenbeispiele als Muster hilfreich sein.

Nachdem Sie die Grundlagen wiederholt haben, bieten Ihnen die zugehörigen Trainingsaufgaben mit ihren ausführlichen Lösungen (auch mit Lösungsalternativen) ein umfangreiches Übungsfeld. Sie können für Ihre Vorbereitung besonders geeignete Aufgaben anhand der bei den Aufgabenstellungen notierten Kompetenzen schnell erkennen.

Versuchen Sie zunächst, die Aufgaben selbstständig zu bearbeiten, d.h., erst dann die angebotenen Lösungen einzusehen, wenn es nicht mehr anders geht. Wenn Ihnen die Bearbeitung ohne Blick in den Lösungsteil gelungen ist, sollten Sie dennoch Ihre eigenen Lösungen kontrollieren und mit den abgedruckten Lösungen und weiteren Lösungsvarianten vergleichen.

Treten auch nach der Durchsicht der angebotenen Lösungen Verständnisprobleme auf, dann hilft Ihnen das intensive Durcharbeiten der zugehörigen Stichwörter des Basiswissens sicherlich weiter. – Überhaupt lässt sich das Basiswissen wie ein Nachschlagewerk benutzen.

An den Original-Prüfungsaufgaben können Sie dann erproben, wie weit Sie mit Ihrer Vorbereitung bereits gekommen sind.

Möglichkeit 2:

Selbstverständlich können Sie FiNALE auch in anderer Reihenfolge nutzen: Wenn Sie unmittelbar mit den Trainingsaufgaben beginnen, werden Sie automatisch durch die Querverweise zu den zugehörigen Kompetenzen und dem entsprechenden Basiswissen hingeführt. Treten Schwierigkeiten bei der Lösung der Aufgaben auf, so können Sie Ihre Lücken genau erkennen und die entsprechenden Inhalte wiederholen. Allerdings erhalten Sie bei der oben beschriebenen Vorgehensweise schneller einen Überblick über Ihre Stärken und Schwächen.

Bei diesen Vorschlägen zur Arbeitsweise mit FiNALE handelt es sich natürlich nur um Anregungen, die Sie nach eigenen Vorstellungen variieren können.

Abi-Checkliste

Analysis

Ich kann ...		Seite
A Differenzialrechnung		
A1 ... Potenzfunktionen ableiten (ganzzahlige, rationale, reelle Exponenten).	◯	14
A2 ... Exponentialfunktionen, Logarithmusfunktionen, Sinus- und Kosinusfunktion ableiten.	◯	15
A3 ... einfache Funktionen mit der Summen- und Faktorregel ableiten, zusammengesetzte Funktionen mit der Produkt- und Kettenregel ableiten.	◯	15
A4 ... die Gleichung einer Tangente und einer Normalen an einen Funktionsgraphen bestimmen.	◯	16
A5 ... mittlere und lokale Änderungsraten angeben und berechnen sowie im Sachzusammenhang interpretieren.	◯	18
A6 ... Schnittwinkel eines Graphen mit der x-Achse bestimmen.	◯	19
B Untersuchung von Funktionsgraphen		
B1 ... Graphen auf Symmetrie untersuchen.	◯	20
B2 ... den Graphen einer Funktion verschieben.	◯	21
B3 ... den Graphen einer Funktion strecken.	◯	23
B4 ... Nullstellen einer Funktion bestimmen.	◯	24
B5 ... Schnittpunkte zweier Funktionsgraphen interpretieren.	◯	25
B6 ... Graphen auf Monotonie und auf lokale und absolute Extrempunkte untersuchen.	◯	26
B7 ... Graphen auf ihr Krümmungsverhalten und auf Wende- und Sattelpunkte untersuchen.	◯	28
B8 ... den Globalverlauf ganzrationaler Funktionen und das asymptotische Verhalten bei Exponentialfunktionen untersuchen.	◯	30
B9 ... nur LF: Funktionenscharen auf besondere Punkte untersuchen sowie gemeinsame Punkte der Kurvenschar ermitteln.	◯	31
B10 ... Eigenschaften der Sinus- und Kosinusfunktion angeben und die Funktionsgleichung einer allgemeinen Sinusfunktion bestimmen.	◯	33
B11 ... nur LF: Eigenschaften von gebrochenrationalen Funktionen untersuchen.	◯	35
B12 ... nur LF: Eigenschaften von Wurzelfunktionen bestimmen.	◯	38
B13 ... nur LF: überprüfen, ob eine Funktion umkehrbar ist, und den Funktionsterm der Umkehrfunktion herleiten.	◯	39
C Mathematische Modellierungen mithilfe der Differenzialrechnung		
C1 ... ganzrationale Funktionen mit vorgegebenen Eigenschaften bestimmen (auch in Sachzusammenhängen, z. B. Trassierungen).	◯	40
C2 ... Exponentialfunktionen aus gegebenen Bedingungen bestimmen.	◯	42

Ich kann ...		Seite
C3 ... in Anwendungen ein passendes Modell für das exponentielle oder das beschränkte Wachstum aufstellen, seine Tragfähigkeit untersuchen und Schlussfolgerungen im Sachzusammenhang interpretieren sowie Verdopplungs- und Halbwertszeiten berechnen.	○	43
C4 ... Extremwertaufgaben mit Nebenbedingungen innermathematisch und in Sachzusammenhängen lösen.	○	45
D Integralrechnung		
D1 ... Stammfunktionen zu Grundtypen von Funktionen bestimmen und den Hauptsatz der Differenzial- und Integralrechnung zur Berechnung bestimmter Integrale anwenden.	○	47
D2 ... Flächeninhalte von Flächenstücken zwischen einem Funktionsgraphen und der x-Achse und Flächeninhalte von Flächenstücken zwischen Funktionsgraphen berechnen.	○	49
D3 ... Gesamtänderungen aus gegebenen Änderungsraten mithilfe von bestimmten Integralen berechnen.	○	51
D4 ... nur LF: das Volumen von Rotationskörpern berechnen und die erforderlichen Berandungsfunktionen für reale rotationssymmetrische Körper modellieren.	○	52

Analytische Geometrie

Ich kann ...		Seite
E Punkte und Vektoren im Raum		
E1 ... Punkte im Raum durch Ortsvektoren sowie Verschiebungen im Raum durch Vektoren beschreiben.	○	54
E2 ... Untersuchen, ob ein Vektor eine Linearkombination von zwei Vektoren ist.	○	54
E3 ... Vektoren addieren und subtrahieren sowie den Mittelpunkt einer Strecke berechnen.	○	55
E4 ... das Skalarprodukt zweier Vektoren berechnen und damit entscheiden, ob die Vektoren zueinander orthogonal sind.	○	57
E5 ... Längen von Strecken im Raum und den Betrag von Vektoren berechnen.	○	58
F Geraden und Ebenen im Raum		
F1 ... Parameterdarstellungen für Geraden ermitteln sowie überprüfen, ob und ggf. wo ein Punkt auf einer gegebenen Gerade liegt (Punktprobe).	○	59
F2 ... nur LF: Geraden auf ihre gegenseitige Lage untersuchen.	○	60
F3 ... Parameterdarstellungen für Ebenen ermitteln sowie überprüfen, ob ein Punkt auf einer gegebenen Ebene liegt (Punktprobe).	○	62
F4 ... Spurpunkte von Geraden sowie Spurpunkte und Spurgeraden von Ebenen bestimmen.	○	64
F5 ... einen Normalenvektor und den Einheitsnormalenvektor einer Ebene bestimmen.	○	65
F6 ... Ebenen mithilfe von Koordinatengleichungen beschreiben – auch in Normalenform oder (nur LF) Hesse'scher Normalenform angeben.	○	67
F7 ... Darstellungsformen von Ebenen ineinander überführen.	○	69
F8 ... Schnittprobleme zwischen Geraden und Ebenen in Sachzusammenhängen untersuchen.	○	70

Ich kann ...		Seite
F9 ... Ebenen auf ihre gegenseitige Lage untersuchen; nur LF: möglicherweise vorhandene Schnittgeraden bestimmen.	○	73
F10 ... nur LF: Geraden- und Ebenenscharen innermathematisch und in Sachzusammenhängen untersuchen.	○	75
F11 ... lineare Gleichungssysteme systematisch lösen.	○	76
G Winkel und Abstände, Volumina im Raum		
G1 ... Winkel zwischen zwei Vektoren und Schnittwinkel zwischen zwei Geraden berechnen.	○	80
G2 ... Schnittwinkel zwischen zwei Ebenen berechnen.	○	81
G3 ... Schnittwinkel zwischen einer Gerade und einer Ebene berechnen.	○	82
G4 ... den Flächeninhalt eines Dreiecks und das Volumen einer dreiseitigen Pyramide (Tetraeder) mit elementaren Methoden bestimmen.	○	83
G5 ... den Abstand eines Punktes von einer Ebene berechnen.	○	84
G6 ... nur LF: den Abstand eines Punktes von einer Geraden berechnen.	○	86
G7 ... nur LF: den Abstand zweier windschiefer Geraden berechnen.	○	87
G8 ... nur LF: Das Vektorprodukt zur Berechnung von Dreiecksflächen und von Spatvolumina verwenden.	○	88

Stochastik

Ich kann ...		Seite
H Beschreibende Statistik		
H1 ... Mittelwert und Stichprobenstreuung einer Häufigkeitsverteilung bestimmen.	○	89
I Wahrscheinlichkeitsrechnung		
I1 ... mehrstufige Zufallsversuche mithilfe von Baumdiagrammen beschreiben.	○	91
I2 ... die Anzahl der Möglichkeiten mithilfe der Grundregel der Kombinatorik bestimmen.	○	91
I3 ... Wahrscheinlichkeiten mithilfe der Pfadregeln berechnen.	○	93
I4 ... bedingte Wahrscheinlichkeiten mithilfe von Vierfeldertafeln oder umgekehrten Baumdiagrammen bestimmen.	○	93
I5 ... bedingte Wahrscheinlichkeiten mithilfe des Satzes von Bayes bestimmen.	○	95
I6 ... überprüfen, ob zwei Ereignisse stochastisch voneinander abhängig oder unabhängig sind.	○	95

Ich kann ...		Seite
J Wahrscheinlichkeitsverteilungen		
J1 ... Wahrscheinlichkeitsverteilungen einer (diskreten) Zufallsgröße bestimmen.	○	96
J2 ... Kenngrößen (Erwartungswert, Varianz und Standardabweichung) einer (diskreten) Zufallsgröße berechnen.	○	97
J3 ... wesentliche Eigenschaften von Bernoulli-Versuchen erläutern und Wahrscheinlichkeiten von Ereignissen mithilfe der Bernoulli-Formel oder der Optionen eines TR bestimmen.	○	98
J4 ... Mindestwerte von n bzw. von p zu einer vorgegebenen Mindestwahrscheinlichkeit ermitteln.	○	100
J5 ... die Kenngrößen Erwartungswert, Varianz und Standardabweichung einer binomialverteilten Zufallsgröße berechnen.	○	102
J6 ... Wahrscheinlichkeiten normalverteilter Zufallsgrößen bestimmen.	○	102
K Beurteilende Statistik		
K1 ... nur LF: Prognosen im Hinblick auf zu erwartende absolute Häufigkeiten treffen und damit die Signifikanz von Abweichungen bewerten.	○	105
K2 ... nur LF: mithilfe einer Entscheidungsregel von der Stichprobe auf die Gesamtheit schließen.	○	106
K3 ... mögliche Fehler bei der Anwendung einer Entscheidungsregel beschreiben und zugehörige Wahrscheinlichkeiten bestimmen können (teilweise nur LF).	○	107
K4 ... nur LF: die prinzipielle Vorgehensweise bei einem zweiseitigen Hypothesentest erläutern (Annahme- und Verwerfungsbereich bestimmen, Entscheidungsregeln festlegen, Fehler 1. und 2. Art beschreiben).	○	109
K5 ... nur LF: die prinzipielle Vorgehensweise bei einem einseitigen Hypothesentest erläutern (Standpunkt klären, Annahme- und Verwerfungsbereich bestimmen, Entscheidungsregeln festlegen).	○	110

Vorbereitung auf die mündliche Abiturprüfung im Basisfach Mathematik

Die folgenden Themen werden zur Wiederholung empfohlen.

Bereich	einzelne Themen	... finden Sie in ...
Grundfunktionen	trigonometrische Funktionen	Basiswissen B10
	ganzrationale Funktionen	Basiswissen A1, C1
Wirkung von Parametern	Verschiebung in x- und y-Richtung	Basiswissen B2
	Streckungen in x- und y-Richtung	Basiswissen B3
	Spiegelung an der x- bzw. y-Achse	Basiswissen B3
Differenzialrechnung	Änderungsrate	Basiswissen A5
	Ableitungsregeln (Summen-, Faktor- und Potenzregel), Ableitungsfunktion	Basiswissen A1, A3
	Tangente in einem Kurvenpunkt	Basiswissen A4
	Steigungswinkel	Basiswissen A6
Untersuchung von Funktionen und Graphen	Nullstellen	Basiswissen B4
	Symmetrie zum Ursprung/zur y-Achse	Basiswissen B1
	Monotonie, Extrempunkte	Basiswissen B6
Vektoren	Betrag eines Vektors	Basiswissen E5
	Linearkombination, Kollinearität	Basiswissen E2
Strecken, Geraden	Mittelpunkt einer Strecke	Basiswissen E3
	Parametergleichung einer Geraden	Basiswissen F1
Lagebeziehungen	Lagebeziehungen zwischen zwei Geraden, Bestimmung von Schnittpunkten	Basiswissen F2
Abstände	Abstand zweier Punkte	Basiswissen E5
Grundlagen Wahrscheinlichkeitsrechnung	Kombinatorik, Baumdiagramme, Pfadregeln, bedingte Wahrscheinlichkeiten	Basiswissen I1–I6
	Wahrscheinlichkeitsverteilung, Erwartungswert einer Wahrscheinlichkeitsverteilung	Basiswissen J1–J2
Binomialverteilung	Bernoulli-Experiment und -kette, Formel von Bernoulli	Basiswissen J3
	Histogramme	Basiswissen J3
	Erwartungswert einer Binomialverteilung	Basiswissen J5

2 Basiswissen Analysis

A Differenzialrechnung

INFO Potenzregel

A1 **Potenzfunktionen ableiten (ganzzahlige, rationale, reelle Exponenten)**

(1) Potenzregel für **natürliche** Exponenten:
$f(x) = x^n$, $n \in \mathbb{N}$, $\qquad f'(x) = n \cdot x^{n-1}$.

> **Merkregel:**
>
> Pot-a=Ex-+Fa-da
> **Pot**enzfunktion **a**bleiten:
> **Ex**ponent um 1 verringern,
> **Fa**ktor **da**vorschreiben

(2) Potenzregel für **negative ganzzahlige** Exponenten:
$f(x) = x^{-n}$ $(x \neq 0)$ $\quad f'(x) = -n \cdot x^{-n-1}$

(3) Potenzregel für **rationale** Exponenten (insb. Wurzelfunktionen):
$f(x) = x^r$, $f'(x) = r \cdot x^{r-1}$ $(x > 0)$

(4) Potenzregel für **reelle** Exponenten:
$f(x) = x^r$ $(x > 0)$, $f'(x) = r \cdot x^{r-1}$

> **Definition:** Sei $r = \frac{m}{n}$.
> $f(x) = x^r = x^{\frac{m}{n}} = \sqrt[n]{x^m}$

Beispiele

(1) *natürliche Exponenten:*

$f(x) = x^1 \Rightarrow f'(x) = 1$ $\qquad$ $f(x) = x^2 \Rightarrow f'(x) = 2 \cdot x$ $\qquad$ $f(x) = x^5 \Rightarrow f'(x) = 5 \cdot x^4$

(2) *negative ganzzahlige Exponenten:*

$f(x) = x^{-1} \Rightarrow f'(x) = (-1) \cdot x^{-2} = -\dfrac{1}{x^2}$ $\qquad$ $f(x) = \dfrac{1}{x^3} = x^{-3} \Rightarrow f'(x) = (-3) \cdot x^{-4} = -\dfrac{3}{x^4}$

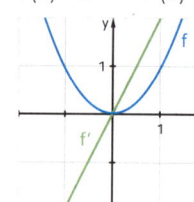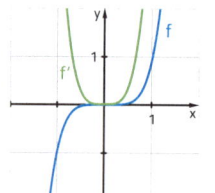

(3) *gebrochene Exponenten (Wurzelterme):*

$f(x) = x^{\frac{1}{2}} = \sqrt{x} \quad \Rightarrow \quad f'(x) = \dfrac{1}{2} \cdot x^{-\frac{1}{2}} = \dfrac{1}{2\sqrt{x}}$ $\qquad$ $f(x) = x^{-\frac{1}{3}} = \dfrac{1}{\sqrt[3]{x}} \quad \Rightarrow \quad f'(x) = -\dfrac{1}{3} \cdot x^{-\frac{4}{3}} = -\dfrac{1}{3 \cdot \sqrt[3]{x^4}}$

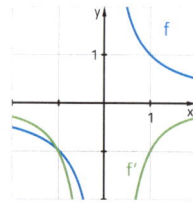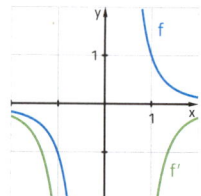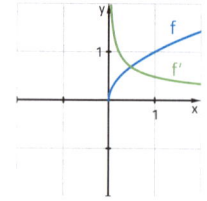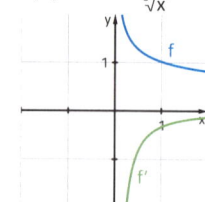

INFO Exponentialfunktionen und Logarithmusfunktionen ableiten

A2 **Exponentialfunktionen, Logarithmusfunktionen, Sinus- und Kosinusfunktion ableiten**

(1) Die Ableitung der **Exponentialfunktion** zur Basis e (Euler'sche Zahl) stimmt mit der Funktion selbst überein: $f(x) = e^x \Rightarrow f'(x) = e^x$.

(2) Die Ableitung der **Logarithmusfunktion** zur Basis e ist gleich der Kehrwertfunktion: $f(x) = \ln(x) \Rightarrow f'(x) = \frac{1}{x}$.

(3) Ableitung der **Exponentialfunktion mit beliebiger Basis**:
$f(x) = b^x = e^{\ln(b) \cdot x} \Rightarrow f'(x) = e^{\ln(b) \cdot x} \cdot \ln(b) = b^x \cdot \ln(b)$ – vgl. auch **A3**, Beispiel (4).

(4) Die Ableitung der **Sinusfunktion** ist gleich der Kosinusfunktion; die Ableitung der **Kosinusfunktion** ist gleich der negativen Sinusfunktion.
$f(x) = \sin(x) \Rightarrow f'(x) = \cos(x)$ $f(x) = \cos(x) \Rightarrow f'(x) = -\sin(x)$

Beispiele

vgl. **A3**

INFO Summen- und Faktorregel, Produkt- und Kettenregel

A3 **Einfache Funktionen mit der Summen- und Faktorregel ableiten, zusammengesetzte Funktionen mit der Produkt- und Kettenregel ableiten**

Für das Ableiten von Funktionen gelten folgende Regeln:

(1) **Summen- und Faktorregel** (Linearität)
$f(x) = k_1 \cdot f_1(x) + k_2 \cdot f_2(x) \Rightarrow f'(x) = k_1 \cdot f'_1(x) + k_2 \cdot f'_2(x)$
In Worten: Ein konstanter Faktor bleibt beim Ableiten erhalten. Die Ableitung einer Summe ist gleich der Summe der Ableitungen der Summanden.

(2) **Produktregel**
$f(x) = u(x) \cdot v(x) \Rightarrow f'(x) = u'(x) \cdot v(x) + u(x) \cdot v'(x)$

(3) Für geschachtelte Funktionsterme gilt die **Kettenregel**:
$f(x) = g(h(x)) \Rightarrow f'(x) = g'(h(x)) \cdot h'(x)$

Die äußere Funktion g wird abgeleitet und die innere Funktion h wie eine Variable behandelt. Dieser Term wird mit der Ableitung der inneren Funktion multipliziert.

Beispiele

(1) *Summen- und Faktorregel:*

$f(x) = 5 \cdot x^3 + 4 \cdot x^2 \Rightarrow f'(x) = 15 \cdot x^2 + 8 \cdot x$

$f(x) = \frac{3}{x^2} - 6 \cdot \sqrt{x} = 3 \cdot x^{-2} - 6 \cdot x^{\frac{1}{2}} \Rightarrow f'(x) = 3 \cdot (-2) \cdot x^{-3} - 6 \cdot \frac{1}{2} \cdot x^{-\frac{1}{2}} = -\frac{6}{x^3} - \frac{3}{\sqrt{x}}$

$f(x) = \log_2 x = \frac{\ln(x)}{\ln(2)} \Rightarrow f'(x) = \frac{1}{\ln(2)} \cdot \frac{1}{x} = \frac{1}{x \cdot \ln(2)}$

$f(x) = 2 \cdot \sin(x) + \frac{1}{2} \cdot \cos(x) \Rightarrow f'(x) = 2 \cdot \cos(x) - \frac{1}{2} \cdot \sin(x)$

(2) *Ableitung ganzrationaler Funktionen:* Ist eine ganzrationale Funktion f gegeben durch

$f(x) = a_n \cdot x^n + a_{n-1} \cdot x^{n-1} + \ldots + a_2 \cdot x^2 + a_1 \cdot x + a_0, \; n \in \mathbb{N}$,

dann gilt: $f'(x) = n \cdot a_n \cdot x^{n-1} + (n-1) \cdot a_{n-1} \cdot x^{n-2} + \ldots + 2 \cdot a_2 \cdot x + a_1$.

(3) *Produktregel:*

$f(x) = (2x + 5) \cdot e^x \Rightarrow f'(x) = 2 \cdot e^x + (2x + 5) \cdot e^x = (2x + 7) \cdot e^x$

$f(x) = (x^2 + 3x - 1) \cdot e^x \Rightarrow f'(x) = (2x + 3) \cdot e^x + (x^2 + 3x - 1) \cdot e^x = (x^2 + 5x + 2) \cdot e^x$

$f(x) = x^2 \cdot \cos(x) \Rightarrow f'(x) = 2x \cdot \cos(x) - x^2 \cdot \sin(x)$

(4) *Kettenregel:*

$f(x) = e^{-x^2} \Rightarrow f'(x) = e^{-x^2} \cdot (-2x)$

$f(x) = 3^x = e^{x \cdot \ln(3)} \Rightarrow f'(x) = e^{x \cdot \ln(3)} \cdot \ln(3) = 3^x \cdot \ln(3)$

$f(x) = \sin(2x) \Rightarrow f'(x) = 2 \cdot \cos(2x)$

(5) *Produkt- und Kettenregel:*

$f(x) = x^3 \cdot e^{-x} \Rightarrow f'(x) = 3x^2 \cdot e^{-x} + x^3 \cdot e^{-x} \cdot (-1) = (3x^2 - x^3) \cdot e^{-x}$

$$f(x) = (x^2 + 1)^3 \cdot e^{-0,3x} \Rightarrow f'(x) = 3 \cdot (x^2 + 1)^2 \cdot (2x) \cdot e^{-0,3x} + (x^2 + 1)^3 \cdot e^{-0,3x} \cdot (-0,3)$$
$$= (x^2 + 1)^2 \cdot e^{-0,3x} \cdot (6x - 0,3 \cdot (x^2 + 1))$$
$$= (x^2 + 1)^2 \cdot e^{-0,3x} \cdot (-0,3 \cdot x^2 + 6x - 0,3)$$

Um gebrochen-rationale Funktionen abzuleiten, wendet man Produkt- und Kettenregel an:

$$f(x) = \frac{x^2 + 3}{(4x - 5)^3} = (x^2 + 3) \cdot (4x - 5)^{-3} \Rightarrow f'(x) = (2x) \cdot (4x - 5)^{-3} + (x^2 + 3) \cdot (-3) \cdot (4x - 5)^{-4} \cdot 4$$

$$= \frac{2x}{(4x - 5)^3} - \frac{12 \cdot (x^2 + 3)}{(4x - 5)^4} = \frac{2x \cdot (4x - 5) - 12 \cdot (x^2 + 3)}{(4x - 5)^4}$$

INFO Tangente und Normale

A4 **Die Gleichung einer Tangente und einer Normalen an einen Funktionsgraphen bestimmen**

Eine **Tangente** ist eine Gerade durch den Punkt eines Graphen. Die Steigung der Geraden stimmt mit der Steigung des Graphen in diesem Punkt (dem Berührpunkt) überein.

Die Gleichung der Geraden g, von der man die Steigung m und einen Punkt (a|b) kennt, bestimmt man mithilfe der Punkt-Steigungsform: $g(x) = m \cdot (x - a) + b$.

Die Gleichung einer Tangente t an eine differenzierbare Funktion f im Punkt (a|f(a)) wird mithilfe der Ableitung $f'(a)$ bestimmt:
$t(x) = f'(a) \cdot (x - a) + f(a)$.

Bei der Ermittlung der Tangentengleichung kann man auch so verfahren, dass man $f'(a)$ bestimmt und dann in der allgemeinen Geradengleichung $y = m \cdot x + b$ die bekannten Größen einsetzt, um b zu bestimmen:
Bekannt sind also: $m = f'(a)$, $y = f(a)$ und $x = a$. Hieraus ergibt sich die Gleichung
$f(a) = f'(a) \cdot a + b$, d. h. $b = f(a) - f'(a) \cdot a$.

Die **Normale** im Punkt P ist eine Gerade, die den Graphen der Funktion f im Punkt $P(x_0|f(x_0))$ orthogonal schneidet. Dabei ist die Steigung der Normalen gleich dem negativen Kehrwert der 1. Ableitung an dieser Stelle, also $m = \frac{-1}{f'(x_0)}$.

Beispiele

(1) *Tangente und Normale des Graphen einer Potenzfunktion:*

Für $f(x) = x^2$ an der Stelle $x = 1$ gilt:

$f(1) = 1$ und $f'(x) = 2x$, also $f'(1) = 2$.

Daher ist $t(x) = 2 \cdot (x - 1) + 1 = 2x - 1$ die Gleichung der Tangente t durch den Punkt $(1 \,|\, 1)$

und $n(x) = -\frac{1}{2} \cdot (x - 1) + 1 = -\frac{1}{2}x + \frac{3}{2}$ die Gleichung der Normalen n durch den Punkt $(1|1)$.

(2) *Tangente und Normale einer Exponentialfunktion:*

Gesucht sind Tangente und Normale von
$f(x) = x^2 \cdot e^{-x}$ an der Stelle $a = -0{,}5$.

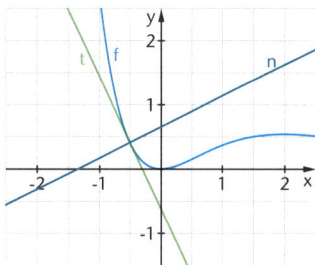

Es gilt: $f(-0{,}5) \approx 0{,}412$ und
$f'(x) = 2x \cdot e^{-x} + x^2 \cdot e^{-x} \cdot (-1) = (-x^2 + 2x) \cdot e^{-x}$, also
$f'(-0{,}5) \approx -2{,}061$.

Daher ist
$t(x) \approx -2{,}061 \cdot (x + 0{,}5) + 0{,}412 \approx -2{,}061x - 0{,}619$
und
$n(x) \approx 0{,}485 \cdot (x + 0{,}5) + 0{,}412 \approx 0{,}485x + 0{,}655$.

(3) *Berührpunkt einer Tangente:*

Gesucht ist derjenige Punkt $(a \,|\, f(a))$ des Graphen von
$f(x) = e^{0{,}5 \cdot x}$, in dem die Tangente an den Graphen durch
den Ursprung verläuft.

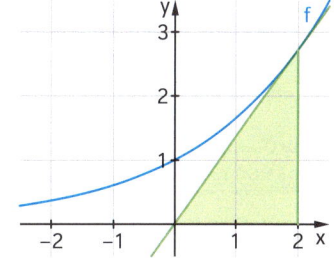

Hier gilt: $f'(x) = 0{,}5 \cdot e^{0{,}5 \cdot x}$,
also lautet die Tangentengleichung
$t(x) = 0{,}5 \cdot e^{0{,}5 \cdot a} \cdot (x - a) + e^{0{,}5 \cdot a}$.

Aus der Bedingung $t(0) = 0$ ergibt sich
$0 = 0{,}5 \cdot e^{0{,}5 \cdot a} \cdot (0 - a) + e^{0{,}5 \cdot a} \Leftrightarrow 0 = e^{0{,}5 \cdot a} \cdot (1 - 0{,}5 \cdot a)$
$\Leftrightarrow a = 2$, da $e^{0{,}5 \cdot x} > 0$ für alle x.

Anschaulich kann man die Berührstelle a der Tangente auch so ermitteln, dass das
Steigungsdreieck betrachtet wird:
waagerechte Kathete: a; senkrechte Kathete: f(a); Steigung f'(a).

Es muss also gelten: $f'(a) = \frac{f(a)}{a}$, also in diesem Beispiel:

$0{,}5 \cdot e^{0{,}5a} = \frac{e^{0{,}5a}}{a}$, d. h. $0{,}5 = \frac{1}{a}$ und somit $a = 2$.

(4) *Knickfreier Übergang zwischen zwei Graphen*

Die *abschnittsweise* definierten Funktionen
$f_1(x) = x^3$ für $x < 1$ und $f_2(x) = -1{,}5x^2 + 6x - 3{,}5$ für $x \geq 1$
haben einen **knickfreien** Übergang an der Stelle $x = 1$,
d. h., sie besitzen eine gemeinsame Tangente.

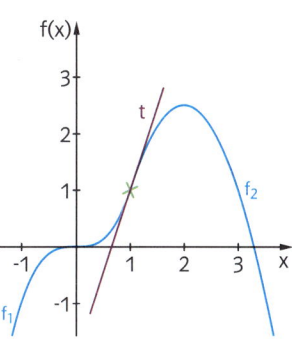

Es gilt: $f_1(1) = f_2(1) = 1$ und $f_1'(x) = 3x^2$, $f_2'(x) = -3x + 6$
mit $f_1'(1) = f_2'(1) = 3$, also
$t(x) = 3 \cdot (x - 1) + 1 = 3x - 2$.

INFO Mittlere und lokale Änderungsraten

A5 **Mittlere und lokale Änderungsraten angeben und berechnen sowie im Sachzusammenhang interpretieren**

Zeichnet man durch zwei Punkte $A(a|f(a))$ und $B(b|f(b))$ des Graphen einer Funktion f eine Gerade (also eine Sekante zum Graphen von f), so ist die Steigung dieser Geraden die **mittlere Änderungsrate** der Funktion f im Intervall $[a; b]$, also:

$\frac{f(b) - f(a)}{b - a}$.

Die Ableitung einer Funktion an einer Stelle x_0 ist die **lokale Änderungsrate** in x_0 und der Grenzwert des Differenzenquotienten für $x \to x_0$:

$f'(x_0) = \lim\limits_{x \to x_0} \frac{f(x) - f(x_0)}{x - x_0}$.

Dies kann man auch in der Form $f'(x_0) = \lim\limits_{h \to 0} \frac{f(x_0 + h) - f(x_0)}{h}$ beschreiben.

Als **Ableitungsfunktion** f' einer Funktion f bezeichnet man die Funktion, die jeder Stelle $a \in D_f$ die Ableitung $f'(a)$ zuordnet.

Beispiele

(1) *Mittlere Änderungsrate:* $f(x) = x^3 - 2$ $f(0) = 0; \ f(2) = 4$.

Die mittlere Änderungsrate der Funktion im Intervall $[0; 2]$ ist $\frac{f(2) - f(0)}{2 - 0} = \frac{4 - 0}{2} = 2$.

(2) *Bedeutung der mittleren und der lokalen Änderungsrate im Sachzusammenhang:*
In Anwendungssituationen haben Differenzenquotient und Differenzialquotient beispielsweise folgende Bedeutung:

Zuordnung durch die Funktion f	mittlere Änderungsrate in einem Intervall	lokale Änderungsrate in einem Punkt
Zeit → zurückgelegter Weg	Durchschnittsgeschwindigkeit in einem Zeitintervall	Momentangeschwindigkeit zu einem Zeitpunkt
Zeit → Geschwindigkeit	durchschnittliche Beschleunigung in einem Zeitintervall	Momentanbeschleunigung zu einem Zeitpunkt
Weg → Benzinverbrauch (Volumen)	durchschnittlicher Benzinverbrauch auf einer Wegstrecke	momentaner Benzinverbrauch
Zeit → eingefüllte Wassermenge	durchschnittliche Zuflussgeschwindigkeit in einem Zeitintervall	momentane Zuflussgeschwindigkeit zu einem Zeitpunkt
Zeit → Höhe einer Pflanze	durchschnittliche Wachstumsgeschwindigkeit in einem Zeitintervall	momentane Wachstumsgeschwindigkeit zu einem Zeitpunkt
Zeit → Temperatur	durchschnittliche Änderung der Temperatur in einem Zeitintervall	momentane Temperaturänderung zu einem Zeitpunkt
Zeit → Besucherzahl	durchschnittliche Zunahme der Besucherzahl in einem Zeitintervall	momentane Zunahme der Besucherzahl zu einem Zeitpunkt

INFO Schnittwinkel eines Graphen

A6 Schnittwinkel eines Graphen mit der x-Achse bestimmen

Als Schnittwinkel α eines Graphen mit der x-Achse bezeichnet man jeweils den spitzen Winkel der beiden Winkel, welche die Tangente in einer *Nullstelle* x_0 des Graphen mit der x-Achse bildet.

Aus dem Steigungsdreieck, das durch die Tangente gebildet wird, ergibt sich
$\tan(\alpha) = m = f'(x_0)$ und hieraus dann $\alpha = \tan^{-1}(m) = \tan^{-1}(f'(x_0))$.

Da m auch negativ sein kann, definiert man allgemein:
$\alpha = |\tan^{-1}(f'(x_0))|$ als **Schnittwinkel des Graphen von f mit der x-Achse**.

Beispiele

(1) *ganzrationale Funktion:*
Der Graph der Funktion f mit $f(x) = 0{,}25\,x^3 - 0{,}75\,x - 0{,}5$ hat eine Nullstelle bei $x_0 = 2$.

Die Steigung des Graphen an dieser Stelle, also die Steigung der Tangente, ist $f'(2) = 2{,}25$
(da $f'(x) = 0{,}75\,x^2 - 0{,}75$).

Daher ist $\alpha = \tan^{-1}(2{,}25) \approx 66{,}0°$.

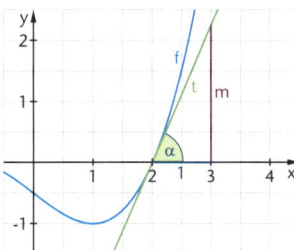

(2) *Exponentialfunktion:*
Der Graph der Funktion f mit $f(x) = 2 - e^x$ hat eine Nullstelle bei $x_0 = \ln(2) \approx 0{,}693$.

Die Steigung des Graphen an dieser Stelle, also die Steigung der Tangente, ist $f'(\ln(2)) = -2$ (da $f'(x) = -e^x$).

Daher ist $\alpha = |\tan^{-1}(-2)| \approx 63{,}4°$

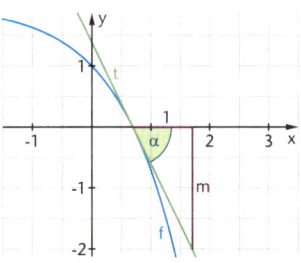

(3) *Sinusfunktion:*
Der Graph der Funktion f mit $f(x) = \sin(\pi x)$ hat eine Nullstelle an der Stelle $x_0 = 1$.

Die Steigung des Graphen an dieser Stelle ist
$f'(1) = -\pi$ (da $f'(x) = \pi \cdot \cos(\pi x)$).

Daher ist $\alpha = |\tan^{-1}(-\pi)| \approx 72{,}3°$.

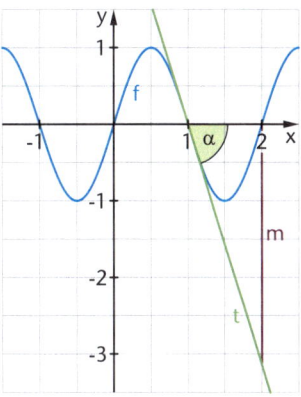

B Untersuchung von Funktionsgraphen

INFO Symmetrie

B1 Graphen auf Symmetrie untersuchen

(1) *Achsensymmetrie zur y-Achse:*
Der Graph der Funktion f ist achsensymmetrisch zur y-Achse, wenn für alle x aus dem Definitionsbereich von f gilt:

$f(-x) = f(x)$.

Für ganzrationale Funktionen f gilt zusätzlich:
Der Graph von f ist genau dann achsensymmetrisch zur y-Achse, wenn der Funktionsterm $f(x)$ nur Potenzen von x mit geraden Exponenten enthält.

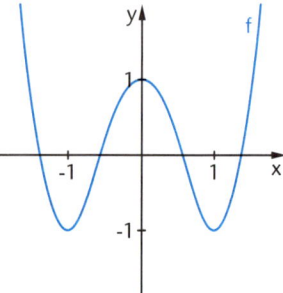

(2) *Punktsymmetrie zum Ursprung:*
Der Graph der Funktion f ist punktsymmetrisch zum Ursprung, wenn für alle x aus dem Definitionsbereich von f gilt:

$f(-x) = -f(x)$.

Für ganzrationale Funktionen f gilt zusätzlich:
Der Graph von f ist genau dann punktsymmetrisch zum Ursprung, wenn der Funktionsterm $f(x)$ nur Potenzen von x mit ungeraden Exponenten enthält.

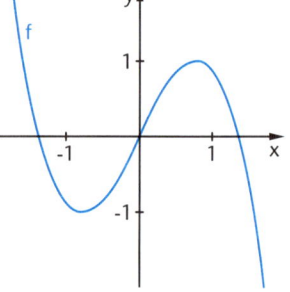

(3) *Achsensymmetrie zu der Parallelen x = a zur y-Achse:*
Der Graph einer Funktion f ist achsensymmetrisch zu der Parallelen zur y-Achse mit der Gleichung x = a, wenn der um −a in Richtung der x-Achse verschobene Graph (vgl. **B2**) achsensymmetrisch zur y-Achse ist.

(4) *Punktsymmetrie zu einem Punkt S(a|b):*
Der Graph einer Funktion f ist punktsymmetrisch zum Punkt S(a|b), wenn der um −a in Richtung der x-Achse und um −b in Richtung der y-Achse verschobene Graph (vgl. **B2**) punktsymmetrisch zum Ursprung ist.

Für ganzrationale Funktionen dritten Grades gilt immer: Der Graph ist punktsymmetrisch zum Wendepunkt.

Beispiele

(1) *Achsensymmetrisch zur y-Achse:*
Der Graph der Funktion f mit
$f(x) = x^4 - 2x^2 + 1$ ist achsensymmetrisch zur y-Achse, da im Funktionsterm
nur gerade Exponenten auftreten.
Dabei kann der letzte Summand 1
gedeutet werden als $1 \cdot x^0$ (0 ist eine
gerade Zahl!).

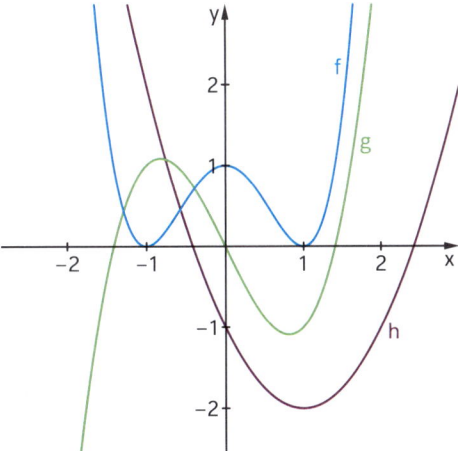

(2) *Punktsymmetrisch zum Ursprung:*
Der Graph der Funktion g mit
$g(x) = x^3 - 2x$ ist punktsymmetrisch
zum Ursprung, da im Funktionsterm nur
ungerade Exponenten auftreten.

(3) *Weder achsen- noch punktsymmetrisch:*
Der Graph der Funktion h mit $h(x) = x^2 - 2x - 1$ ist weder achsensymmetrisch zur y-
Achse noch punktsymmetrisch zum Ursprung, da im Funktionsterm sowohl gerade
als auch ungerade Exponenten auftreten.

(4) *Achsensymmetrisch zu einer beliebigen vertikalen Achse:*
Um nachzuweisen, dass der Graph einer ganzrationalen Funktion f achsensymmetrisch ist zu einer Parallelen zur y-Achse mit der Gleichung x = a, verschiebt man den
Graphen der Funktion f um – a Einheiten in Richtung der x-Achse; treten dann im Funktionsterm der neuen Funktion nur Potenzen von x mit geraden Exponenten auf, dann
ist der verschobene Graph achsensymmetrisch zur y-Achse, also der ursprüngliche
Graph achsensymmetrisch zu x = a.

(5) *Punktsymmetrisch zu einem beliebigen Punkt:*
Um nachzuweisen, dass der Graph einer ganzrationalen Funktion f punktsymmetrisch
ist zu einem Punkt S (a|b), verschiebt man den Graphen der Funktion f um –a Einhei-
ten in Richtung der x-Achse und um –b Einheiten in Richtung der y-Achse; treten dann
im Funktionsterm der neuen Funktion nur Potenzen von x mit ungeraden Exponenten
auf, dann ist der verschobene Graph punktsymmetrisch zum Ursprung, also der ursprüngliche Graph punktsymmetrisch zum Punkt S.

INFO Verschieben

B2 **Den Graphen einer Funktion verschieben**

(1) *Verschiebung in Richtung der y-Achse:*
Addiert man eine Zahl b zu einem Funktionsterm, dann verschiebt sich der Graph in
Richtung der y-Achse. Falls b > 0, ist dies eine Verschiebung nach oben, falls b < 0, eine
Verschiebung nach unten.

(2) *Verschiebung in Richtung der x-Achse:*
Ersetzt man im Funktionsterm f(x) einer gegebenen Funktion f die Funktionsvariable x
durch (x – c), dann verschiebt sich der Graph um c Einheiten, d. h. für c > 0 nach rechts
und für c < 0 nach links.

Beispiele

(1) *Verschieben in Richtung der y-Achse:*

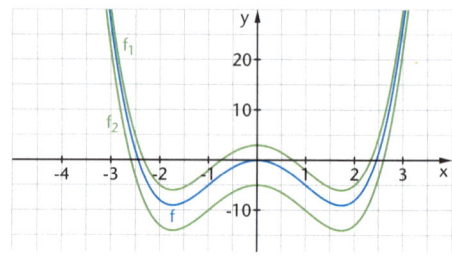

Ausgehend vom Graphen der Funktion f mit $f(x) = x^4 - 6x^2$ erhält man durch Addition von $+3$ zum Funktionsterm den um 3 Einheiten nach oben verschobenen Graphen der Funktion f_1 mit $f_1(x) = x^4 - 6x^2 + 3$ und durch Addition von -5 zum Funktionsterm den um 5 Einheiten nach unten verschobenen Graphen der Funktion f_2 mit $f_2(x) = x^4 - 6x^2 - 5$.

(2) *Verschieben in Richtung der x-Achse:*

Verschiebt man den Graphen der ganzrationalen Funktion f mit $f(x) = x^4 - 5x^2 + 4$ um 2 Einheiten nach links, dann erhält man den Graphen der Funktion g mit

$g(x) = (x + 2)^4 - 5 \cdot (x + 2)^2 + 4$

$\quad = (x^4 + 8x^3 + 24x^2 + 32x + 16) - 5 \cdot (x^2 + 4x + 4) + 4$

$\quad = x^4 - 8x^3 - 19x^2 + 12x$.

(3) *Verschieben des Graphen einer Exponentialfunktion in Richtung der x-Achse = Streckung des Graphen in Richtung der y-Achse:*

Verschiebt man den Graphen der Exponentialfunktion f mit $f(x) = 0,6 \cdot 1,5^x$ um 1 Einheit in Richtung der x-Achse, dann erhält man die Exponentialfunktion g mit

$g(x) = 0,6 \cdot 1,5^{x-1} = 0,6 \cdot 1,5^x \cdot 1,5^{-1} = (0,6 \cdot 1,5^{-1}) \cdot 1,5^x = \left(\dfrac{0,6}{1,5}\right) \cdot 1,5^x = 0,4 \cdot 1,5^x$,

d. h., der ursprüngliche Graph wird mit dem Faktor $\frac{2}{3}$ gestreckt.

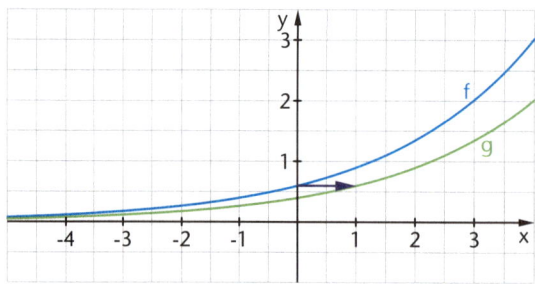

INFO Strecken

B3 **Den Graphen einer Funktion strecken**

(1) *Streckung in Richtung der y-Achse:*
Die **Vervielfachung** eines Funktionsterms mit dem Faktor k bewirkt eine **Streckung** des Graphen in Richtung der y-Achse (wobei das Wort „Streckung" in der Alltagssprache mit einer Vergrößerung verbunden ist, im mathematischen Sinne aber auch eine „Stauchung" bedeuten kann). Dabei sind sechs besondere Fälle zu unterscheiden:

k > 1:   Der Graph wird (im Wortsinne) gestreckt, d. h., die y-Werte aller Punkte werden vervielfacht, d. h. die Abstände der Punkte zur x-Achse werden ver-k-facht (also, da k > 1: vergrößert).

k = 1:   Der Graph wird auf sich selbst abgebildet.

0 < k < 1:   Der Graph wird gestaucht, d. h., die Abstände der Punkte zur x-Achse werden ver-k-facht (also, da 0 < k < 1: verkleinert).

−1 < k < 0: Der Graph wird an der x-Achse gespiegelt und mit dem Faktor |k| gestaucht.

k = − 1:   Der Graph wird (nur) an der x-Achse gespiegelt.

k < − 1:   Der Graph wird an der x-Achse gespiegelt und mit dem Faktor |k| > 1 gestreckt.
Die Verschiebung in Richtung der y-Achse hat keine Auswirkung auf die Steigung einer Funktion an einer Stelle, da die Ableitung des konstanten Glieds b gleich null ist.

Hinweis: Durch Verschiebung um b in Richtung der y-Achse vergrößert oder verkleinert sich das Flächenstück zwischen Graph und x-Achse um die Größe eines Rechtecks, das die Höhe b hat.

(2) *Streckung in Richtung der x-Achse:*
Ersetzt man die Variable x im Funktionsterm durch den Term $k \cdot x$ (k > 0), dann wird der Graph in Richtung der x-Achse mit dem Faktor $\frac{1}{k}$ gestreckt.

Beispiele

(1) *Streckung in Richtung der y-Achse:*

Ausgehend vom Graphen der Funktion f mit

$f(x) = x^3 + 2x^2 - 5x - 6$

erhält man die übrigen Graphen durch Streckung in Richtung der y-Achse mit den Faktoren

$k_1 = 1{,}5$; $k_2 = 0{,}5$; $k_3 = - 0{,}3$; $k_4 = - 1$ bzw. $k_5 = - 2$.

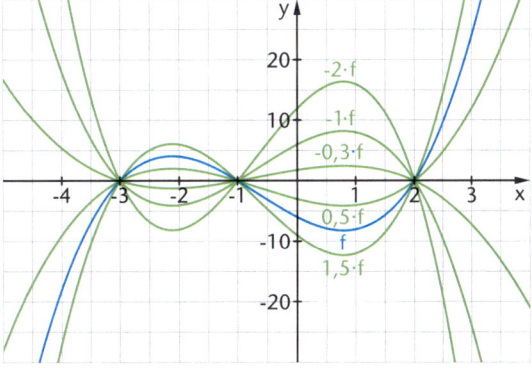

(2) *Streckung in Richtung der x-Achse:*

Ersetzt man im Funktionsterm von $f(x) = x^2$ die Variable x durch den Term $1{,}5\,x$, so erhält man den Funktionsterm

$g(x) = (1{,}5\,x)^2 = 2{,}25\,x^2$.

Der Graph von g ist gegenüber dem Graphen von f mit dem Faktor $\frac{1}{1{,}5} = \frac{2}{3}$ in Richtung der x-Achse gestreckt.

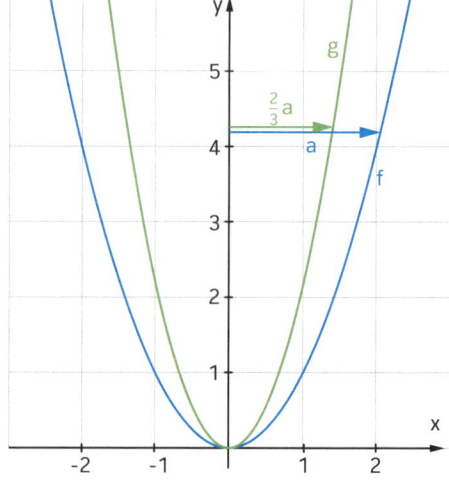

INFO Nullstellen

B4 **Nullstellen einer Funktion bestimmen**

Zur Bestimmung der Schnittpunkte des Graphen der Funktion f mit der x-Achse wird der Funktionsterm $f(x)$ gleich null gesetzt und die sich ergebende Gleichung $f(x) = 0$ nach x aufgelöst. Als Lösungen der Gleichung erhält man die Nullstellen x_{N_1}, x_{N_2}, x_{N_3}, … der Funktion. Die Schnittpunkte des Graphen mit der x-Achse sind $(x_{N_1}|0)$, $(x_{N_2}|0)$, $(x_{N_3}|0)$, ….

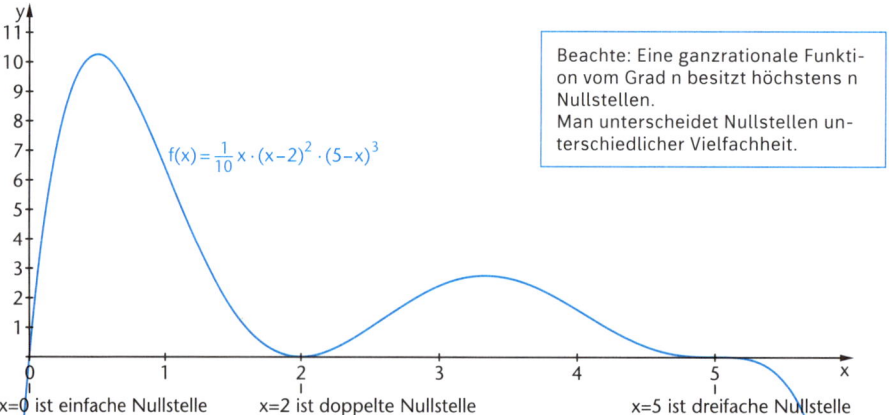

Beachte: Eine ganzrationale Funktion vom Grad n besitzt höchstens n Nullstellen.
Man unterscheidet Nullstellen unterschiedlicher Vielfachheit.

$f(x) = \frac{1}{10}\,x \cdot (x-2)^2 \cdot (5-x)^3$

x=0 ist einfache Nullstelle   x=2 ist doppelte Nullstelle   x=5 ist dreifache Nullstelle

Falls die Nullstellen algebraisch bestimmt werden sollen, kann eines der folgenden Verfahren bei der Lösung hilfreich sein:

– Klammere, falls möglich, x (oder sogar x^2, x^3, …) im gesamten Funktionsterm aus.
– Löse eine quadratische Gleichung mit dem Verfahren der quadratischen Ergänzung, mit der p-q-Formel oder mit dem Satz von Vieta.
– Kennt man ganzzahlige Nullstellen, dann kann man den Funktionsterm teilweise mithilfe von Linearfaktoren darstellen und dann einen Koeffizientenvergleich vornehmen.

Beispiele

(1) *Nullstellen rechnerisch durch Ausklammern bestimmen:*
Um die Schnittpunkte des Graphen von f mit $f(x) = -x^3 + 4x^2$ und der x-Achse zu bestimmen, hilft das Ausklammern von $-x^2$:
$f(x) = 0 \Leftrightarrow -x^3 + 4x^2 = 0 \Leftrightarrow -x^2 \cdot (x - 4) = 0 \Leftrightarrow x = 0 \vee x = 4$.
Dabei ist $x = 0$ eine doppelte und $x = 4$ eine einfache Nullstelle.
Die Schnittpunkte mit der x-Achse lauten: $(0|0)$ und $(4|0)$.

(2) *Nullstellen rechnerisch durch Punktprobe und Koeffizientenvergleich bestimmen:*
Um die Schnittpunkte des Graphen von g mit $g(x) = x^3 - 4x^2 - 4x + 16$ und der x-Achse zu ermitteln, versucht man, die erste Nullstelle zu erraten: $x = 2$. Der Funktionsterm lässt sich dann darstellen in der Form $(x - 2) \cdot (x^2 + ax + b)$. Nach Ausmultiplizieren findet man durch Koeffizientenvergleich: $a = -2$ und $b = -8$.
Man erhält alle Nullstellen nach Lösen der quadratischen Gleichung:
$x^2 - 2x - 8 = 0 \Leftrightarrow x = -2 \vee x = 4$.
Also: $g(x) = 0 \Leftrightarrow x^3 - 4x^2 - 4x + 16 = 0 \Leftrightarrow (x - 2) \cdot (x^2 - 2x - 8) = 0$
$\Leftrightarrow x = 2 \vee x^2 - 2x - 8 = 0 \Leftrightarrow x = 2 \vee x = -2 \vee x = 4$.
Alle Nullstellen sind einfache Nullstellen.
Die Schnittpunkte mit der x-Achse lauten: $(-2|0)$, $(2|0)$ und $(4|0)$.

INFO Schnittpunkte

B5 **Schnittpunkte zweier Funktionsgraphen interpretieren**

Sind zwei Funktionen f und g gegeben, dann bestimmt man die Schnittpunkte der Graphen durch Lösen der Gleichung $f(x) = g(x)$.

Wenn man die Gleichung umformt, sodass auf der linken Seite ein Term steht, und auf der rechten Seite null, dann wird das Problem „Schnittstellen zweier Graphen berechnen" zum Problem „Nullstellen bestimmen", vgl. Lösungsverfahren in **B4**.

Anschließend darf man nicht vergessen, die y-Koordinaten der Schnittpunkte zu bestimmen, wenn dieses verlangt ist. Dazu setzt man die erhaltenen Schnittstellen (x-Koordinaten) in die Funktionsgleichung von f oder von g ein, oder man macht beides zur Kontrolle: In beiden Fällen muss das gleiche Ergebnis herauskommen.

Beispiel *Schnittpunkte rechnerisch durch Punktprobe und Koeffizientenvergleich bestimmen*

Bestimmen der Schnittpunkte der Graphen von f mit $f(x) = -x^3 + 4x^2$ und g mit $g(x) = x^3 - 4x^2 - 4x + 16$:

Die Vereinfachung von $f(x) = g(x)$ führt zur Gleichung $2x^3 - 8x^2 - 4x + 16 = 0$.
Diese hat die Lösung $x = 4$ (wie man durch Probieren/Einsetzen herausfindet oder ggf. auch aus der Untersuchung der Nullstellen der Funktionen f und g weiß).

Der Funktionsterm lässt sich dann darstellen in der Form $2(x - 4) \cdot (x^2 + ax + b)$.
Durch Koeffizientenvergleich ergibt sich: $a = 0$ und $b = -2$.

Also: $f(x) = g(x) \Leftrightarrow -x^3 + 4x^2 = x^3 - 4x^2 - 4x + 16 \Leftrightarrow 2x^3 - 8x^2 - 4x + 16 = 0$
$\Leftrightarrow 2(x - 4)(x^2 - 2) = 0 \Leftrightarrow x = 4 \vee x = -\sqrt{2} \vee x = \sqrt{2}$.

Mit $f(-\sqrt{2}) \approx 10{,}83$, $f(\sqrt{2}) \approx 5{,}17$ und $f(4) = 0$ erhält man die Schnittpunkte der Graphen von f und g: $(-\sqrt{2}|10{,}83)$, $(\sqrt{2}|5{,}17)$ und $(4|0)$.

INFO Monotonie, Extrempunkte

B6 **Graphen auf Monotonie und auf lokale und absolute Extrempunkte untersuchen**

Wir betrachten eine auf dem Intervall I differenzierbare Funktion f.

– *Monotonie:*
Wenn $f'(x) > 0$ für alle $x \in I$, dann ist der Graph von f streng monoton steigend.
Wenn $f'(x) < 0$ für alle $x \in I$, dann ist der Graph von f streng monoton fallend.

Die Umkehrung dieser Aussage ist nicht richtig. Beispiel: Der Graph von $f(x) = x^3$ ist streng monton steigend auf $\mathbb{R}$, aber es gilt: $f'(0) = 0$.

– *Lokale Extrempunkte:*
Notwendige Bedingung:
Wenn f an der inneren Stelle x_0 einen Extremwert hat, so gilt $f'(x_0) = 0$.

> Die Bedingung $f'(x) = 0$ bedeutet anschaulich, dass die Tangente an der Extremstelle parallel zur x-Achse verläuft.

Hinreichende Bedingung (mit der zweiten Ableitung):
Falls $f'(x_0) = 0$ und $f''(x_0) > 0$ [$f''(x_0) < 0$], so befindet sich an der Stelle x_0 ein lokales Minimum [Maximum].

Hinreichende Bedingung (Vorzeichenwechselkriterium):
Falls $f'(x_0) = 0$ und f' einen Vorzeichenwechsel (VZW) von – nach + [VZW von + nach –] hat, so befindet sich an der Stelle x_0 ein lokales Minimum [Maximum].

– *Absolute Extrempunkte:*
Vergleicht man alle lokalen Minima [Maxima] und die Funktionswerte an den Rändern des Intervalls I, so ist der kleinste [größte] Wert daraus das absolute Minimum [Maximum].

Bei der Untersuchung von Extremstellen in einem Sachzusammenhang, der mit einer mathematischen Funktion beschrieben wird, können diese im Kontext gedeutet werden.

Beispiel 1 *Bestimmung von Extrempunkten*

Gegeben ist die Funktion f mit $f(x) = \frac{1}{9} \cdot (2x^3 - 15x^2 + 24x + 25)$.

Die Ableitungen sind:
$f'(x) = \frac{1}{9} \cdot (6x^2 - 30x + 24) = \frac{2}{3} \cdot (x^2 - 5x + 4) = \frac{2}{3} \cdot (x - 1) \cdot (x - 4)$
und

$f''(x) = \frac{2}{3} \cdot (2x - 5)$.

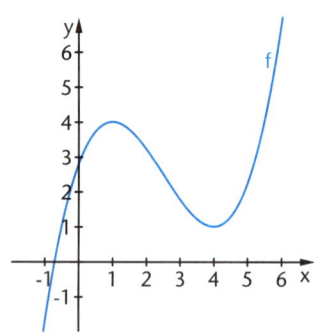

– *Untersuchung auf Monotonie mit einer Vorzeichentabelle für f':*

Zuerst werden die Nullstellen der ersten Ableitung bestimmt:
$f'(x) = 0 \Leftrightarrow x^2 - 5x + 4 = 0 \Leftrightarrow (x-1)(x-4) = 0 \Leftrightarrow x = 1 \lor x = 4.$

Mit einer Vorzeichentabelle kann das Vorzeichen der ersten Ableitung auf den Teilintervallen zwischen und neben deren Nullstellen bestimmt werden. Dazu bestimmt man jeweils das Vorzeichen aller Linearfaktoren von f' auf den Teilintervallen und erhält daraus leicht das Vorzeichen von f'.

Intervall	$(x-1)$	$(x-4)$	$f'(x) = \frac{2}{3} \cdot (x-1) \cdot (x-4)$
x < 1	–	–	+
1 < x < 4	+	–	–
x > 4	+	+	+

Also ist f streng monoton wachsend für x < 1 und für x > 4 und streng monoton fallend für 1 < x < 4.
Mit dem Vorzeichenwechselkriterium folgt bereits aus dieser Tabelle, dass an der Stelle x = 1 ein lokales Maximum und an der Stelle x = 4 ein lokales Minimum vorliegt.

– *Untersuchung auf lokale Extrempunkte mit der zweiten Ableitung:*

Notwendige Bedingung: $f'(x) = 0 \Leftrightarrow x^2 - 5x + 4 = 0 \Leftrightarrow (x-1)(x-4) = 0 \Leftrightarrow x = 1 \lor x = 4$

Hinreichende Bedingung: Da $f'(1) = 0 \land f''(1) = -2 < 0$, liegt an der Stelle x = 1 ein lokales Maximum vor.
Da $f'(4) = 0 \land f''(4) = 2 > 0$, liegt an der Stelle x = 4 ein lokales Minimum vor.

Mit f(1) = 4 und f(4) = 1 erhält man den lokalen Hochpunkt H(1|4) und den lokalen Tiefpunkt T(4|1).

Beispiel 2 *Randextrema*

Gegeben ist die Funktion f mit $f(x) = \frac{1}{3}x^3 - 2x^2 + 3x.$

Gesucht sind das absolute Maximum und das absolute Minimum über dem Intervall [0; 5].

– *Bestimmung der (lokalen) Extrempunkte:*

Mithilfe der o. a. Kriterien findet man:
– den Hochpunkt H(1|1,33),
– den Tiefpunkt T(3|0).

– *Vergleich mit den Randwerten:*

Die Randpunkte des Funktionsgraphen sind A(0|0) und B(5|6,67). Die Punkte A(0|0) und T(3|0) sind also absolute Minima, der Randpunkt B(5|6,67) ist das absolute Maximum.

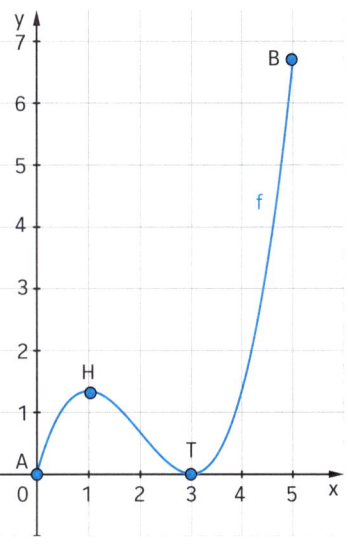

INFO Krümmung, Wende- und Sattelpunkte

B7 **Graphen auf ihr Krümmungsverhalten und auf Wende- und Sattelpunkte untersuchen**

Wir betrachten eine Funktion f und ihre Ableitungen.

Der Graph von f heißt auf I **linksgekrümmt [rechtsgekrümmt]** genau dann, wenn f' auf I streng monoton steigend [fallend] ist.

– *Kriterium für das Krümmungsverhalten:*
Wenn $f''(x) > 0$ $[f''(x) < 0]$ für alle $x \in I$ gilt, dann ist der Graph von f auf I linksgekrümmt [rechtsgekrümmt].
Die Umkehrung des Satzes ist nicht richtig. Beispiel: Der Graph von $f(x) = x^4$ ist auf $\mathbb{R}$ linksgekrümmt, aber $f''(0) = 0$.

– *Wendepunkte:*
Notwendige Bedingung:
Wenn x_0 eine Wendestelle von f ist, so gilt $f''(x_0) = 0$.

> Wendestellen sind also Extremstellen der ersten Ableitung.

Hinreichende Bedingung (mit der dritten Ableitung):
Falls $f''(x_0) = 0$ und $f'''(x_0) \neq 0$, so liegt an der Stelle x_0 eine Wendestelle vor.

Hinreichende Bedingung (Vorzeichenwechselkriterium):
Falls $f''(x_0) = 0$ und f'' einen Vorzeichenwechsel (VZW) hat, so liegt an der Stelle x_0 eine Wendestelle vor.

– *Sattelpunkte:*
Sattelpunkte sind Wendepunkte mit einer zur x-Achse parallelen Tangente.
Daher gilt die **hinreichende Bedingung:**
Falls $f'(x_0) = 0$ und $f''(x_0) = 0$ und $f'''(x_0) \neq 0$, so befindet sich an der Stelle x_0 ein Sattelpunkt.

Bei der Untersuchung von Wendestellen in einem Sachzusammenhang, der mit einer mathematischen Funktion beschrieben wird, können diese als Stellen mit maximaler oder minimaler Änderungsrate im Kontext gedeutet werden.

Beispiel 1 *Bestimmung des Krümmungsverhaltens und von Wendepunkten*
Gegeben ist die Funktion f mit $f(x) = \frac{1}{4}x^4 - x^3 + 4x$

Die Ableitungen sind:

$f'(x) = x^3 - 3x^2 + 4$

$f''(x) = 3x^2 - 6x = 3x(x-2)$

$f'''(x) = 6x - 6 = 6(x-1)$

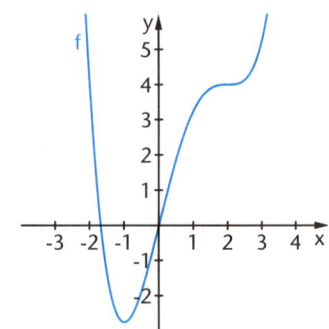

– *Bestimmung der Wendepunkte mit einer Vorzeichentabelle für f″:*

Zuerst werden die Nullstellen der zweiten Ableitung bestimmt:
$f''(x) = 0 \Leftrightarrow 3x^2 - 6x = 0 \Leftrightarrow 3x(x-2) = 0 \Leftrightarrow x = 0 \vee x = 2$

Mit einer Vorzeichentabelle kann das Vorzeichen der zweiten Ableitung auf den Teilintervallen zwischen und neben deren Nullstellen bestimmt werden. Man bestimmt jeweils das Vorzeichen aller Linearfaktoren von f″ auf den Teilintervallen und erhält daraus leicht das Vorzeichen von f″. Hier sind also die Linearfaktoren $3x$ und $(x-2)$ zu untersuchen:

Intervall	$3x$	$x - 2$	$f''(x) = 3x \cdot (x - 2)$
$x < 0$	–	–	+
$0 < x < 2$	+	–	–
$x > 2$	+	+	+

Also ist der Graph von f für $x < 0$ sowie für $x > 2$ linksgekrümmt und für $0 < x < 2$ rechtsgekrümmt.
Mit dem Vorzeichenwechselkriterium folgt bereits aus dieser Tabelle, dass $x = 0$ und $x = 2$ Wendestellen sind.

– *Untersuchung auf Wendepunkte mit der dritten Ableitung:*

Notwendige Bedingung: $f''(x) = 0 \Leftrightarrow 3x^2 - 6x = 0 \Leftrightarrow 3x(x-2) = 0 \Leftrightarrow x = 0 \vee x = 2$
Hinreichende Bedingung: Da $f''(0) = 0 \wedge f'''(0) = -6 < 0$, ist $x = 0$ eine Wendestelle.
Da $f''(2) = 0 \wedge f'''(2) = 6 > 0$, ist $x = 2$ eine Wendestelle; da zusätzlich $f'(2) = 0$, liegt hier sogar ein Sattelpunkt vor.

Mit $f(0) = 0$ und $f(2) = 4$ erhält man den Wendepunkt $W(0|0)$ und den Sattelpunkt $S(2|4)$.

Beispiel 2 *Wendepunkte bei Exponentialfunktionen*

Gegeben ist die Funktion f mit
$f(x) = x^2 \cdot e^{-x}$.

Die Ableitungen erhält man durch die Anwendung der Produkt- und Kettenregel:

$f'(x) = (-x^2 + 2x) \cdot e^{-x}$,

$f''(x) = (x^2 - 4x + 2) \cdot e^{-x}$,

$f'''(x) = (2x - 4) \cdot e^{-x} - (x^2 - 4x + 2) \cdot e^{-x}$
$\quad\quad = (-x^2 + 6x - 6) \cdot e^{-x}$.

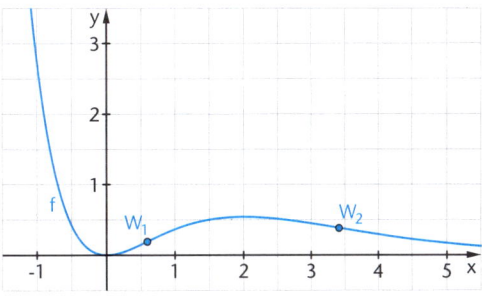

Durch die Anwendung der notwendigen Bedingung

$f''(x) = 0 \Leftrightarrow (x^2 - 4x + 2) = 0 \Leftrightarrow x = 2 - \sqrt{2} \approx 0{,}59 \vee x = 2 + \sqrt{2} \approx 3{,}41$

erhält man zwei Kandidaten für Wendestellen, die nun weiter untersucht werden.

Mit den hinreichenden Bedingungen $f''(2 - \sqrt{2}) = 0 \wedge f'''(2 - \sqrt{2}) \approx -1{,}57 \neq 0$ und
$f''(2 - \sqrt{2}) = 0 \wedge f'''(2 - \sqrt{2}) \approx 0{,}09 \neq 0$ ist nachgewiesen, dass die betrachteten Stellen Wendestellen sind.

Durch Einsetzen der Wendestellen in die Funktionsgleichung erhält man die Wendepunkte
$W_1(0{,}59|0{,}19)$ und $W_2(3{,}41|0{,}38)$.

INFO Globalverlauf, asymptotisches Verhalten

B8 **Den Globalverlauf ganzrationaler Funktionen und das asymptotische Verhalten bei Exponentialfunktionen untersuchen**

– Für eine *ganzrationale Funktion* f mit $f(x) = a_n x^n + ... + a_0$ gilt, wenn $a_n > 0$:

$$\lim_{x \to +\infty} f(x) = +\infty$$

$$\lim_{x \to -\infty} f(x) = -\infty \text{ (falls n eine ungerade Zahl ist)}$$

$$\lim_{x \to -\infty} f(x) = +\infty \text{ (falls n eine gerade Zahl ist)}$$

– Für die *Exponentialfunktion* f mit $f(x) = e^x$ gilt:

$$\lim_{x \to -\infty} e^x = 0 \text{ und } \lim_{x \to +\infty} e^x = +\infty.$$

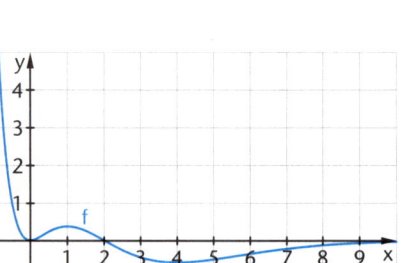

Die Annäherung des Graphen von $f(x) = e^x$ an die x-Achse für $x \to -\infty$ erfolgt so stark, dass auch die Multiplikation mit beliebigen Potenzen von x diesen Grenzwert nicht verändert:

$$\lim_{x \to -\infty} (x^n \cdot e^x) = 0 \text{ für } n \geq 1.$$

Die negative x-Achse ist eine **Asymptote** *) für alle Funktionen vom Typ $x^n \cdot e^x$, $n \in \mathbb{N}$.

Analog gilt: $\lim_{x \to +\infty} e^{-x} = 0$ und $\lim_{x \to -\infty} e^{-x} = +\infty$

sowie $\lim_{x \to +\infty} (x^n \cdot e^{-x}) = 0$

*) Eine Funktion a wird als Asymptotenfunktion einer Funktion f bezeichnet, wenn gilt
$\lim_{x \to -\infty} (f(x) - a(x)) = 0$ oder $\lim_{x \to +\infty} (f(x) - a(x)) = 0$.

Dies bedeutet, dass sich der Graph der Funktion f dem Graphen der Asymptotenfunktion a für $x \to +\infty$ oder für $x \to -\infty$ beliebig gut annähert.

Beispiel *Globalverlauf einer Produktfunktion*

Gegeben ist die Funktion f durch
$f(x) = (-x^3 + 2x^2) \cdot e^{-x}$.

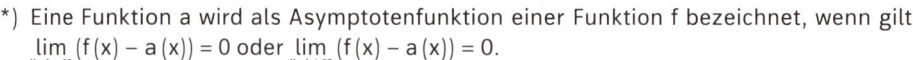

Ihr Graph nähert sich für $x \to +\infty$ der x-Achse asymptotisch an.

Es gilt: $\lim_{x \to +\infty} f(x) = 0$.

Für $x \to -\infty$ wachsen die Funktionswerte über alle Grenzen.

Es gilt: $\lim_{x \to -\infty} f(x) = +\infty$.

Zur Begründung des Vorzeichens reicht es aus, das Vorzeichen des Summanden mit dem höchsten Exponenten, hier $-x^3$ zu betrachten. Für $x < 0$ ist $-x^3$ positiv.

INFO Funktionenscharen

B9 <u>Nur LF:</u> **Funktionenscharen auf besondere Punkte untersuchen sowie gemeinsame Punkte der Kurvenschar ermitteln**

Eine Funktionenschar f_k ergibt sich, wenn der Funktionsterm einen Parameter k enthält, für den man verschiedene Zahlen einsetzen kann. Man erhält dann nicht nur einen, sondern abhängig von der Einsetzung für den Parameter, verschiedene Graphen. Bei der Untersuchung der Funktionenschar wird der Parameter k so behandelt, als stehe er für eine zwar beliebige dann aber als konstant angenommene Zahl.

Untersuchung einer Funktionenschar auf besondere Punkte: Vorgehensweise analog zu den in **B6**, **B7** und **B8** beschriebenen Verfahren. Allerdings können die Ableitungen, die Bedingungen und die Koordinaten der Punkte von dem Parameter k abhängig sein. Weiterhin können auch die Eigenschaften besonderer Punkte z. B. vom Vorzeichen des Parameters abhängen. Dann wird eine Fallunterscheidung erforderlich sein.

Bestimmung aller gemeinsamen Punkte der Funktionenschar: Mit dem Ansatz $f_{k_1}(x) = f_{k_2}(x)$ und der Voraussetzung $k_1 \neq k_2$ sind alle Lösungen dieser Gleichung die x-Koordinaten der gemeinsamen Punkte.

Beispiel 1 *Parametervariation zur Anpassung an eine vorgegebene Eigenschaft*

Gegeben sind die Graphen der Funktionenschar mit $f_k(x) = x^3 - kx^2$.

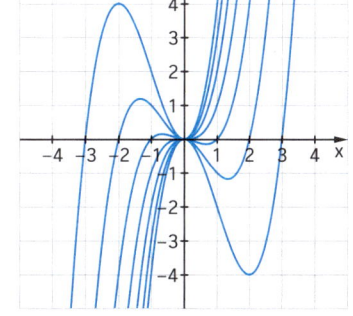

– *Graphen mit Hochpunkt an der Stelle x = –2:*

notwendige Bedingung: $f_k'(x) = 3x^2 - 2kx$:
$f_k'(-2) = 3(-2)^2 - 2 \cdot k \cdot (-2) = 12 + 4k = 0 \Leftrightarrow k = -3$

hinreichende Bedingung: $f_k''(x) = 6x - 2k$;
$f_{-3}''(-2) = 6 \cdot (-2) - 2 \cdot (-3) = -12 + 6 < 0$.

Unter den Kurven der Funktionenschar hat der Graph mit $f_{-3}(x) = x^3 + 3x^2$ die gewünschte Eigenschaft.

– *Graphen mit Wendestelle bei x = 1:*

notwendige Bedingung: $f_k''(x) = 6x - 2k$: $f_k''(1) = 6 - 2k = 0 \Leftrightarrow k = 3$
hinreichende Bedingung: $f_k'''(x) = 6 \neq 0$

Unter den Kurven der Funktionenschar hat der Graph mit $f_3(x) = x^3 - 3x^2$ die gewünschte Eigenschaft.

Beispiel 2 *Untersuchung einer Funktionenschar*

Gegeben ist die Funktionenschar f_k durch $f_k(x) = -2x^3 + kx$ mit $k \in \mathbb{R}$.

Die Ableitungen sind: $f_k'(x) = -6x^2 + k$, $f_k''(x) = -12x$ und $f_k'''(x) = -12$.

Die Graphen der Schar sind punktsymmetrisch zum Ursprung, da der Funktionsterm nur ungerade Exponenten von x enthält.

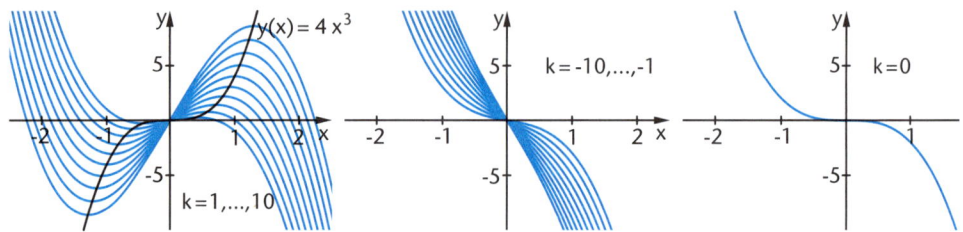

– *Schnittpunkte mit der x-Achse:*

$f_k(x) = 0 \Leftrightarrow -2x^3 + kx = 0 \Leftrightarrow x(-2x^2 + k) = 0 \Leftrightarrow x = 0 \vee x^2 = \frac{k}{2}.$

Falls k > 0 hat die Gleichung drei Lösungen: $x = 0 \vee x = -\frac{\sqrt{2k}}{2} \vee x = \frac{\sqrt{2k}}{2}.$

Die Schnittpunkte sind dann $(0|0)$, $\left(-\frac{\sqrt{2k}}{2}\middle|0\right)$ und $\left(\frac{\sqrt{2k}}{2}\middle|0\right)$.

Falls $k \leq 0$, ist nur $(0|0)$ Schnittpunkt mit der x-Achse.

– *Extrempunkte:*

Notwendige Bedingung: $f_k'(x) = 0 \Leftrightarrow -6x^2 + k = 0 \Leftrightarrow x^2 = \frac{k}{6}.$

Falls k > 0, hat die Gleichung zwei Lösungen: $x = -\frac{\sqrt{6k}}{6} \vee x = \frac{\sqrt{6k}}{6}.$

In diesem Fall ergibt die hinreichende Bedingung: $f_k'\left(-\frac{\sqrt{6k}}{6}\right) = 0 \wedge f_k''\left(-\frac{\sqrt{6k}}{6}\right) = 2\sqrt{6k} > 0.$

Mit $f_k\left(-\frac{\sqrt{6k}}{6}\right) = -\frac{\sqrt{6k^3}}{9}$ ist daher $T\left(\left(-\frac{\sqrt{6k}}{6}\middle|-\frac{\sqrt{6k^3}}{9}\right)\right)$ ein lokaler Tiefpunkt für k > 0.

Aufgrund der Punktsymmetrie zum Ursprung ist $H\left(\frac{\sqrt{6k}}{6}\middle|\frac{\sqrt{6k^3}}{9}\right)$ für k > 0 ein lokaler Hochpunkt.

Falls k = 0, hat die Gleichung $f_k'(x) = 0$ nur die Lösung x = 0. Da auch $f_k''(0) = 0$, ist mit der hinreichenden Bedingung hier noch keine Aussage möglich.

Falls k < 0, hat die Gleichung $f_k'(x) = 0$ keine Lösung. In diesem Fall liegen also keine Extrempunkte vor.

– *Wendepunkte:*

Notwendige Bedingung: $f_k''(x) = 0 \Leftrightarrow -12x = 0 \Leftrightarrow x = 0.$
Hinreichende Bedingung: $f_k''(0) = 0 \wedge f_k'''(0) = -12 \neq 0.$
Also ist $W(0|0)$ ein Wendepunkt für alle k. Falls k = 0, ist dies sogar ein Sattelpunkt.

– *Gemeinsame Punkte aller Graphen der Funktionenschar:*

Aus dem Ansatz $f_{k_1}(x) = f_{k_2}(x)$ mit $k_1 \neq k_2$ folgt
$-2x^3 + k_1x = -2x^3 + k_2x \Leftrightarrow k_1x = k_2x \Leftrightarrow (k_1 - k_2)x = 0.$
Da nach Voraussetzung $k_1 \neq k_2$ ist, bedeutet dies, dass x = 0.
Daher ist der Punkt $(0|0)$ der einzige gemeinsame Punkt.

Beispiel 4 *Kurvenschar mit Exponentialfunktionen*

– *Gemeinsame Punkte der Kurvenschar:*

Gegeben ist $f_k(x) = (e^x - k)^2$. Für welche $x \in \mathbb{R}$ gilt: $f_{k_1}(x) = f_{k_2}(x)$, sofern $k_1 \neq k_2$?

$(e^x - k_1)^2 = (e^x - k_2)^2 \Leftrightarrow e^{2x} - 2k_1e^x + k_1^2 = e^{2x} - 2k_2e^x + k_2^2 \Leftrightarrow 2 \cdot (k_1 - k_2) \cdot e^x = k_1^2 - k_2^2$

$\Leftrightarrow e^x = \frac{1}{2} \cdot (k_1 + k_2) \Leftrightarrow x = \ln\left(\frac{1}{2} \cdot (k_1 + k_2)\right).$

Da der gemeinsame Punkt des Graphen von f_{k_1} und f_{k_2} von den Werten von k_1 und k_2 abhängt, gibt es keinen gemeinsamen Punkt, der gleichzeitig zu allen Graphen der Schar gehört.

– *Kurven der Funktionenschar mit Wendestelle an der Stelle x = 1:*

$f'_k(x) = 2 \cdot (e^x - k) \cdot e^x = 2\,e^{2x} - 2\,k\,e^x$ (nach Kettenregel)

$f''_k(x) = 4\,e^{2x} - 2\,k\,e^x = 2\,e^x \cdot (2\,e^x - k)$

Notwendige Bedingung: $f''_k(1) = 2 \cdot e \cdot (2e - k) = 0 \Leftrightarrow k = 2\,e$

Hinreichende Bedingung: $f'''_k(x) = 8 \cdot e^{2x} - 2\,k\,e^x$;
$f'''_{2e}(1) = 8 \cdot e^2 - 2 \cdot 2e \cdot e^1 = 4\,e^2 \neq 0$.

Der gesuchte Parameter ist also k = 2 e.

INFO Sinus- und Kosinusfunktion

B10 **Eigenschaften der Sinus- und Kosinusfunktion angeben und die Funktionsgleichung einer allgemeinen Sinusfunktion bestimmen**

Die Funktion mit der Gleichung y = sin x und ℝ (bzw. einer Teilmenge von ℝ) als Definitionsmenge heißt **Sinusfunktion**. Ihr Graph heißt auch *Sinuskurve*.
Die Funktion mit der Gleichung y = cos x und ℝ (bzw. einer Teilmenge von ℝ) als Definitionsmenge heißt **Kosinusfunktion**. Ihr Graph heißt auch *Kosinuskurve*.

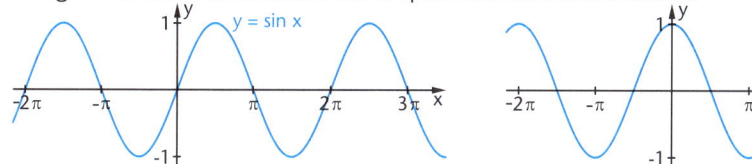

Die Wertemenge ist jeweils die Menge aller reellen Zahlen, für die gilt: $-1 \leq y \leq 1$.

Die Sinus- und die Kosinusfunktion sind **periodische Funktionen** mit der Periode $2\,\pi$:
$\sin(x + 2\,\pi) = \sin(x)$ $\cos(x + 2\,\pi) = \cos(x)$
Allgemein gilt $\sin(x + k \cdot 2\,\pi) = \sin(x)$ und $\cos(x + k \cdot 2\,\pi) = \cos(x)$ für $k \in \mathbb{Z}$.

Der Graph der **Sinusfunktion** ist **punktsymmetrisch** zum Koordinatenursprung.
Für alle Winkelgrößen x gilt: $\sin(-x) = -\sin(x)$.
Der Graph der **Kosinusfunktion** ist **achsensymmetrisch** zur y-Achse.
Für alle Winkelgrößen x gilt: $\cos(-x) = \cos(x)$.

Die **Nullstellen der Sinusfunktion** liegen bei ganzzahligen Vielfachen von π:
$x = k \cdot \pi,\ k \in \mathbb{Z}$.
Die **Nullstellen der Kosinusfunktion** liegen bei ungeradzahligen Vielfachen von $\frac{\pi}{2}$:
$x = (2\,k + 1) \cdot \frac{\pi}{2},\ k \in \mathbb{Z}$.

Die Sinus- und die Kosinusfunktion sind für alle $x \in \mathbb{R}$ **differenzierbar** und es gilt:
$\sin'(x) = \cos(x)$ $\cos'(x) = -\sin(x)$ $\sin''(x) = -\sin(x)$ $\cos''(x) = -\cos(x)$.

Beide Funktionen haben wegen der Periodizität unendlich viele Hoch- und Tiefpunkte:

$y = \sin(x)$: $H\left(\frac{1}{2}\pi + k \cdot 2\,\pi \,|\, 1\right)$, $T\left(\frac{3}{2}\pi + k \cdot 2\,\pi \,|\, -1\right)$

$y = \cos(x)$: $H(k \cdot 2\,\pi \,|\, 1)$, $T(\pi + k \cdot 2\,\pi \,|\, -1) = ((2\,k + 1) \cdot \pi \,|\, -1)$

Die **Nullstellen** der Sinus- und Kosinusfunktion sind auch deren **Wendestellen**.

Den **Graphen** der Kosinusfunktion kann man durch Verschieben parallel zur x-Achse aus dem der Sinusfunktion erhalten. Beispielsweise gilt:

$\cos(x) = \sin\left(x + \frac{\pi}{2}\right)$ und umgekehrt: $\sin(x) = \cos\left(x - \frac{\pi}{2}\right)$.

Aus dem Graphen der Sinusfunktion mit $y = \sin(x)$ erhält man den Graphen zur **allgemeinen Sinusfunktion** mit $y = a \cdot \sin(b(x + c)) + d$ durch
(1) Strecken mit dem Faktor a parallel zur y-Achse;
(2) anschließendes Strecken mit dem Faktor $\frac{1}{b}$ parallel zur x-Achse;
(3) anschließendes Verschieben um |c| parallel zur x-Achse;
    wenn c < 0, wird nach rechts verschoben; wenn c > 0, wird nach links verschoben;
(4) anschließendes Verschieben um |d| parallel zur y-Achse;
    wenn d > 0, wird nach oben verschoben; wenn d < 0, wird nach unten verschoben.

Beispiele

(1) *Verschiebungen und Streckungen ablesen:*

Der Graph der Funktion f mit $f(x) = 3 \cdot \sin\left(2 \cdot \left(x - \frac{\pi}{4}\right)\right) - \frac{1}{2}$ entsteht aus dem Graphen der Sinusfunktion durch

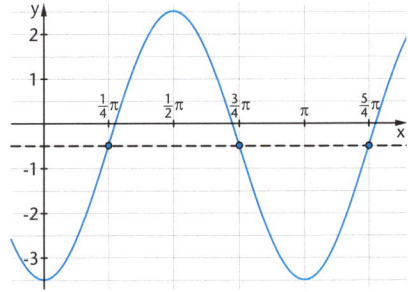

– Verschieben um $\frac{\pi}{4}$ nach rechts,

– Verschieben um $\frac{1}{2}$ nach unten,

– Strecken mit dem Faktor 3 in Richtung der y-Achse (dadurch wird die Auslenkung gegenüber der mittleren Lage verdreifacht) und

– Strecken mit dem Faktor 2 in Richtung der x-Achse (dadurch wird die Periodenlänge halbiert).

(2) *Funktionsgleichung einer allgemeinen Sinusfunktion ermitteln:*
Am Graphen der abgebildeten allgemeinen Sinusfunktion lesen wir ab:

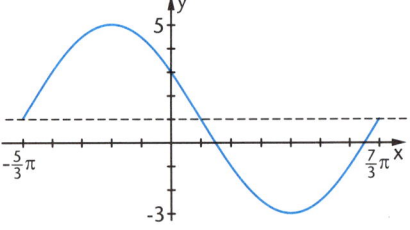

Verschiebung um $\frac{5\pi}{3}$ nach links, d. h. $c = \frac{5\pi}{3}$,

Verschiebung um 1 nach oben, d. h. $d = +1$.

Die Auslenkung gegenüber der mittleren Lage beträgt 4 Einheiten, d. h. der Graph ist mit dem Faktor 4 in Richtung der y-Achse gestreckt worden, d. h. $a = 4$.

Die Periodenlänge beträgt $p = 4\pi$, d. h. der Graph ist mit dem Faktor 2 in Richtung der x-Achse gestreckt worden, d. h. $b = \frac{1}{2}$.

Die Funktionsgleichung lautet also $f(x) = 4 \cdot \sin\left(\frac{1}{2} \cdot \left(x + \frac{5}{3}\pi\right)\right) + 1$.

(3) *Trigonometrische Gleichungen lösen:*

Eine trigonometrische Gleichung hat entweder keine Lösung oder unendlich viele Lösungen. *Beispiel 1*: Die Gleichung $2 \cdot \sin(3x) = 4$, also $\sin(3x) = 2$, hat keine Lösung, da der Wertebereich der Sinusfunktion nur das Intervall $[-1; +1]$ umfasst und also die Funktion mit $y = \sin(3x)$ nicht den Funktionswert 2 annehmen kann.

Beispiel 2: Die Gleichung $2 \cdot \sin(3x) = -1$, also $\sin(3x) = -\frac{1}{2}$, hat unendlich viele Lösungen, da eine Sinusfunktion unendlich oft den Funktionswert $y = -\frac{1}{2}$ annimmt.

Für das Intervall $[0\,;2\,\pi]$ gilt: $\sin\left(\frac{\pi}{6}\right) = \sin\left(\frac{5\pi}{6}\right) = \frac{1}{2}$ und $\sin\left(\frac{7\pi}{6}\right) = \sin\left(\frac{11\pi}{6}\right) = -\frac{1}{2}$,

allgemein für $k \in \mathbb{Z}$: $\sin\left(\frac{7\pi}{6} + k \cdot 2\,\pi\right) = \sin\left(\frac{11\pi}{6} + k \cdot 2\,\pi\right) = -\frac{1}{2}$.

Hieraus ergeben sich: $3x = \frac{7\pi}{6} + k \cdot 2\,\pi$, also $x = \frac{7\pi}{18} + k \cdot \frac{2}{3} \cdot \pi$ sowie $3x = \frac{11\pi}{6} + k \cdot 2\,\pi$, also $x = \frac{11\pi}{18} + k \cdot \frac{2}{3} \cdot \pi$.

Beispiel 3: Die Gleichung $2 \cdot \sin(3x) = 0{,}8$, also $\sin(3x) = 0{,}4$, kann analog mithilfe eines TR gelöst werden: Der TR liefert $\sin^{-1}(0{,}4) \approx 0{,}4115$; aus der Symmetrieeigenschaft des Sinus ergibt sich außerdem $\sin(\pi - 0{,}4115) = \sin(2{,}730) \approx 0{,}4$. Hieraus folgt analog zu Beispiel 2:

$x \approx 0{,}1372 + k \cdot \frac{2}{3} \cdot \pi$ sowie $x \approx 0{,}9100 + k \cdot \frac{2}{3} \cdot \pi$.

INFO Gebrochenrationale Funktionen

B11 <u>Nur LF</u>: **Eigenschaften von gebrochenrationalen Funktionen untersuchen**

Bei der Funktionsuntersuchung von gebrochenrationalen Funktionen müssen einige Besonderheiten beachtet werden, die wir im Folgenden ansprechen (hier also keine vollständige Untersuchung der Eigenschaften):

Definitionsbereich: Hat eine Funktion innerhalb eines Intervalls, auf dem sie ansonsten definiert ist, einzelne Stellen, an denen sie nicht definiert ist, so heißen diese Stellen

Definitionslücken: Bei Funktionen der Form $f(x) = \frac{z(x)}{n(x)}$, also Quotienten aus einer

Zählerfunktion $z(x)$ und einer Nennerfunktion $n(x)$, sind die Definitionslücken die Stellen, an denen die Nennerfunktion $n(x)$ gleich null wird. Hier gibt es folgende Möglichkeiten:

$z(x_0)$	$n(x_0)$	$f(x_0)$ (mit Bemerkungen)
$\neq 0$	$\neq 0$	$f(x_0) = \frac{z(x_0)}{n(x_0)}$ normaler Punkt
$\neq 0$	$= 0$	Polstelle
$= 0$	$\neq 0$	Nullstelle
$= 0$	$= 0$	überprüfen, ob die Definitionslücke bei x_0 hebbar ist; dies ist der Fall, wenn der $\lim\limits_{x \to x_0} f(x)$ existiert.

Polstellen: Die Definitionsmenge einer Quotientenfunktion hängt wesentlich von den Nullstellen der Nennerfunktion ab:
Ist die Nullstelle des Nennerfunktion nicht zugleich Nullstelle der Zählerfunktion, liegt an dieser Definitionslücke x_0 eine **Polstelle** vor.

Man unterscheidet **Polstellen mit** bzw. **ohne Vorzeichenwechsel** (VZW), je nachdem, ob die Teilgraphen links und rechts der Polgeraden nach oben oder nach unten ins Unendliche verlaufen (Schreibweise: $f(x) \to -\infty$ oder $f(x) \to +\infty$ für $x \to x_0$).
Gelegentlich werden Polgeraden auch als **senkrechte Asymptoten** bezeichnet.

Asymptoten:
Das Verhalten von f(x) für x → +∞ bzw. für x → −∞ wird durch das Verhalten von Zähler- und Nennerfunktion bestimmt. Falls eine Funktion a existiert, für die gilt:

$\lim\limits_{x \to -\infty} [f(x) - a(x)] = 0$ oder $\lim\limits_{x \to +\infty} [f(x) - a(x)] = 0$, dann wird der Graph von a als Asymp-

tote des Graphen von f bezeichnet. Anschaulich bedeutet die Grenzwerteigenschaft, dass sich der Graph der Funktion f dem Graphen der Funktion a für x → −∞ oder x → +∞ belie-big annähert.

Beispiele *zu Definitionslücken*

(1) *Polstelle ohne Vorzeichenwechsel:*

$f(x) = \dfrac{1}{(x+2)^2}$

Für x → −2, x < −2 und x > −2 gilt
f(x) → +∞.
Der Graph von f hat an der Stelle x = −2 eine Polstelle ohne Vorzeichenwechsel.

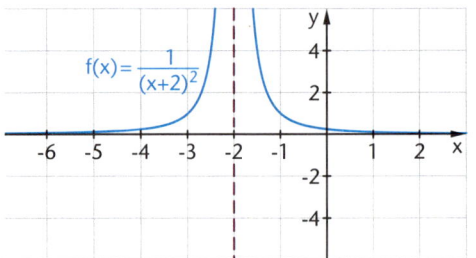

(2) *Polstelle mit Vorzeichenwechsel:*

$f(x) = \dfrac{e^x}{x+1}$

Für x → −1, x < −1 gilt: f(x) → −∞, für
x → −1, x > −1 gilt f(x) → +∞.
Der Graph von f hat an der Stelle x = −1 eine Polstelle mit Vorzeichenwechsel.

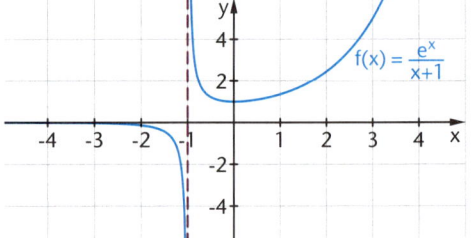

(3) *Hebbare Definitionslücke:*

$f(x) = \dfrac{x-1}{x^2-1}$

Für x ≠ 1 kann man den Funktionsterm umformen:

$f(x) = \dfrac{x-1}{(x+1)(x-1)} = \dfrac{1}{x+1}$.

Da $\lim\limits_{x \to 1} f(x) = \dfrac{1}{2}$, hat die Funktion f an der

Stelle x = +1 eine hebbare Definitionslücke.

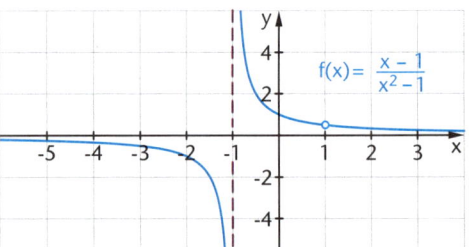

(4) *„Einseitige" Polstelle:*

$f_t(x) = \frac{t + \ln(x)}{x}$

Für $x \to 0$, $x > 0$ gilt $f_t(x) \to -\infty$.

Die Funktionen der Funktionenschar haben an der Stelle $x = 0$ eine „einseitige" Polstelle, da die Funktion nur für $x > 0$ definiert ist.

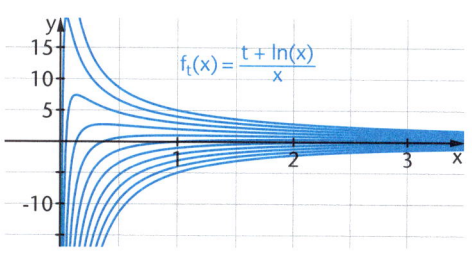

$f_t(x) = \frac{t + \ln(x)}{x}$

Beispiele *zu Asymptoten*

(1) *Senkrechte Asymptote:*

$f(x) = \frac{x-1}{x+2}$, $D_f = \mathbb{R} \setminus \{-2\}$,

Definitionslücke bei $x = -2$.
Für $x \to -2$ und $x < -2$ (Annäherung von links) strebt $f(x) \to \infty$ und für $x \to -2$ und $x > -2$ (Annäherung von rechts) strebt $f(x) \to -\infty$.
Der Graph von f hat an der Stelle $x = -2$ eine Polstelle mit VZW. Die durch $x = -2$ definierte Gerade ist eine senkrechte Asymptote. Die Parallele zur x-Achse mit $a(x) = 1$ ist eine waagerechte Asymptote.

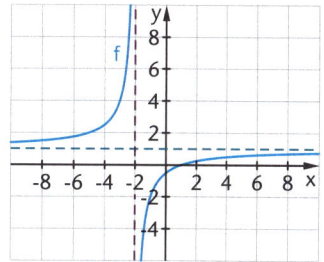

(2) *Waagerechte Asymptote:*

$f(x) = \frac{x+1}{x^2+2}$, $D_f = \mathbb{R}$.

Für $x \to \pm\infty$ strebt $f(x) \to 0$. Die x-Achse ist waagerechte Asymptote ($a(x) = 0$)

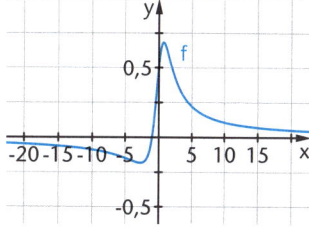

(3) *Schiefe Asymptote*:

$f(x) = \frac{2x^2 - 3x}{x-2}$, $D_f = \mathbb{R} \setminus \{+2\}$.

Nach Umformung erhält man $f(x) = 2x + 1 + \frac{2}{x-2}$.

Der Graph besitzt eine schiefe Asymptote mit der Gleichung $a(x) = 2x + 1$ sowie eine senkrechte Asymptote mit $x = 2$.

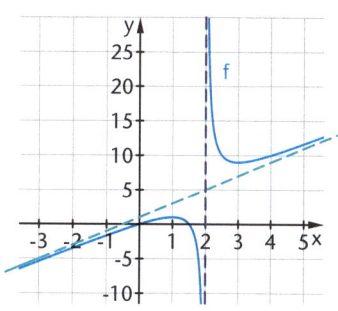

B12 <u>Nur LF:</u> **Eigenschaften von Wurzelfunktionen bestimmen**

Die Untersuchung der Eigenschaften von Wurzelfunktionen unterscheidet sich von der anderer Funktionstypen vor allem dadurch, dass ggf. eine Einschränkung der Definitionsmenge beachtet werden muss; außerdem kann es vorkommen, dass die Funktionen an den Rändern der Definitionsmenge nicht differenzierbar sind (man könnte dort eine Parallele zur y-Achse als Tangente einzeichnen, deren Steigung „unendlich" ist):

–   Wurzelfunktionen sind für alle diejenigen x definiert, für die der Radikand (Term, der unter dem Wurzelzeichen steht) nicht negativ ist,
–   an der Stelle oder den Stellen, an denen der Radikand den Wert null annimmt, ist die Wurzelfunktion nicht differenzierbar, denn beim Differenzieren einer Wurzelfunktion entsteht ein Bruchterm, dessen Nennerfunktion nicht null werden darf.

Beispiele *Differenzierbare Wurzelfunktionen*

(1) $f(x) = \sqrt{x} = x^{\frac{1}{2}}$, $D_f = \{x \mid x \geq 0\}$; f ist differenzierbar auf $D_f \setminus \{0\} = \{x \mid x > 0\}$ und es gilt

nach Potenzregel, vgl. **A1**: $f'(x) = \frac{1}{2} \cdot x^{-\frac{1}{2}} = \frac{1}{2\sqrt{x}}$.

(2) $f(x) = \sqrt{x^2 - 4x + 3}$, $D_f = \{x \mid x^2 - 4x + 3 \geq 0\} = \{x \mid x \leq +1 \ \lor \ x \geq +3\}$; f ist differenzierbar auf $D_f \setminus \{+1; +3\} = \{x \mid x < +1 \ \lor \ x > +3\}$ und es gilt nach Kettenregel, vgl. **A2**:

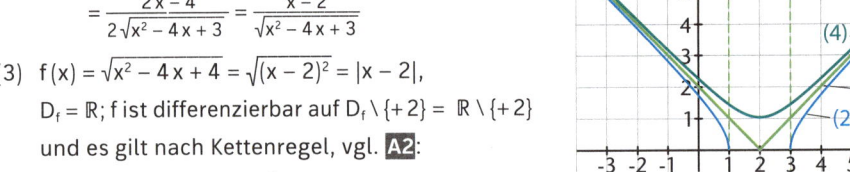

$f'(x) = \frac{1}{2} \cdot (x^2 - 4x + 3)^{-\frac{1}{2}} \cdot (2x - 4)$

$= \frac{2x - 4}{2\sqrt{x^2 - 4x + 3}} = \frac{x - 2}{\sqrt{x^2 - 4x + 3}}$.

(3) $f(x) = \sqrt{x^2 - 4x + 4} = \sqrt{(x-2)^2} = |x - 2|$,

$D_f = \mathbb{R}$; f ist differenzierbar auf $D_f \setminus \{+2\} = \mathbb{R} \setminus \{+2\}$

und es gilt nach Kettenregel, vgl. **A2**:

$f'(x) = \frac{1}{2} \cdot (x^2 - 4x + 4)^{-\frac{1}{2}} \cdot (2x - 4)$

$= \frac{2x - 4}{2\sqrt{x^2 - 4x + 4}} = \frac{x - 2}{\sqrt{x^2 - 4x + 4}} = \frac{x - 2}{|x - 2|}$; dabei ist $f'(x) = -1$ für $x < +2$ und $f'(x) = +1$ für

$x > +2$, vgl. Abbildung.

(4) $f(x) = \sqrt{x^2 - 4x + 5}$, $D_f = \{x \mid x^2 - 4x + 5 \geq 0\} = \{x \mid (x-2)^2 + 1 \geq 0\} = \mathbb{R}$;

f ist differenzierbar auf $D_f = \mathbb{R}$ und es gilt nach Kettenregel, vgl. **A2**:

$f'(x) = \frac{1}{2} \cdot (x^2 - 4x + 5)^{-\frac{1}{2}} \cdot (2x - 4) = \frac{2x - 4}{2\sqrt{x^2 - 4x + 5}} = \frac{x - 2}{\sqrt{x^2 - 4x + 5}}$.

(5) $f(x) = \sqrt{x \cdot (4 - x)}$, $D_f = \{x \mid x \cdot (4 - x) \geq 0\} = \{x \mid 0 \leq x \leq +4\}$; f ist differenzierbar auf $D_f \setminus \{0; +4\} = \{x \mid 0 < x < +4\}$ und es gilt nach Kettenregel, vgl. **A2**:

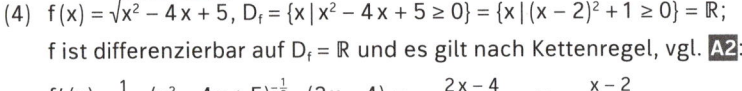

$f'(x) = \frac{1}{2} \cdot (x \cdot (4 - x))^{-\frac{1}{2}} \cdot (4 - 2x)$

$= \frac{4 - 2x}{2\sqrt{x \cdot (4 - x)}} = \frac{2 - x}{\sqrt{x \cdot (4 - x)}}$.

(6) $f(x) = \sqrt{4 - x^2}$, $D_f = \{x \mid 4 - x^2 \geq 0\} = \{x \mid -2 \leq x \leq +2\}$; f ist differenzierbar auf

$D_f \setminus \{-2; +2\} = \{x \mid -2 < x < +2\}$ und es gilt nach Kettenregel, vgl. **A2**:

$f'(x) = \frac{1}{2} \cdot (4 - x^2)^{-\frac{1}{2}} \cdot (-2x) = \frac{-2x}{2\sqrt{4 - x^2}} = -\frac{x}{\sqrt{4 - x^2}}$.

INFO Umkehrfunktion

B13 <u>Nur LF:</u> **Überprüfen, ob eine Funktion umkehrbar ist, und den Funktionsterm der Umkehrfunktion herleiten**

Eine Funktion f mit $y = f(x)$ ist (auf einem Intervall) **umkehrbar**, wenn nicht nur jedem x-Wert eindeutig ein y-Wert zugeordnet werden kann, sondern auch umgekehrt jedem Funktionswert der Funktion f auch eindeutig ein x-Wert. Diese Zuordnung wird dann durch die **Umkehrfunktion** f^{-1} beschrieben.

Den Funktionsterm der Umkehrfunktion f^{-1} erhält man, indem man im Funktionsterm von f die Variablen x und y vertauscht und diesen Term dann nach y auflöst.

Die Wertetabelle von f^{-1} erhält man durch Vertauschen der Spalten der Wertetabelle von f, den Graphen von f^{-1} durch Spiegelung des Graphen von f an der Geraden mit $y = x$. Beim Übergang von einer Funktion f zu ihrer Umkehrfunktion f^{-1} werden auch Definitionsmenge und Wertemenge vertauscht: $D_{f^{-1}} = W_f$ und $W_{f^{-1}} = D_f$.

Die Eigenschaft der Umkehrbarkeit ist auf jeden Fall gewährleistet, wenn der Graph der Funktion auf einem Intervall streng monoton steigend oder streng monoton fallend ist.

Beispiel 1

Der Graph der Funktion f mit $f(x) = x^2 + 1$ ist für $x \geq 0$ streng monoton steigend und daher dort umkehrbar.
Es gilt: $D_f = [0 ; +\infty[$ und $W_f = [1 ; +\infty[$.

Den Funktionsterm der Umkehrfunktion f^{-1} erhält man durch folgende Schritte:
- Vertauschen der Variablen in der gegebenen Funktionsgleichung:
  $y = x^2 + 1 \rightarrow x = y^2 + 1$
- Auflösen der Funktionsgleichung nach y:
  $x = y^2 + 1 \Leftrightarrow x - 1 = y^2 \Leftrightarrow y = \sqrt{x - 1}$

Für die Umkehrfunktion f^{-1} gilt:
$D_{f^{-1}} = [1 ; +\infty[$ und $W_{f^{-1}} = [0 ; +\infty[$

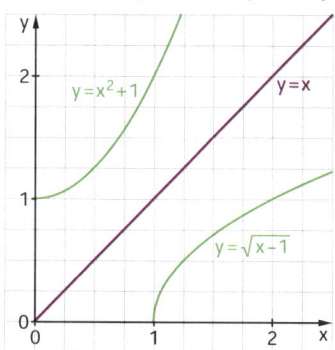

Beispiel 2

Der Graph der Funktion f mit $f(x) = \dfrac{3}{1 + 2e^{-x}}$ ist für alle $x \in \mathbb{R}$ streng monoton steigend (Nachweis mithilfe der 1. Ableitung) und daher dort umkehrbar.
Es gilt: $D_f = \mathbb{R}$ und $W_f =]0 ; +3[$.

Den Funktionsterm der Umkehrfunktion f^{-1} erhält man durch folgende Schritte:
- Vertauschen der Variablen in der gegebenen Funktionsgleichung:

  $y = \dfrac{3}{1 + 2e^{-x}} \rightarrow x = \dfrac{3}{1 + 2e^{-y}}$

- Auflösen der Funktionsgleichung nach y:

  $x = \dfrac{3}{1 + 2e^{-y}} \Leftrightarrow x + 2xe^{-y} = 3 \Leftrightarrow e^{-y} = \dfrac{3 - x}{2x}$

  $\Leftrightarrow e^y = \dfrac{2x}{3 - x} \Leftrightarrow y = \ln\left(\dfrac{2x}{3 - x}\right)$

Für die Umkehrfunktion f^{-1} gilt:
$D_{f^{-1}} =]0 ; +3[$ und $W_{f^{-1}} = \mathbb{R}$.

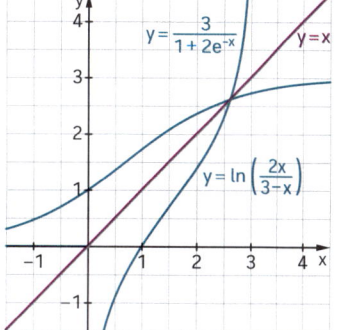

C Mathematische Modellierungen mithilfe der Differenzialrechnung

INFO Ganzrationale Funktionen bestimmen

C1 **Ganzrationale Funktionen mit vorgegebenen Eigenschaften bestimmen (auch in Sachzusammenhängen, z. B. bei Trassierungen)**

Zur Bestimmung einer **ganzrationalen Funktion** f vom Grad n sind (n + 1) Bedingungen an die gesuchte Funktion erforderlich. Diese können in einer Grafik dargestellt, in einem Text verdeutlicht oder auch schon in Form von Gleichungen formuliert sein.

Vorgehensweise:
1. Setzen Sie an mit einem Funktionsterm, der variable Koeffizienten a, b, c, ... enthält. Der Grad der Funktion muss dabei um eins niedriger gewählt werden als die Anzahl der bekannten Bedingungen.
   Falls 5 Bedingungen bekannt sind, lautet der Ansatz: $f(x) = a x^4 + b x^3 + c x^2 + d x + e$
2. Stellen Sie die gegebenen Bedingungen als Gleichungen mit den Termen $f(x)$, $f'(x)$, $f''(x)$, ... dar.
3. Notieren Sie daraus ein Gleichungssystem mit n + 1 Gleichungen zur Bestimmung der n + 1 unbekannten Koeffizienten a, b, c, ...
4. Lösen Sie das Gleichungssystem und setzen Sie die gefundene Lösung in den Funktionsterm $f(x)$ ein.
5. Prüfen Sie das Ergebnis auch an eventuell vorliegenden hinreichenden Bedingungen z. B. für Hoch-, Tief- oder Wendepunkte.

Falls bekannt ist, dass der Graph der gesuchten Funktion achsensymmetrisch zur y-Achse [punktsymmetrisch zum Ursprung] ist, enthält der Funktionsterm nur Summanden mit geraden [ungeraden] Potenzen von x. Dies sollte bereits beim Ansatz berücksichtigt werden, da sich dadurch das Gleichungssystem deutlich vereinfacht.

Beispiele

(1) *Quadratische Parabel:*

Die Punkte A (0|3), B (2|5) und C (6|−3) liegen auf einer quadratischen Parabel.
Zur Bestimmung des Funktionsterms der zugehörigen quadratischen Funktion dient der Ansatz $f(x) = a x^2 + b x + c$ mit a, b, c ∈ ℝ. Aus den Bedingungen $f(0) = 3$, $f(2) = 5$ und $f(6) = −3$ folgt das Gleichungssystem:

$$\begin{vmatrix} & & c = 3 \\ 4a + 2b + c = 5 \\ 36a + 6b + c = -3 \end{vmatrix} \Leftrightarrow \begin{vmatrix} & & c = 3 \\ 4a + 2b = 2 \\ 36a + 6b = -6 \end{vmatrix} \Leftrightarrow \begin{vmatrix} & & c = 3 \\ 2a + b = 1 \\ 6a + b = -1 \end{vmatrix} \Leftrightarrow \begin{vmatrix} & & c = 3 \\ 2a + b = 1 \\ 4a \quad = -2 \end{vmatrix} \Leftrightarrow \begin{vmatrix} & c = 3 \\ -1 + b = 1 \\ a = -\frac{1}{2} \end{vmatrix} \Leftrightarrow \begin{vmatrix} c = 3 \\ b = 2 \\ a = -\frac{1}{2} \end{vmatrix}$$

Also lautet das Ergebnis $f(x) = -\frac{1}{2} x^2 + 2 x + 3$.

Wurde der Funktionsterm wie hier so bestimmt, dass der Graph durch gegebene Punkte verlaufen soll, so bezeichnet man den Term auch als Stützstellenpolynom.

(2) *Ganzrationale Funktion 4. Grades:*

Der Graph einer ganzrationalen Funktion 4. Grades soll symmetrisch zur y-Achse sein und diese im Punkt $A(0|-2)$ schneiden. Weiterhin soll $H(2|4)$ ein Hochpunkt sein.
Da sich aus diesen Vorgaben drei Bedingungen ergeben und aufgrund der Symmetrie wird $f(x) = ax^4 + bx^2 + c$ als Ansatz gewählt.

Aus den Bedingungen $f(0) = -2 \wedge f(2) = 4 \wedge f'(2) = 0$ ergibt sich mit $f'(x) = 4ax^3 + 2bx$ das Gleichungssystem:

$$\begin{vmatrix} & c = -2 \\ 16a + 4b + c = 4 \\ 32a + 4b = 0 \end{vmatrix} \Leftrightarrow \begin{vmatrix} & c = -2 \\ 16a + 4b = 6 \\ 32a + 4b = 0 \end{vmatrix} \Leftrightarrow \begin{vmatrix} & c = -2 \\ 16a + 4b = 6 \\ 16a = -6 \end{vmatrix} \Leftrightarrow \begin{vmatrix} & c = -2 \\ -6 + 4b = 6 \\ a = -\frac{3}{8} \end{vmatrix} \Leftrightarrow \begin{vmatrix} c = -2 \\ b = 3 \\ a = -\frac{3}{8} \end{vmatrix}$$

Also lautet das Ergebnis $f(x) = -\frac{3}{8}x^4 + 3x^2 - 2$.

Da mit $f''(x) = -\frac{9}{2}x^2 + 6$ außerdem auch $f''(2) = -12 < 0$, ist H tatsächlich ein Hochpunkt.

(3) *Ganzrationale Funktion 3. Grades – knickfreier Übergang:*

Die beiden dargestellten Straßenabschnitte sollen so miteinander verbunden werden, dass sich an den Anschlussstellen keine Knicke ergeben. Zunächst wird ein geeignetes Koordinatensystem festgelegt. Dabei entspricht 1 Längeneinheit 100 m in der Natur. Da sich aus den Vorgaben vier Bedingungen ergeben, kann eine ganzrationale Funktion dritten Grades als Ansatz gewählt werden: $f(x) = ax^3 + bx^2 + cx + d$.

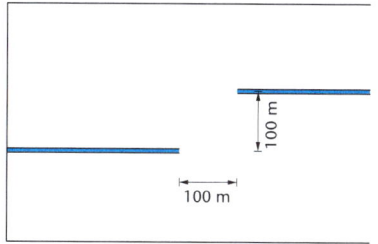

Die Bedingungen $f(0) = 0 \wedge f(1) = 1 \wedge f'(0) = 0 \wedge f'(1) = 0$ führen mit $f'(x) = 3ax^2 + 2bx + c$ zum Gleichungssystem:

$$\begin{vmatrix} & d = 0 \\ a + b + c + d = 1 \\ c = 0 \\ 3a + 2b + c = 0 \end{vmatrix} \Leftrightarrow \begin{vmatrix} & d = 0 \\ a + b = 1 \\ c = 0 \\ 3a + 2b = 0 \end{vmatrix} \Leftrightarrow \begin{vmatrix} d = 0 \\ a + b = 1 \\ c = 0 \\ a = -2 \end{vmatrix} \Leftrightarrow \begin{vmatrix} d = 0 \\ b = 3 \\ c = 0 \\ a = -2 \end{vmatrix}$$

Lösung: $a = -2 \wedge b = 3 \wedge c = d = 0$.

Also kann der neue Straßenabschnitt für $0 \le x \le 1$ mit $f(x) = -2x^3 + 3x^2$ beschrieben werden.

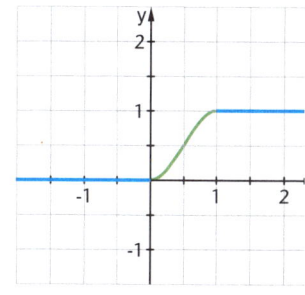

INFO Exponentialfunktionen bestimmen

C2 **Exponentialfunktionen aus gegebenen Bedingungen bestimmen**

„Einfache" Exponentialfunktionen, mit deren Hilfe beispielsweise Wachstumsprozesse modelliert werden können, sind vom Typ $f(x) = a \cdot e^{bx}$.

Funktionen dieses Typs sind durch die Angabe von zwei Eigenschaften, z. B. von zwei Punkten, eindeutig bestimmt.

Beispiele

(1) *vorgegebene Punkte:*

Gesucht ist eine Exponentialfunktion f vom Typ $f(x) = a \cdot e^{bx}$, deren Graph durch die Punkte $(0|3)$ und $(5|2)$ verläuft.

Aus den Koordinaten der Punkte ergeben sich die Bedingungen
(I) $3 = a \cdot e^0 = a \cdot 1 = a$ und (II) $2 = a \cdot e^{5b}$.

Einsetzen von $a = 3$ aus (I) in (II) ergibt: $2 = 3 \cdot e^{5b}$,

also $\frac{2}{3} = e^{5b} \Leftrightarrow 5b = \ln\left(\frac{2}{3}\right) \Leftrightarrow b = \frac{1}{5} \cdot \ln\left(\frac{2}{3}\right) \approx -0{,}081$.

Die Funktion f mit $f(x) = 3 \cdot e^{-0{,}081x}$ erfüllt also die geforderten Bedingungen.

(2) *vorgegebene Punktkoordinaten und Steigung:*

Gesucht ist eine Exponentialfunktion f vom Typ $f(x) = a \cdot e^{bx}$, deren Graph im Punkt $(2|1)$ die Steigung 3 hat.

Wegen $f(x) = a \cdot e^{bx}$ und $f'(x) = a \cdot b \cdot e^{bx}$ ergeben sich die Bedingungen:
(I) $1 = a \cdot e^{2b}$ und (II) $3 = a \cdot b \cdot e^{2b}$.

Einsetzen von (I) in (II) ergibt: $3 = a \cdot b \cdot e^{2b} = b \cdot (a \cdot e^{2b}) = b \cdot 1 = b$,
also aus (I): $1 = a \cdot e^6 \Leftrightarrow a = e^{-6}$.

Die Funktion f mit $f(x) = e^{-6} \cdot e^{3x} = 0{,}002479 \cdot e^{3x}$ erfüllt also die geforderten Bedingungen.

Entsprechend benötigt man für die Bestimmung von Funktionen, mit deren Hilfe beschränkte Wachstumsprozesse modelliert werden können, also Funktionen f vom Typ $f(x) = c - a \cdot e^{bx}$, die Vorgabe von drei Eigenschaften, um die Koeffizienten a, b, c zu berechnen.

INFO Wachstumsmodelle

 In Anwendungen ein passendes Modell für das exponentielle oder das beschränkte Wachstum aufstellen, seine Tragfähigkeit untersuchen und Schlussfolgerungen im Sachzusammenhang interpretieren sowie Verdopplungs- und Halbwertszeiten berechnen

Wachstums- und Abnahmeprozesse lassen sich durch Exponentialfunktionen beschreiben.

Beim **exponentiellen Wachstum** ändert sich der Bestand in gleichen Zeitintervallen immer mit demselben Faktor, d.h. die Änderungsrate ist stets derselbe Anteil des vorhandenen Bestandes.

$B(t) = B(0) \cdot e^{k \cdot t}$ ($B(0)$ ist der Bestand zur Zeit $t = 0$).

Bei einem (positiven) exponentiellen Wachstum heißt die Zeitdauer, in der sich der Bestand verdoppelt, **Verdopplungszeit**.
Bei einem exponentiellen Zerfall heißt die Zeitdauer, in der sich der Bestand halbiert, **Halbwertszeit**.

Der Ansatz zur Berechnung lautet bei der
Verdopplungszeit   *Halbwertszeit*

$B(t) = 2 \cdot B(0)$ $B(t) = \frac{1}{2} \cdot B(0)$

In der Realität wird es immer eine Grenze für das Wachstum geben, diese wird als **Sättigungsgrenze** S bezeichnet.

Von einem **beschränkten Wachstum** spricht man, wenn die Änderungsrate stets derselbe Anteil von der Differenz von der Sättigungsgrenze S und dem augenblicklichen Bestand $B(t)$ ist

$B(t) = S + [B(0) - S] \cdot e^{-k \cdot t}$.

Beim beschränkten Wachstum ist die Parallele zur x-Achse mit $y = S$ (Sättigungsgrenze) eine Asymptote für die Wachstumsfunktion.

Beispiele

(1) *Abnahmeprozess:*
   Der Luftdruck nimmt mit größer werdendem Abstand zur Erdoberfläche ab, und zwar um 12 % je 1000 m. Zur Zeit ist der Luftdruck auf Meereshöhe 1018 mbar. Welcher Luftdruck herrscht in 6000 m Höhe?

   $B(6) = B(0) \cdot 0{,}88^6 = 1018 \cdot 0{,}88^6 \approx 473$ mbar.
   Man kann dies auch so notieren: $B(6) = B(0) \cdot e^{6 \cdot \ln(0{,}88)} = 1018 \cdot 0{,}4644 \approx 473$ mbar.

(2) *Wachstumsprozess:*
   Ein Anfangsbestand $B(0)$ von Bakterien erhöht sich täglich um 10 %. Den Funktionsterm erhält man aus folgenden Bedingungen:

   Bakterienbestand nach dem 1. Tag: $B(1) = B(0) \cdot 1{,}1$;
   nach dem 2. Tag: $B(2) = B(0) \cdot 1{,}1^2$;
   nach dem n-ten Tag: $B(n) = B(0) \cdot 1{,}1^n$;

   also: $B(t) = B(0) \cdot 1{,}1^t$.

Will man diese Formel in der Form $B(t) = B(0) \cdot e^{k \cdot t}$ schreiben, lässt sich k aus der Gleichsetzung $1,1^t = e^{k \cdot t}$ gewinnen:

$1,1^t = e^{k \cdot t} \Leftrightarrow \ln(1,1^t) = \ln(e^{k \cdot t}) \Leftrightarrow t \cdot \ln(1,1) = k \cdot t \Leftrightarrow k = \ln(1,1) \approx 0,095$.

Man kann deshalb auch wie folgt notieren:
$B(t) = B(0) \cdot e^{\ln(1,1) \cdot t} = B(0) \cdot e^{0,095\,t}$.

(3) *Verdopplungszeitpunkt:*

Zu Beginn des Jahres 2000 hatte Indien etwa 1 Milliarde Einwohner. Es wird angenommen, dass das jährliche Bevölkerungswachstum 1,4 % beträgt. In welchem Zeitraum verdoppelt sich die Bevölkerungszahl (sofern die Wachstumsrate gleich bleibt)?

Der Wachstumsprozess kann modelliert werden mithilfe von
$B(t) = 1,014^t = e^{\ln(1,014) \cdot t} = e^{0,0139 \cdot t}$,
wobei t die Zeit in Jahren ab dem Jahr 2000 angibt.
Verdopplungszeit aus $B(t) = 1 \cdot e^{\ln(1,014) \cdot t} = 2 \cdot B(0)$.

Lösung der Exponentialgleichung $1,014^t = 2$ durch Logarithmieren:

$1,014^t = 2 \Leftrightarrow t \cdot \ln(1,014) = \ln(2) \Leftrightarrow t = \dfrac{\ln(2)}{\ln(1,014)} \approx 49,9$, d. h. nach etwa 50 Jahren wird sich

die indische Bevölkerung verdoppelt haben (sofern Wachstumrate unverändert).

(4) *Halbierungszeitpunkt:*

Wann ist ein Auto mit 30 000 € Neuwert bei einem jährlichen Wertverlust von 20 % nur noch die Hälfte wert?

Der Abnahmeprozess wird modelliert mithilfe von
$B(t) = 30\,000 \cdot 0,8^t = 30\,000 \cdot e^{\ln(0,8) \cdot t} = 30\,000 \cdot e^{-0,223 \cdot t}$
(wobei t die Zeit in Jahren nach dem Neukauf angibt).
Ansatz: $B(t) = \frac{1}{2} \cdot B(0) \Leftrightarrow 15\,000 = 30\,000 \cdot e^{\ln(0,8) \cdot t} \Leftrightarrow \frac{1}{2} = e^{\ln(0,8) \cdot t} \Leftrightarrow t = \dfrac{\ln\left(\frac{1}{2}\right)}{\ln(0,8)} = 3,1$.

Nach etwas mehr als 3 Jahren besitzt das Fahrzeug nur noch den halben Wert.

(5) *beschränktes Wachstum:*

In einer Minute kühlt sich eine warme Flüssigkeit um etwa 20 % der Differenz zur Raumtemperatur ab. Die aktuelle Raumtemperatur beträgt 20°.
Nach welcher Zeit ist ein 90 °C heißer Kaffee auf 50 °C abgekühlt?

Es ist $T(t) = 20 + [90 - 20] \cdot 0,8^t$, also wegen $\ln(0,8) \approx -0,223$: $T(t) = 20 + 70 \cdot e^{-0,223\,t}$.

Aus $50 = 20 + 70 \cdot e^{-0,223\,t}$ folgt: $\frac{3}{7} = e^{-0,223\,t}$, also

$\ln\left(\frac{3}{7}\right) = -0,223\,t$ und $t = 3,8$ (nach ca. 3,8 min ist der Kaffee auf 50 °C abgekühlt).

INFO Extremwertaufgaben

C4 **Extremwertaufgaben mit Nebenbedingungen innermathematisch und in Sachzusammenhängen lösen**

Folgende Schritte sind zu beachten:

- Alle wichtigen Größen sind zu benennen. Für die Größe, für die ein Extremum (Maximum oder Minimum) zu bestimmen ist (sogenannte Extremalgröße), muss eine Gleichung aufgestellt werden. Die durch die Gleichung bestimmte Zielfunktion enthält i. A. noch mehrere Variablen.
- Eine Nebenbedingung wird aufgestellt; diese gibt an, wie die auftretenden Variablen voneinander abhängen. Diese Nebenbedingung wird so in den Funktionsterm der Zielfunktion eingesetzt, dass im Funktionsterm nur noch die eine Variable vorkommt, deren Extremum gesucht wird.
- Von dieser Zielfunktion werden die lokalen Extremstellen und die zugehörigen Funktionswerte bestimmt
- Ist der Definitionsbereich eingeschränkt, müssen auch die Funktionswerte an den Rändern berechnet und mit den Funktionswerten der lokalen Extremstellen verglichen werden.
- Wenn so der Extremwert für die betrachtete Extremalgröße gefunden ist, müssen noch alle im ersten Ansatz aufgetretenen Größen berechnet werden.

Beispiele

(1) *Maximaler Flächeninhalt:* $P(x \mid y)$ sei ein beliebiger Punkt des Graphen der Funktion f mit $f(x) = -\frac{1}{2}x^2 + 2$, der oberhalb der x-Achse liegt.

Die Parallele zur y-Achse durch den Punkt P, die x-Achse und die Gerade, die durch $A(-2 \mid 0)$ und P verläuft, bestimmen ein Dreieck. Für welche Lage des Punktes P ist der Flächeninhalt des Dreiecks maximal?

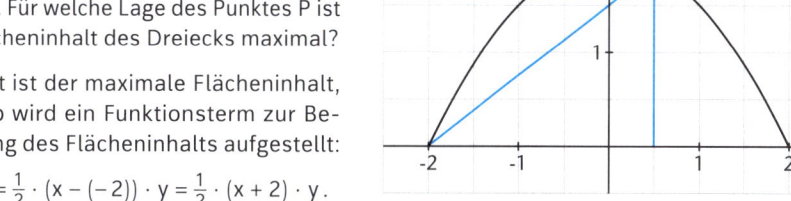

Gesucht ist der maximale Flächeninhalt, deshalb wird ein Funktionsterm zur Berechnung des Flächeninhalts aufgestellt:

$A(x, y) = \frac{1}{2} \cdot (x - (-2)) \cdot y = \frac{1}{2} \cdot (x + 2) \cdot y$.

Die Nebenbedingung „P ist Punkt des Graphen" liefert $y = -\frac{1}{2}x^2 + 2$.

Diese Bedingung für y wird in den Term der Zielfunktion eingesetzt:
$A(x) = \frac{1}{2} \cdot (x + 2) \cdot (-\frac{1}{2}x^2 + 2) = -\frac{1}{4}x^3 - \frac{1}{2}x^2 + x + 2$.

Definitionsbereich der Zielfunktion: $-2 \le x \le 2$ (der Einfachheit halber werden die beiden Randstellen mit hinzugenommen).

Von dieser Funktion wird das lokale Extremum bestimmt:
$A'(x) = -\frac{3}{4}x^2 - x + 1$; $A'(x) = 0 \Leftrightarrow x = \frac{2}{3} \lor x = -2$

Für $x = -2$ liegt der Punkt P auf der x-Achse. $A''(x) = -\frac{3}{2}x - 1$; $A''\left(\frac{2}{3}\right) = -2 < 0$;

an der Stelle $x = \frac{2}{3}$ hat die Zielfunktion also ein lokales Maximum. An den Rändern der

Definitionsmenge (= Nullstellen der Funktion f) ist der Flächeninhalt des Dreiecks gleich null.

Daher ist für $x = \frac{2}{3}$ und $y = f\left(\frac{2}{3}\right) = \frac{16}{9}$ das Dreieck mit dem größten Flächeninhalt gegeben.

Der maximale Flächeninhalt ist: $A\left(\frac{2}{3}\right) = \frac{64}{27}$ FE. $\approx 2{,}37$ FE.

(2) *Maximales Volumen:* Aus einem DIN-A4-Blatt soll eine offene Schachtel mit möglichst großem Volumen gebastelt werden. (Die Klebefalze können vernachlässigt werden.)

Bezeichnen wir die Länge der offenen Schachtel mit a, die Breite mit b und die Höhe mit h, dann ergibt sich das Volumen gemäß der Formel: $V(a, b, h) = a \cdot b \cdot h$.

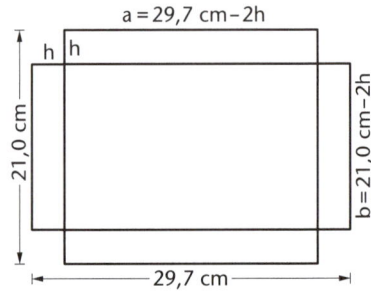

Die Schachtel entsteht durch das Aufklappen von rechteckigen Streifen der Höhe h. Aus dem Sachzusammenhang ergibt sich, dass diese Höhe h größer sein muss als null, aber kleiner als die halbe Breite des DIN-A4-Blattes, d. h. 0 cm < h < 10,5 cm.

Durch die Länge des DIN-A4-Blattes (29,7 cm) wird auch die Länge der Schachtel begrenzt; daher gilt die erste Nebenbedingung: $a = 29{,}7 - 2\,h$.

Durch die Breite des DIN-A4-Blattes (21,0 cm) wird auch die Breite der Schachtel begrenzt; daher gilt die zweite Nebenbedingung: $b = 21{,}0 - 2\,h$.

Wenn wir diese beiden Bedingungen in den o. a. Term $V(a, b, h)$ einsetzen, erhalten wir die Zielfunktion $V(h) = (29{,}7 - 2\,h) \cdot (21{,}0 - 2\,h) \cdot h = 4\,h^3 - 101{,}4\,h^2 + 623{,}7\,h$, wobei $0 \leq h \leq 10{,}5$ (der Einfachheit halber werden die beiden Randstellen mit hinzugenommen).

Um das Maximum dieser Funktion zu bestimmen, bilden wir die 1. Ableitung:
$V'(h) = 12\,h^2 - 202{,}8\,h + 623{,}7$.

Die quadratische Gleichung $V'(h) = 0$ hat zwei Lösungen:
$h_1 \approx 4{,}04$ und $h_2 \approx 12{,}86$.

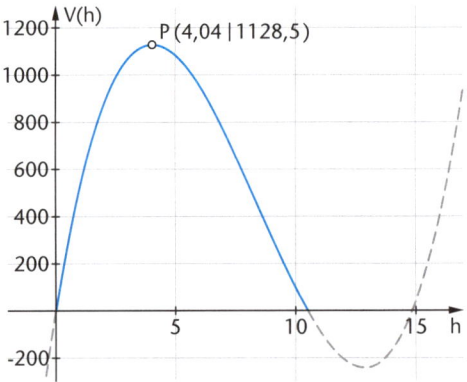

Die zweite Lösung entfällt im Sachzusammenhang, stellt sich aber auch als Tiefpunkt heraus, wenn man die hinreichenden Kriterien untersucht oder den Graphen insgesamt betrachtet.

Das maximal erreichbare Volumen der offenen Schachtel beträgt

$V(h_{max}) = V(4{,}04) \approx 1128{,}5$ cm^3.

D Integralrechnung

INFO Stammfunktionen

D1 **Stammfunktionen zu Grundtypen von Funktionen bestimmen und den Hauptsatz der Differenzial- und Integralrechnung (HDI) zur Berechnung bestimmter Integrale anwenden**

Jede differenzierbare Funktion F mit $F'(x) = f(x)$ für alle $x \in D_f$ heißt **Stammfunktion** von f.

Der Nachweis hierfür erfolgt, indem man die angegebene Stammfunktion ableitet.
Das Bilden von Stammfunktionen ist nicht eindeutig, da die Konstante beim Ableiten wegfällt (vgl. Beispiel). In der folgenden Tabelle kann daher zu jeder angegebenen Stammfunktion auch eine beliebige Konstante addiert werden.

f(x)	c	x^n für $n \neq -1$	$\frac{1}{x}$ $D_f = \mathbb{R} \setminus \{0\}$	$\sqrt{x}$ $D_f = \mathbb{R}^+$	e^x	$\ln(x)$	$\sin(x)$	$\cos(x)$
F(x) mit $F'(x) = f(x)$	$c\,x$	$\frac{1}{n+1}x^{n+1}$	$\ln(|x|)$	$\frac{2}{3}x^{\frac{3}{2}}$	e^x	$x \cdot \ln(x) - x$	$-\cos(x)$	$\sin(x)$

Integralfunktion:
Gegeben sei eine Funktion f in einem Intervall J und $a \in J$.

Dann heißt die Funktion I_a mit

$$I_a(x) = \int_a^x f(t)\,dt$$

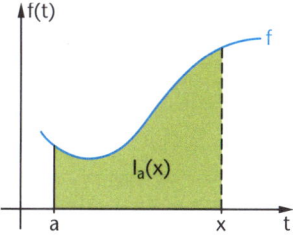

Integralfunktion von f mit unterer Grenze a. Die Funktion f wird hier auch als Integrandenfunktion bezeichnet.

Hauptsatz der Differenzial- und Integralrechnung:
Wenn die Integrandenfunktion f stetig auf dem Intervall J ist, dann ist die Integralfunktion I_a sogar differenzierbar, und es gilt: $I_a'(x) = f(x)$
In Worten: Die Ableitung der Integralfunktion ergibt die Integrandenfunktion.

Man kann also zu jeder stetigen Funktion f eine Stammfunktion angeben – ggf. in der Form als Integralfunktion.

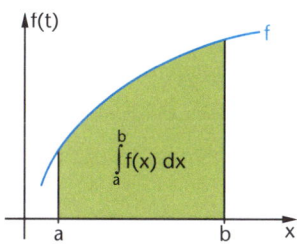

Folgerung aus dem Hauptsatz:
Ist die Funktion f auf einem Intervall J stetig und F eine beliebige Stammfunktion von f, so gilt für alle $a, b \in J$:

$$\int_a^b f(x)\,dx = F(b) - F(a)$$

Beispiele

(1) *Nachweis einer Stammfunktion:*

Zum Nachweis, dass $F(x) = (x-1) \cdot e^x$ eine Stammfunktion für $f(x) = x \cdot e^x$ ist, wird die Ableitung von F gemäß Produktregel gebildet:

$F'(x) = 1 \cdot e^x + (x-1) \cdot e^x = e^x + x \cdot e^x - e^x = x \cdot e^x = f(x)$.

(2) *Bestimmung von Stammfunktionen:*

- Zu $f(x) = 5x^4 - 8x^3 + 3x^2 - 6x + 3$ erhält man eine Stammfunktion mit $F(x) = x^5 - 2x^4 + x^3 - 3x^2 + 3x$. Dabei wird der Exponent von x um eins erhöht und der entsprechende Summand mit dem Kehrwert des neuen Exponenten multipliziert.

- Zu $f(x) = 4 \cdot e^{2x+1}$ erhält man eine Stammfunktion mit $F(x) = 4 \cdot \frac{1}{2} \cdot e^{2x+1} = 2 \cdot e^{2x+1}$. Da beim Ableiten von F mit der inneren Ableitung multipliziert wird, muss hier im Funktionsterm der Stammfunktion der Faktor $\frac{1}{2}$ ergänzt werden.

- Eine Stammfunktion zu $f(x) = \sin\left(\frac{1}{2}x + \pi\right)$ ist $F(x) = -2 \cdot \cos\left(\frac{1}{2}x + \pi\right)$.

Allgemeine Regel (sog. lineare Substitution): Allgemein gilt für geschachtelte Funktionen:

Ist F eine Stammfunktion für eine Funktion f, dann ist $\frac{1}{a} \cdot F(ax + b)$ eine Stammfunktion für $f(ax + b)$.

(3) *Berechnung bestimmter Integrale:*

Zur Berechnung bestimmter Integrale muss zunächst eine Stammfunktion zur Integrandenfunktion bestimmt werden. In diese wird dann zuerst die obere Integrationsgrenze und dann die untere Integrationsgrenze eingesetzt. Der Wert des bestimmten Integrals ist dann die Differenz der beiden Einsetzungen.

(3.1) $\displaystyle\int_1^2 (3x^2 - 1)\, dx = \left[x^3 - x\right]_1^2 = (2^3 - 2) - (1^3 - 1) = 6$

(3.2) $\displaystyle\int_{-1}^3 (2x - 1)^2\, dx = \left[\frac{1}{6}(2x - 1)^3\right]_{-1}^3 = 25\frac{1}{3}$

(3.3) $\displaystyle\int_0^1 (2 - e^{-x})\, dx = \left[2x + e^{-x}\right]_0^1 = (2 + e^{-1}) - (0 + e^{-0}) = 1 + \frac{1}{e}$

Hinweis: Die Stammfunktionen zu Beispiel (3.2) und (3.3) wurden durch Ausprobieren gefunden: Dabei überlegt man, wie der Funktionsterm entstanden sein könnte, wenn man die betreffende Ableitungsregel (hier: die Kettenregel) anwendet.

(4) *Bestimmen von Stammfunktionen durch Koeffizientenvergleich:*

$F(x) = (ax^2 + bx + c) \cdot e^{-x}$ ist eine Stammfunktion für die Funktion $f(x) = (x^2 + 2x - 3) \cdot e^{-x}$.

Bestimmen Sie die Koeffizienten a, b, c im Funktionsterm von F(x).

Ableiten von F(x) ergibt:

$F'(x) = f(x) = (2ax + b) \cdot e^{-x} + (ax^2 + bx + c) \cdot e^{-x} \cdot (-1) = (-a x^2 + (2a - b)x + (b - c)) \cdot e^{-x}$

Durch Vergleich mit f(x) ergibt sich das lineare Gleichungssystem

$-a = 1 \wedge 2a - b = 2 \wedge b - c = -3$.

Durch Einsetzen erhält man nacheinander $a = -1$, $b = -4$, $c = -1$, also

$F(x) = (-x^2 - 4x - 1) \cdot e^{-x} = -(x^2 + 4x + 1) \cdot e^{-x}$.

INFO Flächeninhalte

D2 **Flächeninhalte zwischen einem Funktionsgraphen und der x-Achse und Flächeninhalte zwischen mehreren Funktionsgraphen berechnen**

Ist f in [a;b] stetig und $f(x) \neq 0$ für alle $x \in]a; b[$, dann gilt für den Inhalt der Fläche zwischen dem Graphen von f und der x-Achse über dem Intervall [a; b]:

$$A = \left| \int_a^b f(x)\, dx \right|.$$

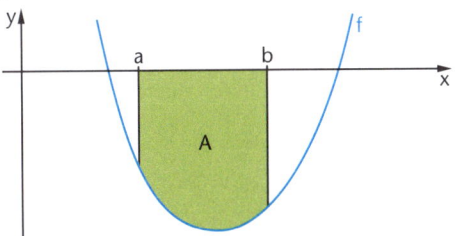

Hat f in [a; b] die Nullstellen $x_1, x_2, \ldots, x_k$ mit $x_1 < x_2 < \ldots < x_k$, dann gilt für den Inhalt der Fläche, welche der Graph von f mit der x-Achse einschließt:

$$A = \left| \int_{x_1}^{x_2} f(x)\, dx \right| + \left| \int_{x_2}^{x_3} f(x)\, dx \right| + \ldots + \left| \int_{x_{k-1}}^{x_k} f(x)\, dx \right|.$$

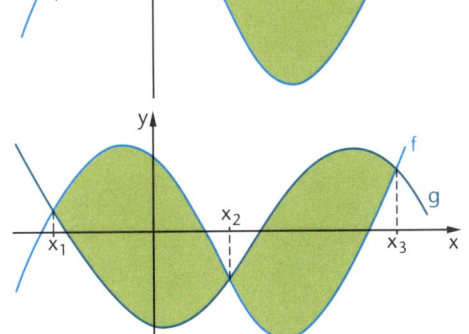

Haben die in [a;b] stetigen Funktionen f und g die Schnittstellen $x_1, x_2, \ldots, x_k$ mit $x_1 < x_2 < \ldots < x_k$, dann gilt für den Inhalt der von den Graphen eingeschlossenen Fläche:

$$A = \left| \int_{x_1}^{x_2} (f(x) - g(x))\, dx \right| + \left| \int_{x_2}^{x_3} (f(x) - g(x))\, dx \right|$$

$$+ \ldots + \left| \int_{x_{k-1}}^{x_k} (f(x) - g(x))\, dx \right|$$

Beispiele

(1) *Berechnung des Flächeninhalts im Sachzusammenhang:*
Das abgebildete Grundstück steht zum Verkauf. Es wird an einer Seite durch einen Fluss begrenzt. Zur Ermittlung des Verkaufspreises soll der Flächeninhalt des Grundstücks bestimmt werden.

In dem gemäß nebenstehender Abbildung gewählten Koordinatensystem kann das südliche Ufer des Flusses durch eine quadratische Funktion f mit $f(x) = a x^2 + 35$ beschrieben werden. Dabei ist die Konstante a durch die Bedingung $f(10) = 45$ zu $a = 0{,}1$ festgelegt.
Für den Flächeninhalt des Grundstücks in m² folgt:

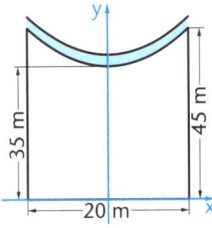

$$A = 2 \cdot \int_0^{10} (0{,}1x^2 + 35)\, dx = 2 \cdot \left[\frac{1}{30} x^3 + 35 x \right]_0^{10} = 766 \frac{2}{3}$$

(2) *Berechnung des Flächeninhalts eines Flächenstücks, das von einem Graphen und der x-Achse eingeschlossen ist:*

Wie groß ist der Flächeninhalt des Flächenstücks, das vom Graphen von f mit $f(x) = (x-1) \cdot (x-3) \cdot (x-6)$ und der x-Achse eingeschlossen wird?

Da der Funktionsterm von f in faktorisierter Form gegeben ist, können die Nullstellen sofort abgelesen werden:

$x_{01} = 1, \quad x_{02} = 3, \quad x_{03} = 6.$

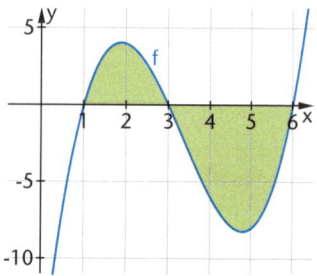

Um den gesuchten Flächeninhalt zu bestimmen, sind hier zwei Integrale zu berechnen. Da Flächeninhalte stets positiv sind, müssen die Beträge der berechneten Integrale addiert werden.

$$A = \left| \int_1^3 (x^3 - 10x^2 + 27x - 18)\, dx \right| + \left| \int_3^6 (x^3 - 10x^2 + 27x - 18)\, dx \right| = \left| 5\tfrac{1}{3} \right| + \left| -15\tfrac{3}{4} \right| = 21\tfrac{1}{12}$$

(3) *Berechnung des Flächeninhalts eines Flächenstücks, das von zwei Graphen eingeschlossen ist:*

Wie groß ist der Flächeninhalt des Flächenstücks, das von den Graphen von f und g mit $f(x) = -x^2 + 2x + 2$ und $g(x) = x^2 - 2$ eingeschlossen wird?

Man berechnet die Schnittstellen der Graphen durch Lösen der Gleichung $f(x) = g(x)$: $x_{S1} = -1, \quad x_{S2} = 2$. Für den Flächeninhalt erhält man:

$$A = \left| \int_{-1}^{2} ((-x^2 + 2x + 2) - (x^2 - 2))\, dx \right| = \left| \int_{-1}^{2} (-2x^2 + 2x + 4)\, dx \right| = \left| \left[-\tfrac{2}{3}x^3 + x^2 + 4x \right]_{-1}^{2} \right| = |9| = 9.$$

(4) *Berechnung eines Flächenstücks, das vom Graphen einer Funktion und einer Tangente an den Graphen eingeschlossen ist:*

Welche Fläche wird vom Graphen der ganzrationalen Funktion mit $f(x) = x^3 - 4x^2 + x + 6$ und der Tangente an den Graphen im Punkt $(3 \mid f(3))$ eingeschlossen?

Aufstellen der Tangentengleichung:
$f(3) = 0$; $f'(x) = 3x^2 - 8x + 1$; $f'(3) = 27 - 24 + 1 = 4$
$t(x) = 4 \cdot (x - 3) + 0$

Bestimmen der Schnittstellen von Tangente und Graph, also den Nullstellen der Differenzfunktion $d(x) = f(x) - t(x) = (x^3 - 4x^2 + x + 6) - (4x - 12) = x^3 - 4x^2 - 3x + 18$:

Mithilfe des TR kann man – neben der Berührstelle bei $x = 3$, also einer doppelten Schnittstelle – die Schnittstelle bei $x = -2$ finden.

Der Nachweis, dass dies tatsächlich eine Schnittstelle ist, erfolgt durch Einsetzen von $x = -2$ in die Funktionsgleichung der Differenzfunktion:

$d(-2) = -8 - 16 + 6 + 18 = 0$

Bestimmen des Flächeninhalts:

$$\int_{-2}^{3} d(x)\, dx = \left[\tfrac{1}{4}x^4 - \tfrac{4}{3}x^3 - \tfrac{3}{2}x^2 + 18x \right]_{-2}^{3} = \left(\tfrac{81}{4} - 36 - \tfrac{27}{2} + 54 \right) - \left(4 + \tfrac{32}{3} - 6 - 36 \right) \approx 52{,}1$$

INFO Gesamtänderungen

D3 **Gesamtänderungen aus gegebenen Änderungsraten mithilfe von bestimmten Integralen berechnen**

Ist eine stetige Funktion v für die momentane Änderungsrate (z. B. Zuflussgeschwindigkeit, Bewegungsgeschwindigkeit,…) einer Größe in Abhängigkeit von der Zeit t gegeben, so wird die Gesamtänderung (z. B. Füllmenge, zurückgelegte Wegstrecke, …) im Zeitintervall $[t_a ; t_e]$

mit dem Integral $\int_{t_a}^{t_e} v(t)\,dt$ berechnet.

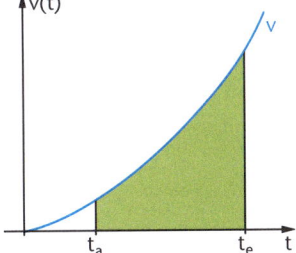

Beispiele

(1) *Bewegungsgeschwindigkeit gegeben:*

Die Geschwindigkeit v eines aus der Ruhe von einem Turm fallenden Steins ist gegeben durch $v(t) = 9{,}81 \cdot t$. Dabei wird die Zeit t in Sekunden und die Geschwindigkeit v in Meter pro Sekunde angegeben.

– Beobachtet man, dass der Stein nach einer Falldauer von 3,2 Sekunden auf dem Boden aufschlägt, kann man die Höhe des Turms berechnen, indem man die als momentane Änderungsrate gegebene Geschwindigkeit $v(t)$ über dem Zeitintervall [0; 3,2] integriert:

$$h = \int_0^{3,2} (9{,}81 \cdot t)\,dt = \left[\frac{9{,}81}{2}t^2\right]_0^{3,2} \approx 50{,}23.$$

Der Turm hat eine Höhe von etwa 50,23 m.

– Ist andererseits die Fallhöhe mit h = 100 m gegeben, so kann man auch die entsprechende Falldauer berechnen. Diesmal ist der Wert des Integrals bekannt. Zu bestimmen ist die obere Integrationsgrenze t_e.

$$\int_0^{t_e} (9{,}81 \cdot t)\,dt = 100 \;\Leftrightarrow\; \left[\frac{9{,}81}{2}t^2\right]_0^{t_e} = 100 \;\Leftrightarrow\; \frac{9{,}81}{2}t_e^2 = 100 \;\Leftrightarrow\; t_e = \sqrt{\frac{200}{9{,}81}} \approx 4{,}5 \vee t_e \approx -4{,}5.$$

Hinweis: Die negative Lösung der quadratischen Gleichung entfällt hier im Sachzusammenhang.

Der Stein trifft nach etwa 4,5 Sekunden auf dem Boden auf.

(2) *Zulaufgeschwindigkeit gegeben (momentane Zuflussrate):*

Ein zunächst leeres Getreidesilo wird mit Weizen gefüllt. Die Zulaufgeschwindigkeit ist in den ersten 15 Minuten konstant und beträgt 45 Zentner/min. Dann nimmt sie entsprechend dem Graphen ab, bis nach insgesamt 30 Minuten der Zufluss stoppt.

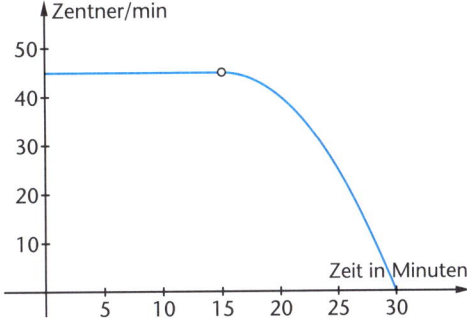

Die Funktion f mit $f(x) = -\frac{1}{5}x^2 + 6x$ beschreibt den Zulauf in der Zeit zwischen der 15. und der 30. Minute, denn der Scheitelpunkt der Parabel liegt im Punkt $S(15|45)$ und eine Nullstelle bei $x = 30$.

Um die gesamte Füllmenge des Silos zu bestimmen, bestimmt man den Flächeninhalt des Flächenstücks zwischen Graph und Zeitachse im Intervall [0; 30]:

Im Zeitintervall [0; 15] ist dies ein Rechteck; für das Zeitintervall [15; 30] muss die Integralrechnung angewendet werden:

$$15 \cdot 45 + \int_{15}^{30}\left(-\frac{1}{5}x^2 + 6x\right)dx = 675 + \left[-\frac{1}{15}x^3 + 3x^2\right]_{15}^{30} = 675 + 450 = 1125.$$

Insgesamt wurden 1125 Zentner Weizen in das Silo gefüllt.

INFO Rotationskörper

D4 Nur LF: **Das Volumen von Rotationskörpern berechnen und die erforderlichen Berandungsfunktionen für reale rotationssymmetrische Körper modellieren**

Rotiert der Graph einer stetigen Berandungsfunktion f mit nicht negativen Funktionswerten über dem Intervall [a;b] um die x-Achse, so entsteht ein Rotationskörper

mit dem Volumen $V = \pi \cdot \int_{a}^{b}(f(x))^2 dx$.

Beispiele

(1) *quadratische Funktion:*

Das abgebildete Fass hat eine Höhe von 22 cm. Die Dicke der Fasswandung soll vernachlässigt werden. Der Radius beträgt am oberen und unteren Rand 8,1 cm, an der bauchigsten Stelle 8,8 cm. Zur Berechnung des Fassinhaltes legen wir das Fass auf die Seite. Das Koordinatensystem wird so gewählt, dass die x-Achse die Symmetrieachse des Fasses bildet, und dass der Graph der Berandungsfunktion symmetrisch zur y-Achse verläuft.

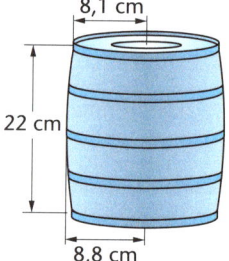

Aus dem Ansatz $f(x) = ax^2 + b$ mit $f(0) = 8,8$ und $f(11) = 8,1$ folgt $b = 8,8$ und $a \cdot 11^2 + 8,8 = 8,1$.

Die Koeffizienten werden berechnet zu

$a = -\frac{7}{1210}$ und $b = \frac{44}{5}$.

Für die Berandungsfunktion gilt damit

$f(x) = -\frac{7}{1210}x^2 + \frac{44}{5}$.

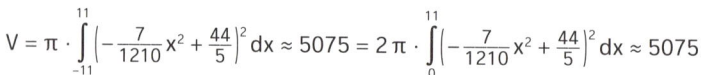

Das Volumen des Fasses kann nun unter Ausnutzung der Symmetrie berechnet werden:

$$V = \pi \cdot \int_{-11}^{11}\left(-\frac{7}{1210}x^2 + \frac{44}{5}\right)^2 dx \approx 5075 = 2\pi \cdot \int_{0}^{11}\left(-\frac{7}{1210}x^2 + \frac{44}{5}\right)^2 dx \approx 5075.$$

Also beträgt das Volumen des Fasses 5075 ml ≈ 5 ℓ.

(2) *kubische Funktion:*

Ein Blumenkübel entsteht durch Rotation des Graphen einer Funktion f mit $f(x) = 0{,}1x^3 - x^2 + 2{,}5x + 2$ über dem Intervall $[0\,;6]$ (1 Einheit = 1 dm).
Bestimmen Sie das Volumen des Gefäßes.

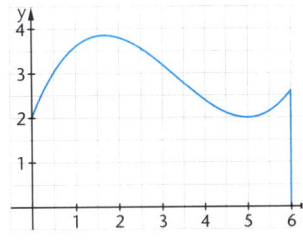

$$V = \pi \int_0^6 f^2(x)\,dx$$

$$= \pi \cdot \int_0^6 (0{,}1x^3 - x^2 + 2{,}5x + 2)^2\,dx \approx 167\,\ell.$$

Wegen des rechnerischen Aufwands (vor der Integration muss das Quadrat des Funktionsterms ausgerechnet werden) erfolgt die Berechnung i. A. numerisch.

(3) *Hyperbelfunktion:*

Gegeben ist die Funktion f durch $f(x) = \frac{1}{x} - \frac{1}{x^2}; \quad x \neq 0$.

Die Fläche zwischen dem Graphen der Funktion f und der x-Achse über dem Intervall $[1\,;\infty[$ rotiert um die x-Achse. Hat der entstehende, ins Unendliche reichende Rotationskörper einen endlichen Rauminhalt? Es gilt:

$$V_b = \pi \int_1^b \left(\frac{1}{x} - \frac{1}{x^2}\right)^2 dx$$

$$= \pi \int_1^b \left(\frac{1}{x^2} - \frac{2}{x^3} + \frac{1}{x^4}\right) dx = \pi \left[-\frac{1}{x} + \frac{1}{x^2} - \frac{1}{3x^3}\right]_1^b$$

$$= \pi \left(\left(-\frac{1}{b} + \frac{1}{b^2} - \frac{1}{3b^3}\right) - \left(-\frac{1}{3}\right)\right)$$

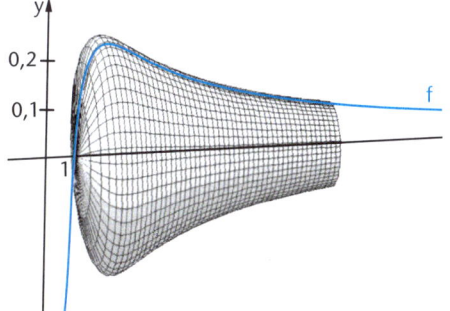

Da der Grenzwert

$$\lim_{b \to +\infty} V_b = \pi \cdot \lim_{b \to +\infty} \left(\left(-\frac{1}{b} + \frac{1}{b^2} - \frac{1}{3b^3}\right) - \left(-\frac{1}{3}\right)\right) = \frac{\pi}{3}$$

existiert, hat der Rotationskörper das Volumen $\frac{\pi}{3}$.

E Vektorrechnung

INFO Vektoren

E1 Punkte im Raum durch Ortsvektoren sowie Verschiebungen im Raum durch Vektoren beschreiben

Vektoren im Raum sind geordnete Zahlentripel, die in Spaltenform notiert werden.

Der Vektor $\vec{u} = \begin{pmatrix} u_1 \\ u_2 \\ u_3 \end{pmatrix}$ kann interpretiert werden ...

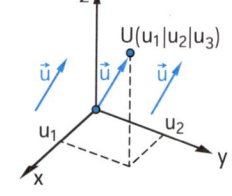

(1) ... als der **Ortsvektor** $\overrightarrow{OU}$ vom Ursprung O(0|0|0) zum Punkt U ($u_1|u_2|u_3$). Dargestellt wird der Vektor durch einen Pfeil.

(2) ... als **Verschiebungsvektor** $\vec{u}$ parallel zum Pfeil von $\overrightarrow{OU}$.

Beispiel

Gegeben ist der Punkt P(2|3|–1). Der zugehörige Ortsvektor lautet $\overrightarrow{OP} = \begin{pmatrix} 2 \\ 3 \\ -1 \end{pmatrix}$.

$\vec{p} = \begin{pmatrix} 2 \\ 3 \\ -1 \end{pmatrix}$ kann auch als Verschiebungsvektor aufgefasst werden,

durch den der Punkt A(4|–5|8) auf A'(6|–2|7) verschoben wird.

A (4 | –5 | 8)

$\quad\quad$ ↓+2 ↓+3 ↓+(–1)

A' (6 | –2 | 7)

INFO Punkte und Verschiebungen

E2 Untersuchen, ob ein Vektor eine Linearkombination von zwei Vektoren ist

Eine Summe von Vielfachen von Vektoren wird als **Linearkombination** der Vektoren bezeichnet.
Spezialfälle: Zwei Vektoren $\vec{u} \neq \vec{o}$ und $\vec{v} \neq \vec{o}$ ($\vec{o}$: Nullvektor) werden auch als **kollinear** bezeichnet, wenn der Vektor $\vec{u}$ als ein Vielfaches des Vektors $\vec{v}$ dargestellt werden kann, d. h., wenn es ein $r \in \mathbb{R}\setminus\{0\}$ gibt, so dass gilt: $\vec{u} = r \cdot \vec{v}$. Drei Vektoren $\vec{u} \neq \vec{o}$, $\vec{v} \neq \vec{o}$ und $\vec{w} \neq \vec{o}$ heißen **komplanar**, wenn Vektor $\vec{u}$ als ein Linearkombination der Vektoren $\vec{v}$ und $\vec{w}$ dargestellt werden kann, d. h., wenn es ein Zahlenpaar $(r, s) \in \mathbb{R} \cdot \mathbb{R}\setminus\{(0|0)\}$ gibt, so dass gilt: $\vec{u} = r \cdot \vec{v} + s \cdot \vec{w}$.

Beispiele

(1) *Kollinearität zweier Vektoren*:

Die Vektoren $\vec{u} = \begin{pmatrix} 2 \\ -1 \\ 3 \end{pmatrix}$ und $\vec{v} = \begin{pmatrix} -3 \\ 1,5 \\ -4,5 \end{pmatrix}$ sind kollinear, denn $\vec{u} = -\frac{2}{3} \cdot \vec{v}$.

Die Vektoren $\vec{p} = \begin{pmatrix} 2 \\ 0 \\ 8 \end{pmatrix}$ und $\vec{q} = \begin{pmatrix} -4 \\ -2 \\ -12 \end{pmatrix}$ sind nicht kollinear, denn das LGS $\begin{vmatrix} 2\,r = -4 \\ 0\,r = -2 \\ 8\,r = -12 \end{vmatrix}$ hat

keine Lösung, da bereits die 2. Gleichung keine Lösung hat. Es gibt also kein $r \in \mathbb{R}\setminus\{0\}$, so dass $r \cdot \vec{p} = \vec{q}$ gilt.

(2) *Linearkombination:*

Der Vektor $\vec{u} = \begin{pmatrix} -5 \\ -2 \\ 5 \end{pmatrix}$ ist eine Linearkombination der Vektoren $\vec{v} = \begin{pmatrix} 3 \\ 2 \\ -1 \end{pmatrix}$, $\vec{w} = \begin{pmatrix} -1 \\ 0 \\ 2 \end{pmatrix}$,

denn $(-1) \cdot \vec{v} + 2 \cdot \vec{w} = (-1) \cdot \begin{pmatrix} 3 \\ 2 \\ -1 \end{pmatrix} + 2 \cdot \begin{pmatrix} -1 \\ 0 \\ 2 \end{pmatrix} = \begin{pmatrix} -5 \\ -2 \\ 5 \end{pmatrix} = \vec{u}$.

Um nachzuweisen, dass $\vec{u}$ Linearkombination der Vektoren $\vec{v}$ und $\vec{w}$ ist, muss ein lineares Gleichungssystem mit drei Gleichungen und zwei Variablen gelöst werden (vgl. **F11**).

(3) *Kräfteparallelogramm:*

Für zwei ebene Vektoren $\vec{v}$ und $\vec{w}$ kann man die Vielfachen r, s grafisch mithilfe eines Kräfteparallelogramms bestimmen: Der Vektor $\vec{u}$ ist Diagonale in einem Parallelogramm, dessen Seiten Vielfache von $\vec{v}$ und $\vec{w}$ sind.

INFO Vektoren addieren und subtrahieren

E3 Vektoren addieren und subtrahieren sowie den Mittelpunkt einer Strecke berechnen

Bei der Addition zweier Vektoren werden zugehörige Pfeile aneinandergesetzt.

Es gilt die sogenannte **Dreiecksregel:** $\overrightarrow{XY} + \overrightarrow{YZ} = \overrightarrow{XZ}$.

> Merkregel für Verbindungsvektoren: „Ende minus Anfang"

Bei der Subtraktion wird der Gegenvektor addiert:

Der **Verbindungsvektor** $\overrightarrow{PQ}$ lässt sich als Differenzvektor der beiden Ortsvektoren schreiben:

$\overrightarrow{PQ} = \overrightarrow{PO} + \overrightarrow{OQ} = -\overrightarrow{OP} + \overrightarrow{OQ} = \overrightarrow{OQ} + (-\overrightarrow{OP}) = \overrightarrow{OQ} - \overrightarrow{OP}$.

Addiert man einen Vektor zu seinem Gegenvektor, so ergibt sich der **Nullvektor** $\vec{o} = \begin{pmatrix} 0 \\ 0 \\ 0 \end{pmatrix}$.

Der Ortsvektor $\overrightarrow{OM}$ des Mittelpunkts M einer Strecke AB wird dargestellt in der Form:

> Merkregel: Die Koordinaten des Mittelpunkts einer Strecke sind die Mittelwerte der Koordinaten der Endpunkte der Strecke.

$\overrightarrow{OM} = \overrightarrow{OA} + \frac{1}{2} \cdot \overrightarrow{AB} = \overrightarrow{OA} + \frac{1}{2} \cdot (\overrightarrow{OB} - \overrightarrow{OA}) = \frac{1}{2} \cdot (\overrightarrow{OA} + \overrightarrow{OB})$.

Dreiecksregel der Addition	Subtraktion der Ortsvektoren	Mittelpunkt einer Strecke

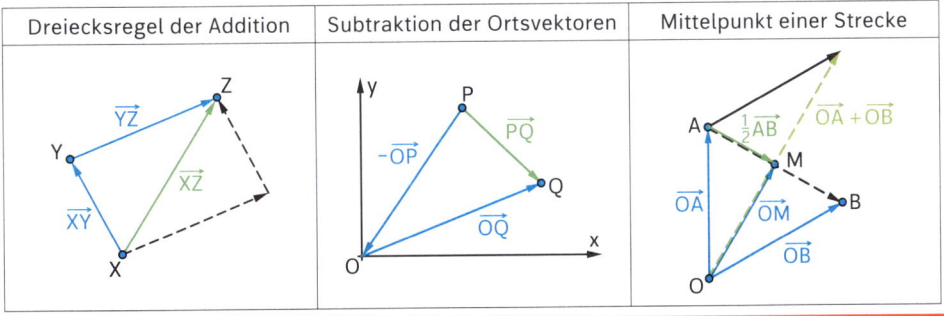

Beispiele

(1) *Bestimmung des Mittelpunkts einer Strecke:*

Der Verbindungsvektor der Punkte P$(2|-3|5)$ und Q$(4|1|-2)$ ist: $\overrightarrow{PQ} = \begin{pmatrix} 4 \\ 1 \\ -2 \end{pmatrix} - \begin{pmatrix} 2 \\ -3 \\ 5 \end{pmatrix} = \begin{pmatrix} 2 \\ 4 \\ -7 \end{pmatrix}$.

Ortsvektor zum Mittelpunkt M der Strecke PQ ist $\overrightarrow{OM} = \frac{1}{2} \cdot \left(\begin{pmatrix} 2 \\ -3 \\ 5 \end{pmatrix} + \begin{pmatrix} 4 \\ 1 \\ -2 \end{pmatrix} \right) = \begin{pmatrix} 3 \\ -1 \\ 1,5 \end{pmatrix}$

Der Mittelpunkt hat damit die Koordinaten M$(3|-1|1,5)$.

(2) *Bestimmung eines Spats:*

Ein Spat ABCDEFGH ist gegeben durch die Eckpunkte A$(1|-2|3)$, B$(3|-1|3)$, D$(4|0|3)$ und E$(2|-3|5)$.

Beispielsweise lassen sich die Vektoren $\overrightarrow{AB}$, $\overrightarrow{AD}$ und $\overrightarrow{AE}$ direkt berechnen (siehe Markierung).

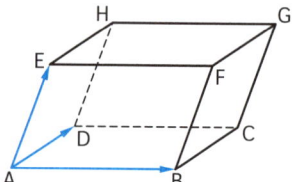

Die Koordinaten des Eckpunkts C lassen sich wie folgt ermitteln:

$\overrightarrow{OC} = \overrightarrow{OA} + \overrightarrow{AD} + \overrightarrow{DC} = \overrightarrow{OA} + \overrightarrow{AD} + \overrightarrow{AB}$,

denn $\overrightarrow{AB} = \overrightarrow{DC}$ sind parallele Pfeile.

Mit $\overrightarrow{AD} = \begin{pmatrix} 4 \\ 0 \\ 3 \end{pmatrix} - \begin{pmatrix} 1 \\ -2 \\ 3 \end{pmatrix} = \begin{pmatrix} 3 \\ 2 \\ 0 \end{pmatrix}$ und $\overrightarrow{AB} = \begin{pmatrix} 3 \\ -1 \\ 3 \end{pmatrix} - \begin{pmatrix} 1 \\ -2 \\ 3 \end{pmatrix} = \begin{pmatrix} 2 \\ 1 \\ 0 \end{pmatrix}$ ergibt sich:

$\overrightarrow{OC} = \begin{pmatrix} 1 \\ -2 \\ 3 \end{pmatrix} + \begin{pmatrix} 3 \\ 2 \\ 0 \end{pmatrix} + \begin{pmatrix} 2 \\ 1 \\ 0 \end{pmatrix} = \begin{pmatrix} 6 \\ 1 \\ 3 \end{pmatrix}$. Der Eckpunkt C hat also die Koordinaten C$(6|1|3)$.

Der Vektor $\overrightarrow{AG}$, der die Raumdiagonale von Eckpunkt A zu Eckpunkt G beschreibt, berechnet sich folgendermaßen:

$\overrightarrow{AG} = \overrightarrow{AD} + \overrightarrow{AE} + \overrightarrow{AB}$, da $\overrightarrow{AE} = \overrightarrow{DH}$ und $\overrightarrow{AB} = \overrightarrow{HG}$ gilt (Parallelverschiebungen).

Mit $\overrightarrow{AE} = \begin{pmatrix} 2 \\ -3 \\ 5 \end{pmatrix} - \begin{pmatrix} 1 \\ -2 \\ 3 \end{pmatrix} = \begin{pmatrix} 1 \\ -1 \\ 2 \end{pmatrix}$ ergibt sich: $\overrightarrow{AG} = \begin{pmatrix} 3 \\ 2 \\ 0 \end{pmatrix} + \begin{pmatrix} 1 \\ -1 \\ 2 \end{pmatrix} + \begin{pmatrix} 2 \\ 1 \\ 0 \end{pmatrix} = \begin{pmatrix} 6 \\ 2 \\ 2 \end{pmatrix}$.

Die Koordinaten des Eckpunkts G erhält man aus:

$\overrightarrow{OG} = \overrightarrow{OA} + \overrightarrow{AG} = \begin{pmatrix} 1 \\ -2 \\ 3 \end{pmatrix} + \begin{pmatrix} 6 \\ 2 \\ 2 \end{pmatrix} = \begin{pmatrix} 7 \\ 0 \\ 5 \end{pmatrix}$, also G$(7|0|5)$.

(3) *Spiegelung eines Punktes an einem Punkt:*

Der Punkt P$(1|-2|2)$ soll an einem Punkt Q$(3|1|-1)$ gespiegelt werden.

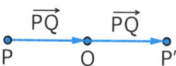

Wie aus der Zeichnung ablesbar ist, muss dazu der Vektor $\overrightarrow{PQ}$ in Q abgetragen werden, also vom Punkt P aus das Zweifache dieses Vektors:

Da $\overrightarrow{PQ} = \begin{pmatrix} 3-1 \\ 1-(-2) \\ -1-2 \end{pmatrix} = \begin{pmatrix} 2 \\ 3 \\ -3 \end{pmatrix}$, folgt $\overrightarrow{OP'} = \overrightarrow{OQ} + \overrightarrow{QP'} = \overrightarrow{OP} + 2 \cdot \overrightarrow{PQ} = \begin{pmatrix} 1 \\ -2 \\ 2 \end{pmatrix} + 2 \cdot \begin{pmatrix} 2 \\ 3 \\ -3 \end{pmatrix} = \begin{pmatrix} 5 \\ 4 \\ -4 \end{pmatrix}$.

INFO Skalarprodukt

E4 **Das Skalarprodukt zweier Vektoren berechnen und damit entscheiden, ob die Vektoren zueinander orthogonal sind**

Das **Skalarprodukt** zweier Vektoren $\vec{u} = \begin{pmatrix} u_1 \\ u_2 \\ u_3 \end{pmatrix}$ und $\vec{v} = \begin{pmatrix} v_1 \\ v_2 \\ v_3 \end{pmatrix}$ ist definiert als die Summe der Produkte der Komponenten der beiden Vektoren, also durch

$$\vec{u} * \vec{v} = \begin{pmatrix} u_1 \\ u_2 \\ u_3 \end{pmatrix} * \begin{pmatrix} v_1 \\ v_2 \\ v_3 \end{pmatrix} = u_1 \cdot v_1 + u_2 \cdot v_2 + u_3 \cdot v_3$$

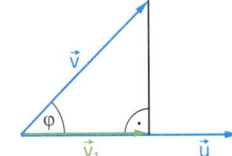

Die beiden Vektoren spannen einen Winkel φ auf.
Für diesen gilt: $\vec{u} * \vec{v} = |\vec{u}| \cdot |\vec{v}| \cdot \cos(\varphi)$.

In Worten: Das Skalarprodukt zweier Vektoren ist gleich dem Produkt aus der Länge des einen Vektors mit der Länge der orthogonalen **Projektion** des anderen Vektors auf diesen Vektor.

Im rechtwinkligen Dreieck gilt:
$$\cos(\varphi) = \frac{|\vec{v}_1|}{|\vec{v}|} \Leftrightarrow |\vec{v}_1| = |\vec{v}| \cdot \cos(\varphi)$$

Orthogonalität:
Das Skalarprodukt zweier Vektoren ist genau dann gleich null, wenn diese zueinander orthogonal sind.
Es gilt: $\vec{u}$ und $\vec{v}$ sind orthogonal $\Leftrightarrow$ $\vec{u} * \vec{v} = 0$

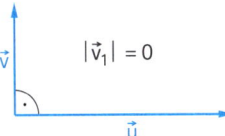

$|\vec{v}_1| = 0$

Hinweis: Das Skalarprodukt zweier Vektoren $\vec{u} * \vec{v}$ (dies ist eine reelle Zahl!) darf nicht verwechselt werden mit dem Vervielfachen eines Vektors mit einer Zahl $s \in \mathbb{R}$, also $s \cdot \vec{v}$ (dies ist ein Vektor). In diesem Buch verwenden wir konsequent die Zeichen $*$ bzw. $\cdot$, um den Unterschied zwischen den beiden Vektor-Operationen hervorzuheben, auch wenn es oft üblich ist, für beide Operationen dasselbe Zeichen zu verwenden.
(Oftmals wird auch $\circ$ als Zeichen für das Skalarprodukt verwendet.)

Beispiele

(1) *Nachweis der Orthogonalität:*

Die Vektoren $\vec{u} = \begin{pmatrix} 3 \\ -1 \\ 2 \end{pmatrix}$ und $\vec{v} = \begin{pmatrix} -1 \\ -1 \\ 1 \end{pmatrix}$ sind orthogonal zueinander, denn

$\begin{pmatrix} 3 \\ -1 \\ 2 \end{pmatrix} * \begin{pmatrix} -1 \\ -1 \\ 1 \end{pmatrix} = 3 \cdot (-1) + (-1) \cdot (-1) + 2 \cdot 1 = -3 + 1 + 2 = 0.$

(2) *Sonderfall: Bestimmung eines orthogonalen Vektors, wenn eine Komponente gleich null ist:*

Jeder Vektor der Form $\vec{n} = \begin{pmatrix} 2a \\ b \\ -a \end{pmatrix}$ ist orthogonal zu $\vec{u} = \begin{pmatrix} 1 \\ 0 \\ 2 \end{pmatrix}$, denn $2a + 0 \cdot b - 2a = 0$.

Manchmal kann man durch eine einfache Überlegung sogar einen Vektor angeben, der orthogonal zu zwei gegebenen Vektoren ist:

Der Vektor $\vec{u} = \begin{pmatrix} 2 \\ 6 \\ 1 \end{pmatrix}$ ist orthogonal sowohl zum Vektor $\vec{v} = \begin{pmatrix} 1 \\ 0 \\ -2 \end{pmatrix}$ als auch zum Vektor

$\vec{w} = \begin{pmatrix} 3 \\ -1 \\ 0 \end{pmatrix}$, also zu der Ebene, die von den Vektoren $\vec{v}$ und $\vec{w}$ aufgespannt wird, vgl. **F3**.

INFO Länge und Betrag von Vektoren

E5 **Längen von Strecken im Raum und den Betrag von Vektoren berechnen**

Der Betrag eines Vektors $\vec{u} = \begin{pmatrix} x \\ y \\ z \end{pmatrix}$ ist gleich der Länge des zugehörigen Pfeils. Der Betrag

berechnet sich nach dem Satz des Pythagoras mithilfe von $|\vec{u}| = \sqrt{x^2 + y^2 + z^2}$.

Einen Vektor mit dem Betrag 1 nennt man **Einheitsvektor**.

Zu einem Vektor $\vec{v}$ erhält man den zugehörigen Einheitsvektor $\vec{v_0}$, indem man den Vektor durch seinen Betrag dividiert:

Hinweis: Negative Vorzeichen von Komponenten kann man bei der Berechnung des Betrags weglassen, da sie durch das Quadrieren unter der Wurzel wegfallen.	Hinweis: Die Raumkoordinaten x, y, z werden oft auch mit x_1, x_2, x_3 bezeichnet.

$$\vec{v_0} = \frac{\vec{v}}{|\vec{v}|} = \frac{1}{|\vec{v}|} \cdot \vec{v}.$$

Beispiele

(1) *Betrag (Länge) eines Vektors:*

Der Betrag des Vektors $\vec{u} = \begin{pmatrix} -2 \\ 0 \\ 3 \end{pmatrix}$ ist $|\vec{u}| = \sqrt{(-2)^2 + 0^2 + 3^2} = \sqrt{4 + 0 + 9} = \sqrt{13} \approx 3{,}6$.

(2) *Nachweis, dass ein Dreieck rechtwinklig-gleichschenklig ist:*

Gegeben ist das Dreieck ABC mit A(4|2|−5), B(6|−2|−1), C(3|1|−1).

$$\overrightarrow{AB} = \begin{pmatrix} 6-4 \\ -2-2 \\ -1-(-5) \end{pmatrix} = \begin{pmatrix} 2 \\ -4 \\ 4 \end{pmatrix}; \quad \overrightarrow{AC} = \begin{pmatrix} 3-4 \\ 1-2 \\ -1-(-5) \end{pmatrix} = \begin{pmatrix} -1 \\ -1 \\ 4 \end{pmatrix}; \quad \overrightarrow{BC} = \begin{pmatrix} 3-6 \\ 1-(-2) \\ -1-(-1) \end{pmatrix} = \begin{pmatrix} -3 \\ 3 \\ 0 \end{pmatrix}.$$

Es gilt: $|\overrightarrow{AB}| = \sqrt{2^2 + (-4)^2 + 4^2} = \sqrt{36} = 6$; $|\overrightarrow{AC}| = \sqrt{(-1)^2 + (-1)^2 + 4^2} = \sqrt{18}$;

$|\overrightarrow{BC}| = \sqrt{(-3)^2 + 3^2 + 0^2} = \sqrt{18}$. Die beiden Seiten AC und BC sind gleich lang.

Wenn überhaupt, können nur diese beiden Seiten einen rechten Winkel einschließen.

Tatsächlich gilt: $\overrightarrow{AC} * \overrightarrow{BC} = \begin{pmatrix} -1 \\ -1 \\ 4 \end{pmatrix} * \begin{pmatrix} -3 \\ 3 \\ 0 \end{pmatrix} = 3 - 3 + 0 = 0$, d. h.,

das Dreieck ABC ist rechtwinklig-gleichschenklig mit einem rechten Winkel bei C.

(3) *Bestimmung eines Einheitsvektors:*

Der Vektor $\vec{u} = \begin{pmatrix} 3 \\ 0 \\ -4 \end{pmatrix}$ besitzt einen Betrag von $|\vec{u}| = \sqrt{3^2 + 0^2 + (-4)^2} = \sqrt{25} = 5$.

Der zugehörige Einheitsvektor $\vec{u_0} = \frac{1}{5} \cdot \begin{pmatrix} 3 \\ 0 \\ -4 \end{pmatrix} = \begin{pmatrix} \frac{3}{5} \\ 0 \\ -\frac{4}{5} \end{pmatrix}$ besitzt die Länge $|\vec{u_0}| = 1$.

Probe: $|\vec{u_0}| = \sqrt{\left(\frac{3}{5}\right)^2 + 0^2 + \left(-\frac{4}{5}\right)^2} = \sqrt{\frac{9}{25} + \frac{16}{25}} = \sqrt{\frac{25}{25}} = \sqrt{1} = 1$

F Geraden und Ebenen im Raum

F1 **Darstellung einer Geraden in Parameterform ermitteln sowie überprüfen, ob und ggf. wo ein Punkt auf einer gegebenen Gerade liegt (Punktprobe)**

Auch im Raum ist eine Gerade g durch zwei Punkte A, B festgelegt.
Zu einem **beliebigen Punkt X der Geraden** gelangt man so: Vom Ursprung O geht man zu einem der beiden Punkte der Geraden, dann trägt man ein Vielfaches des Verbindungsvektors $\overrightarrow{AB}$ ab:

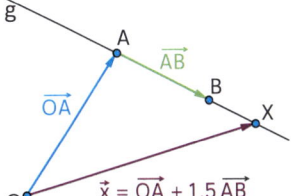

g: $\vec{x} = \overrightarrow{OX} = \overrightarrow{OA} + r \cdot \overrightarrow{AB}$ mit $r \in \mathbb{R}$.

Den Ortsvektor (hier: $\overrightarrow{OA}$), der vom Ursprung auf die Gerade führt, bezeichnet man als **Stützvektor** der Geraden.
Der Vektor, der die Richtung der Geraden beschreibt, wird als **Richtungsvektor** (hier: $\overrightarrow{AB}$) der Geraden bezeichnet. Hieraus folgt, dass man die Gerade auch durch Angabe eines Punktes und eines Vektors als Richtungsvektor festlegen kann.

Punktprobe: Zur Prüfung, ob ein Punkt P auf der Geraden g liegt, setzt man die Komponenten von $\overrightarrow{OP}$ auf der linken Seite der Geradengleichung für $\vec{x}$ ein. Nur dann, wenn jede Zeile des entstehenden linearen Gleichungssystems denselben Wert für $r \in \mathbb{R}$ liefert, liegt P auf g, ansonsten nicht.

Lage eines Punktes auf der Geraden: Ist $\overrightarrow{AB}$ Richtungsvektor der Geraden, so liegt ein Punkt P
a) „links" von A, wenn r < 0; b) „rechts" von B, wenn r > 1; c) auf der Strecke AB, wenn $0 \le r \le 1$.

Beispiele

(1) *Gerade gegeben durch zwei Punkte:*
Die Gerade durch A (2|3|−1) und B (4|−2|2) wird beschrieben durch:

$$g: \vec{x} = \overrightarrow{OX} = \begin{pmatrix} 2 \\ 3 \\ -1 \end{pmatrix} + r \cdot \begin{pmatrix} 4-2 \\ -2-3 \\ 2-(-1) \end{pmatrix} = \begin{pmatrix} 2 \\ 3 \\ -1 \end{pmatrix} + r \cdot \begin{pmatrix} 2 \\ -5 \\ 3 \end{pmatrix} \quad \text{oder} \quad g: \vec{x} = \overrightarrow{OX} = \begin{pmatrix} 4 \\ -2 \\ 2 \end{pmatrix} + s \cdot \begin{pmatrix} -2 \\ 5 \\ -3 \end{pmatrix}.$$

Jeder Punkt X von g lässt sich z. B. darstellen durch $\overrightarrow{OX} = \begin{pmatrix} 2+2r \\ 3-5r \\ -1+3r \end{pmatrix}$ oder $\overrightarrow{OX} = \begin{pmatrix} 4-2s \\ -2+5s \\ 2-3s \end{pmatrix}$.

(2) *Punktprobe mit negativem Ergebnis:*
Liegt der Punkt P (0|8|−4) liegt auf der Geraden g aus (1)?
Einsetzen des Ortsvektors von P liefert ein lineares Gleichungssystem:

$$\begin{pmatrix} 0 \\ 8 \\ -4 \end{pmatrix} = \begin{pmatrix} 2 \\ 3 \\ -1 \end{pmatrix} + r \cdot \begin{pmatrix} 2 \\ -5 \\ 3 \end{pmatrix} \Leftrightarrow \begin{vmatrix} 0 = & 2+2r \\ 8 = & 3-5r \\ -4 = & -1+3r \end{vmatrix} \Leftrightarrow \begin{vmatrix} r = -1 \\ r = -1 \\ r = -1 \end{vmatrix}.$$

Der Punkt P liegt auf der Geraden g, aber nicht auf der Strecke AB. Da r < 0 gilt, liegt P „links" von Punkt A.

(3) *Punktprobe mit negativem Ergebnis:*
Der Punkt Q (4|−2|5) liegt nicht auf der Geraden g, weil das LGS keine Lösung besitzt:

$$\begin{vmatrix} 2+2r = & 4 \\ 3-5r = -2 \\ -1+3r = & 5 \end{vmatrix} \Leftrightarrow \begin{vmatrix} 2r = & 2 \\ -5r = -5 \\ 3r = & 6 \end{vmatrix} \Leftrightarrow \begin{vmatrix} r = 1 \\ r = 1 \\ r = 2 \end{vmatrix}.$$

(4) *Spiegelung einer Geraden an einem Punkt:*

Die Gerade g mit g: $\vec{x} = \begin{pmatrix} 1 \\ 1 \\ -2 \end{pmatrix} + r \cdot \begin{pmatrix} 2 \\ -1 \\ -1 \end{pmatrix}$ soll an einem Punkt

P(1|3|1) gespiegelt werden. Wie die Zeichnung zeigt, muss dazu der Auf(hänge)punkt A(1|1|−2) der Geraden g an P gespiegelt werden (vgl. **E3**).

Der Richtungsvektor $\vec{v} = \begin{pmatrix} 2 \\ -1 \\ -1 \end{pmatrix}$ der Geraden g geht bei dieser

Spiegelung in seinen Gegenvektor über.

Spiegelung des Punktes A an P: $\overrightarrow{OA'} = \overrightarrow{OP} + \overrightarrow{PA'} = \overrightarrow{OA} + 2 \cdot \overrightarrow{AP} = \begin{pmatrix} 1 \\ 1 \\ -2 \end{pmatrix} + 2 \cdot \begin{pmatrix} 0 \\ 2 \\ 3 \end{pmatrix} = \begin{pmatrix} 1 \\ 5 \\ 4 \end{pmatrix}$.

Eine mögliche Parameterform für die Spiegelgerade g' ist daher g': $\vec{x} = \begin{pmatrix} 1 \\ 5 \\ 4 \end{pmatrix} + s \cdot \begin{pmatrix} -2 \\ 1 \\ 1 \end{pmatrix}$.

INFO Lagebeziehungen von Geraden

F2 <u>Nur LF:</u> **Geraden auf ihre gegenseitige Lage untersuchen**

Zwei Geraden g und h im Raum sind entweder (1) identisch, (2) liegen zueinander echt parallel, (3) verlaufen zueinander windschief oder (4) schneiden sich in genau einem gemeinsamen Punkt. In der Grafik rechts …
- … sind die Geraden h und i echt parallel zueinander,
- … besitzen die Geraden g und h genau einen Schnittpunkt,
- … sind die Geraden g und i windschief zueinander, d. h. sie sind weder parallel noch schneiden sie sich.

Identische Geraden liegen „übereinander" (hier nicht dargestellt).

Vorgehensweise zur Bestimmung der gegenseitigen Lagebeziehung zweier Geraden im Raum mithilfe von entsprechenden linearen Gleichungssystemen:

Sind die Richtungsvektoren kollinear?

Wenn ja: Sind die beiden Geraden parallel oder identisch?

Unterscheidung durch Punktprobe

positiv: g und h sind identisch.

negativ: g und h sind parallel.

Wenn nein: Schneiden sich die beiden Geraden in genau einem Punkt oder sind sie zueinander windschief?

Entscheidung durch Gleichsetzen der Parameterformen und Lösen des zugehörigen LGS

Das LGS besitzt eine eindeutige Lösung: Es existiert ein Schnittpunkt, den man durch Einsetzen der Lösungen in die Geradengleichungen berechnen kann.

Das LGS hat keine Lösung: Die Geraden sind zueinander windschief.

Beispiele

Für die Geraden $g_1: \vec{x} = \begin{pmatrix} 1 \\ -2 \\ 2 \end{pmatrix} + r \cdot \begin{pmatrix} 2 \\ 1 \\ -1 \end{pmatrix}$, $g_2: \vec{x} = \begin{pmatrix} 2 \\ -1 \\ 2 \end{pmatrix} + s \cdot \begin{pmatrix} -4 \\ -2 \\ 2 \end{pmatrix}$, $g_3: \vec{x} = \begin{pmatrix} 1 \\ 3 \\ -3 \end{pmatrix} + t \cdot \begin{pmatrix} -1 \\ 2 \\ -2 \end{pmatrix}$

$g_4: \vec{x} = \begin{pmatrix} 5 \\ 0 \\ 0 \end{pmatrix} + u \cdot \begin{pmatrix} 4 \\ 2 \\ -2 \end{pmatrix}$ gelten folgende Lagebeziehungen:

- Die Geraden $g_1: \vec{x} = \begin{pmatrix} 1 \\ -2 \\ 2 \end{pmatrix} + r \cdot \begin{pmatrix} 2 \\ 1 \\ -1 \end{pmatrix}$ und $g_4: \vec{x} = \begin{pmatrix} 5 \\ 0 \\ 0 \end{pmatrix} + u \cdot \begin{pmatrix} 4 \\ 2 \\ -2 \end{pmatrix}$ sind identisch, denn die

  Richtungsvektoren sind Vielfache voneinander und die Stützpunkte liegen auf der jeweils anderen Geraden (Punktprobe):

  $\begin{pmatrix} 5 \\ 0 \\ 0 \end{pmatrix} = \begin{pmatrix} 1 \\ -2 \\ 2 \end{pmatrix} + 2 \cdot \begin{pmatrix} 2 \\ 1 \\ -1 \end{pmatrix}$ bzw. $\begin{pmatrix} 1 \\ -2 \\ 2 \end{pmatrix} = \begin{pmatrix} 5 \\ 0 \\ 0 \end{pmatrix} + (-1) \cdot \begin{pmatrix} 4 \\ 2 \\ -2 \end{pmatrix}$ (beide Aussagen sind wahr).

- g_1 ist echt parallel zu g_2,

  denn die beiden Richtungsvektoren sind Vielfache voneinander: $\begin{pmatrix} -4 \\ -2 \\ 2 \end{pmatrix} = (-2) \cdot \begin{pmatrix} 2 \\ 1 \\ -1 \end{pmatrix}$,

  und der Stützvektor von g_1 führt nicht auf g_2, d.h., das Gleichungssystem

  $\begin{pmatrix} 1 \\ -2 \\ 2 \end{pmatrix} = \begin{pmatrix} 2 \\ -1 \\ 2 \end{pmatrix} + s \cdot \begin{pmatrix} -4 \\ -2 \\ 2 \end{pmatrix}$ hat keine Lösung: $\begin{vmatrix} 1 = 2 - 4s \\ -2 = -1 - 2s \\ 2 = 2 + 2s \end{vmatrix} \Leftrightarrow \begin{vmatrix} -1 = -4s \\ -1 = -2s \\ 0 = s \end{vmatrix} \Leftrightarrow \begin{vmatrix} s = \frac{1}{4} \\ s = \frac{1}{2} \\ s = 0 \end{vmatrix}$

  (umgekehrt könnte man auch prüfen, ob der Stützvektor von g_2 auf g_1 führt).

- g_2 und g_3 sind nicht parallel zueinander und haben keinen gemeinsamen Punkt, sind also windschief zueinander, denn die Richtungsvektoren sind keine Vielfachen voneinander und das lineare Gleichungssystem mit drei Gleichungen und zwei Variablen hat keine Lösung:

  $\begin{pmatrix} 2 \\ -1 \\ 2 \end{pmatrix} + s \cdot \begin{pmatrix} -4 \\ -2 \\ 2 \end{pmatrix} = \begin{pmatrix} 1 \\ 3 \\ -3 \end{pmatrix} + t \cdot \begin{pmatrix} -1 \\ 2 \\ -2 \end{pmatrix} \Leftrightarrow \begin{vmatrix} 2 - 4s = 1 - t \\ -1 - 2s = 3 + 2t \\ 2 + 2s = -3 - 2t \end{vmatrix} \Leftrightarrow \begin{vmatrix} -4s + t = -1 \\ 2s + 2t = -4 \\ 2s + 2t = -5 \end{vmatrix}$.

  An der zweiten und dritten Zeile des umgeformten Gleichungssystem liest man ab, dass das Gleichungssystem keine Lösung hat, denn die Summe $2s + 2t$ kann nicht gleichzeitig gleich -4 und gleich -5 sein.

- g_1 und g_3 sind nicht parallel zueinander und haben genau einen Schnittpunkt Das Gleichungssystem mit drei Gleichungen und zwei Variablen ist eindeutig lösbar:

  $\begin{pmatrix} 1 \\ -2 \\ 2 \end{pmatrix} + r \cdot \begin{pmatrix} 2 \\ 1 \\ -1 \end{pmatrix} = \begin{pmatrix} 1 \\ 3 \\ -3 \end{pmatrix} + t \cdot \begin{pmatrix} -1 \\ 2 \\ -2 \end{pmatrix} \Leftrightarrow \begin{vmatrix} 1 + 2r = 1 - t \\ -2 + r = 3 + 2t \\ 2 - r = -3 - 2t \end{vmatrix} \Leftrightarrow \begin{vmatrix} 2r + t = 0 \\ r - 2t = 5 \\ -r + 2t = -5 \end{vmatrix} \Leftrightarrow \begin{vmatrix} 2r + t = 0 \\ r - 2t = 5 \\ 0 = 0 \end{vmatrix}$

  $\Leftrightarrow \begin{vmatrix} 4r + 2t = 0 \\ r - 2t = 5 \end{vmatrix} \Leftrightarrow \begin{vmatrix} 4r + 2t = 0 \\ 5r = 5 \end{vmatrix} \Leftrightarrow \begin{vmatrix} t = -2 \\ r = 1 \end{vmatrix}$.

  Der Schnittpunkt $S\,(3|-1|1)$ wird bestimmt, indem man die erhaltenen Parameterwerte für t oder für r in die jeweilige Parameterform der Geraden g_1 und g_3 einsetzt:

  $\vec{x} = \begin{pmatrix} 1 \\ -2 \\ 2 \end{pmatrix} + 1 \cdot \begin{pmatrix} 2 \\ 1 \\ -1 \end{pmatrix} = \begin{pmatrix} 3 \\ -1 \\ 1 \end{pmatrix}$ und $\vec{x} = \begin{pmatrix} 1 \\ 3 \\ -3 \end{pmatrix} + (-2) \cdot \begin{pmatrix} -1 \\ 2 \\ -2 \end{pmatrix} = \begin{pmatrix} 3 \\ -1 \\ 1 \end{pmatrix}$.

INFO Ebenen im Raum

F3 **Darstellungen einer Ebene in Parameterform ermitteln sowie überprüfen, ob ein Punkt auf einer gegebenen Ebene liegt (Punktprobe)**

(1) Drei Punkte $A(a_1|a_2|a_3)$, $B(b_1|b_2|b_3)$, $C(c_1|c_2|c_3)$, die nicht auf einer Geraden liegen, bestimmen eindeutig eine Ebene E. Ein Punkt X der Ebene kann beispielsweise dadurch dargestellt werden, dass man irgendeinen der drei Punkte als Auf(hänge)punkt der Ebene wählt und die Verbindungsvektoren zu den beiden anderen Punkten als Richtungsvektoren der Ebene (man sagt: Diese spannen die Ebene auf).

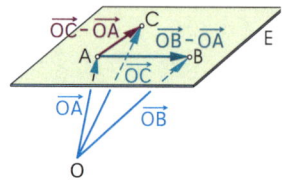

Man erhält eine **Parameterform** für die Ebene E: $\vec{x} = \overrightarrow{OA} + r \cdot \overrightarrow{AB} + s \cdot \overrightarrow{AC}$.

Eine Ebene kann auch durch folgende Angaben festgelegt werden:

(2)	(3)	(4)
eine Gerade und ein Punkt, der nicht auf der Gerade liegt	zwei zueinander parallele Geraden	zwei sich schneidende Geraden

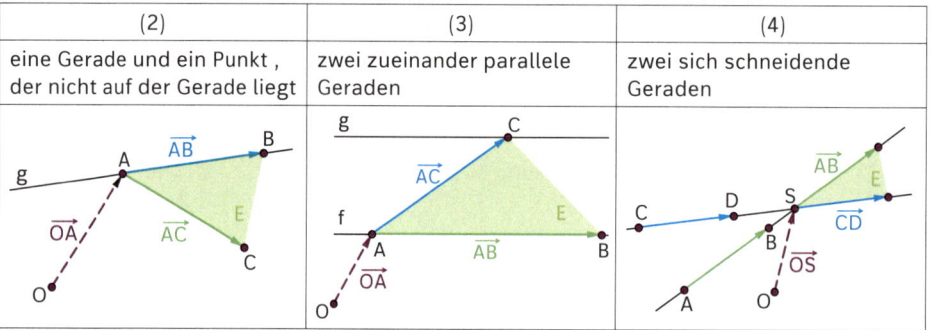

Hinweis: Zwei windschiefe Geraden spannen keine Ebene auf.
Punktprobe: Einsetzen der Koordinaten des zu prüfenden Punkts und Lösung des linearen Gleichungssystems.

Lage von Punkten innerhalb von geometrischen Figuren:
Ein Punkt P liegt genau dann **innerhalb eines Parallellogramms,** das durch die Eckpunkte A, B, C bestimmt ist, wenn für die Parameter r und s (der Parameterdarstellung E: $\vec{x} = \overrightarrow{OA} + r \cdot \overrightarrow{AB} + s \cdot \overrightarrow{AC}$) gilt: $0 \le r \le 1$ und $0 \le s \le 1$.
Ein Punkt P liegt genau dann **innerhalb eines Dreiecks** ABC, wenn für die Parameter r und s (der Parameterform E: $\vec{x} = \overrightarrow{OA} + r \cdot \overrightarrow{AB} + s \cdot \overrightarrow{AC}$) gilt:
$0 \le r \le 1$ und $0 \le s \le 1$ und zusätzlich $0 \le r + s \le 1$.

Beispiele

(1) *Ebene gegeben durch drei Punkte:*
Aus den Koordinaten der Punkte $A(2|2|4)$, $B(-1|5|2)$, $C(1|-2|-4)$ kann man beispielsweise die folgende Parameterform gewinnen:

$$E: \vec{x} = \begin{pmatrix} 2 \\ 2 \\ 4 \end{pmatrix} + r \cdot \begin{pmatrix} -1-2 \\ 5-2 \\ 2-4 \end{pmatrix} + s \cdot \begin{pmatrix} 1-2 \\ -2-2 \\ -4-4 \end{pmatrix} = \begin{pmatrix} 2 \\ 2 \\ 4 \end{pmatrix} + r \cdot \begin{pmatrix} -3 \\ 3 \\ -2 \end{pmatrix} + s \cdot \begin{pmatrix} -1 \\ -4 \\ -8 \end{pmatrix}.$$

(2) *Punktprobe mit negativem Ergebnis:*

Der Punkt P (3|1|−2) liegt nicht in der Ebene E, da das Gleichungssystem keine Lösung hat:

$$\begin{pmatrix} 3 \\ 1 \\ -2 \end{pmatrix} = \begin{pmatrix} 2 \\ 2 \\ 4 \end{pmatrix} + r \cdot \begin{pmatrix} -3 \\ 3 \\ -2 \end{pmatrix} + s \cdot \begin{pmatrix} -1 \\ -4 \\ -8 \end{pmatrix} \Leftrightarrow \left| \begin{array}{l} 3r + s = -1 \\ 3r - 4s = -1 \\ 2r + 8s = 6 \end{array} \right. \Leftrightarrow \left| \begin{array}{l} r = -\frac{1}{3} \\ s = 0 \\ r + 4s = 3 \end{array} \right.$$

Hinweis: Aus den ersten beiden Gleichungen wurde die Lösung $r = -\frac{1}{3}$ und s = 0 gewonnen, die aber nicht die dritte Gleichung erfüllen.

(3) *Punktprobe mit positivem Ergebnis:*

Punktprobe für $P\left(-\frac{1}{2}\middle|2\middle|-\frac{4}{3}\right)$:

$$\left| \begin{array}{l} -\frac{1}{2} = 2 - 3r - s \\ 2 = 2 + 3r - 4s \\ \frac{4}{3} = 4 - 2r - 8s \end{array} \right. \Leftrightarrow \left| \begin{array}{l} -3r - s = -\frac{5}{2} \\ 3r - 4s = 0 \\ 2r + 8s = \frac{8}{3} \end{array} \right.$$

Addiert man die ersten beiden Gleichungen dieses Gleichungssystems, so ergibt sich $-5s = -\frac{5}{2}$, also $s = \frac{1}{2}$. Aus der zweiten Gleichung folgt dann $3r - 2 = 0$, also $r = \frac{2}{3}$.

(4) *Lage des Punktes P bzgl. der Punkte A, B, C:*

Die Richtungsvektoren $\overrightarrow{AB} = \begin{pmatrix} -3 \\ 3 \\ -2 \end{pmatrix}$ und $\overrightarrow{AC} = \begin{pmatrix} -1 \\ -4 \\ -8 \end{pmatrix}$ bestimmen ein Parallelogramm.

Der Punkt $P\left(-\frac{1}{2}\middle|2\middle|-\frac{4}{3}\right)$ liegt in dem Parallelogramm, das durch die Eckpunkte A, B, C bestimmt ist, aber nicht innerhalb des Dreiecks ABC:
Die Lösung des linearen Gleichungssystems ergibt nämlich die Parameterwerte
$r = \frac{2}{3}$ und $s = \frac{1}{2}$, also $0 \le$ r, s ≤ 1, aber r + s > 1.

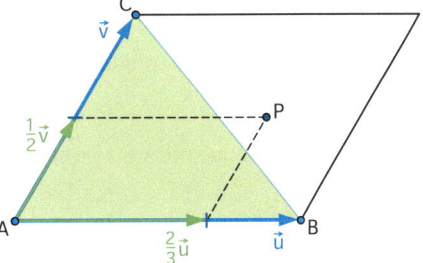

(5) *Parameterformen der Koordinatenebenen:*

Die Koordinatenebenen lassen sich mithilfe folgender Parameterformen beschreiben:

x-y-Ebene: $\vec{x} = \begin{pmatrix} 0 \\ 0 \\ 0 \end{pmatrix} + r \cdot \begin{pmatrix} 1 \\ 0 \\ 0 \end{pmatrix} + s \cdot \begin{pmatrix} 0 \\ 1 \\ 0 \end{pmatrix}$; x-z-Ebene: $\vec{x} = \begin{pmatrix} 0 \\ 0 \\ 0 \end{pmatrix} + r \cdot \begin{pmatrix} 1 \\ 0 \\ 0 \end{pmatrix} + s \cdot \begin{pmatrix} 0 \\ 0 \\ 1 \end{pmatrix}$;

y-z-Ebene: $\vec{x} = \begin{pmatrix} 0 \\ 0 \\ 0 \end{pmatrix} + r \cdot \begin{pmatrix} 0 \\ 1 \\ 0 \end{pmatrix} + s \cdot \begin{pmatrix} 0 \\ 0 \\ 1 \end{pmatrix}$.

In Anwendungssituationen ist es oft einfacher, eine Bedingung für die Koordinaten zu beachten:
Punkte in der x-y-Ebene: Die z-Koordinate ist gleich null.
Punkte in der x-z-Ebene: Die y-Koordinate ist gleich null.
Punkte in der y-z-Ebene: Die x-Koordinate ist gleich null.

INFO Spurpunkte und -geraden

F4 **Spurpunkte von Geraden sowie Spurpunkte und Spurgeraden von Ebenen bestimmen**

(1) Schnittpunkte einer Geraden g mit den Koordinatenebenen werden als **Spurpunkte der Geraden** bezeichnet. Spurpunkte in der x-y-Ebene besitzen die Koordinaten $S_{xy}(x\,|\,y\,|\,0)$, in der x-z-Ebene $S_{xz}(x\,|\,0\,|\,z)$ und in der y-z-Ebene $S_{yz}(0\,|\,y\,|\,z)$.

(2) Schnittpunkte einer Ebene E mit den Koordinatenachsen werden als **Spurpunkte der Ebene** bezeichnet. Spurpunkte auf den Koordinatenachsen besitzen die folgenden Koordinaten: auf der x-Achse $S_x(x\,|\,0\,|\,0)$, auf der y-Achse $S_y(0\,|\,y\,|\,0)$ und auf der z-Achse $S_z(0\,|\,0\,|\,z)$.

(3) Schnittgeraden einer Ebene E mit den Koordinatenebenen werden als **Spurgeraden der Ebene** bezeichnet. Spurgeraden sind daher Geraden durch jeweils zwei Spurpunkte einer Ebene.

Zur Ermittlung der Spurpunkte verwendet man die Methode der Punktprobe und löst die entstehenden linearen Gleichungssysteme.

Spurpunkte und Spurgeraden können dazu dienen, die zugehörigen Geraden und Ebenen in ein Schrägbild einzutragen.

Beispiele

(1) *Spurpunkte einer Geraden:*

Gegeben ist die GHerade g mit g: $\vec{x} = \begin{pmatrix} 1 \\ 2 \\ 2 \end{pmatrix} + r \cdot \begin{pmatrix} 1 \\ -1 \\ -2 \end{pmatrix}$.

Für eine Skizze sollen die Spurpunkte bestimmt werden.

Der Ortsvektor zu einem Spurpunkt in der x-y-Ebene ist $\overrightarrow{OS}_{xy} = \begin{pmatrix} x \\ y \\ 0 \end{pmatrix}$.

Die Punktprobe liefert ein lineares Gleichungssystem:

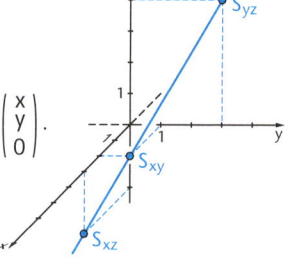

$$\begin{pmatrix} x \\ y \\ 0 \end{pmatrix} = \begin{pmatrix} 1 \\ 2 \\ 2 \end{pmatrix} + r \cdot \begin{pmatrix} 1 \\ -1 \\ -2 \end{pmatrix} \Leftrightarrow \begin{vmatrix} x = 1 + 1\,r \\ y = 2 - 1\,r \\ 0 = 2 - 2\,r \end{vmatrix}$$

In der letzten Zeile des LGS ist nur eine Variable enthalten, d. h. diese Gleichung ist eindeutig lösbar. Hier ergibt sich r = 1. Diesen Wert r = 1 setzt man die in Gleichungen in der ersten und zweiten Zeile des Gleichungssystems ein und berechnet so die Werte von x und y. Es ergibt sich $x = 1 + 1 \cdot 1 = 2$ und $y = 2 - 1 \cdot 1 = 1$. Der Spurpunkt von g in der x-y-Ebene hat also die Koordinaten $S_{xy}(2\,|\,1\,|\,0)$.
Die weiteren Spurpunkte ermittelt man analog: $S_{xz}(3\,|\,0\,|\,-2)$ und $P_{yz}(0\,|\,3\,|\,4)$.

(2) *Spurpunkte einer Ebene:*

Die Ebene E ist durch E: $\vec{x} = \begin{pmatrix} 3 \\ 0 \\ 1 \end{pmatrix} + r \cdot \begin{pmatrix} 1 \\ 2 \\ 1 \end{pmatrix} + s \cdot \begin{pmatrix} -1 \\ 1 \\ 2 \end{pmatrix}$ gegeben.

Zur Bestimmung der Spurpunkte setzt man die jeweiligen Komponenten gleich null und löst das zugehörige lineare Gleichungssystem.

Spurpunkt auf der x-Achse, also y = z = 0:

$$\begin{pmatrix} x \\ 0 \\ 0 \end{pmatrix} = \begin{pmatrix} 3 \\ 0 \\ 1 \end{pmatrix} + r \cdot \begin{pmatrix} 1 \\ 2 \\ 1 \end{pmatrix} + s \cdot \begin{pmatrix} -1 \\ 1 \\ 2 \end{pmatrix} \Leftrightarrow \begin{vmatrix} x = 3 + 1\,r - 1\,s \\ 0 = 0 + 2\,r + 1\,s \\ 0 = 1 + 1\,r + 2\,s \end{vmatrix}$$

Aus den letzten beiden Zeilen erhält man $r = \frac{1}{3}$ und $s = -\frac{2}{3}$.

Einsetzen dieser Parameterwerte ergibt für die x-Koordinate des Punkts auf der x-Achse:

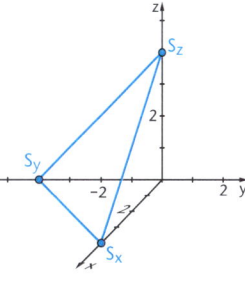

$x = 3 + \frac{1}{3} \cdot 1 - \frac{2}{3} \cdot (-1) = 4$; d. h. der Spurpunkt der Ebene auf der x-Achse ist $S_x(4|0|0)$.

Analog bestimmt man $S_y(0|-4|0)$ und $S_z(0|0|4)$.

Die Geraden durch je zwei dieser Spurpunkte sind Spurgeraden der Koordinatenebenen; sie lassen sich mithilfe folgender Parameterformen beschreiben:

$$g_{xy}\colon \vec{x} = \begin{pmatrix} 4 \\ 0 \\ 0 \end{pmatrix} + r \cdot \begin{pmatrix} -4 \\ -4 \\ 0 \end{pmatrix}; \quad g_{xz}\colon \vec{x} = \begin{pmatrix} 4 \\ 0 \\ 0 \end{pmatrix} + r \cdot \begin{pmatrix} -4 \\ 0 \\ 4 \end{pmatrix}; \quad g_{yz}\colon \vec{x} = \begin{pmatrix} 0 \\ -4 \\ 0 \end{pmatrix} + r \cdot \begin{pmatrix} 0 \\ 4 \\ 4 \end{pmatrix}.$$

(3) *Sonderfälle:*

Verläuft eine Gerade parallel zu einer Koordinatenebene, dann besitzt sie i. A. zwei Spurpunkte; ist sie parallel zu einer Koordinatenachse, gibt es nur einen Spurpunkt.

Verläuft eine Ebene parallel zu einer Koordinatenebene, dann besitzt sie nur einen Spurpunkt; verläuft sie parallel zu einer Koordinatenachse, hat sie i. A. zwei Spurpunkte.

INFO Normalenvektor

F5 Einen Normalenvektor und den Einheitsnormalenvektor einer Ebene bestimmen

Ein Vektor $\vec{n}$ ist **Normalenvektor** einer Ebene E, wenn er in jedem Punkt orthogonal zur Ebene steht; er steht also auch orthogonal zu den beiden bekannten Richtungsvektoren $\vec{u}$ und $\vec{v}$ der Ebene E.

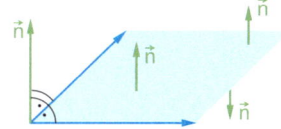

Da die einzige Bedingung an einen solchen Vektor die Orthogonalität ist, gibt es unendlich viele, zueinander kollineare Normalenvektoren unterschiedlicher Länge zu einer gegebenen Ebene E.

Man kann einen Normalenvektor einer Ebene E auf zwei Arten berechnen:

(1) über das **Orthogonalitätskriterium** (vgl. E4):

Für das Skalarprodukt aus Normalenvektor und den Richtungsvektoren der Ebene E gilt: $\vec{u} * \vec{n} = 0$ und $\vec{v} * \vec{n} = 0$. Man erhält ein unterbestimmtes LGS mit zwei Gleichungen und drei Variablen ($n_1, n_2, n_3 \in \mathbb{R}$):

$u_1 n_1 + u_2 n_2 + u_3 n_3 = 0$ und $v_1 n_1 + v_2 n_2 + v_3 n_3 = 0$.

Da die Länge des Normalenvektors für die Orthogonalität unerheblich ist, kann man für eine der Variablen eine beliebige reelle Zahl einsetzen. Die beiden anderen Variablen hängen dann von dieser gewählten Zahl ab.

(2) über das **Kreuzprodukt (Vektorprodukt)**:

$$\vec{n} = \vec{u} \times \vec{v} = \begin{pmatrix} u_1 \\ u_2 \\ u_3 \end{pmatrix} \times \begin{pmatrix} v_1 \\ v_2 \\ v_3 \end{pmatrix} = \begin{pmatrix} u_2 v_3 - u_3 v_2 \\ u_3 v_1 - u_1 v_3 \\ u_1 v_2 - u_2 v_1 \end{pmatrix}.$$

(Auf den Beweis dieser allgemeinen Berechnungsformel wird hier verzichtet.)

Ein **Einheitsnormalenvektor** $\vec{n}_0$ ist ein Normalenvektor der Länge 1. Man erhält diesen, indem man den Normalenvektor $\vec{n}$ mit dem Kehrwert seiner Länge $|\vec{n}|$ multipliziert: $\vec{n}_0 = \frac{1}{|\vec{n}|} \cdot \vec{n}$.

Einheitsnormalenvektoren werden verwendet, um Abstände im Raum zu messen.

Beispiele

(1) *Normalenvektor von zwei Vektoren:*

Für $\vec{a} = \begin{pmatrix} 1 \\ -2 \\ 1 \end{pmatrix}$, $\vec{b} = \begin{pmatrix} 3 \\ 1 \\ -2 \end{pmatrix}$ ist: $\vec{a} \times \vec{b} = \begin{pmatrix} (-2) \cdot (-2) - 1 \cdot 1 \\ 1 \cdot 3 - 1 \cdot (-2) \\ 1 \cdot 1 - (-2) \cdot 3 \end{pmatrix} = \begin{pmatrix} 3 \\ 5 \\ 7 \end{pmatrix}$.

(2) *Bestimmen eines Normalenvektors mithilfe des Vektorprodukts:*

Ein Normalenvektor für E: $\vec{x} = \begin{pmatrix} 1 \\ 1 \\ 2 \end{pmatrix} + r \cdot \begin{pmatrix} 3 \\ 1 \\ 0 \end{pmatrix} + s \cdot \begin{pmatrix} 2 \\ -1 \\ 4 \end{pmatrix}$ ist

$\vec{n} = \vec{u} \times \vec{v} = \begin{pmatrix} 3 \\ 1 \\ 0 \end{pmatrix} \times \begin{pmatrix} 2 \\ -1 \\ 4 \end{pmatrix} = \begin{pmatrix} 4 \\ -12 \\ -5 \end{pmatrix}$. Der zugehörige

Einheitsnormalenvektor lautet $\vec{n}_0 = \dfrac{\begin{pmatrix} 4 \\ -12 \\ -5 \end{pmatrix}}{\left\| \begin{pmatrix} 4 \\ -12 \\ -5 \end{pmatrix} \right\|} = \dfrac{1}{\sqrt{185}} \cdot \begin{pmatrix} 4 \\ -12 \\ -5 \end{pmatrix}$.

(3) *Bestimmen eines Normalenvektors mithilfe des Skalarprodukts:*
Einen Normalenvektor der Ebene E aus (2) kann man auch mithilfe des Orthogonalitätskriteriums bestimmen. Es gilt: $\vec{n} * \begin{pmatrix} 3 \\ 1 \\ 0 \end{pmatrix} = 0$ und $\vec{n} * \begin{pmatrix} 2 \\ -1 \\ 4 \end{pmatrix} = 0$.

Daraus ergeben sich zwei lineare Gleichungen mit drei Unbekannten,
also ein unterbestimmtes Gleichungssystem: $\begin{vmatrix} 3n_1 + n_2 = 0 \\ 2n_1 - n_2 + 4n_3 = 0 \end{vmatrix}$.

Aus Zeile 1 erhält man den Zusammenhang: $n_2 = -3n_1$, setzt diesen in Zeile 2 ein und löst nach einer Variable auf: $2n_1 - (-3n_1) + 4n_3 = 0 \Leftrightarrow 5n_1 + 4n_3 = 0 \Leftrightarrow n_1 = -\frac{4}{5}n_3$.

Da das Gleichungssystem unterbestimmt ist und die Länge des Normalenvektors unerheblich ist, wählt man einen Wert für n_3 möglichst so, dass man ganzzahlige Lösungen erhält. Wählt man z. B. $n_3 = 5$, dann ergibt sich $n_1 = -\frac{4}{5} \cdot 5 = -4$ und $n_2 = -3 \cdot (-4) = 12$.
Man erhält $\vec{n} = \begin{pmatrix} -4 \\ 12 \\ -5 \end{pmatrix}$. Dies ist der Gegenvektor zum Normalenvektor aus (2).

Das ist aber unerheblich, da auch dieser orthogonal zu E verläuft.

(4) *Bestimmen eines Normalenvektors mithilfe des Skalarprodukts – alternative Methode:*
Da eine der Komponenten des ersten Richtungsvektors gleich null ist, kann man einen Normalenvektor der Ebene auch wie folgt erhalten:
Beispielsweise ist ein Vektor $\vec{n} = \begin{pmatrix} 1 \\ -3 \\ z \end{pmatrix}$ geeignet, denn das Skalarprodukt mit dem
ersten Richtungsvektor ist gleich null. Damit auch das Skalarprodukt mit dem zweiten Richtungsvektor null wird, muss als dritte Komponente des Normalenvektors der

Wert $z = 1{,}25$ gewählt werden: $\begin{pmatrix} 1 \\ -3 \\ z \end{pmatrix} * \begin{pmatrix} 2 \\ -1 \\ 4 \end{pmatrix} = -2 - 3 + 4z = 0 \Leftrightarrow 4z = 5 \Leftrightarrow z = 1{,}25$.

Der Normalenvektor aus (2) ist gleich dem 5-Fachen des durch geschicktes Probieren

gefundenen Normalenvektors $\vec{n} = \begin{pmatrix} 1 \\ -3 \\ 1{,}25 \end{pmatrix}$.

INFO Ebenen beschreiben

F6 **Ebenen mithilfe von Koordinatengleichungen beschreiben – auch in Normalenform oder** (nur LF) **Hesse'scher Normalenform angeben**

Eine Ebene im Raum kann auch mithilfe einer **Koordinatengleichung** beschrieben werden: **E: a · x + b · y + c · z = d** (bzw. E: $a \cdot x_1 + b \cdot x_2 + c \cdot x_3$, siehe Hinweis bei **E5**) mit Koeffizienten a, b, c, d ∈ ℝ.
Eine **Punktprobe** für einen Punkt P erfolgt hier durch Einsetzen der Koordinaten des Punkts in die Koordinatengleichung.

Die Spurpunkte einer Ebene lassen sich bei dieser Darstellungsform unmittelbar ablesen, da je zwei der Koordinaten der Spurpunkte gleich null sind.

Aus einer Koordinatengleichung E: a · x + b · y + c · z = d kann man unmittelbar den

Normalenvektor der Ebene ablesen: $\vec{n} = \begin{pmatrix} a \\ b \\ c \end{pmatrix}$ und die **Normalenform** der Ebenengleichung entwickeln:
E: $\vec{n} * \vec{x} = \vec{n} * \vec{p}$ oder auch **E: $\vec{n} * (\vec{x} - \vec{p}) = 0$**,
wobei $\vec{p}$ der Ortsvektor eines beliebigen Punkts der Ebene ist.

Die **Hesse'sche Normalenform** ist eine besondere Form einer Koordinatengleichung der Ebene. Formt man die Gleichung $a x + b y + c z = d$ um zu $a x + b y + c z - d = 0$ und dividiert beide Seiten der Gleichung durch die Länge (den Betrag) des Normalenvektors

$\vec{n} = \begin{pmatrix} a \\ b \\ c \end{pmatrix}$, dann erhält man die nach dem Mathematiker L. O. Hesse benannte Form:

$$\frac{a x + b y + c z - d}{\sqrt{a^2 + b^2 + c^2}} = 0.$$

Diese Form der Ebenengleichung ist nützlich bei der Bestimmung des Abstands eines Punktes von einer Ebene (vgl. Basiswissen **G5**).

Beispiele

(1) *Darstellung einer Ebene in Hesse'scher Normalenform:*

Aus der Ebenengleichung $3 x + 2 y - z = 4$ kann man einen Normalenvektor $\vec{n} = \begin{pmatrix} 3 \\ 2 \\ -1 \end{pmatrix}$ direkt ablesen und erhält man nach Umformen die Hesse'sche Normalenform:

$$\frac{3 x + 2 y - z - 4}{\sqrt{14}} = 0$$

(2) *Punkte in einer Ebene finden:*

Man erhält Punkte, die in der Ebene E mit $3 x + 2 y - z = 4$ liegen, indem man zwei Koordinaten festlegt, in die Ebenengleichung einsetzt und die dritte Koordinate berechnet.

Punkt S(1 | 2 | z): $3 \cdot 1 + 2 \cdot 2 - z = 4$ ⇔ $7 - z = 4$ ⇔ $z = 3$
Damit ist S(1|2|3) ein Punkt der Ebene E.

Punkt T(x | 5 | −10): $3 \cdot x + 2 \cdot 5 - (-10) = 4$ ⇔ $3 \cdot x + 20 = 4$ ⇔ $x = -\frac{16}{3}$.

Damit ist T($-\frac{16}{3}$ | 5 | −10) ein Punkt der Ebene E.

(3) *Punktprobe:*

Gegeben ist die Ebene E: $2x - 4y + 1z = 8$.
Punktprobe für den Punkt $P(-3\,|\,-4\,|\,-2)$ durch Einsetzen liefert:
$2 \cdot (-3) - 4 \cdot (-4) + 1 \cdot (-2) = 8$, also eine wahre Aussage: P liegt in E.

(4) *Bestimmung der Spurpunkte einer Ebene, die in Koordinatenform gegeben ist:*

Für die Ebene aus (3) ergeben sich die Spurpunkte wie folgt:

Aus $y = 0$ und $z = 0$ folgt: $2x - 4 \cdot 0 + 1 \cdot 0 = 8$ und damit $S_x(4\,|\,0\,|\,0)$.
Aus $x = 0$ und $z = 0$ folgt: $2 \cdot 0 - 4y + 1 \cdot 0 = 8$ und damit $S_y(0\,|\,-2\,|\,0)$.
Aus $x = 0$ und $y = 0$ folgt: $2 \cdot 0 - 4 \cdot 0 + 1z = 8$ und damit $S_z(0\,|\,0\,|\,8)$.

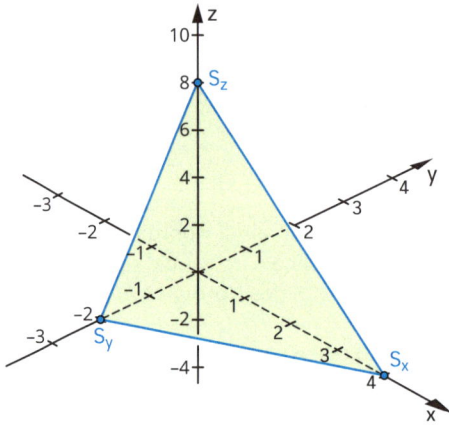

(*Hinweis*: Da die y-Koordinate des Spurpunkts S_y negativ ist, wurde das Koordinatensystem anders als sonst üblich gezeichnet.)

(5) *Ebene in Normalenform:*

Um die Ebene aus (3) in Normalenform darzustellen, benötigt man irgendeinen Punkt der Ebene, beispielsweise $S_x(4\,|\,0\,|\,0)$, und einen Normalenvektor.

Aus $\vec{n} = \begin{pmatrix} 2 \\ -4 \\ 1 \end{pmatrix}$ ergibt sich: $E: \begin{pmatrix} 2 \\ -4 \\ 1 \end{pmatrix} * \left[\vec{x} - \begin{pmatrix} 4 \\ 0 \\ 0 \end{pmatrix} \right] = 0$.

(6) *Von der Koordinatengleichung zur Normalenform:*

Aus der Koordinatengleichung einer Ebene E mit $4x - 5y + 2z = 10$ liest man direkt einen Normalenvektor $\vec{n} = \begin{pmatrix} 4 \\ -5 \\ 2 \end{pmatrix}$ ab und berechnet einen Punkt der Ebene, z.B. $S_z(0|0|5)$ (siehe obiges Beispiel). Nun setzt man in die Normelnform ein:

$\begin{pmatrix} 4 \\ -5 \\ 2 \end{pmatrix} * \vec{x} = \begin{pmatrix} 4 \\ -5 \\ 2 \end{pmatrix} * \begin{pmatrix} 0 \\ 0 \\ 5 \end{pmatrix}$ bzw. $\begin{pmatrix} 4 \\ -5 \\ 2 \end{pmatrix} * \left[\vec{x} - \begin{pmatrix} 0 \\ 0 \\ 5 \end{pmatrix} \right] = 0$

(7) *Parallel zu einer Koordinatenachse liegende Ebenen:*

Die Ebene mit der Koordinatengleichung E: $2x + 3y = 6$ verläuft parallel zur z-Achse (hat also keinen Punkt mit dieser Achse gemeinsam). Sie hat die Spurpunkte $S_x(3|0|0)$ und $S_y(0|2|0)$.

INFO Darstellungsformen von Ebenen

F7 **Darstellungsformen von Ebenen ineinander überführen**

Eine Koordinatengleichung einer Ebene in eine Parameterform überführen:
Ist eine Ebene durch eine Koordinatengleichung gegeben, dann findet man eine Parameterform für diese Ebene, indem man drei beliebige Punkte der Ebene wählt und hieraus eine Parameterform der Ebene bestimmt (vgl. Basiswissen **F3**).

Eine Parameterform in eine Koordinatengleichung überführen:
Ist eine Ebene durch eine Parameterform gegeben, dann findet man eine Koordinatengleichung für diese Ebene, indem man einen Normalenvektor für die Ebene sucht (vgl. Basiswissen **F5**) und hiermit den Koeffizienten d der Koordinatengleichung bestimmt, wobei gilt: $d = \vec{n} * \overrightarrow{OA}$ mit $\overrightarrow{OA}$ als Stützvektor der Ebene.

Beispiele

(1) *Eine Koordinatengleichung in eine Parameterform überführen:*

Aus der Koordinatenform einer Ebene E mit $4x - 5y + 2z = 10$ ermittelt man drei Punkte der Ebene. Am einfachsten ermittelt man die Spurpunkte der Ebene (Basiswissen **F6**, Beispiel (4)): $S_x(2,5\,|\,0\,|\,0)$; $S_y(0\,|-2\,|\,0)$ und $S_z(0\,|\,0\,|\,5)$. Man nutzt den Ortsvektor von einem der Spurpunkte als Stützvektor und berechnet dann die beiden Richtungsvektoren. Eine Parameterform der Ebene E lautet dann:

$$E: \vec{x} = \overrightarrow{OS}_x + r \cdot (\overrightarrow{S_x S_y}) + s \cdot (\overrightarrow{S_x S_z}) = \begin{pmatrix} 2,5 \\ 0 \\ 0 \end{pmatrix} + r \cdot \begin{pmatrix} -2,5 \\ -2 \\ 0 \end{pmatrix} + s \cdot \begin{pmatrix} -2,5 \\ 0 \\ 5 \end{pmatrix}.$$

Alternative Möglichkeit:
Man wählt einen beliebigen Punkt der Ebene und zwei beliebige (nicht zueinander kollineare) Vektoren, die orthogonal zum Normalenvektor der Ebene sind.
Aus $4x - 5y + 2z = 10$ ermittelt man einen Punkt, z. B. $S_z(0\,|\,0\,|\,5)$,

und den Normalenvektor $\vec{n} = \begin{pmatrix} 4 \\ -5 \\ 2 \end{pmatrix}$. Offensichtlich sind die Vektoren $\vec{u} = \begin{pmatrix} 1 \\ 0 \\ -2 \end{pmatrix}$ und

$\vec{v} = \begin{pmatrix} 5 \\ 4 \\ 0 \end{pmatrix}$ orthogonal zu $\vec{n}$ und nicht zueinander kollinear.

Daher ist E: $\vec{x} = \begin{pmatrix} 0 \\ 0 \\ 5 \end{pmatrix} + r \cdot \begin{pmatrix} 1 \\ 0 \\ -2 \end{pmatrix} + s \cdot \begin{pmatrix} 5 \\ 4 \\ 0 \end{pmatrix}$ eine Parameterform der Ebene.

(2) *Eine Parameterform in eine Koordinatengleichung überführen:*

Aus der Parameterform E : $\vec{x} = \begin{pmatrix} 3 \\ 2 \\ -1 \end{pmatrix} + r \cdot \begin{pmatrix} 2 \\ 1 \\ 0 \end{pmatrix} + s \cdot \begin{pmatrix} 3 \\ 0 \\ 5 \end{pmatrix}$ ermittelt man mithilfe des

Vektorprodukts (vgl. Basiswissen **F5**) einen Normalenvektor der Ebene:

$\begin{pmatrix} 2 \\ 1 \\ 0 \end{pmatrix} \times \begin{pmatrix} 3 \\ 0 \\ 5 \end{pmatrix} = \begin{pmatrix} 5 \\ -10 \\ -3 \end{pmatrix}$. Nun bildet man das Skalarprodukt aus diesem Normalenvektor und

dem Stützvektor aus der Parameterform und erhält den Wert für d in der

Koordinatenform: $d = \begin{pmatrix} 5 \\ -10 \\ -3 \end{pmatrix} * \begin{pmatrix} 3 \\ 2 \\ -1 \end{pmatrix} = -2$.

Eine Ebenengleichung in Koordinatenform lautet also: $5x - 10y - 3z = -2$.

Hinweis: Da die beiden Richtungsvektoren der Ebene jeweils eine Komponente mit Wert 0 haben, kann man einen Normalenvektor durch folgende Überlegung gewinnen:

Es gilt: $\begin{pmatrix} 1 \\ -2 \\ n_3 \end{pmatrix} * \begin{pmatrix} 2 \\ 1 \\ 0 \end{pmatrix} = 0$ und $\begin{pmatrix} 5 \\ n_2 \\ -3 \end{pmatrix} * \begin{pmatrix} 3 \\ 0 \\ 5 \end{pmatrix} = 0$. Wählt man das 5-Fache des ersten Vektors,

also $\begin{pmatrix} 5 \\ -10 \\ n_3 \end{pmatrix}$, dann gilt auch $\begin{pmatrix} 5 \\ -10 \\ n_3 \end{pmatrix} * \begin{pmatrix} 2 \\ 1 \\ 0 \end{pmatrix} = 0$. Daher ist $\begin{pmatrix} 5 \\ -10 \\ -3 \end{pmatrix}$ ein möglicher Normalenvektor.

(3) *Alternative zu (2):*

Gegeben ist eine Parameterform einer Ebene E: $x = \begin{pmatrix} 3 \\ 0 \\ 1 \end{pmatrix} + r \cdot \begin{pmatrix} 1 \\ 2 \\ 1 \end{pmatrix} + s \cdot \begin{pmatrix} -1 \\ 1 \\ 2 \end{pmatrix}$.

Um eine Koordinatenform der Ebenengleichung zu bestimmen, sucht man einen Normalenvektor der Ebene (vgl. Basiswissen **F5**). Beispielsweise ist der Vektor $\vec{n} = \begin{pmatrix} 1 \\ -1 \\ 1 \end{pmatrix}$ ein Normalenvektor der Ebene E.

Bildet man das Skalarprodukt dieses Normalenvektors mit den beiden Seiten der Darstellung der Ebene in Parameterform, dann entfallen rechts zwei Summanden:

$$E: \begin{pmatrix} 1 \\ -1 \\ 1 \end{pmatrix} * \vec{x} = \begin{pmatrix} 1 \\ -1 \\ 1 \end{pmatrix} * \begin{pmatrix} 3 \\ 0 \\ 1 \end{pmatrix} + r \cdot \underbrace{\begin{pmatrix} 1 \\ -1 \\ 1 \end{pmatrix} * \begin{pmatrix} 1 \\ 2 \\ 1 \end{pmatrix}}_{=0} + s \cdot \underbrace{\begin{pmatrix} 1 \\ -1 \\ 1 \end{pmatrix} * \begin{pmatrix} -1 \\ 1 \\ 2 \end{pmatrix}}_{=0}.$$

und dies führt auf eine Normalenform der Ebenengleichung:

$$E: \begin{pmatrix} 1 \\ -1 \\ 1 \end{pmatrix} * \vec{x} = \begin{pmatrix} 1 \\ -1 \\ 1 \end{pmatrix} * \begin{pmatrix} 3 \\ 0 \\ 1 \end{pmatrix} \text{ bzw. } \begin{pmatrix} 1 \\ -1 \\ 1 \end{pmatrix} * \left[\vec{x} - \begin{pmatrix} 3 \\ 0 \\ 1 \end{pmatrix} \right] = 0.$$

Aus $\begin{pmatrix} 1 \\ -1 \\ 1 \end{pmatrix} * \begin{pmatrix} 3 \\ 0 \\ 1 \end{pmatrix} = 4$ ergibt sich dann die Koordinatengleichung: $1 \cdot x - 1 \cdot y + 1 \cdot z = 4$.

INFO Lagebeziehungen von Geraden und Ebenen

F8 **Schnittprobleme zwischen Geraden und Ebenen in Sachzusammenhängen untersuchen**

Zwischen einer Geraden g und einer Ebene E können folgende Lagebeziehungen bestehen:
(1) die Gerade g verläuft parallel zu E oder
(2) die Gerade g verläuft innerhalb der Ebene E oder
(3) die Gerade g durchstößt die Ebene E in genau einem Punkt.

Interpretiert man diese Fragestellung als Lösen eines linearen Gleichungssystems, dann bedeuten die drei Fälle: (1) das LGS hat keine Lösung, (2) das LGS hat unendlich viele Lösungen, (3) das LGS hat genau eine Lösung.

Will man nur die Frage klären, welche Lage vorliegt, und ist an dem konkreten Schnittpunkt im Fall (3) nicht interessiert, kann man zunächst prüfen, ob der Normalenvektor der Ebene orthogonal ist zum Richtungsvektor der Geraden. Wenn dies der Fall ist, kommen nur die Fälle (1) und (2) in Frage. Um zu entscheiden, welcher dieser beiden Fälle vorliegt, prüft man noch, ob der Auf(hänge)punkt der Geraden die Koordinatengleichung der Ebene erfüllt (Punktprobe).

Beispiele

(1) *Schnittpunkt einer Geraden und einer Ebene (Parameterform):*

Gegeben ist die Gerade $g: \vec{x} = \begin{pmatrix} 1 \\ 2 \\ 3 \end{pmatrix} + r \cdot \begin{pmatrix} 1 \\ -1 \\ 1 \end{pmatrix}$ und die Ebene $E: \vec{x} = \begin{pmatrix} 2 \\ 0 \\ 1 \end{pmatrix} + s \cdot \begin{pmatrix} 1 \\ 1 \\ 5 \end{pmatrix} + t \cdot \begin{pmatrix} 0 \\ 1 \\ 1 \end{pmatrix}$.

Gemeinsame Punkte müssen das lineare Gleichungssystem erfüllen, d.h. es muss gelten:

$$\begin{vmatrix} 1+r=2+s \\ 2-r=s+t \\ 3+r=1+5s+t \end{vmatrix} \Leftrightarrow \begin{vmatrix} r-s=1 \\ r+s+t=2 \\ r-5s-t=-2 \end{vmatrix} \Leftrightarrow \begin{vmatrix} r-s=1 \\ 2s+t=1 \\ -4s-t=-3 \end{vmatrix} \Leftrightarrow \begin{vmatrix} r-s=1 \\ 2s+t=1 \\ -2s=-2 \end{vmatrix} \Leftrightarrow \begin{vmatrix} r=2 \\ t=-1 \\ s=1 \end{vmatrix}$$

Einsetzen der Parameterwerte in die beiden Parameterformenn ergibt die Koordinaten des Schnittpunkts:

$$\vec{x} = \begin{pmatrix} 1 \\ 2 \\ 3 \end{pmatrix} + 2 \cdot \begin{pmatrix} 1 \\ -1 \\ 1 \end{pmatrix} = \begin{pmatrix} 3 \\ 0 \\ 5 \end{pmatrix} \text{ und (zur Kontrolle): } \vec{x} = \begin{pmatrix} 2 \\ 0 \\ 1 \end{pmatrix} + 1 \cdot \begin{pmatrix} 1 \\ 1 \\ 5 \end{pmatrix} + (-1) \cdot \begin{pmatrix} 0 \\ 1 \\ 1 \end{pmatrix} = \begin{pmatrix} 3 \\ 0 \\ 5 \end{pmatrix}.$$

(2) *Schnittpunkt einer Geraden und einer Ebene (Koordinatenform):*

Gegeben ist die Gerade $g: \vec{x} = \begin{pmatrix} 1 \\ -1 \\ -2 \end{pmatrix} + r \cdot \begin{pmatrix} 4 \\ -1 \\ 5 \end{pmatrix}$ und die Ebene $E: 4x + y - 3z = 9$.

Einsetzen der Koordinatengleichungen aus der Parameterform der Geraden in die Koordinatengleichung der Ebene ergibt:

$4 \cdot (1 + 4r) + (-1 - r) - 3 \cdot (-2 + 5r) = 9 \Leftrightarrow 4 + 16r - 1 - r + 6 - 15r = 9 \Leftrightarrow 9 = 9.$

Da sich eine wahre Aussage ergibt, gibt es unendlich viele Lösungen, d.h., die Gerade verläuft innerhalb der Ebene.

(3) *Schnittpunkt einer Geraden mit einer Ebene im Sachzusammenhang:*

Die Bodenplatte eines Hauses ist in einem lokalen Koordinatensystem bestimmt durch die Eckpunkte $A(3|1|0)$, $B(11|-1|0)$, $C(14|11|0)$, $D(6|13|0)$. Die Seitenwände sind 6 m hoch; der Dachfirst hat die Eckpunkte $E(7|0|10)$ und $F(10|12|10)$ – Angaben in Metern. Ein Kamin ist im Punkt $K(10|2|0)$ auf die Bodenplatte gesetzt. An welcher Stelle durchstößt der Kamin das Dach?

Die beiden Dachflächen werden aufgespannt durch den Firstvektor $\overrightarrow{EF} = \begin{pmatrix} 3 \\ 12 \\ 0 \end{pmatrix}$ und

durch $\overrightarrow{EA_1} = \begin{pmatrix} 3 \\ 1 \\ 6 \end{pmatrix} - \begin{pmatrix} 7 \\ 0 \\ 10 \end{pmatrix} = \begin{pmatrix} -4 \\ 1 \\ -4 \end{pmatrix}$ bzw. $\overrightarrow{EB_1} = \begin{pmatrix} 11 \\ -1 \\ 6 \end{pmatrix} - \begin{pmatrix} 7 \\ 0 \\ 10 \end{pmatrix} = \begin{pmatrix} 4 \\ -1 \\ -4 \end{pmatrix}$, vgl. Abbildung zu (4).

Ein Normalenvektor der einen Dachfläche ist $\vec{x} = \begin{pmatrix} 16 \\ -4 \\ -17 \end{pmatrix}$,

ein Normalenvektor der anderen Dachfläche ist $\vec{x} = \begin{pmatrix} 16 \\ -4 \\ 17 \end{pmatrix}$.

Eine Koordinatengleichung der beiden Dachflächen ist (E lässt sich als

Auf(hänge)punkt wählen): $E_1: 16x_1 - 4x_2 - 17x_3 = \begin{pmatrix} 16 \\ -4 \\ -17 \end{pmatrix} * \begin{pmatrix} 7 \\ 0 \\ 10 \end{pmatrix} = -58$

bzw. $E_2: 16x_1 - 4x_2 + 17x_3 = \begin{pmatrix} 16 \\ -4 \\ 17 \end{pmatrix} * \begin{pmatrix} 7 \\ 0 \\ 10 \end{pmatrix} = 282.$

Der Kamin kann durch die Gerade $\vec{x} = \begin{pmatrix} 10 \\ 2 \\ 0 \end{pmatrix} + r \cdot \begin{pmatrix} 0 \\ 0 \\ 1 \end{pmatrix} = \begin{pmatrix} 10 \\ 2 \\ r \end{pmatrix}$ beschrieben werden.

Nach Lage im Grundriss wird der Kamin aus der „rechten" Dachhälfte heraustreten; man bestimmt also den Schnittpunkt mit der Ebene E_2: $16 \cdot 10 - 4 \cdot 2 + 17 \cdot r = 282$, d. h. $17\,r = 130$, also $r = 130/17 \approx 7{,}65$.
Der Kamin tritt „im Punkt" $K'(10|2|7{,}65)$ aus der Dachfläche heraus.

(4) *Anwendungssituation Schattenwurf:*
Das Haus aus (3) wirft bei Sonnenschein einen Schatten; zu einem bestimmten Zeitpunkt liegt der Schatten des Firstpunktes E in $E'(20|-20|0)$. Bestimme den Schattenbereich des Hauses.
Sonnenstrahlen verlaufen parallel zum Vektor $\overrightarrow{EE'} = \begin{pmatrix} 20 \\ -20 \\ 0 \end{pmatrix} - \begin{pmatrix} 7 \\ 0 \\ 10 \end{pmatrix} = \begin{pmatrix} 13 \\ -20 \\ -10 \end{pmatrix}$.

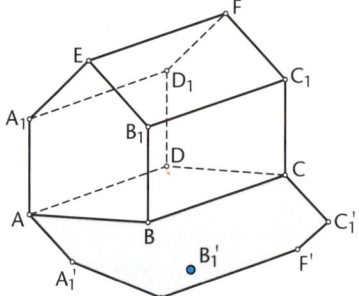

Der Sonnenstrahl vom First-Eckpunkt F schneidet die Bodenebene in
$F'(10 + 13|12 - 20|10 - 10) = (23|-8|0)$.

Der Sonnenstrahl vom Punkt $A_1\,(3|1|6)$ erzeugt eine Gerade mit der Darstellung:

$\vec{x} = \begin{pmatrix} 3 \\ 1 \\ 6 \end{pmatrix} + r \cdot \begin{pmatrix} 13 \\ -20 \\ -10 \end{pmatrix}$.

Diese schneidet die x-y-Ebene, wenn
$6 + r \cdot (-10) = 0$, also wenn $r = 0{,}6$.

Das Schattenbild von A_1 ist also:
$A_1'(3 + 0{,}6 \cdot 13|1 + 0{,}6 \cdot (-20)|6 + 0{,}6 \cdot (-10)) = (10{,}8|-11|0)$.

Analog ergibt sich das Schattenbild von C_1: $C_1'(21{,}8|-1|0)$ bzw. von B_1: $B_1'(18{,}8|-13|0)$.
In der Zeichnung erkennt man, dass der Punkt B_1' im Schattenbereich des Hauses liegt.

INFO Lagebeziehungen von Ebenen

F9 **Ebenen auf ihre gegenseitige Lage untersuchen; <u>nur LF</u>: möglicherweise vorhandene Schnittgeraden bestimmen**

Zwei Ebenen E_1 und E_2 im Raum können …

(1) identisch sein	(2) echt parallel zueinander liegen	(3) sich in einer Gerade schneiden

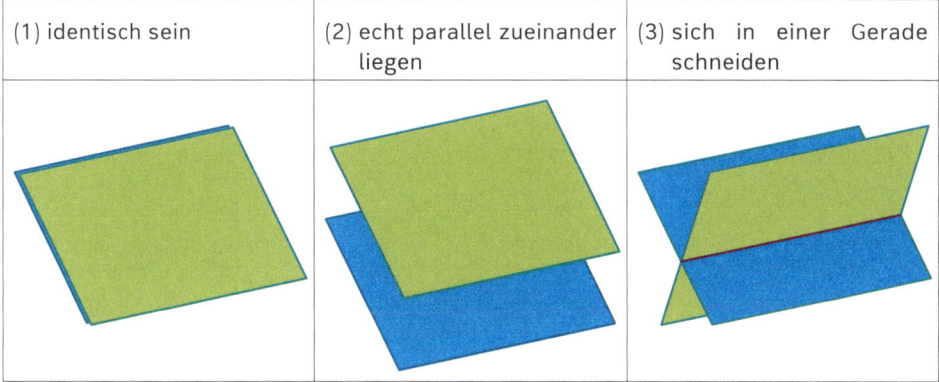

Prüfung nur auf Parallelität oder Identität
Wenn die Normalenvektoren der beiden Ebenen Vielfache voneinander sind, liegt Fall (1) oder Fall (2) vor; dann wählt man einen beliebigen Punkt der einen Ebene aus und prüft, ob dieser in der anderen Ebene liegt. Falls dies der Fall ist, sind die Ebenen identisch, sonst zueinander parallel.

Prüfung auf Parallelität, Identität, Schnitt
Aufgabentyp 1: Die beiden Ebenen sind durch Koordinatengleichungen gegeben:

$\left| \begin{matrix} a_1 x + b_1 x + c_1 x = d_1 \\ a_2 x + b_2 x + c_2 x = d_2 \end{matrix} \right|$ ist ein Gleichungssystem mit zwei Gleichungen und drei

Variablen (x, y, z), das entweder keine Lösung hat (Ebenen parallel) oder nach Umformung zu zwei identischen Gleichungen führt (beide Ebenen sind identisch) oder als Lösungsmenge eine Parameterform mit einem Parameter hat, also die Darstellung einer Geraden.

Aufgabentyp 2: Die Ebene E_1 ist durch eine Koordinatengleichung gegeben und die Ebene E_2 durch eine Parameterform:

Die Parameterform von E_2 besteht aus drei Gleichungen für die Komponenten x, y und z. Die zugehörigen Terme für x, y, z setzt man in die Koordinatengleichung E_1: $a x + b y + c z = d$ ein. Nach Ausmultiplizieren und Zusammenfassen ergibt sich entweder eine falsche Aussage (Parallelität) oder eine wahre Aussage (Identität) oder eine Beziehung zwischen r und s.

<u>Nur LF:</u> Ersetzt man dann in der Parameterform der Ebene E_2 beispielsweise den Parameter s durch einen Term, der die Variable r enthält, dann ist r der einzige Parameter in der Gleichung. Ausmultiplizieren und Zusammenfassen liefert dann eine Darstellung der Schnittgeraden in Parameterform.

Beispiele

(1) *Zwei Ebenen durch Koordinatengleichungen gegeben:*

Die beiden Ebenen $x + y - z = 1$ und $4x - y - z = 3$ sind offensichtlich weder identisch noch zueinander parallel:

$$\begin{vmatrix} x + y - z = 1 \\ 4x - y - z = 3 \end{vmatrix} \Leftrightarrow \begin{vmatrix} x + y - z = 1 \\ 5x - 2z = 4 \end{vmatrix} \Leftrightarrow \begin{vmatrix} -2x - 2y + 2z = -2 \\ 5x - 2z = 4 \end{vmatrix}$$

$$\Leftrightarrow \begin{vmatrix} 3x - 2y = 2 \\ 5x - 2z = 4 \end{vmatrix} \Leftrightarrow \begin{vmatrix} y = 1{,}5x - 1 \\ z = 2{,}5x - 2 \end{vmatrix}.$$

Mit $x = r$ ergibt sich die Schnittgerade: $\vec{x} = \begin{pmatrix} x \\ y \\ z \end{pmatrix} = \begin{pmatrix} r \\ 1{,}5r - 1 \\ 2{,}5r - 2 \end{pmatrix} = \begin{pmatrix} 0 \\ -1 \\ -2 \end{pmatrix} + r \cdot \begin{pmatrix} 1 \\ 1{,}5 \\ 2{,}5 \end{pmatrix}$

Lösung mit dem TR: Der Lösungsvektor $\vec{x} = \begin{pmatrix} \frac{4}{5} \\ \frac{1}{5} \\ 0 \end{pmatrix} + c_2 \cdot \begin{pmatrix} \frac{2}{5} \\ \frac{3}{5} \\ 1 \end{pmatrix}$ beschreibt dieselbe Gerade wie

oben. Der Richtungsvektor ergibt sich aus dem oben angegebenen durch Multiplikation mit 0,4; setzt man in der o. a. Parameterform den Parameterwert $r = 0{,}8$ ein, dann erhält man den Auf(hänge)punkt $(0 \mid -1 \mid -2)$.

(2) *Eine Ebene durch Koordinatengleichung gegeben, eine durch Parameterform:*

E_1: $x + y + z = 5$ und E_2: $\vec{x} = \begin{pmatrix} 1 \\ 3 \\ 1 \end{pmatrix} + r \cdot \begin{pmatrix} 2 \\ 1 \\ 0 \end{pmatrix} + s \cdot \begin{pmatrix} 1 \\ -1 \\ 1 \end{pmatrix} = \begin{pmatrix} 1 + 2r + s \\ 3 + r - s \\ 1 + s \end{pmatrix}$.

Der Normalenvektor von E_1 ist nicht orthogonal zu den Richtungsvektoren von E_2:

$\begin{pmatrix} 1 \\ 1 \\ 1 \end{pmatrix} * \begin{pmatrix} 2 \\ 1 \\ 0 \end{pmatrix} = 3 \quad \wedge \quad \begin{pmatrix} 1 \\ 1 \\ 1 \end{pmatrix} * \begin{pmatrix} 1 \\ -1 \\ 1 \end{pmatrix} = 1,$

daher muss eine Schnittgerade vorliegen.

Einsetzen der drei Komponentengleichungen für x, y, z aus der Parameterform von E_2 in die Koordinatengleichung von E_1 ergibt:

$(1 + 2r + s) + (3 + r - s) + (1 + s) = 5 \Leftrightarrow 5 + 3r + s = 5 \Leftrightarrow s = -3r,$

und Rückeinsetzen in die Parameterform von E_2 ergibt eine Darstellung der Schnittgeraden in Parameterform:

$$\vec{x} = \begin{pmatrix} 1 \\ 3 \\ 1 \end{pmatrix} + r \cdot \begin{pmatrix} 2 \\ 1 \\ 0 \end{pmatrix} + (-3r) \cdot \begin{pmatrix} 1 \\ -1 \\ 1 \end{pmatrix} = \begin{pmatrix} 1 + 2r - 3r \\ 3 + r + 3r \\ 1 - 3r \end{pmatrix} = \begin{pmatrix} 1 \\ 3 \\ 1 \end{pmatrix} + r \cdot \begin{pmatrix} -1 \\ 4 \\ -3 \end{pmatrix}$$

INFO Geraden- und Ebenenscharen

F10 <u>Nur LF:</u> **Geraden- und Ebenenscharen innermathematisch und in Sachzusammenhängen untersuchen**

Unter einer Geraden- bzw. Ebenenschar versteht man eine Menge verschiedener Geraden bzw. Ebenen, deren Gleichungen sich in mindestens einem Parameter, dem sogenannten Scharparameter, unterscheiden.

Aufgabenstellungen im Zusammenhang mit Scharen bestehen meist darin, die gemeinsamen Eigenschaften der Geraden bzw. Ebenen zu untersuchen.

Die Geraden einer Schar können z. B. alle einen gemeinsamen Punkt besitzen (Geradenbündel, ①) oder in einer gemeinsamen Ebene liegen ②. Bei einer Parallelenschar haben alle Geraden dieselbe Richtung.

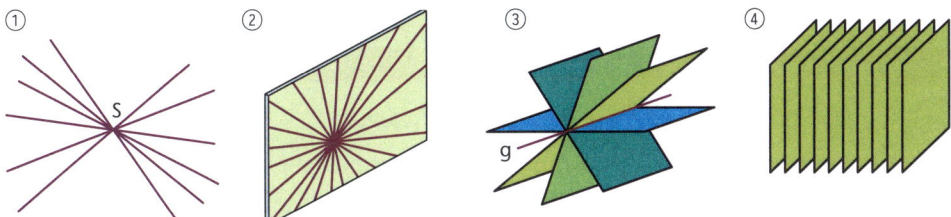

Die Ebenen einer Schar können beispielsweise alle durch einen bestimmten Punkt verlaufen (Ebenenbündel), eine gemeinsame Schnittgerade, auch Trägergerade genannt, haben (Ebenenbüschel, ③), oder parallel zueinander liegen (Parallelenschar, ④).

Beispiele

(1) *Geradenschar:*
Gegeben sei die Geradenschar g_a: $\vec{x} = \begin{pmatrix} 0 \\ 2 \\ 0 \end{pmatrix} + r \cdot \begin{pmatrix} -1 \\ 4-a \\ a \end{pmatrix}$ mit a, r $\in \mathbb{R}$;

alle Geraden verlaufen durch den Punkt S (0 | 2 | 0).
Alle Geraden liegen in einer Ebene, wie man erkennt, wenn man die Parameterdarstellung umformt:

$$\vec{x} = \begin{pmatrix} 0 \\ 2 \\ 0 \end{pmatrix} + r \cdot \begin{pmatrix} -1 \\ 4 \\ 0 \end{pmatrix} + (r \cdot a) \cdot \begin{pmatrix} 0 \\ -1 \\ 1 \end{pmatrix} = \begin{pmatrix} 0 \\ 2 \\ 0 \end{pmatrix} + r \cdot \begin{pmatrix} -1 \\ 4 \\ 0 \end{pmatrix} + s \cdot \begin{pmatrix} 0 \\ -1 \\ 1 \end{pmatrix}.$$

Gesucht ist diejenige Gerade g_a aus der Schar, welche durch den Punkt Q (1 | 3 | −5) verläuft. Die Punktprobe liefert das folgende Gleichungssystem:

$$\begin{vmatrix} -r = 1 \\ 2 + (4-a) \cdot r = 3 \\ a \cdot r = -5 \end{vmatrix} \Leftrightarrow \begin{vmatrix} r = -1 \\ 2 + (4-a) \cdot r = 3 \\ a \cdot r = -5 \end{vmatrix}$$

Aus der 1. Zeile des Gleichungssystems ergibt sich r = − 1. Setzt man dies in die 3. Zeile des Gleichungssystems ein, so erhält man a = 5. Durch Einsetzen überprüft man, ob auch die Gleichung in der 2. Zeile des Gleichungssystems für r = − 1 und a = 5 erfüllt ist. Es ergibt sich eine wahre Aussage, d. h., die Gerade g_5 mit der Darstellung

g_5: $\vec{x} = \begin{pmatrix} 0 \\ 2 \\ 0 \end{pmatrix} + r \cdot \begin{pmatrix} -1 \\ -1 \\ 5 \end{pmatrix}$ mit r $\in \mathbb{R}$ verläuft durch den Punkt Q (1 | 3 | −5).

(2) *Ebenenschar:*
Wenn eine Ebenenschar durch eine Darstellung in Parameterform gegeben ist, dann lassen sich gemeinsame Eigenschaften leicht ablesen:
Tritt der Scharparameter nur in einem der Richtungsvektoren auf, dann liegt ein Ebenenbüschel vor, z. B. hat die Ebenenschar

$$E_a: \vec{x} = \begin{pmatrix} 2 \\ 1 \\ -1 \end{pmatrix} + r \cdot \begin{pmatrix} 1 \\ -1 \\ 2 \end{pmatrix} + s \cdot \begin{pmatrix} a \\ 1 \\ 0 \end{pmatrix} \quad \text{die Gerade} \quad g: \begin{pmatrix} 2 \\ 1 \\ -1 \end{pmatrix} + r \cdot \begin{pmatrix} 1 \\ -1 \\ 2 \end{pmatrix} \text{ als gemeinsame Gerade.}$$

Tritt der Scharparameter in beiden Richtungsvektoren auf, dann liegt ein Ebenenbündel

vor, z. B. hat die Ebenenschar $E_{a,b}: \vec{x} = \begin{pmatrix} 1 \\ 3 \\ 1 \end{pmatrix} + r \cdot \begin{pmatrix} a \\ 0 \\ -1 \end{pmatrix} + s \cdot \begin{pmatrix} 2 \\ b \\ 1 \end{pmatrix}$ den Punkt P (1|3|1) gemeinsam.

INFO Lineare Gleichungssysteme

F11 **Lineare Gleichungssysteme systematisch lösen**

Lineare Gleichungssysteme (LGS) mit n Variablen bestehen aus zwei oder mehreren linearen Gleichungen, die gleichzeitig erfüllt sein sollen. Sofern eine Lösung existiert oder unendlich viele Lösungen existieren, lassen sich diese wie Punkte (x_1, x_2, ..., x_n) im n-dimensionalen Raum notieren.

Ein lineares Gleichungssystem kann man durch **elementare Zeilenumformungen (EZU)** vereinfachen (Gauß'sches Lösungsverfahren). Bei den Umformungen darf man nur dann eine Gleichung weglassen, wenn zwei identische Gleichungen auftreten, oder wenn in einer Zeile eine wahre Aussage (wie beispielsweise 0 = 0) entsteht.
Durch folgende elementare Zeilenumformungen wird die Lösungsmenge eines Gleichungssystems nicht verändert:
– Multiplikation einer Zeile mit einem Faktor (ungleich null)
– Addition des Vielfachen einer Zeile zu einer anderen Zeile
– Vertauschen von Zeilen

Am übersichtlichsten ist es, wenn man die Gleichungen des Systems in Form einer Tabelle (als **erweiterte Koeffizientenmatrix**) notiert. Ziel der elementaren Zeilenumformungen ist es, im linken Teil der erweiterten Koeffizientenmatrix
– eine **Dreiecksform** (ref = *row echelon form*) zu erzeugen, so dass man die Lösungen von unten nach oben ablesen bzw. berechnen kann, oder
– eine **Diagonalform** (rref = *reduced row echelon form*) herzustellen, aus der sich die Lösungen unmittelbar ergeben.

Beim Lösen von Gleichungssystemen können folgende Fälle auftreten:
(1) Es existiert eine eindeutige Lösung, die man schließlich aus den Zeilen des umgeformten Gleichungssystems ablesen kann; die Anzahl der Zeilen entspricht der Anzahl der Variablen.
(2) Treten im Verlauf des Lösungsverfahrens nicht erfüllbare Bedingungen auf, z. B. 0 = 1 in einer Zeile, dann besitzt das Gleichungssystem keine Lösung.
(3) Bleiben im Verlauf des Lösungsverfahrens weniger Gleichungen als Variablen übrig und liegt nicht der Fall (2) vor, dann hat das Gleichungssystem unendlich viele Lösungen; die nach Umformungen übrig bleibenden Gleichungen zeigen die Abhängigkeit der Parameter voneinander an.

Gleichungssysteme mit weniger Gleichungen als Variablen nennt man **unterbestimmt**; hier sind nur die Fälle (2) und (3) möglich. Gleichungssysteme mit mehr Gleichungen als Variablen nennt man überbestimmt; hier sind alle drei Fälle möglich.

Beispiele zu (1)

a) Das lineare Gleichungssystem $\begin{vmatrix} 2x - 3y = 1 \\ 4x + 1y = 9 \end{vmatrix}$ kann in der Matrix-Vektor-Schreibweise

notiert werden als: $\begin{pmatrix} 2 & -3 \\ 4 & 1 \end{pmatrix}\begin{pmatrix} x \\ y \end{pmatrix} = \begin{pmatrix} 1 \\ 9 \end{pmatrix}$ oder als erweiterte Koeffizientenmatrix in der

Form $\begin{vmatrix} 2 & -3 & |1 \\ 4 & 1 & |9 \end{vmatrix}$.

EZU: Multipliziert man die 1. Zeile mit 0,5, dann entsteht in der Diagonale eine Eins (Normierung der 1. Zeile); multipliziert man die 1. Zeile mit (-2) und addiert sie zur 2. Zeile, dann entsteht in der 1. Spalte eine Null.

$$\begin{vmatrix} 2 & -3 & |1 \\ 4 & 1 & |9 \end{vmatrix} \quad \cdot 0,5 \quad \cdot (-2) \qquad \Leftrightarrow \quad \begin{vmatrix} 1 & -1,5 & |0,5 \\ 0 & 7 & |7 \end{vmatrix}$$

Da die Matrix links Dreiecksgestalt hat, kann man in der unteren Zeile ablesen $7y = 7$, also $y = 1$. Setzt man dies in die 1. Zeile ein, dann ergibt sich:
$1 \cdot x - 1,5 \cdot 1 = 0,5 \Leftrightarrow x = 2$. Die Lösung ist also das Paar $(2\,|\,1)$.

Man kann aber auch die EZU fortsetzen und erhält:

$$\begin{vmatrix} 1 & -1,5 & |0,5 \\ 0 & 7 & |7 \end{vmatrix} \quad \cdot\frac{1}{7} \quad \cdot\frac{3}{14} \qquad \Leftrightarrow \quad \begin{vmatrix} 1 & 0 & |2 \\ 0 & 1 & |1 \end{vmatrix}$$

Aus diesem LGS, bei dem die Matrix links Diagonalgestalt hat, kann man unmittelbar das Lösungspaar $(2\,|\,1)$ ablesen.

Hinweis (geometrische Interpretation):

Die beiden Gleichungen bestimmen zwei Geraden im 2-dimensionalen Koordinatensystem
mit den Gleichungen
g_1: $y = \frac{2}{3}x - \frac{1}{3}$ und g_2: $y = -4x + 9$.

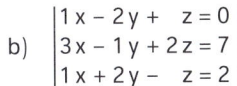

b) $\begin{vmatrix} 1x - 2y + z = 0 \\ 3x - 1y + 2z = 7 \\ 1x + 2y - z = 2 \end{vmatrix}$

Das LGS mit drei Gleichungen und drei Variablen notiert man als erweiterte Koeffizientenmatrix in der Form

$$\begin{vmatrix} 1 & -2 & 1 & |0 \\ 3 & -1 & 2 & |7 \\ 1 & 2 & -1 & |2 \end{vmatrix} \quad \cdot(-3) \quad \cdot(-1) \qquad \Leftrightarrow \quad \begin{vmatrix} 1 & -2 & 1 & |0 \\ 0 & 5 & -1 & |7 \\ 0 & 4 & -2 & |2 \end{vmatrix} \quad \cdot\frac{1}{5} \quad \cdot\frac{2}{5} \quad \cdot\left(-\frac{4}{5}\right)$$

$$\begin{vmatrix} 1 & 0 & 0,6 & |2,8 \\ 0 & 1 & -0,2 & |1,4 \\ 0 & 0 & -1,2 & |-3,6 \end{vmatrix} \quad \cdot\left(-\frac{5}{6}\right) \quad \cdot\frac{1}{2} \quad \cdot\left(-\frac{1}{6}\right) \qquad \Leftrightarrow \quad \begin{vmatrix} 1 & 0 & 0 & |1 \\ 0 & 1 & 0 & |2 \\ 0 & 0 & 1 & |3 \end{vmatrix}$$

Aus der umgeformten erweiterten Koeffizientenmatrix in Diagonalform liest man das eindeutig bestimmte Lösungstripel ab: $(1\,|\,2\,|\,3)$.

Hinweis (geometrische Interpretation):

Die drei Gleichungen beschreiben drei Ebenen im 3-dimensionalen Raum; sie haben den Punkt $(1\,|\,2\,|\,3)$ gemeinsam.

Beispiele zu (3)

c)
$$\begin{vmatrix} 1\,x - 2\,y = -8 \\ 2\,x + 1\,y = -1 \\ -1\,x + 3\,y = 11 \end{vmatrix}$$

Aus dem überbestimmten Gleichungssystem mit drei Gleichungen und zwei Variablen ergibt sich nach EZU

$$\left.\begin{matrix} 1 & -2 & -8 \\ 2 & 1 & -1 \\ -1 & 3 & 11 \end{matrix}\right| \overset{\cdot(-2)}{\longleftarrow} \Leftrightarrow \left.\begin{matrix} 1 & -2 & -8 \\ 0 & 5 & 15 \\ 0 & 1 & 3 \end{matrix}\right| \overset{\cdot\frac{1}{5}\;\cdot\frac{2}{5}}{\longleftarrow}\overset{\cdot(-\frac{1}{5})}{\longleftarrow} \Leftrightarrow \left.\begin{matrix} 1 & 0 & -2 \\ 0 & 1 & 3 \\ 0 & 0 & 0 \end{matrix}\right|$$

Nach drei Schritten erhält man eine Matrix in Diagonalgestalt, aus der sich das Lösungspaar $(-2\,|\,3)$ ablesen lässt, sowie eine Zeile, in der die wahre Aussage $0 = 0$ steht.

Hinweis (geometrische Interpretation):
Die drei Gleichungen bestimmen drei Geraden im 2-dimensionalen Koordinatensystem, die durch denselben Punkt verlaufen:

g_1: $y = \frac{1}{2}x + 4$,

g_2: $y = -2\,x - 1$ und

g_3: $y = \frac{1}{3}x + \frac{11}{3}$.

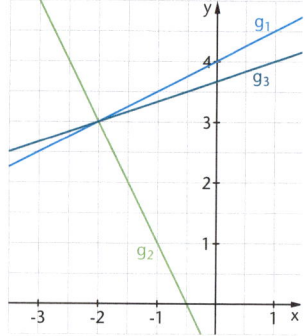

d)
$$\begin{vmatrix} 1\,x - 3\,y + 1\,z = 1 \\ 2\,x + 0\,y - 2\,z = 3 \end{vmatrix}$$

Das LGS mit zwei Gleichungen und drei Variablen notiert man als erweiterte Koeffizientenmatrix in der Form

$$\left.\begin{matrix} 1 & -3 & 1 \\ 2 & 0 & -2 \end{matrix}\right|\begin{matrix}1\\3\end{matrix} \overset{\cdot(-2)}{\longleftarrow} \Leftrightarrow \left.\begin{matrix} 1 & -3 & 1 \\ 0 & 6 & -4 \end{matrix}\right|\begin{matrix}1\\1\end{matrix} \overset{\cdot\frac{1}{6}\;\cdot\frac{1}{2}}{\longleftarrow} \Leftrightarrow \left.\begin{matrix} 1 & 0 & -1 \\ 0 & 1 & -\frac{2}{3} \end{matrix}\right|\begin{matrix}1{,}5\\\frac{1}{6}\end{matrix}$$

Aus der umgeformten erweiterten Koeffizientenmatrix in Diagonalform liest man eine Parameterdarstellung für die unendlich vielen Lösungstripel ab: $(x\,|\,y\,|\,z)$ mit

$x = 1{,}5 + z$ und $y = \frac{1}{6} + \frac{2}{3}z$, wobei $z \in \mathbb{R}$ beliebig gewählt werden kann.

Hinweis (geometrische Interpretation):

Die beiden Gleichungen beschreiben zwei Ebenen im 3-dimensionalen Raum; sie schneiden sich in einer Geraden, die mithilfe einer Darstellung in Parameterform beschrieben werden kann.

$$\vec{x} = \begin{pmatrix} 1{,}5 \\ \frac{1}{6} \\ 0 \end{pmatrix} + t \cdot \begin{pmatrix} 1 \\ \frac{2}{3} \\ 1 \end{pmatrix}$$

e) $\begin{vmatrix} 1x + 1y + 2z = 4 \\ 2x - 1y + 1z = 5 \\ 1x - 2y - z = 1 \\ 1x + 3y + 4z = 6 \end{vmatrix} \Leftrightarrow ... \Leftrightarrow \left.\begin{vmatrix} 1 & 0 & 1 \\ 0 & 1 & 1 \\ 0 & 0 & 0 \\ 0 & 0 & 0 \end{vmatrix}\right.\begin{matrix} 3 \\ 1 \\ 0 \\ 0 \end{matrix}$

Aus der erweiterten Koeffizientenmatrix in Diagonalform liest man eine Parameter-darstellung für die unendlich vielen Lösungstripel ab: $(x\,|\,y\,|\,z)$ mit $x = 3 - z$ und $y = 1 - z$, wobei $z \in \mathbb{R}$ beliebig gewählt werden kann.

Hinweis (geometrische Interpretation):

Die vier Gleichungen beschreiben vier Ebenen im 3-dimensionalen Raum; diese schneiden sich in einer Geraden, die mithilfe einer Dar-stellung in Parameterform beschrieben werden kann.

$$\vec{x} = \begin{pmatrix} 3 \\ 1 \\ 0 \end{pmatrix} + t \cdot \begin{pmatrix} -1 \\ -1 \\ 1 \end{pmatrix}$$

Beispiel zu (2)

Eine Änderung bei der 3. Gleichung des LGS in (c) kann folgende Wirkung haben: EZU beim LGS führen schließlich zu einem Gleichungssystem, bei dem in der 3. Zeile eine falsche Aussage steht. Daher besitzt dieses LGS keine Lösung.

$$\begin{vmatrix} 1x - 2y = -8 \\ 2x + 1y = -1 \\ 1x + 2y = 5 \end{vmatrix} \Leftrightarrow ... \Leftrightarrow \left.\begin{vmatrix} 1 & 0 \\ 0 & 1 \\ 0 & 0 \end{vmatrix}\right.\begin{matrix} -2 \\ 3 \\ 1 \end{matrix}.$$

Hinweis (geometrische Interpretation):

Die drei Geraden g_1: $y = \frac{1}{2}x + 4$,

g_2: $y = -2x - 1$ und g_3: $y = -\frac{1}{2}x + \frac{5}{2}$

verlaufen nicht durch einen gemeinsamen Punkt.

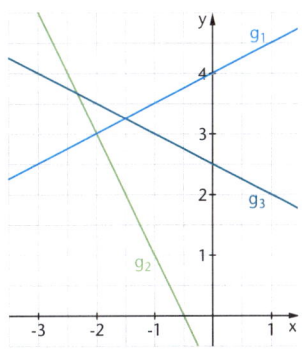

G Winkel und Abstände, Volumina im Raum

INFO Winkel

G1 Winkel zwischen zwei Vektoren und Schnittwinkel zwischen zwei Geraden berechnen

Für das Skalarprodukt zweier Vektoren $\vec{u}$, $\vec{v}$ gilt
(vgl. Basiswissen **E4**): $\vec{u} * \vec{v} = |\vec{u}| \cdot |\vec{v}| \cdot \cos(\varphi)$,
wobei φ der von den beiden Vektoren aufgespannte Winkel ist.

Daher lässt sich mithilfe von $\cos(\varphi) = \dfrac{\vec{u} * \vec{v}}{|\vec{u}| \cdot |\vec{v}|}$ die Größe

dieses Richtungsunterschieds φ bestimmen, wobei $0° \le \varphi \le 180°$.
Es können also **spitze** und **stumpfe** Winkel auftreten. Für den Winkel gilt somit:

$$\varphi = \cos^{-1}\left(\frac{\vec{u} * \vec{v}}{|\vec{u}| \cdot |\vec{v}|}\right)$$

Winkel zwischen Geraden: Da die Richtung von Geraden
durch ihre Richtungsvektoren $\vec{u}$, $\vec{v}$ bestimmt wird, ergibt sich
der Winkel zwischen zwei sich schneidenden Geraden durch
die Gleichung:

$$\cos(\varphi) = \frac{\vec{u} * \vec{v}}{|\vec{u}| \cdot |\vec{v}|} \quad \Leftrightarrow \quad \varphi = \cos^{-1}\left(\frac{\vec{u} * \vec{v}}{|\vec{u}| \cdot |\vec{v}|}\right),$$

wobei $0° \le \varphi \le 90°$.

Hinweis: An einer Geradenkreuzung entstehen zwei Winkel, die sich zu 180° ergänzen. Als
Schnittwinkel zwischen zwei Geraden wird der kleinere (spitze) Winkel definiert.
Diese Auswahl zwischen den beiden möglichen Winkeln wird durch die Betragsbildung im
Zähler sichergestellt.

Man beachte: Winkel in Vielecken, z. B. in Dreiecken, werden durch die Richtungsunterschiede
zwischen Verbindungsvektoren bestimmt – hier sind Winkel über 90° möglich!

Beispiel *Winkel in einem Dreieck*

Die Punkte A(1|1|– 1), B (– 3|5|1) und C(5 |– 1|– 1) bestimmen ein Dreieck.

Welche Winkel treten im Dreieck ABC auf?

Der Winkel α im Dreieck ABC wird durch die Vektoren $\overrightarrow{AB} = \begin{pmatrix} -4 \\ 4 \\ 2 \end{pmatrix}$, $\overrightarrow{AC} = \begin{pmatrix} 4 \\ -2 \\ 0 \end{pmatrix}$ bestimmt,

der Winkel β durch die Vektoren $\overrightarrow{BC} = \begin{pmatrix} 8 \\ -6 \\ -2 \end{pmatrix}$, $\overrightarrow{BA} = \begin{pmatrix} 4 \\ -4 \\ -2 \end{pmatrix}$. Hiermit ergibt sich:

$$\cos(\alpha) = \frac{-24}{6 \cdot \sqrt{20}} \quad \Leftrightarrow \quad \alpha = 153{,}43° \quad \text{und} \quad \cos(\beta) = \frac{60}{\sqrt{104} \cdot 6} \Leftrightarrow \beta = 11{,}31°,$$

also $\gamma = 180° - 153{,}43° - 11{,}31° = 15{,}26°$.

INFO Winkel

G2 Schnittwinkel zwischen zwei Ebenen berechnen

Da die Normalenvektoren $\vec{n}_1$, $\vec{n}_2$ der Ebenen orthogonal
zu den Ebenen sind, wird der Schnittwinkel zweier Ebenen
durch den Winkel zwischen den Normalenvektoren
bestimmt:

$$\cos(\varphi) = \frac{|\vec{n}_1 * \vec{n}_2|}{|\vec{n}_1| \cdot |\vec{n}_2|}, \quad \text{d.h.} \quad \varphi = \cos^{-1}\left(\frac{|\vec{n}_1 * \vec{n}_2|}{|\vec{n}_1| \cdot |\vec{n}_2|}\right)$$

wobei $0° \leq \varphi \leq 90°$.

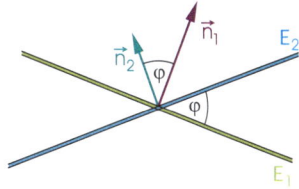

Die Skizze zeigt einen „seitlichen
Blick" auf die Ebenen E_1 und E_2.

Durch die Betragsbildung im Zähler wird der kleinere
der beiden Winkel zwischen den Ebenen ausgewählt.
Falls eine Ebene durch eine Parameterdarstellung gegeben ist, muss erst ein Normalenvektor dieser Ebene bestimmt werden.

Beispiel *Winkel zwischen den Seitenflächen eines Tetraeders*

Die Punkte A(1|1|–1), B(–3|5|1), C(5|–1|–1) und D(–3|1|–4) bestimmen ein
unregelmäßiges Tetraeder.
Welche der Flächen ABD, BCD, CAD hat gegenüber der Grundfläche ABC die größte Neigung?

Um die Winkel zwischen den Flächen zu bestimmen, benötigen wir jeweils zunächst Normalenvektoren der einzelnen Ebenen.
Normalenvektoren ergeben sich über das Kreuzprodukt oder das Orthogonalitätskriterium
(vgl. Basiswissen E4 und F5).

Ebene ABC	Ebene ABD	Ebene BCD	Ebene CAD
$\overrightarrow{AB} \times \overrightarrow{AC} =$	$\overrightarrow{AB} \times \overrightarrow{AD} =$	$\overrightarrow{BC} \times \overrightarrow{BD} =$	$\overrightarrow{CA} \times \overrightarrow{CD} =$
$= \begin{pmatrix} -4 \\ 4 \\ 2 \end{pmatrix} \times \begin{pmatrix} 4 \\ -2 \\ 0 \end{pmatrix} = \begin{pmatrix} 4 \\ 8 \\ -8 \end{pmatrix}$	$= \begin{pmatrix} -4 \\ 4 \\ 2 \end{pmatrix} \times \begin{pmatrix} -4 \\ 0 \\ -3 \end{pmatrix} = \begin{pmatrix} -12 \\ -20 \\ 16 \end{pmatrix}$	$= \begin{pmatrix} 8 \\ -6 \\ -2 \end{pmatrix} \times \begin{pmatrix} 0 \\ -4 \\ -5 \end{pmatrix} = \begin{pmatrix} 22 \\ 40 \\ -32 \end{pmatrix}$	$= \begin{pmatrix} 4 \\ -2 \\ 0 \end{pmatrix} \times \begin{pmatrix} -8 \\ 2 \\ -3 \end{pmatrix} = \begin{pmatrix} -6 \\ -12 \\ 8 \end{pmatrix}$

Tipps:
- Für weitere Rechnungen sollte man möglichst einfache Vielfache der berechneten Nor-
  malenvektoren verwenden, z. B. für die Ebene ABC den Normalenvektor $\vec{n}_{ABC} = \begin{pmatrix} 1 \\ 2 \\ -2 \end{pmatrix}$.

- Oftmals kann man einen Normalenvektor zu zwei Richtungsvektoren auch durch
  Kombinieren herausfinden: Durch eine geschickte Wahl von zwei Komponenten und
  ergänzen einer passenden dritten Komponente erhält man schnell einen Normalenvektor, vgl. auch Basiswissen F5.

Nun bestimmt man die Winkel zwischen der Grundfläche und der jeweiligen Seitenfläche mit der oben angegebenen Formel:

Winkel zwischen ABC und ABD	Winkel zwischen ABC und BCD	Winkel zwischen ABC und CAD
$\varphi = \cos^{-1} \dfrac{\left\| \begin{pmatrix} 4 \\ 8 \\ -8 \end{pmatrix} * \begin{pmatrix} -12 \\ -20 \\ 16 \end{pmatrix} \right\|}{\left\| \begin{pmatrix} 4 \\ 8 \\ -8 \end{pmatrix} \right\| \cdot \left\| \begin{pmatrix} -12 \\ -20 \\ 16 \end{pmatrix} \right\|}$	$\varphi = \cos^{-1} \dfrac{\left\| \begin{pmatrix} 4 \\ 8 \\ -8 \end{pmatrix} * \begin{pmatrix} 22 \\ 40 \\ -32 \end{pmatrix} \right\|}{\left\| \begin{pmatrix} 4 \\ 8 \\ -8 \end{pmatrix} \right\| \cdot \left\| \begin{pmatrix} 22 \\ 40 \\ -32 \end{pmatrix} \right\|}$	$\varphi = \cos^{-1} \dfrac{\left\| \begin{pmatrix} 4 \\ 8 \\ -8 \end{pmatrix} * \begin{pmatrix} -6 \\ -12 \\ 8 \end{pmatrix} \right\|}{\left\| \begin{pmatrix} 4 \\ 8 \\ -8 \end{pmatrix} \right\| \cdot \left\| \begin{pmatrix} -6 \\ -12 \\ 8 \end{pmatrix} \right\|}$
$\approx 8{,}13°$	$\approx 7{,}00°$	$\approx 11{,}00°$

Die Fläche CAD besitzt also den größten Winkel zur Grundfläche ABC.

INFO Winkel

G3 **Schnittwinkel zwischen einer Gerade und einer Ebene berechnen**

Der Winkel φ' zwischen einem Normalenvektor der Ebene und dem Richtungsvektor der Gerade kann wie in **G1**, **G2** mithilfe des Skalarprodukts der beiden Vektoren berechnet werden. Jedoch ist φ' nur der Nebenwinkel zum gesuchten Schnittwinkel φ zwischen Ebene und Richtungsvektor (siehe Abbildung).

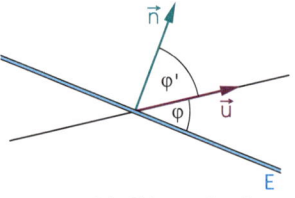

Die Skizze zeigt einen „seitlichen" Blick auf eine Ebene E.

Da $\varphi = 90° - \varphi'$ und da $\cos(\varphi') = \sin(90° - \varphi') = \sin(\varphi)$, gilt für den gesuchten Schnittwinkel φ zwischen Gerade und Ebene:

$$\sin(\varphi) = \frac{|\vec{u} * \vec{n}|}{|\vec{u}| \cdot |\vec{n}|} \Leftrightarrow \varphi = \sin^{-1}\left(\frac{|\vec{u} * \vec{n}|}{|\vec{u}| \cdot |\vec{n}|}\right).$$

Beispiel

Gegeben ist eine Ebene E durch eine Koordinatengleichung E: $3x - 4y + 2z = 1$.

Wo und unter welchem Winkel schneidet die Gerade g: $\vec{x} = \begin{pmatrix} 1 \\ 1 \\ -1 \end{pmatrix} + r \cdot \begin{pmatrix} 2 \\ -2 \\ 3 \end{pmatrix}$ die Ebene?

Gemeinsame Punkte von Gerade und Ebene müssen das folgende Gleichungssystem

erfüllen: $3x - 4y + 2z = 1$ und $\begin{pmatrix} x \\ y \\ z \end{pmatrix} = \begin{pmatrix} 1 \\ 1 \\ -1 \end{pmatrix} + r \cdot \begin{pmatrix} 2 \\ -2 \\ 3 \end{pmatrix} = \begin{pmatrix} 1 + 2r \\ 1 - 2r \\ -1 + 3r \end{pmatrix}$.

Durch Einsetzen der Bedingungen für x, y, z in die Koordinatengleichung erhalten wir: $3 \cdot (1 + 2r) - 4 \cdot (1 - 2r) + 2 \cdot (-1 + 3r) = 1$, also $20r = 4$, also $r = 0{,}2$.

Der Schnittpunkt von Gerade und Ebene hat also die Koordinaten S$(1{,}4 | 0{,}6 | -0{,}4)$.

Der Schnittwinkel φ berechnet sich aus dem Richtungsvektor der Gerade g und einem Normalenvektor der Ebene E:

$$\sin(\varphi) = \frac{\left\| \begin{pmatrix} 3 \\ -4 \\ 2 \end{pmatrix} * \begin{pmatrix} 2 \\ -2 \\ 3 \end{pmatrix} \right\|}{\left\| \begin{pmatrix} 3 \\ -4 \\ 2 \end{pmatrix} \right\| \cdot \left\| \begin{pmatrix} 2 \\ -2 \\ 3 \end{pmatrix} \right\|} \quad \Leftrightarrow \quad \sin(\varphi) = \frac{|20|}{\sqrt{29} \cdot \sqrt{27}} \quad \Leftrightarrow \quad \varphi = \sin^{-1}\left(\frac{|20|}{(\sqrt{29} \cdot \sqrt{27})} \right) \approx 64{,}26°.$$

INFO Flächeninhalt und Volumen

G4 **Den Flächeninhalt eines Dreiecks und das Volumen einer dreiseitigen Pyramide (Tetraeder) mit elementaren Methoden bestimmen**

(1) Für den **Flächeninhalt eines Dreiecks** gilt allgemein:

$A = \frac{1}{2} \cdot$ Grundseite $\cdot$ Höhe

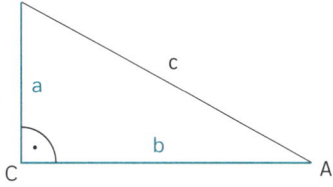

Bei einem **rechtwinkligen Dreieck** fällt die Höhe jeweils mit einer Kathete zusammen, d. h. der Flächeninhalt ist dann gegeben durch (siehe Grafik)

$A_{\text{▙}} = \frac{1}{2} \cdot a \cdot b$.

Wird ein Dreieck ABC durch die beiden Vektoren $\overrightarrow{BC}$, $\overrightarrow{AC}$ aufgespannt, dann ist zunächst zu prüfen, ob $\overrightarrow{BC}$ und $\overrightarrow{AC}$ senkrecht aufeinander stehen, d. h. ob $\overrightarrow{BC} * \overrightarrow{AC} = 0$ gilt. Der Flächeninhalt beträgt dann

$A_{\text{▙}} = \frac{1}{2} \cdot \left| \overrightarrow{BC} \right| * \left| \overrightarrow{AC} \right|$.

Für die Berechnung des Flächeninhalts eines allgemeinen Dreiecks nutzt man das Vektorprodukt (vgl. **G8**)

(2) Für das **Volumen einer Pyramide** gilt:

$V = \frac{1}{3} \cdot$ Grundfläche $\cdot$ Raumhöhe

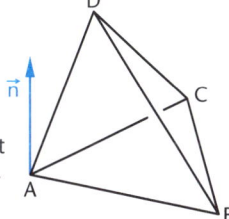

Im Falle eines allgemeinen (nicht notwendig regelmäßigen) Tetraeders kann die Grundfläche nach der o. a. Formel berechnet werden. Um die Raumhöhe zu bestimmen, nutzt man die Projektionseigenschaft des Skalarprodukts (vgl. Basiswissen **E4**):

Man bestimmt einen beliebigen Vektor $\vec{n}$, der orthogonal zu $\overrightarrow{AB}$ und $\overrightarrow{AC}$ ist; dann ist die Länge der Raumhöhe gegeben durch $\frac{|\vec{n} * \overrightarrow{AD}|}{|\vec{n}|}$. Daher gilt:

$$V_{\text{Tetraeder}} = \frac{1}{6} \cdot \frac{|\vec{n} * \overrightarrow{AD}|}{|\vec{n}|} \cdot \sqrt{|AB|^2 \cdot |AC|^2 - (\overrightarrow{AB} * \overrightarrow{AC})^2}\ .$$

Beispiele

(1) *Flächeninhalt eines rechtwinkligen Dreiecks:*

Die Punkte $A(1|5|3)$, $B(4|2|3)$ und $C(1|2|3)$ bilden ein Dreieck. Bestimmen Sie dessen Flächeninhalt.

Da $\overrightarrow{BC} = \begin{pmatrix} 1 \\ 2 \\ 3 \end{pmatrix} - \begin{pmatrix} 4 \\ 2 \\ 3 \end{pmatrix} = \begin{pmatrix} -3 \\ 0 \\ 0 \end{pmatrix}$ und $\overrightarrow{AC} = \begin{pmatrix} 1 \\ 2 \\ 3 \end{pmatrix} - \begin{pmatrix} 1 \\ 5 \\ 3 \end{pmatrix} = \begin{pmatrix} 0 \\ -3 \\ 0 \end{pmatrix}$ senkrecht zueinander sind

$(\overrightarrow{BC} * \overrightarrow{AC} = 0)$, gilt $A = \frac{1}{2} \cdot |\overrightarrow{BC}| * |\overrightarrow{AC}| = \frac{1}{2} \cdot 3 \cdot 3 = 4{,}5$.

(2) *Volumen eines Tetraeders:*

Durch den Punkt $D(-3|1|-4)$ wird das Dreieck zu einem (unregelmäßigen) Tetraeder mit der Grundfläche ABC ergänzt. Berechnen Sie das Volumen des Tetraeders.

Da der Flächeninhalt der Grundfläche bereits bekannt ist (siehe (1)), benötigt man noch die Höhe des Tetraeders. Dazu benötigt man einen Normalenvektor zur Grundfläche ABC.

An den Komponenten des Vektors $\overrightarrow{AC}$ kann man ablesen, dass ein zu $\overrightarrow{AC}$ orthogonaler Vektor $\vec{n}$ die Komponenten $\vec{n} = \begin{pmatrix} 1 \\ 2 \\ n_3 \end{pmatrix}$ (oder Vielfache hiervon) haben muss.

Aus dem Skalarprodukt mit dem Vektor $\overrightarrow{AB}$ ergibt sich:

$\overrightarrow{AB} * \vec{n} = \begin{pmatrix} -4 \\ 4 \\ 2 \end{pmatrix} * \begin{pmatrix} 1 \\ 2 \\ n_3 \end{pmatrix} = -4 + 8 + 2n_3 = 0$. Das bedeutet, dass dann $n_3 = -2$ sein muss.

Für die Länge von $\vec{n}$ gilt: $|\vec{n}| = \left\| \begin{pmatrix} 1 \\ 2 \\ -2 \end{pmatrix} \right\| = \sqrt{1^2 + 2^2 + (-2)^2} = 3$.

Die Höhe der Pyramide ist daher gleich $\dfrac{|\vec{n} * \overrightarrow{AD}|}{|\vec{n}|} = \dfrac{2}{3}$.

Daher gilt: $V_{\text{Tetraeder}} = \frac{1}{3} \cdot \frac{2}{3} \cdot 6 = \frac{4}{3}$.

INFO Abstand

G5 **Den Abstand eines Punktes von einer Ebene berechnen**

Idee: **Lotfußpunktverfahren**

Um den Abstand eines Punktes P von einer Ebene E zu berechnen, benötigt man eine orthogonale Gerade (so genannte Lotgerade) von P durch E. Als Richtungsvektor dieser Lotgeraden verwendet man einen Normalenvektor der Ebene E (vgl. **F5**). Der Schnittpunkt der Lotgerade mit der Ebene E (vgl. **F8**) ist der Fußpunkt F des Lotes.
Die Länge dieses Vektors $\overrightarrow{PF}$ (= Betrag des Vektors $\overrightarrow{PF}$) ist dann der Abstand des Punktes P zur Ebene E.

Führt man diese Schritte allgemein durch, setzt geschickt ein und fasst zusammen, erhält man die folgende Abstandsformel, wenn die Ebenengleichung in Koordinatenform (vgl. **F6**) gegeben ist:

$$\text{Abstand}(P,E) = \frac{1}{|\vec{n}|} \cdot |\overrightarrow{OP} * \vec{n} - d|.$$

(Forts. nächste Seite)

Spezialfall P = O (Ursprung): Abstand (O, E) = $\frac{|d|}{|\vec{n}|}$.

Zusatz: Ist die Ebenengleichung in Hesse'scher Normalenform gegeben (vgl. Basiswissen **F6**),

d. h. in der Form E: $\frac{1}{|\vec{n}|} \cdot (\vec{x} * \vec{n} - d) = 0$, dann erhält man den Abstand eines Punktes P

unmittelbar durch Einsetzen der Koordinaten von P in die Gleichung der Ebene.

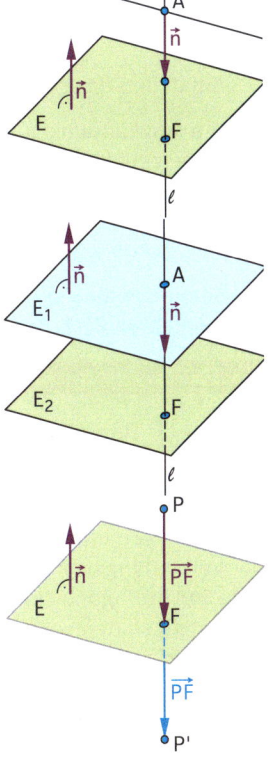

Zusatz: **Abstand einer Geraden von einer Ebene**
Aus der Untersuchung der Lage der Geraden zur Ebene (vergleiche **F8**) ergibt sich, ob die Gerade in der Ebene liegt oder die Ebene in einem Punkt geschnitten wird (Abstand null) oder die Gerade parallel zur Ebene liegt. Im letzten Fall wählt man einen Punkt der Geraden aus und bestimmt dessen Abstand zur Ebene.

Zusatz: **Abstand zweier Ebenen**
Diese Aufgabenstellung ist nur sinnvoll, wenn es sich um zwei Ebenen handelt, die zueinander parallel sind. Den Abstand der beiden Ebenen bestimmt man, indem man irgendeinen Punkt der einen Ebene auswählt und dessen Abstand zu der anderen Ebene bestimmt.

Zusatz: **Spiegelung von Punkten an Ebenen**
Das geschilderte Lotfußpunktverfahren nutzt man auch zur Ermittlung der Koordinaten von Punkten, die an einer Ebene E gespiegelt wurden. Dazu wird der Vektor $\overrightarrow{PF}$ vom Lotfußpunkt F abgetragen und der Ortsvektor des Spiegelpunkts berechnet.

Beispiele

(1) *Abstand eines Punktes von einer Ebene:*

Gegeben ist ein Punkt P (3|1|−2) und eine Ebene durch E: x + 2 y − 2 z = 1.
Die Lotgerade l durch P kann wie folgt in Parameterform dargestellt werden:

$$l: \ \vec{x} = \begin{pmatrix} 3 \\ 1 \\ -2 \end{pmatrix} + r \cdot \begin{pmatrix} 1 \\ 2 \\ -2 \end{pmatrix} = \begin{pmatrix} 3 + r \\ 1 + 2\,r \\ -2 - 2\,r \end{pmatrix}.$$

Um den Fußpunkt der Lotgeraden mit der Ebene zu bestimmen, werden die in der Parameterdarstellung enthaltenen Koordinatengleichungen in die Koordinatengleichung der Ebene eingesetzt:

$(3 + r) + 2 \cdot (1 + 2\,r) - 2 \cdot (-2 - 2\,r) = 1 \ \Leftrightarrow \ 9 + 9\,r = 1 \ \Leftrightarrow \ r = -\frac{8}{9}$.

Daher hat der Punkt F die Koordinaten $F\left(\frac{19}{9}\,\middle|\,-\frac{7}{9}\,\middle|\,-\frac{2}{9}\right)$ und die Länge des Vektors ist

$$|\overrightarrow{PF}| = \sqrt{\left(3 - \frac{19}{9}\right)^2 + \left(1 + \frac{7}{9}\right)^2 + \left(-2 + \frac{2}{9}\right)^2} = \sqrt{\frac{64}{81} + \frac{256}{81} + \frac{256}{81}} = \sqrt{\frac{576}{81}} = \frac{24}{9} = \frac{8}{3}.$$

Anwenden der o. a. Abstandsformel ergibt: Abstand $(P, E) = \frac{1}{|\vec{n}|} \cdot |\vec{p} * \vec{n} - d| = \frac{1}{3} \cdot |9 - 1| = \frac{8}{3}$

Liegt die Koordinatengleichung der Ebene in der Hesse'schen Normalenform vor, also

E: $\frac{1}{|\vec{n}|} \cdot (\vec{x} * \vec{n} - d)$, dann ist $|PF| = \frac{1}{3} \cdot \left| \begin{pmatrix} 3 \\ 1 \\ -2 \end{pmatrix} * \begin{pmatrix} 1 \\ 2 \\ -2 \end{pmatrix} - 1 \right| = 0.$

(2) *Spiegelung an einer Ebene:*

Gegeben ist eine Ebene E : x + y − z = 6 und ein Punkt P (3 | − 1 | 2).

Aufstellen der Parameterdarstellung der Lotgeraden: l : $\vec{x} = \begin{pmatrix} 3 \\ -1 \\ 2 \end{pmatrix} + r \cdot \begin{pmatrix} 1 \\ 1 \\ -1 \end{pmatrix}.$

Um den Fußpunkt zu erhalten:
Einsetzen in die Koordinatengleichung der Ebene: (3 + r) + (− 1 + r) − (2 − r) = 6.
Auflösen nach r: 3 r = 6 ⇔ r = 2. Das bedeutet: Um vom Punkt P zur Ebene E zu gelangen, muss das 2-Fache des Richtungsvektors abgetragen werden, also muss das 4-Fache dieses Vektors genommen werden, um zum Spiegelpunkt zu gelangen.

Setzt man also statt r = 2 den Wert r = 4 in die Parameterform der Lotgeraden ein, so erhält man P' (7 | 3 |− 2) als Spiegelpunkt.

INFO Abstand

G6 <u>Nur LF</u>: **Den Abstand eines Punktes von einer Geraden berechnen**

Idee: Die kürzeste Entfernung eines Punktes P zu einer
Geraden g ist durch das Lot vom Punkt auf die Gerade
gegeben. Man untersucht also, bei welchem Parameterwert
der Verbindungsvektor von P zu einem beliebigen Punkt X der
Geraden orthogonal ist zum Richtungsvektor $\vec{u}$ der Geraden,
und erhält so den Vektor $\overrightarrow{PF}$ zum Lotfußpunkt F. Die Länge der
Strecke PF ist dann der gesuchte Abstand.

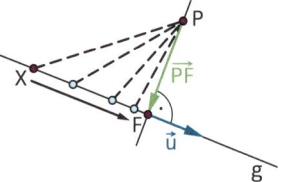

Allgemeine Darstellung des Verfahrens:

Gegeben sind P $(p_1 | p_2 | p_3)$ und g: $\vec{x} = \vec{a} + r \cdot \vec{u}$.

Es gilt: $(\vec{x} - \vec{p}) * \vec{u} = (\vec{a} - \vec{p} + r \cdot \vec{u}) * \vec{u} = 0 \Leftrightarrow (\vec{a} - \vec{p}) * \vec{u} + r \cdot \vec{u} * \vec{u} = 0 \Leftrightarrow r = \frac{(\vec{p} - \vec{a}) * \vec{u}}{|\vec{u}|^2}.$

Wenn man diesen Wert für r in die Parameterform von g einsetzt, erhält man die Koordinaten des Lotfußpunktes F. Um die Länge der Strecke PF zu bestimmen, bestimmt man den zugehörigen Vektor $\overrightarrow{PF} = (\vec{a} - \vec{p}) + r \cdot \vec{u}$ und berechnet dessen Länge

Beispiele

(1) *Abstand eines Punktes von einer Geraden:*

P (3|1|1), g: $\vec{x} = \begin{pmatrix} 0 \\ -1 \\ 1 \end{pmatrix} + r \cdot \begin{pmatrix} 2 \\ 1 \\ 0 \end{pmatrix}$; $(\vec{p} - \vec{a}) * \vec{u} = \begin{pmatrix} 3 - 0 \\ 1 - (-1) \\ 1 - 1 \end{pmatrix} * \begin{pmatrix} 2 \\ 1 \\ 0 \end{pmatrix} = 8$; $|\vec{u}|^2 = 5$; r = 1,6;

also $\overrightarrow{PF} = (\vec{a} - \vec{p}) + r \cdot \vec{u} = \begin{pmatrix} -3 \\ -2 \\ 0 \end{pmatrix} + 1,6 \cdot \begin{pmatrix} 2 \\ 1 \\ 0 \end{pmatrix} = \begin{pmatrix} 0,2 \\ -0,4 \\ 0 \end{pmatrix}$, $|\overrightarrow{PF}| = \sqrt{0,2} \approx 0,447.$

(2) *Spiegelung des Punkts P an der Geraden g:*

Wie die Zeichnung zeigt, ergibt sich der Spiegelpunkt P′, indem man im Fußpunkt F des Lotes den Vektor $\overrightarrow{PF}$ abträgt, also vom Punkt P aus das Zweifache dieses Vektors:

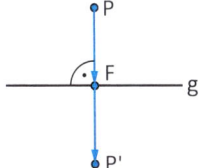

$$\overrightarrow{OP'} = \overrightarrow{OF} + \overrightarrow{FP'} = \overrightarrow{OP} + 2 \cdot \overrightarrow{PF} = \begin{pmatrix} 3 \\ 1 \\ 1 \end{pmatrix} + 2 \cdot \begin{pmatrix} 0{,}2 \\ -0{,}4 \\ 0 \end{pmatrix} = \begin{pmatrix} 3{,}4 \\ 0{,}2 \\ 1 \end{pmatrix}$$

INFO Abstand

G7 <u>Nur LF:</u> **Den Abstand zweier windschiefer Geraden berechnen**

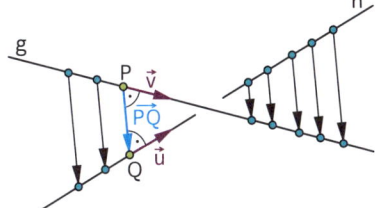

Idee: Gesucht ist ein gemeinsames Lot der beiden Geraden. Der Abstand der beiden Geraden ist dann gleich der Entfernung der beiden Fußpunkte P und Q dieses Lotes. Der Verbindungsvektor der beiden Punkte P und Q lässt sich mithilfe der beiden Parameterformen beschreiben:
g: $\vec{x} = \overrightarrow{OA} + r \cdot \vec{u}$ und h: $\vec{x} = \overrightarrow{OB} + s \cdot \vec{v}$.

Der Verbindungsvektor der beiden Punkte P und Q , die auf den Geraden g und h liegen, ist:
$\overrightarrow{PQ} = (\overrightarrow{OB} + s \cdot \vec{v}) - (\overrightarrow{OA} + r \cdot \vec{u}) = \overrightarrow{AB} + s \cdot \vec{v} - r \cdot \vec{u}$.

Die Bedingung an $\overrightarrow{PQ}$ ist, dass dieser sowohl orthogonal ist zu g als auch zu h:
$\overrightarrow{PQ} * \vec{u} = 0$ und $\overrightarrow{PQ} * \vec{v} = 0$, also $(\overrightarrow{AB} + s \cdot \vec{v} - r \cdot \vec{u}) * \vec{u} = 0$ und $(\overrightarrow{AB} + s \cdot \vec{v} - r \cdot \vec{u}) * \vec{v} = 0$.

Dies ist ein lineares Gleichungssystem mit zwei Gleichungen sowie den Variablen r und s, das eindeutig lösbar ist (vgl. **F11**). Mit den so erhaltenen Werten für die Parameter r und s kann man den Vektor $\overrightarrow{PQ}$ und dann dessen Betrag berechnen.

Zusatz: **Abstand zweier paralleler Geraden**
Bei Parallelität geht man wie folgt vor: Man wählt den Stützvektor der einen Geraden und berechnet dann den Abstand dieses Punkts von der anderen Geraden (vgl. **G6**).

Beispiel *Abstand zweier windschiefer Geraden:*

g: $\vec{x} = \begin{pmatrix} 2 \\ 1 \\ 1 \end{pmatrix} + r \cdot \begin{pmatrix} 1 \\ -1 \\ 2 \end{pmatrix}$ und h: $\vec{x} = \begin{pmatrix} 1 \\ 0 \\ 1 \end{pmatrix} + s \cdot \begin{pmatrix} -1 \\ 2 \\ 0 \end{pmatrix}$. Für $\overrightarrow{PQ}$ gilt dann: $\overrightarrow{PQ} = \begin{pmatrix} -1 \\ -1 \\ 0 \end{pmatrix} + s \cdot \begin{pmatrix} -1 \\ 2 \\ 0 \end{pmatrix} - r \cdot \begin{pmatrix} 1 \\ -1 \\ 2 \end{pmatrix}$.

Die Orthogonalitätsbedingungen sind:

$$\left(\begin{pmatrix} -1 \\ -1 \\ 0 \end{pmatrix} + s \cdot \begin{pmatrix} -1 \\ 2 \\ 0 \end{pmatrix} - r \cdot \begin{pmatrix} 1 \\ -1 \\ 2 \end{pmatrix} \right) * \begin{pmatrix} 1 \\ -1 \\ 2 \end{pmatrix} = 0 + s \cdot (-3) - r \cdot 6 = 0,$$

$$\left(\begin{pmatrix} -1 \\ -1 \\ 0 \end{pmatrix} + s \cdot \begin{pmatrix} -1 \\ 2 \\ 0 \end{pmatrix} - r \cdot \begin{pmatrix} 1 \\ -1 \\ 2 \end{pmatrix} \right) * \begin{pmatrix} -1 \\ 2 \\ 0 \end{pmatrix} = -1 + s \cdot 5 - r \cdot (-3) = 0.$$

Das Gleichungssystem $-3s - 6r = 0 \wedge 5s + 3r = 1$ hat die Lösungen $r = -\frac{1}{7} \wedge s = \frac{2}{7}$;

$$|\overrightarrow{PQ}| = \left\| \begin{pmatrix} -1 \\ -1 \\ 0 \end{pmatrix} + \frac{2}{7} \cdot \begin{pmatrix} -1 \\ 2 \\ 0 \end{pmatrix} - \left(-\frac{1}{7}\right) \cdot \begin{pmatrix} 1 \\ -1 \\ 2 \end{pmatrix} \right\| = \left\| \begin{pmatrix} -\frac{8}{7} \\ -\frac{4}{7} \\ \frac{2}{7} \end{pmatrix} \right\| = \sqrt{\frac{84}{49}} = \sqrt{\frac{12}{7}} \approx 1{,}309.$$

INFO Vektorprodukt

G8 Nur LF: **Das Vektorprodukt zur Berechnung von Dreiecksflächen und von Spatvolumina verwenden**

Mithilfe des Vektorprodukts kann man einen zu den beiden Vektoren $\vec{a}$ und $\vec{b}$ einen orthogonalen Vektor berechnen, vgl. Basiswissen **F5**.

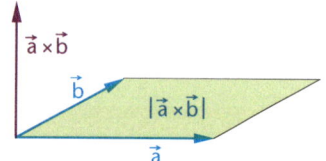

Das Vektorprodukt $\vec{a} \times \vec{b}$ hat folgende geometrische Eigenschaften:

(1) $\vec{a} \times \vec{b}$ ist orthogonal zu $\vec{a}$ und $\vec{b}$.

(2) Der Betrag des Vektorprodukts gibt den Flächeninhalt des von den Vektoren $\vec{a}$, $\vec{b}$ aufgespannten Parallelogramms an; es gilt nämlich:

$|\vec{a} \times \vec{b}| = |\vec{a}| \cdot |\vec{b}| \cdot \sin(\varphi)$, wobei φ der von $\vec{a}$, $\vec{b}$ aufgespannte Winkel ist.

(3) Folgerung: Für $\vec{a}, \vec{b} \neq \vec{o}$ gilt: $\vec{a} \cdot \vec{b} = \vec{o} \Leftrightarrow \vec{a}, \vec{b}$ sind Vielfache voneinander.

(4) Wegen der Eigenschaft $|\vec{a} \times \vec{b}| = |\vec{a}| \cdot |\vec{b}| \cdot \sin(\varphi)$ gibt der Betrag des Vektorprodukts den Flächeninhalt des von den Vektoren $\vec{a}$, $\vec{b}$ aufgespannten Parallelogramms an.

Für den Flächeninhalt des von den beiden Vektoren aufgespannten Dreiecks gilt daher:
$A_{\text{Dreieck}} = \frac{1}{2} \cdot |\vec{a} \times \vec{b}|$.

(5) Für das Volumen eines von den Vektoren $\vec{a}$, $\vec{b}$, $\vec{c}$ aufgespannten Spats gilt:

$V = |(\vec{a} \times \vec{b}) * \vec{c}|$.

Der Vektor $\vec{a} \times \vec{b}$ steht orthogonal zu der von $\vec{a}$, $\vec{b}$ aufgespannten Grundfläche und sein Betrag ist gleich dem Flächeninhalt der Bodenfläche. Bildet man das Skalarprodukt von $\vec{a} \times \vec{b}$ mit dem Vektor $\vec{c}$, dann gilt:

$(\vec{a} \times \vec{b}) * \vec{c} = |\vec{a} \times \vec{b}| \cdot |\vec{c}| \cdot \cos(\varphi)$, wobei φ der Winkel zwischen $\vec{a} \times \vec{b}$ und $\vec{c}$ ist.

Der Betrag $|\vec{c}| \cdot \cos(\varphi)$ gibt gerade die Länge der Höhe des Spats an (orthogonale Projektion von $\vec{c}$ auf $\vec{a} \times \vec{b}$, vgl. Basiswissen **G2**).

Beispiele

(1) *Flächeninhalt eines Dreiecks:* $\vec{u} = \begin{pmatrix} 3 \\ 1 \\ 0 \end{pmatrix}$ und $\vec{v} = \begin{pmatrix} 2 \\ -1 \\ 4 \end{pmatrix}$ spannen ein Parallelogramm auf

mit dem Flächeninhalt: $|\vec{u} \times \vec{v}| = \left\| \begin{pmatrix} 4 \\ -12 \\ -5 \end{pmatrix} \right\| = \sqrt{16 + 144 + 25} = \sqrt{185} \approx 13{,}60 \text{ FE}$.

Das von $\vec{u}$ und $\vec{v}$ aufgespannte Dreieck hat den Flächeninhalt $A = \frac{1}{2} \cdot |\vec{u} \times \vec{v}| \approx 6{,}80 \text{ FE}$.

(2) *Volumen eines Spats:* $\vec{a} = \begin{pmatrix} 1 \\ -2 \\ 1 \end{pmatrix}$, $\vec{b} = \begin{pmatrix} 3 \\ 1 \\ -2 \end{pmatrix}$ und $\vec{c} = \begin{pmatrix} 2 \\ -1 \\ 1 \end{pmatrix}$ spannen einen Spat auf.

Für das Volumen des Spats gilt:

$V = \left| (\vec{a} \times \vec{b}) * \vec{c} \right| = \left\| \left(\begin{pmatrix} 1 \\ -2 \\ 1 \end{pmatrix} \times \begin{pmatrix} 3 \\ 1 \\ -2 \end{pmatrix} \right) * \begin{pmatrix} 2 \\ -1 \\ 1 \end{pmatrix} \right\| = \left\| \begin{pmatrix} 3 \\ 5 \\ 7 \end{pmatrix} * \begin{pmatrix} 2 \\ -1 \\ 1 \end{pmatrix} \right\| = |6 - 5 + 7| = 8 \text{ VE}$

H Beschreibende Statistik

H1 Mittelwert und Stichprobenstreuung einer Häufigkeitsverteilung bestimmen

(1) Häufigkeitsverteilung

Bei Erhebungen erfasst man, mit welchen **absoluten** oder **relativen Häufigkeiten** die verschiedenen möglichen **Ausprägungen** eines **Merkmals** auftreten. Eine Tabelle, in der jeder Ausprägung eines betrachteten Merkmals die relative Häufigkeit zugeordnet wird und in der die Summe der relativen Häufigkeiten 1 beträgt, wird als **Häufigkeitsverteilung** dieses Merkmals bezeichnet.

Die Häufigkeitsverteilung eines quantitativen Merkmals, also eines Merkmals, dessen Ausprägungen Zahlen sind, lässt sich durch Lage- und Streumaße charakterisieren.

(2) Arithmetisches Mittel

Das arithmetische Mittel $\bar{x}$ von m Merkmalswerten $x_1, x_2, ..., x_m$, erhält man, indem man die m Zahlen addiert und die Summe durch m teilt:

$$\bar{x} = \frac{1}{m} \cdot (x_1 + x_2 + ... + x_m) = \frac{1}{m} \sum_{i=1}^{m} x_i$$

Wenn die verschiedenen Merkmalswerte nicht nur einmal, sondern mit den absoluten Häufigkeiten $H(x_1), H(x_2), ..., H(x_m)$ auftreten, dann berechnet man zunächst die Gesamtzahl der Werte $n = H(x_1) + H(x_2) + ... + H(x_m)$ und hiermit dann das arithmetische Mittel:

$$\bar{x} = \frac{1}{n} \cdot [H(x_1) \cdot x_1 + H(x_2) \cdot x_2 + ... + H(x_m) \cdot x_m] = \frac{1}{n} \sum_{i=1}^{m} H(x_i) \cdot x_i$$

Sind statt der absoluten Häufigkeiten $H(x_1), H(x_2), ..., H(x_m)$ die relativen Häufigkeiten $h(x_1), h(x_2), ..., h(x_m)$ gegeben, dann berechnet sich das **arithmetische Mittel $\bar{x}$ der Häufigkeitsverteilung** nach der Formel

$$\bar{x} = h(x_1) \cdot x_1 + h(x_2) \cdot x_2 + ... + h(x_m) \cdot x_m = \sum_{i=1}^{m} h(x_i) \cdot x_i$$

Man bezeichnet $\bar{x}$ auch als **gewichtetes Mittel** der Merkmalswerte $x_1, x_2, ..., x_m$.

(3) Streuung

Die mittlere quadratische Abweichung der Daten einer Stichprobe vom Mittelwert $\bar{x}$ wird auch als **empirische Varianz $\bar{s}^2$** bezeichnet.

Für m einzelne Daten: $\bar{s}^2 = \frac{1}{m} \cdot [(x_1 - \bar{x})^2 + (x_2 - \bar{x})^2 + ... + (x_m - \bar{x})^2] = \frac{1}{m} \sum_{i=1}^{m} (x_i - \bar{x})^2$

Für eine Häufigkeitsverteilung mit relativen Häufigkeiten $h(x_1), h(x_2), ..., h(x_m)$ gilt entsprechend:

$$\bar{s}^2 = (x_1 - \bar{x})^2 \cdot h(x_1) + (x_2 - \bar{x})^2 \cdot h(x_2) + ... + (x_m - \bar{x})^2 \cdot h(x_m) = \sum_{i=1}^{m} (x_i - \bar{x})^2 \cdot h(x_i)$$

Die Wurzel $\bar{s}$ aus der empirischen Varianz wird als **empirische Standardabweichung** oder auch als **Stichprobenstreuung** bezeichnet.

Den Term für $\bar{s}^2$ kann man umformen und erhält eine vereinfachte Berechnungsformel:

$$\bar{s}^2 = [x_1^2 \cdot h(x_1) + x_2^2 \cdot h(x_2) + x_3^2 \cdot h(x_3) + ... + x_m^2 \cdot h(x_m)] - \bar{x}^2$$

(4) Perzentile, Quartile, Boxplots

Man kann das Streuverhalten einer Datenmenge auch dadurch beschreiben, dass Perzentile der Datenmenge bestimmt werden: Dazu ordnet man die Werte der Datenmenge und untersucht, welche Daten kleiner oder gleich einem bestimmten Anteil P % der gesamten Datenmenge sind.

(*Forts. nächste Seite*)

Es ist auch üblich, für eine Datenmenge den kleinsten Wert (0 %-Perzentil), das untere Quartil (25 %-Perzentil), den Median (50 %-Perzentil), das obere Quartil (75 %-Perzentil) und den größten Wert (100 %-Perzentil) anzugeben und in Form eines sogenannten Box-plots darzustellen. Dann benutzt man den Median als Lagemaß und den Quartilabstand (= oberes Quartil – unteres Quartil) als Streuungsmaß für die Häufigkeitsverteilung.

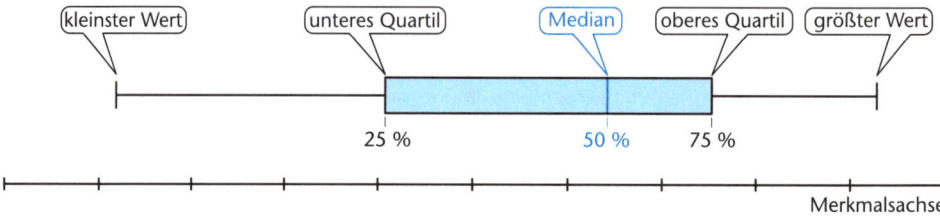

Beispiele

(1) *Arithmetisches Mittel einer Häufigkeitsverteilung mit absoluten Häufigkeiten:*
In einem Kurs wurde erfasst, wie viele Schüler/innen Geschwister haben:

Anzahl k der Geschwister	0	1	2	3
absolute Häufigkeit H (k) der Schüler/innen mit k Geschwistern	11	9	4	1

Insgesamt sind in der Häufigkeitsverteilung mit absoluten Häufigkeiten n = 11 + 9 + 4 + 1 = 25 Daten erfasst; das arithmetische Mittel ist daher

$\bar{x} = \frac{1}{25} \cdot (11 \cdot 0 + 9 \cdot 1 + 4 \cdot 2 + 1 \cdot 3) = \frac{20}{25} = 0{,}8$.

Im Mittel haben die Schüler/innen des Kurses also 0,8 Geschwister.

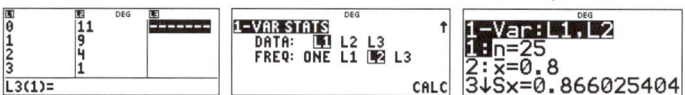

(2) *Arithmetisches Mittel einer Häufigkeitsverteilung mit relativen Häufigkeiten:*
In einer großen Stichprobe wurde die Anzahl der nicht-volljährigen Kinder in Haushalten erfasst:

Anzahl k der Kinder	0	1	2	3	4	5
relative Häufigkeit h (k) der Familien mit k Kindern	48,3 %	21,1 %	21,3 %	6,9 %	1,8 %	0,6 %

Wäre dies beispielsweise eine Stichprobe vom Umfang n = 1000 gewesen, dann hätte man das arithmetische Mittel wie in (1) berechnen können:

$\bar{x} = \frac{1}{1000} \cdot (483 \cdot 0 + 211 \cdot 1 + 213 \cdot 2 + 69 \cdot 3 + 18 \cdot 4 + 6 \cdot 5) = \frac{946}{1000} = 0{,}946$.

Im Mittel sind in den erfassten Haushalten etwa 0,95 Kinder. Die empirische Standardabweichung $\bar{s}$ beträgt hier ungefähr 1,1.

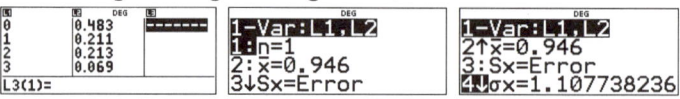

Hinweis: Die Angabe n = 1 im WTR ist so zu deuten: Die Summe der eingegebenen relativen Häufigkeiten ist 1 (= 100 %); dies ist eine wichtige Kontrollmöglichkeit für die Dateneingabe. Die empirische Standardabweichung wird im WTR als σx bezeichnet.

I Wahrscheinlichkeitsrechnung

INFO Baumdigramme

I1 **Mehrstufige Zufallsversuche mithilfe von Baumdiagrammen beschreiben**

Mehrstufige Zufallsversuche lassen sich mithilfe eines Baumdiagramms darstellen.
Zu jedem möglichen Ergebnis des Zufallsversuchs gehört ein Pfad im Baumdiagramm.
Je nach Fragestellung kann es sinnvoll sein, mehrere Ergebnisse zu einem Ereignis zusammenzufassen und nur ein reduziertes Baumdiagramm zu zeichnen.

Beispiel *Darstellung des 3-fachen Würfelns mithilfe eines Baumdiagramms*

Interessiert man sich beim dreifachen Würfeln nur dafür, ob Augenzahl 6 auftritt, so ist die Darstellung in einem reduzierten Baumdiagramm zweckmäßig, in dem die Ergebnisse Augenzahl 1, 2, 3, 4, 5 zum Ereignis *Keine 6* zusammengefasst werden.

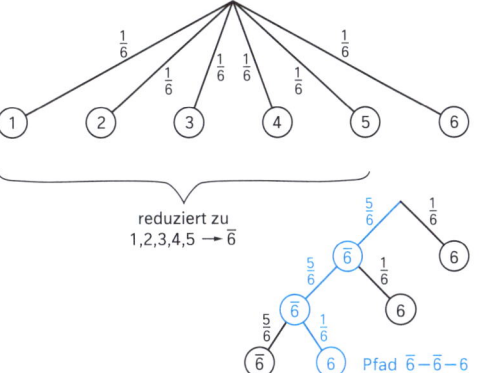

Betrachtet man das Ereignis
Mindestens eine 6 in drei Würfen,
so kann man das zugehörige Baumdiagramm noch weiter reduzieren und die Pfade nur jeweils beim Ereignis keine 6 weiter fortsetzen.

INFO Kombinatorik

I2 **Die Anzahl der Möglichkeiten mithilfe der Grundregel der Kombinatorik bestimmen**

(1) Die **Grundregel der Kombinatorik** besagt: Besteht ein Zufallsversuch aus k Stufen und ist die Anzahl der möglichen Ergebnisse auf den einzelnen Stufen gleich m_1, m_2, ..., m_k, dann hat der Zufallsversuch ingesamt $m_1 \cdot m_2 \cdot ... \cdot m_k$ verschiedene mögliche Ergebnisse. Diese Grundregel kann man mithilfe von Baumdiagrammen veranschaulichen.

(2) Die Grundregel der Kombinatorik lässt sich bei der Untersuchung von Ziehvorgängen anwenden:
Beim k-fachen Ziehen einer Kugel aus einer Urne mit n unterscheidbaren Kugeln sind folgende Fälle zu unterscheiden:
– Beim **Ziehen mit Zurücklegen** (mit Wiederholung) gibt es n^k verschiedene Möglichkeiten.
– Beim **Ziehen ohne Zurücklegen** (ohne Wiederholung) gibt es $n \cdot (n-1) \cdot ... \cdot (n-k+1)$ verschiedene Möglichkeiten.
– Beim **Ziehen mit einem Griff** gibt es $\binom{n}{k} = \dfrac{n \cdot (n-1) \cdot ... \cdot (n-k+1)}{k \cdot (k-1) \cdot ... \cdot 1} = \dfrac{n!}{k! \cdot (n-k)!}$ verschiedene Möglichkeiten.*)

Sonderfall beim Ziehen ohne Zurücklegen: Für das vollständige Leeren einer Urne mit n Kugeln gibt es n! Möglichkeiten; hierdurch werden die n Kugeln in eine Reihenfolge gebracht.

Konsequenz: Es gibt n! Möglichkeiten, n Dinge anzuordnen.

(3) Für **Stichprobennahmen** ergibt sich aus (2)

Nimmt man in einer Gesamtheit vom Umfang n eine Stichprobe vom Umfang k,

so sind $\binom{n}{k} = \dfrac{n \cdot (n-1) \cdot \ldots \cdot (n-k+1)}{k \cdot (k-1) \cdot \ldots \cdot 1}$ verschiedene Stichproben dieser Art möglich.

Bei Stichprobennahmen handelt es sich um einen Ziehvorgang ohne Zurücklegen (vergleiche Zähler des Bruchs), bei dem aber die Reihenfolge der Ziehung keine Rolle spielt (vergleiche Nenner des Bruchs); daher könnte die Ziehung auch mit einem Griff erfolgen. Die natürlichen Zahlen $\binom{n}{k}$ werden auch als **Binomialkoeffizienten** bezeichnet.

*)Für das Produkt aufeinander folgender natürlicher Zahlen $n \cdot (n-1) \cdot \ldots \cdot 3 \cdot 2 \cdot 1$ schreibt man kurz: n! (n Fakultät) – Sonderfälle: 0! = 1, 1! = 1.

Beispiele

(1) Stehen auf einer Speisekarte drei verschiedene Vorspeisen, vier verschiedene Hauptgerichte und zwei Desserts, dann kann man insgesamt $3 \cdot 4 \cdot 2 = 24$ verschiedene Essen zusammenstellen, darstellbar durch ein Baumdiagramm mit drei Verzweigungen auf der 1. Stufe, vier auf der 2. Stufe, zwei auf der 3. Stufe.

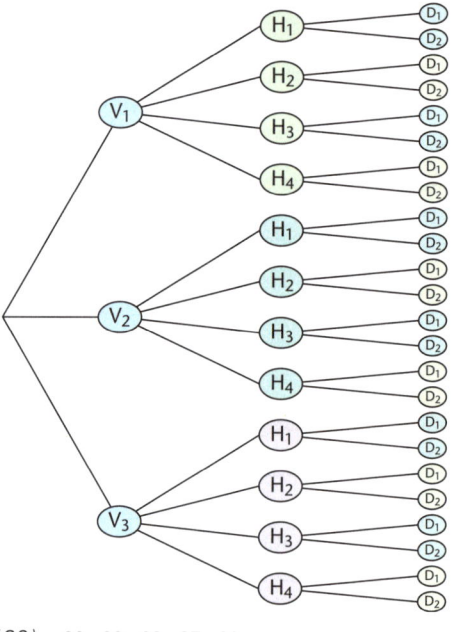

(2) In einer Klasse mit 30 Schülern/innen kann man fünf Freikarten auf verschiedene Arten verteilen:
 – Man wählt 5 Schüler/innen mithilfe eines Glücksrads aus (Ziehen mit Wiederholung): 30^5 Möglichkeiten.
 – Man wählt 5 Schüler/innen durch einzelnes Ziehen von Namenszetteln aus (Ziehen ohne Wiederholung): $30 \cdot 29 \cdot 28 \cdot 27 \cdot 26$ Möglichkeiten.
 – Man zieht fünf Namenszettel auf einmal: $\binom{30}{5} = \dfrac{30 \cdot 29 \cdot 28 \cdot 27 \cdot 26}{5 \cdot 4 \cdot 3 \cdot 2 \cdot 1}$ Möglichkeiten.

(3) Beim Lottospiel 6 aus 49 kreuzt man 6 Zahlen an – hierfür gibt es

$\binom{49}{6} = 13\,983\,816$ Möglichkeiten.

(4) Anwendung von (3):

Die Wahrscheinlichkeit, vier Zahlen richtig getippt zu haben, berechnet sich zu

$\dfrac{\binom{6}{4}\binom{43}{2}}{\binom{49}{6}} = \dfrac{13545}{13\,983\,816}$, denn es gibt 6 Gewinnzahlen, von denen 4 auf dem Tippzettel

vorkommen, und 43 Nicht-Gewinnzahlen, von denen 2 auf dem Tippzettel vorkommen.

INFO Pfadregeln

I3 Wahrscheinlichkeiten mithilfe der Pfadregeln berechnen

Zur Berechnung von Pfadwahrscheinlichkeiten dienen die folgenden Regeln:
- **Pfadmultiplikationsregel:** Die Wahrscheinlichkeit eines Pfades ist gleich dem Produkt der Wahrscheinlichkeiten längs dieses Pfades.

- **Pfadsummenregel:** Gehören zu einem Ereignis mehrere Pfade, so ist die Wahrscheinlichkeit des Ereignisses gleich der Summe der Wahrscheinlichkeiten aller zum Ereignis gehörenden Pfade. Die Summe der Wahrscheinlichkeiten nach einer Verzweigung ist immer gleich 1.

- **Komplementärregel:** Kennt man die Wahrscheinlichkeit eines Ereignisses E, so kennt man auch die Wahrscheinlichkeit des Gegenereignisses $\overline{E}$:
  $P(\overline{E}) + P(E) = 1$, also gilt $P(\overline{E}) = 1 - P(E)$.

Beispiel *Anwendung der Komplementärregel beim 3-fachen Würfeln*

Das Gegenereignis zu E: *Mindestens einmal 6 in drei Würfen* ist $\overline{E}$: *Keine 6 in drei Würfen*.
Aus der Komplementärregel folgt dann für die Wahrscheinlichkeit von E:

$$P(E) = 1 - P(\overline{E}) = 1 - \left(\frac{5}{6}\right)^3 = 1 - \frac{125}{216} = \frac{91}{216}.$$

Hinweis: In Aufgabenstellungen, in denen das Wort „mindestens" vorkommt, kann man oft die Komplementärregel anwenden.

INFO Bedingte Wahrscheinlichkeiten

I4 Bedingte Wahrscheinlichkeiten mithilfe von Vierfeldertafeln oder umgekehrten Baumdiagrammen bestimmen

In einer **Vierfeldertafel** wird erfasst, mit welchen absoluten oder relativen Häufigkeiten zwei Merkmalsausprägungen zweier Merkmale auftreten und in welcher Kombination dies geschieht. Besitzt ein Merkmal mehr als zwei interessierende Ausprägungen, so wird die Vierfeldertafel zu einer **Mehrfeldertafel** erweitert.
Die Daten aus der Vierfeldertafel lassen sich auf zwei Arten in einem zweistufigen Baumdiagramm wiedergeben (auf der 1. Stufe wird das eine, auf der 2. Stufe das andere Merkmal betrachtet).
Umgekehrt lassen sich mit den Daten aus einem Baumdiagramm sowohl eine Vierfeldertafel als auch das andere („**umgekehrte**") **Baumdiagramm** entwickeln.

Beispiel *Darstellung von statistischen Daten als Baumdiagramm bzw. Mehrfeldertafel*

Bei einer Wahl in einer Stadt treten drei Kandidaten X, Y, Z an. Es wird in zwei Bezirken, der Oberstadt (O) und der Unterstadt (U) gewählt. Die Daten werden aufgeschlüsselt in einer Mehrfeldertafel dargestellt. Anstelle der absoluten Häufigkeiten könnten auch relative Häufigkeiten (h) angegeben werden.

Wahl	X	Y	Z	gesamt
O	$H(X \cap O)$ = 1400	$H(Y \cap O)$ = 1100	$H(Z \cap O)$ = 500	$H(O)$ = 3000
U	$H(X \cap U)$ = 600	$H(Y \cap U)$ = 700	$H(Z \cap U)$ = 700	$H(U)$ = 2000
gesamt	$H(X)$ = 2000	$H(Y)$ = 1800	$H(Z)$ = 1200	$H(\Omega)$ = 5000

Da keiner der drei Kandidaten eine absolute Mehrheit der Stimmen erreichen konnte, wird in einem weiteren Wahlgang eine Stichwahl zwischen X und Y durchgeführt

Wahl nach Bezirken

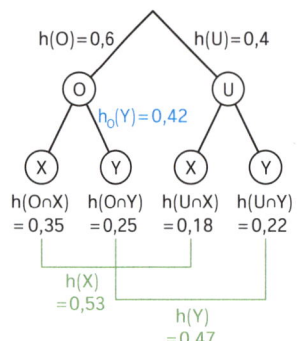

Vierfeldertafel

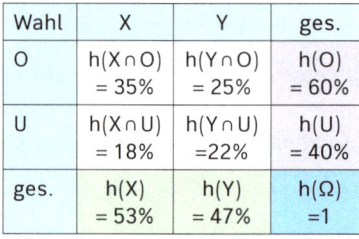

Wahl	X	Y	ges.
O	$h(X \cap O)$ = 35%	$h(Y \cap O)$ = 25%	$h(O)$ = 60%
U	$h(X \cap U)$ = 18%	$h(Y \cap U)$ =22%	$h(U)$ = 40%
ges.	$h(X)$ = 53%	$h(Y)$ = 47%	$h(\Omega)$ =1

Wahl nach Kandidaten

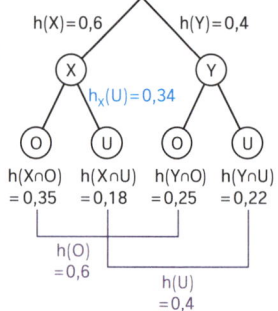

Wählt man irgendeine Person zufällig aus der betrachteten Gesamtheit aus, so lassen sich die relativen Häufigkeiten als Wahrscheinlichkeiten auffassen. Bei den Darstellungen in den Vier- oder Mehrfeldertafeln sowie den Baumdiagrammen ändert sich dann nur die Bezeichnung ($P(X)$ statt $h(X)$ usw.)

Hinweis: Die Wahrscheinlichkeiten auf der 2. Stufe der Baumdiagramme sind **bedingte Wahrscheinlichkeiten,** die nicht mit den Pfadwahrscheinlichkeiten verwechselt werden dürfen! Bedingte Wahrscheinlichkeiten lassen sich mithilfe der Pfadregeln aus dem Baumdiagramm ermitteln oder als Quotienten innerhalb der Zeilen oder Spalten der zugehörigen Vier- oder Mehrfeldertafeln.
Für die Wahrscheinlichkeit, dass jemand aus der Oberstadt Kandidat Y gewählt hat, gilt z. B.:

$$P(O) \cdot P_O(Y) = P(Y \cap O), \text{ also } P_O(Y) = \frac{P(Y \cap O)}{P(O)} = \frac{0,25}{0,6} = 0,41\overline{6} \approx 42\%.$$

	X	Y	ges.
O	$P(X \cap O)$ = 0,35	$P(Y \cap O)$ = 0,25	$P(O)$ = 0,60
U	$P(X \cap U)$ = 0,18	$P(Y \cap U)$ = 0,22	$P(U)$ = 0,40
ges.	$P(X)$ = 0,53	$P(Y)$ = 0,47	$P(\Omega)$ =1

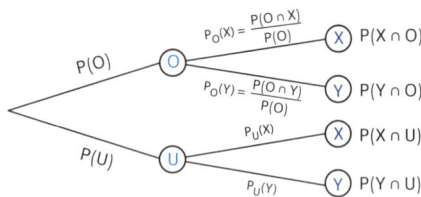

Für die Wahrscheinlichkeit, dass jemand, der Kandidat X gewählt hat, in der Unterstadt lebt, gilt:

$$P(X) \cdot P_X(U) = P(X \cap U), \text{ also } P_X(U) = \frac{P(X \cap U)}{P(X)} = \frac{0,18}{0,53} \approx 0,3396 \approx 34\%.$$

INFO Satz von Bayes

I5 Bedingte Wahrscheinlichkeiten mithilfe des Satzes von Bayes bestimmen

Ist A ein Ereignis, das von Interesse ist, und B eine Bedingung, unter der man das Ereignis A betrachtet, dann kann man die bedingte Wahrscheinlichkeit $P_B(A)$ für das **Ereignis A unter der Bedingung B** mithilfe des Satzes von Bayes unmittelbar berechnen:

$$P_B(A) = \frac{P(A \cap B)}{P(B)} = \frac{P(A) \cdot P_A(B)}{P(A) \cdot P_A(B) + P(\overline{A}) \cdot P_{\overline{A}}(B)}.$$

Beispiel *Anwendung der Formel des Satzes von Bayes*

Hinweis: Mithilfe der Formel des Satzes von Bayes kann man bedingte Wahrscheinlichkeiten direkt berechnen, ohne auf Vierfeldertafel oder Baumdiagramm (vgl. **I3**) zurückzugreifen.

Gegebene Infos (siehe Beispiel zu **I4**):
$P(O) = 0,6$; $P(U) = 0,4$; $P_O(Y) = 0,42$, also $P_O(X) = 0,58$; $P_U(X) = \frac{0,18}{0,4} = 0,45$, also $P_U(Y) = 0,55$.

Gesucht wird die bedingte Wahrscheinlichkeit, dass ein Wähler von Kandidat X aus der Unterstadt kommt. Nach der Formel des Satzes von Bayes gilt:

$$P_X(U) = \frac{P(X \cap U)}{P(X)} = \frac{P(U) \cdot P_U(X)}{P(X \cap U) + P(X \cap O)} = \frac{P(U) \cdot P_U(X)}{(P(U) \cdot P_U(X) + P(O) \cdot P_O(X)} = \frac{0,4 \cdot 0,45}{0,4 \cdot 0,45 + 0,6 \cdot 0,58} \approx 0,34 = 34\,\%.$$

Die Wähler von Kandidat X kommen aus der Unterstadt und der Oberstadt. Fasst man diese Anteile zusammen, dann spricht man von der totalen Wahrscheinlichkeit für das Ereignis X:
$P(X) = P(X \cap U) + P(X \cap O) = P(U) \cdot P_U(X) + P(O) \cdot P_O(X) = 0,53$.

INFO Stochastische Unabhängigkeit

I6 Überprüfen, ob zwei Ereignisse stochastisch voneinander abhängig oder unabhängig sind

Zwei Ereignisse A und B sind **stochastisch voneinander unabhängig**, wenn die Bedingung $P(A) \cdot P(B) = P(A \cap B)$ erfüllt ist, andernfalls sind die beiden Ereignisse **stochastisch voneinander abhängig**.

Beispiel *Wahlanalyse*

$P(X) = 0,6$; $P(U) = 0,4$; also $P(X) \cdot P(U) = 0,24$, aber $P(X \cap U) = 0,18$.
Die beiden Ereignisse sind also stochastisch voneinander abhängig (d. h., die Stimmenanteile des Kandidaten X hängen vom Wohnort der Wähler/innen ab).

J Wahrscheinlichkeitsverteilungen

INFO Wahrscheinlichkeitsverteilungen

J1 **Wahrscheinlichkeitsverteilungen einer (diskreten) Zufallsgröße bestimmen**

Zufallsgrößen ordnen jedem Ergebnis eines Zufallsversuchs eine (reelle) Zahl zu. Ist die Anzahl der Funktionswerte dieser Funktion endlich, z. B. k = 0, 1, 2, …, n (oder abzählbar unendlich, z. B. k = 1, 2, 3, …), so spricht man von einer diskreten Zufallsgröße.

Wahrscheinlichkeitsverteilungen ordnen den möglichen Werten einer Zufallsgröße Wahrscheinlichkeiten zu. Elementare Wahrscheinlichkeitsverteilungen kann man als Liste oder in Form einer Tabelle notieren.
Besondere Wahrscheinlichkeitsverteilungen (wie die Binomialverteilung in **J3**), die gewissen Gesetzmäßigkeiten genügen, lassen sich auch mithilfe eines Funktionsterms beschreiben.

Die Summe aller Wahrscheinlichkeiten einer Wahrscheinlichkeitsverteilung muss immer 1 ergeben.

Beispiele

(1) *Diskrete Wahrscheinlichkeitsverteilung mit endlich vielen Werten:*

Wenn das rechts abgebildete Glücksrad anhält, dann weist der Zeiger auf einen der Sektoren mit der Beschriftung 0, 1, 2 oder 3. Mögliche Werte („Realisierungen") der betrachteten Zufallsgröße X sind also die in den Sektoren aufgeführten Zahlenwerte k = 0, 1, 2, 3.
Im Sachkontext könnte dies etwa bedeuten: Ist X: *Ausgezahlter Betrag (in €)*, dann entspricht dies je nach Ergebnis einer Auszahlung von 0 €, 1 €, 2 € oder 3 €.

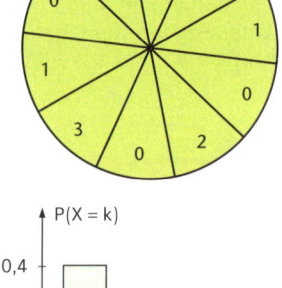

k	P(X = k)
0	$\frac{4}{10}$
1	$\frac{3}{10}$
2	$\frac{2}{10}$
3	$\frac{1}{10}$

Die in der Tabelle enthaltene Zuordnung Werte der Zufallsgröße → zugehörige Wahrscheinlichkeit ist eine Wahrscheinlichkeitsverteilung, denn es gilt:

$P(X = 0) + P(X = 1) + P(X = 2) + P(X = 3)$
$= \frac{4}{10} + \frac{3}{10} + \frac{2}{10} + \frac{1}{10} = 1.$

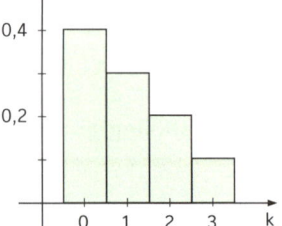

Die Wahrscheinlichkeitsverteilung kann mithilfe eines **Histogramms** (siehe rechts) veranschaulicht werden.

(2) *Diskrete Wahrscheinlichkeitsverteilung mit abzählbar unendlich vielen Werten:*

Bei der Zufallsgröße Y: *Anzahl der Drehungen des Glücksrads bis zum ersten Anhalten beim Sektor „3"* kann die „3" zum ersten Mal bei der 1., 2., 3., … Drehung auftreten, d. h. k = 1, 2, 3, 4, …

k	1	2	3	4	…
P(Y = k)	$\frac{1}{10}$	$\frac{9}{10} \cdot \frac{1}{10}$	$\left(\frac{9}{10}\right)^2 \cdot \frac{1}{10}$	$\left(\frac{9}{10}\right)^3 \cdot \frac{1}{10}$	…

INFO Kenngrößen einer Zufallsgröße

J2 **Kenngrößen (Erwartungswert, Varianz und Standardabweichung) einer (diskreten) Zufallsgröße berechnen**

Der **Erwartungswert E(X) einer Zufallsgröße** gibt an, welcher Wert für X im Durchschnitt auf lange Sicht zu erwarten ist. Er ist der gewichtete Mittelwert aller Werte a_1, a_2, …, a_n, welche die Zufallsgröße annehmen kann. Statt E(X) ist auch die Bezeichnung μ üblich:

$$E(X) = \mu = a_1 \cdot P(X = a_1) + a_2 \cdot P(X = a_2) + \ldots + a_n \cdot P(X = a_n) = \sum_{i=1}^{n} a_i \cdot P(X = a_i).$$

Die **Varianz V(X) einer Zufallsgröße** ist die mittlere quadratische Abweichung der Werte a_1, a_2, …, a_n der Zufallsgröße vom Erwartungswert der Zufallsgröße:

$$V(X) = (a_1 - \mu)^2 \cdot P(X = a_1) + (a_2 - \mu)^2 \cdot P(X = a_2) + \ldots + (a_n - \mu)^2 \cdot P(X = a_n)$$

$$= \sum_{i=1}^{n} (a_i - \mu)^2 \cdot P(X = a_i).$$

Dies kann auch notiert werden in der Form $V(X) = E((X - E(X))^2)$ (= Erwartungswert der quadratischen Abweichungen vom Erwartungswert).

Die Quadratwurzel aus der Varianz heißt **Standardabweichung** σ der Zufallsgröße X:

$$\sigma = \sqrt{V(X)}.$$

Für besondere Wahrscheinlichkeitsverteilungen (wie beispielsweise die Binomialverteilung, vgl. **J3**) gibt es einfache Formeln zur Berechnung dieser Kenngrößen.

Beispiel *Erwartungswert und Varianz einer diskreten Zufallsgröße*

Für das Glücksrad im Beispiel zu **J1** gilt für den Erwartungswert der Zufallsgröße X:

$$E(X) = 0 \cdot P(X = 0) + 1 \cdot P(X = 1) + 2 \cdot P(X = 2) + 3 \cdot P(X = 3) = 0 \cdot \frac{4}{10} + 1 \cdot \frac{3}{10} + 2 \cdot \frac{2}{10} + 3 \cdot \frac{1}{10} = 1.$$

Der Erwartungswert der Zufallsgröße X: *Ausgezahlter Betrag (in €)* ist 1.

Ein Glücksspiel, bei dem die erwartete Auszahlung dem Spieleinsatz entspricht, wird als **fair** bezeichnet.

Ein fairer Einsatz für das Drehen des Glücksrads wäre also 1 €.

$$V(X) = \sum_{i=0}^{3} (i - 1)^2 \cdot P(X = i) = (-1)^2 \cdot \frac{4}{10} + 0^2 \cdot \frac{3}{10} + 1^2 \cdot \frac{2}{10} + 2^2 \cdot \frac{1}{10} = 1, \quad \sigma = \sqrt{V(X)} = \sqrt{1} = 1.$$

Varianz und Standardabweichung sind bei diesem Glücksrad ebenfalls 1.

INFO Bernoulli-Versuche

J3 **Wesentliche Eigenschaften von Bernoulli-Versuchen erläutern und Wahrscheinlichkeiten von Ereignissen mithilfe der Bernoulli-Formel oder der Optionen eines TR bestimmen**

Ein Zufallsversuch wird als **Bernoulli-Versuch** bezeichnet, wenn folgende Bedingungen erfüllt sind:

(1) Man entscheidet nur, ob ein bestimmtes Ergebnis („Erfolg") eintritt oder nicht („Misserfolg"), d. h., bei einem Bernoulli-Versuch betrachtet man immer nur zwei mögliche Ausgänge.

(2) Ob auf einer Stufe ein Erfolg oder ein Misserfolg auftritt, hängt nicht von den Ergebnissen anderer Stufen ab, so dass sich bei einer Wiederholung des Versuchs die Wahrscheinlichkeit für einen Erfolg nicht verändert.

Die **Erfolgswahrscheinlichkeit** wird üblicherweise mit p bezeichnet; die **Misserfolgswahrscheinlichkeit** mit $q = 1 - p$.

Zu einem n-stufigen Bernoulli-Versuch (**Bernoulli-Kette**) gehört die Zufallsgröße X: *Anzahl der Erfolge*. Diese gibt also an, auf wie vielen Stufen des n-stufigen Zufallsversuchs ein Erfolg aufgetreten ist. Mögliche Werte der Zufallsgröße sind $0, 1, …, n$.

Das Baumdiagramm einer n-stufigen Bernoulli-Kette enthält insgesamt 2^n Pfade, da es auf jeder der n Stufen jeweils zwei Verzweigungen gibt.

Die Wahrscheinlichkeitsverteilung der Zufallsgröße X: *Anzahl der Erfolge* wird als **Binomialverteilung** bezeichnet.

Die Wahrscheinlichkeit für genau k Erfolge in n Versuchen kann mithilfe der sog. **Bernoulli-Formel** berechnet werden:

$P(X = k) = \binom{n}{k} \cdot p^k \cdot (1 - p)^{n-k}$.

Der **Binomialkoeffizient** $\binom{n}{k}$ („n über k") gibt die Anzahl der Möglichkeiten an, dass in insgesamt n Versuchen k Erfolge auftreten.

Für die Berechnung des Binomialkoeffizienten gilt:

$$\binom{n}{k} = \frac{n!}{k! \cdot (n-k)!} = \frac{n \cdot (n-1) \cdot … \cdot (n-k+1)}{k \cdot (k-1) \cdot … \cdot 2 \cdot 1}$$

Beispiele

(1) *Bernoulli-Ketten erkennen und berechnen:*
Typische Zufallsversuche, die man als Bernoulli-Versuche modellieren kann, sind
 – Münzwürfe (dabei ist es egal, welche Seite man als Erfolg ansieht und ob die Münze evtl. gezinkt ist),
 – Ziehen mit Zurücklegen aus einer Urne mit Kugeln oder einem gemischten Kartenstapel – es muss gewährleistet sein, dass vor jeder Ziehung die gleichen Voraussetzungen bestehen,
 – mehrfaches Drehen eines Glücksrads,
 – Werfen einer bestimmten Augenzahl mit einem Würfel.

Betrachtet man beim Würfeln z. B. das Auftreten der Augenzahl 6 als Erfolg, so gilt jedes der übrigen Würfelergebnisse als Misserfolg. Da der Würfel „kein Gedächtnis hat", geht man also davon aus, dass sich während des Würfelns die Erfolgswahrscheinlichkeit $p = \frac{1}{6}$ nicht verändert, d. h., es handelt sich also um einen Bernoulli-Versuch.

Beim 5-fachen Würfeln ist die Zufallsgröße X: *Anzahl der Sechsen* binomialverteilt mit den Parametern n = 5 und p = $\frac{1}{6}$.

Die Wahrscheinlichkeit für k = 0, 1, …, 5 Erfolge (Sechsen) ist P(X = k) = $\binom{5}{k} \cdot \left(\frac{1}{6}\right)^k \cdot \left(\frac{5}{6}\right)^{(5-k)}$.

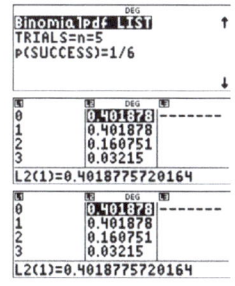

$$P(X = 0) = \binom{5}{0} \cdot \left(\frac{1}{6}\right)^0 \cdot \left(\frac{5}{6}\right)^5 - 0 = \left(\frac{5}{6}\right)^5 \approx 0{,}402$$

$$P(X = 1) = \binom{5}{1} \cdot \left(\frac{1}{6}\right)^1 \cdot \left(\frac{5}{6}\right)^4 = 5 \cdot \frac{1}{6} \cdot \left(\frac{5}{6}\right)^4 \approx 0{,}402$$

$$P(X = 2) = 10 \cdot \frac{1}{36} \cdot \left(\frac{5}{6}\right)^3 \approx 0{,}161$$

$$P(X = 3) = \binom{5}{3} \cdot \left(\frac{1}{6}\right)^3 \cdot \left(\frac{5}{6}\right)^2 \approx 0{,}032$$

$$P(X = 4) = \binom{5}{4} \cdot \left(\frac{1}{6}\right)^4 \cdot \left(\frac{5}{6}\right)^1 \approx 0{,}0032$$

$$P(X = 5) = \binom{5}{5} \cdot \left(\frac{1}{6}\right)^5 \cdot \left(\frac{5}{6}\right)^0 = \left(\frac{1}{6}\right)^5 \approx 0{,}00013$$

Zeichnet man ein vollständiges Baumdiagramm zu diesem 5-stufigen Bernoulli-Versuch, dann besteht es aus $2^5 = 32$ Pfaden. Davon enthalten z. B. $\binom{5}{2}$ =10 der 32 Pfade genau zweimal eine „6" (nämlich auf den Stufen (1 und 2) oder (1 und 3) oder (1 und 4) oder (1 und 5) oder (2 und 3) oder (2 und 4) oder (2 und 5) oder (3 und 4) oder (3 und 5) oder (4 und 5).

(2) *Wahrscheinlichkeiten bei Binomialverteilungen mit dem TR bestimmen:*
Bei Menschen unterscheidet man die Blutgruppen 0, A, B sowie AB. In Deutschland haben etwa 41% der Menschen Blutgruppe 0 und gelten damit als „Universal-Spender".

An einem Aktionstag kommen 80 Spender in ein Blutspendezentrum, was wie folgt als 80-stufiger Bernoulli-Versuch modelliert werden kann: Die Zufallsgröße X: Anzahl der Blutspender mit Blutgruppe 0 kann als binomialverteilt angesehen werden mit den Parametern n = 80 und p = 0,41.

Die Berechnung der Wahrscheinlichkeiten verschiedener Ereignisse kann mit dem TR erfolgen:

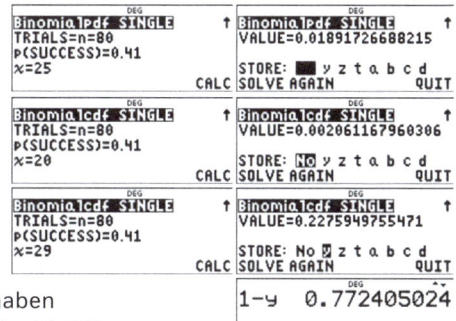

Genau 25 Spender haben Blutgruppe 0:
P(X = 25) ≈ 1,9 %

Höchstens 20 Spender haben Blutgruppe 0:
P(X ≤ 20) ≈ 0,2 %

Mindestens 30 Spender haben Blutgruppe 0:
P(X ≥ 30) ≈ 77,2 %

Mehr als 31, aber weniger als 39 Spender haben
Blutgruppe 0: P(31 < X < 39) = P(32 ≤ X ≤ 38) ≈ 51,6 %

Hinweis: Eine Modellierung mithilfe einer Binomialverteilung könnte in diesem Beispiel problematisch sein, wenn man nicht ausschließen kann, dass unter den erfassten Personen auch miteinander verwandte Personen sind, die – nicht zufällig – gleiche Blutgruppen besitzen.

(3) *Modellierungen – Ziehen mit bzw. ohne Zurücklegen:*
Im Sachzusammenhang muss stets geprüft werden, ob bei einem Vorgang eventuell ein *Ziehen ohne Zurücklegen* vorliegt:

Beim Ziehen aus einer Lostrommel mit n Losen, von denen k Gewinne sind, verändert sich nach jeder Ziehung die Anzahl der Lose und der Anteil der Gewinnlose. In einem Baumdiagramm wird dies dadurch deutlich, dass sich die Wahrscheinlichkeiten auf jeder Stufe ändern. Die Modellierung muss hier mithilfe der sog. **hypergeometrischen Verteilung** erfolgen.

Wenn jedoch das Verhältnis Umfang der Grundgesamtheit zum Umfang der Stichprobe groß ist, können Wahrscheinlichkeiten näherungsweise mithilfe des Modells Ziehen mit Zurücklegen, also mit einem Binomialansatz, berechnet werden.

Man gewinnt bei einem Glücksrad mit Wahrscheinlichkeit p = 0,1. X: *Anzahl der Gewinne* (Modell: Binomialverteilung)	2 von 20 Losen sind Gewinnlose (also 10 %), n = 3 Lose werden gekauft X: *Anzahl der Gewinne* (Ziehen ohne Zurücklegen)	20 von 200 Losen sind Gewinnlose (also 10 %), n = 3 Lose werden gekauft X: *Anzahl der Gewinne* (Ziehen ohne Zurücklegen)
$P(X = 0) \approx 72{,}9\%$	$P(X = 0) \approx 71{,}6\%$	$P(X = 0) \approx 72{,}8\%$
$P(X = 1) \approx 24{,}3\%$	$P(X = 1) \approx 26{,}8\%$	$P(X = 1) \approx 24{,}5\%$
$P(X = 2) \approx 2{,}7\%$	$P(X = 2) \approx 1{,}6\%$	$P(X = 2) \approx 2{,}6\%$
$P(X = 3) \approx 0{,}1\%$	$P(X = 3) = 0{,}0\%$	$P(X = 3) \approx 0{,}09\%$

INFO Mindestwerte

J4 Mindestwerte von n bzw. von p zu einer vorgegebenen Mindestwahrscheinlichkeit ermitteln

Häufig interessiert man sich für Fragestellungen der folgenden Art:
(1) Wie oft muss ein Bernoulli-Versuch mindestens durchgeführt werden, damit mit einer **Mindestwahrscheinlichkeit** M mindestens ein Erfolg eintritt?
(2) Wie groß muss die Erfolgswahrscheinlichkeit p eines Bernoulli-Versuchs mindestens sein, damit in n Versuchen mit einer Mindestwahrscheinlichkeit M mindestens ein Erfolg eintritt?
(3) Wie oft muss ein Bernoulli-Versuch mindestens durchgeführt werden, damit mit einer Mindestwahrscheinlichkeit M mindestens k Erfolge eintreten?

Als Ansatz für die Lösung der Fragestellungen (1) und (2) wird die Komplementärregel **I3** angewandt:
Das Gegenereignis von *Mindestens ein Erfolg* ist das Ereignis *Kein Erfolg*, d.h., statt der Wahrscheinlichkeit $P(X \geq 1)$ wird $P(X = 0) = (1 - p)^n = q^n$ betrachtet.

Aus $P(X \geq 1) \geq M$, also $1 - P(X = 0) \geq M$ und somit $(1 - p)^n \leq 1 - M$ folgt

bei (1): $n \geq \dfrac{\log(1 - M)}{\log(1 - p)}$ und bei (2): $p \geq 1 - \sqrt[n]{1 - M}$.

Aufgaben vom Typ (3) müssen durch systematische Suche mithilfe des TR gelöst werden.

Beispiele

(1) *Mindestversuchszahl n für mindestens einen Erfolg:*
Eine ältere Maschine arbeitet nicht mehr ganz präzise, so dass 3% der Werkstücke mit Mängeln behaftet sind. Gesucht ist die Anzahl an Werkstücken, die mindestens geprüft werden muss, um mit mindestens M = 99%iger Wahrscheinlichkeit mindestens ein mangelhaftes Werkstück zu finden.

X: *Anzahl der mangelhaften Werkstücke* ist binomialverteilt mit p = 0,03 und es soll gelten $P(X \geq 1) \geq 0,99$.

Anwenden der Komplementärregel ergibt $P(X = 0) = (1 - p)^n \leq 0,01 = 1 - M$, also $n \geq \frac{\log(0,01)}{\log(0,97)} \approx 151,2$. Dabei spielt es keine Rolle, welche Logarithmusfunktion verwendet wird.

Antwort: Es müssen also mindestens 152 Werkstücke geprüft werden, um mit mindestens 99%iger Wahrscheinlichkeit mindestens ein mangelhaftes Werkstück zu finden.

Der TR bietet als Lösungsmöglichkeiten die Berechnung mithilfe der Logarithmen oder mithilfe der Wertetabelle der Funktion $f(x) = 0,97^x$::

(2) *Mindesterfolgswahrscheinlichkeit p für mindestens einen Erfolg:*
Überraschungskalender mit 24 Türchen werden industriell zufällig mit Täfelchen verschiedener Schokoladensorten befüllt. Gesucht ist die Mindesterfolgswahrscheinlichkeit p, mit der eine bestimmte Sorte in dem Vorratsbehälter enthalten sein muss, damit diese Sorte mit mindestens M = 95 %iger Wahrscheinlichkeit mindestens einmal im Kalender zu finden ist.
X: *Anzahl der Schokotäfelchen einer bestimmten Sorte* ist binomialverteilt mit n = 24, $P(X \geq 1) \geq 0,95$.

Mit der Komplementärregel ist $P(X=0) = (1 - p)^n \leq 0,05 = 1 - M$, also $p \geq 1 - \sqrt[24]{0,05} \approx 11,73\%$.

In dem Vorratsbehälter, aus dem die Schokotäfelchen zufällig zum Füllen der Überraschungskalender entnommen werden, muss die bestimmte Sorte also mindestens mit einem Anteil von 11,8 % enthalten sein, damit mit mindestens 95%iger Wahrscheinlichkeit mindestens ein Schokotäfelchen der Sorte im 24er-Kalender zu finden ist.

(3) *Berechnung für mindestens k Erfolge:*
Für eine Erhebung werden 500 Personen benötigt;
erfahrungsgemäß sind jedoch nur 75 % der befragten Personen zu Auskünften bereit.
Gesucht ist die Anzahl der Personen, die befragt werden sollte, um mit mindestens M = 95%iger Wahrscheinlichkeit mindestens 500 auskunftsbereite Personen zu finden.

X: *Anzahl auskunftsbereiter Personen* ist binomialverteilt mit p = 0,75; k ≥ 500; $P_n(X \geq 500) \geq 0,95 = M$.

Aus der Wertetabelle der Binomialverteilung kann man ablesen:
$P_{691}(X \geq 500) \approx 0,949 < 0,9$; $P_{692}(X \geq 500) \approx 0,955 > 0,95$.

Es müssen also mindestens 692 Personen befragt werden.

INFO Kenngrößen einer Binomialverteilung

J5 **Die Kenngrößen Erwartungswert, Varianz und Standardabweichung einer binomialverteilten Zufallsgröße berechnen**

Die Verteilung einer binomialverteilten Zufallsgröße X: *Anzahl der Erfolge* wird durch die Kenngrößen **Erwartungswert E(X), Varianz V(X)** und **Standardabweichung σ** charakterisiert. Die Berechnung dieser Kenngrößen kann mithilfe einfacher Formeln erfolgen:

$E(X) = \mu = n \cdot p, \qquad V(X) = \sigma^2 = n \cdot p \cdot (1 - p)$, also $\sigma = \sqrt{n \cdot p \cdot (1 - p)}$.

Die Standardabweichung ist ein Maß für die Streuung der Werte um den Erwartungswert. Im Vergleich zur Versuchszahl n wächst σ weniger stark (nämlich mit $\sqrt{n}$) an, d. h., bei einer Vervierfachung der Versuchszahl wird die „Breite" der Streuung nur etwa doppelt so breit.

Beispiele

(1) *Berechnung der Kenngrößen einer binomialverteilten Zufallsgröße:*
Beim 100-fachen Münzwurf zählt die Zufallsgröße X: *Anzahl der Wappen.*
X ist also binomialverteilt mit n = 100 und p = 0,5. Es gilt also:
$E(X) = \mu = n \cdot p = 100 \cdot 0,5 = 50$; $V(X) = n \cdot p \cdot (1 - p) = 100 \cdot 0,5 \cdot 0,5 = 25$; $\sigma = \sqrt{25} = 5$.

Die Wahrscheinlichkeit, dass die Anzahl der Wappen um höchstens zwei Standardabweichungen vom Erwartungswert abweicht, beträgt:
$P(\mu - 2\sigma \le X \le \mu + 2\sigma) = P(40 \le X \le 60) \approx 0,9648$.

Hinweis: Falls σ > 3, darf nach der sog. Laplace-Faustregel auch die Normalverteilung zur Approximation der Binomialverteilung genutzt werden (vgl. **J7**).

(2) *Bestimmung der Parameter n und p einer Binomialverteilung aus gegebenen Kenngrößen μ und σ:*
Aus den Angaben über die Kenngrößen einer Binomialverteilung μ = 25,2 und σ^2 = 17,64 kann man die zugrundeliegenden Parameter n und p erschließen:

Aus $\mu = n \cdot p$ und $\sigma^2 = n \cdot p \cdot (1 - p) = \mu \cdot (1 - p)$ folgt $\frac{\sigma^2}{\mu} = \frac{17,64}{25,2} = 0,7 = 1 - p$, also p = 0,3,

und weiter $n = \frac{\mu}{p} = \frac{25,2}{0,3} = 84$.

INFO Normalverteilung

J6 **Wahrscheinlichkeiten normalverteilter Zufallsgrößen bestimmen**

Eine Funktion f heißt **Dichtefunktion einer stetigen Zufallsgröße X,** wenn folgende Eigenschaften erfüllt sind:
(1) Für alle $x \in \mathbb{R}$ gilt: $f(x) \ge 0$. (2) $P(a \le X \le b) = \int_a^b f(x)\,dx$ (3) $\int_{-\infty}^{+\infty} f(x)\,dx = 1$

Eine stetige Zufallsgröße X heißt **normalverteilt** mit den Parametern μ und σ, wenn ihre zugehörige Dichtefunktion $\varphi_{\mu,\sigma}$ gegeben ist durch

$\varphi_{\mu,\sigma}(x) = \frac{1}{\sigma \cdot \sqrt{2\pi}} \cdot \exp\left(-\frac{1}{2} \cdot \left(\frac{x - \mu}{\sigma}\right)^2\right)$.

Die Dichtefunktion für den Sonderfall μ = 0 und σ = 1 wird auch als Gauss'sche Dichtefunktion φ oder Dichtefunktion der Standard-Normalverteilung bezeichnet; sie ist definiert durch $\varphi(x) = \frac{1}{\sqrt{2\pi}} \cdot e^{-\frac{x^2}{2}}$.

Beispiele

(1) *Wahrscheinlichkeitsberechnungen:*

Die Körpergröße kann näherungsweise mithilfe einer normalverteilten Zufallsgröße modelliert werden. Im Rahmen eines Mikrozensus ergab sich für die Körpergröße von 18- bis 20-jährigen Frauen ein Mittelwert von 1,68 m bei einer Standardabweichung von 6,5 cm.

X: *Körpergröße 18- bis 20-jähriger Frauen (in cm)* ist normalverteilt mit $\mu = 168$ und $\sigma = 6{,}5$.

Dann gilt für die Wahrscheinlichkeit, mit der eine zufällig ausgewählte Frau dieser Altersgruppe …

… kleiner als 1,65 m ist: $P(X < 165) = \int\limits_{-\infty}^{165} \varphi_{168;6,5}(x)\,dx = \Phi_{168;6,5}(165) \approx 32{,}2\,\%$

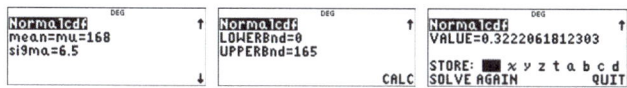

… größer als 1,80 m ist: $P(X > 180) = \int\limits_{180}^{+\infty} \varphi_{168;6,5}(x)\,dx = 1 - \Phi_{168;6,5}(180) \approx 3{,}2\,\%$

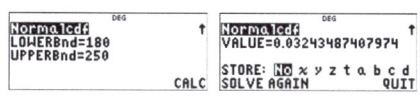

… zwischen 1,70 m und 1,75 m ist:

$$P(170 \leq X \leq 175) = \int\limits_{170}^{175} \varphi_{168;6,5}(x)\,dx$$
$$= \Phi_{168;6,5}(175) - \Phi_{168;6,5}(170) \approx 23{,}8\,\%$$

(2) *Klasseneinteilungen:*

Viele Messgrößen wie die Körpergröße in Beispiel 1 sind – mathematisch idealisiert – zwar stetig, werden in der Praxis durch Messgeräte aber nur diskret erfasst (Körpergrößen z. B. in ganzen Zentimetern oder Millimetern), so dass tatsächlich *Klassen* gebildet werden.

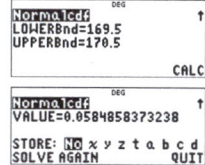

Die Angabe *Die Körpergröße beträgt 1,70 m* bedeutet – wenn nichts anderes angegeben wird – dass die Körpergröße der betr. Person mindestens 1,695 m, aber kleiner als 1,705 m ist.

Hinweis: Eigentlich müsste diese Klassenbildung auch bei den Wahrscheinlichkeitsberechnungen in Beispiel 1 beachtet werden. Dass dies bei den o. a. Rechnungen nicht erfolgt ist, entspricht den Musterlösungen der letztjährigen Abituraufgaben.

(3) *Perzentilbestimmung mithilfe der inversen Normalverteilung:*

Mithilfe der **inversen Normalverteilung** kann man sog. **Perzentilwerte** P_z bestimmen, für die gilt, dass z % der Verteilung unterhalb dieses Schwellenwertes liegen.

Will im Kontext von Beispiel 1 ein Textilunternehmen eine passende Kollektion für „mittelgroße" Frauen der Zielgruppe herausbringen, so kann hierzu $P_{25} \approx 163{,}6$ (unteres Quartil) und $P_{75} \approx 172{,}4$ (oberes Quartil) als Schwellenwerte bestimmt werden.

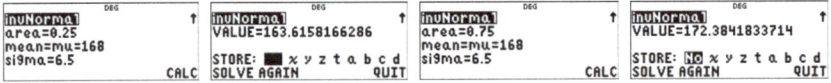

Berücksichtigt man die Klassenbildung aus Beispiel 2, dann ergibt sich aus dieser Modellierung, dass man etwa die Hälfte der Zielgruppe Frauen erfasst, deren Körpergröße 1,64 m; 1,65 m; …, 1,72 m ist.

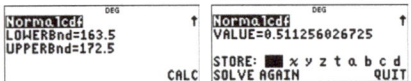

(4) *Standardisierung normalverteilter Zufallsgrößen:*

Geht man von der Zufallsgröße X zur standardisierten Zufallsgröße $\frac{X - \mu}{\sigma}$ über, dann werden die Grenzen a und b durch die Grenzen $\frac{a - \mu}{\sigma}$ bzw. $\frac{b - \mu}{\sigma}$ ersetzt. Der Erwartungswert einer standardisierten Zufallsgröße ist $\mu = 0$, die Standardabweichung ist $\sigma = 1$.

Im Falle einer standardisierten Zufallsgröße kann man bei der Gauss'schen Integralfunktion den Index weglassen (also Φ statt $\Phi_{0,1}$ schreiben, vgl. auch den zugehörigen Rechnerbefehl):

$$P(a \leq X \leq b) = \int_a^b \varphi_{\mu,\sigma}(x)\, dx = \Phi_{\mu,\sigma}(b) - \Phi_{\mu,\sigma}(a) = \Phi\left(\frac{b - \mu}{\sigma}\right) - \Phi\left(\frac{a - \mu}{\sigma}\right).$$

K Beurteilende Statistik

INFO Prognosen

K1 Nur LF: **Prognosen im Hinblick auf zu erwartende absolute Häufigkeiten treffen und damit die Signifikanz von Abweichungen bewerten**

Beim sogenannten **Schluss von der Gesamtheit auf die Stichprobe** ist der Anteil in der Gesamtheit (d. h. die Erfolgswahrscheinlichkeit für einen auszuführenden Bernoulli-Versuch) bekannt. Es soll eine **Schätzung (Prognose)** gemacht werden, welche Ergebnisse in der Stichprobe (d. h. bei wiederholter Durchführung des Zufallsversuchs) auftreten werden.

– **Punktschätzung:** Der Erwartungswerts $\mu = n \cdot p$ wird bestimmt; er gibt die zu erwartende Anzahl von Erfolgen an.
– **Intervallschätzung:** Eine symmetrische Umgebung um den Erwartungswert wird bestimmt, in der die zu erwartete Anzahl von Erfolgen mit großer Sicherheit liegen wird. Hierzu können der TR oder die Sigma-Regeln (siehe **J7**) genutzt werden. In der Regel wird eine Sicherheitswahrscheinlichkeit von 95 % gewählt.

Stichprobenergebnisse, die innerhalb der 95 %-Umgebung von μ liegen, bezeichnet man als **verträglich mit p**. Ergebnisse, die außerhalb der 95 %-Umgebung von μ liegen, bezeichnet man als **signifikant abweichend**. Die Komplementärwahrscheinlichkeit zur Sicherheitswahrscheinlichkeit (beispielsweise 95 %) wird als **Signifikanzniveau** (also 5 %) bezeichnet.

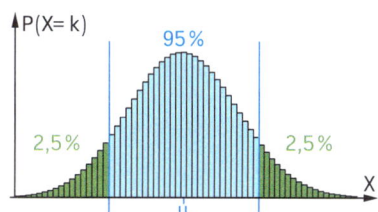

Hinweis: An späterer Stelle werden auch Stichprobenergebnisse betrachtet, die vom Erwartungswert *signifikant nach oben* bzw. *signifikant nach unten* abweichen. Damit sind Ergebnisse gemeint, die einem Bereich am oberen bzw. am unteren Ende der Binomialverteilung liegen, vgl. die beiden folgenden Grafiken.

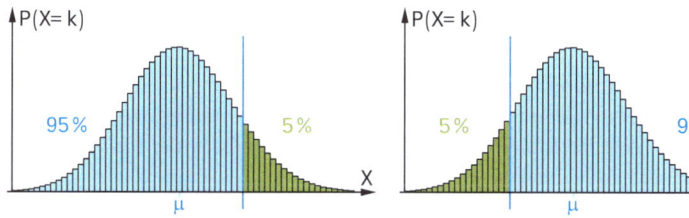

Beispiel *Schätzung absoluter Häufigkeiten*

Für den 500-fachen Münzwurf (n = 500, p = 0,5) gilt:

Punktschätzung: $\mu = n \cdot p = 500 \cdot 0,5 = 250$. Wir erwarten, dass ca. 250-mal Wappen auftritt.

Intervallschätzung: Mithilfe der Wahrscheinlichkeitsverteilung der Zufallsgröße X: *Anzahl Wappen* ermitteln wir die 95 %-Umgebung um den Erwartungswert:
Dazu suchen wir diejenigen Schwellenwerte, bei denen in der kumulierten Binomialverteilung die Wahrscheinlichkeit von 2,5 % bzw. von 97,5 % überschritten wird.

k	P(X ≤ k)	
227	0,022032	< 2,5 %
228	0,027185	> 2,5 %
...		
271	0,972815	< 97,5 %
272	0,97796	> 97,5 %

Damit das Schätzintervall eine Wahrscheinlichkeit von *mindestens* 95 % umfasst, muss als untere Grenze $k_u = 228$ gewählt werden und als obere Grenze $k_o = 272$. Die Bereiche unterhalb von k_u (k = 0, 1, …, 227) bzw. oberhalb von k_o (k = 273, 274, …, 500) haben *insgesamt* eine Wahrscheinlichkeit von *höchstens* 5 %.

Signifikante Abweichung: Wenn in 500 Münzwürfen weniger als 228-mal Wappen oder mehr als 272-mal Wappen auftritt, dann ist dieses ein signifikant abweichendes Ergebnis.

INFO Entscheidungsregel

K2 <u>Nur LF:</u> **Mithilfe einer Entscheidungsregel von der Stichprobe auf die Gesamtheit schließen**

Eine **Entscheidungsregel** ist eine Vorschrift, durch die angegeben wird, wie ein Stichprobenergebnis hinsichtlich der zugrundeliegenden Erfolgswahrscheinlichkeit zu bewerten ist.

Dabei unterscheidet man *zweiseitige* und *einseitige* Entscheidungsregeln; im ersten Fall werden zwei kritische Werte (Schwellenwerte) festgelegt, im zweiten Fall ein kritischer Wert.
– Weicht ein Stichprobenergebnis **signifikant** vom Erwartungswert ab, dann geht man zukünftig davon aus, dass der Anteil p in der Gesamtheit nicht so ist wie vermutet.
– Im anderen Fall hält man das Stichprobenergebnis für **mit p verträglich,** sieht sich also nicht veranlasst, an einer bestimmten Zusammensetzung der Grundgesamtheit zu zweifeln.

Mithilfe einer solchen Entscheidungsregel schließt man also vom Ergebnis einer Stichprobe auf die Gesamtheit, die dem Zufallsversuch zugrunde liegt.

Beispiele

(1) *Überprüfen, ob ein Anteil sich verändert hat (zweiseitige Fragestellung):*
Im vergangenen Jahr hatte ein bestimmter Autohersteller einen Marktanteil von 24 %. Um zu überprüfen, ob in diesem Jahr eine Veränderung eingetreten ist, sollen die nächsten 500 Neuzulassungen ausgewertet werden. Eine Entscheidungsregel könnte lauten:

Wenn in der Stichprobe vom Umfang n = 500 weniger als 102 oder mehr als 139 neu zugelassene Fahrzeuge des Autoherstellers sind (vgl. Tab.), dann kann man davon ausgehen, dass sich der Marktanteil des Herstellers verändert hat; andernfalls sieht man keinen Anlass, den Marktanteil von 24 % in Frage zu stellen.

$a \leq X \leq b$	$P(a \leq X \leq b)$	
$0 \leq X \leq 101$	0,02473	< 0,025
$0 \leq X \leq 102$	0,03174	> 0,025
$139 \leq X \leq 500$	0,02779	> 0,025
$140 \leq X \leq 500$	0,02192	< 0,025
$102 \leq X \leq 139$	0,95335	> 0,95

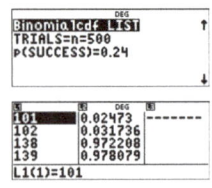

Stichprobenergebnisse innerhalb des Intervalls [102 ; 139] werden als verträglich mit p = 0,24 angesehen, Ergebnisse außerhalb des Intervalls als signifikant abweichend vom Erwartungswert $\mu = 120$.

(2) *Überprüfen, ob eine Maßnahme notwendig ist (einseitige Fragestellung):*

Ein Unternehmen strebt für ihre Produkte einen Bekanntheitsgrad in der Bevölkerung von mindestens 50 % an. Die Firmenleitung überlegt daher, ob eine Imagekampagne durchgeführt werden soll. Als Entscheidungsregel wird festgelegt:

Wenn von 800 zufällig ausgewählten Personen weniger als 377 das Produkt kennen, soll eine besondere Imagekampagne durchgeführt werden; andernfalls hält man diese für überflüssig.

Wenn der Bekanntheitsgrad p in der Bevölkerung (genau) gleich 50 % ist, dann erwartet man, dass ca. 400 das Produkt kennen, und das Ereignis $0 \le X \le 376$ tritt nur mit einer Wahrscheinlichkeit von 4,8 % ein. Stichprobenergebnisse im Intervall $[0\,;376]$ sind dann also signifikant nach unten abweichend vom Erwartungswert $\mu = 400$.

Wenn der Bekanntheitsgrad p etwas größer ist, z. B. p = 0,51, dann beträgt die Wahrscheinlichkeit für das Ereignis $0 \le X \le 376$ sogar nur 1,3 %.

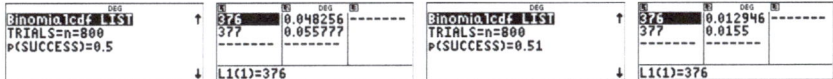

Es gilt: Je größer der tatsächliche Bekanntheitsgrad ist, desto geringer ist diese Wahrscheinlichkeit. Ergebnisse oberhalb von 376 gelten daher als verträglich mit $p \ge 0{,}5$.

INFO Fehler 1. und 2. Art

K3 **Mögliche Fehler bei der Anwendung einer Entscheidungsregel beschreiben und zugehörige Wahrscheinlichkeiten bestimmen können** (teilweise nur LF)

Wendet man eine (vorgegebene) Entscheidungsregel an, dann können Fehler auftreten.

Fehler 1. Art: Das Stichprobenergebnis weicht zufällig signifikant vom Erwartungswert ab, obwohl dem Zufallsversuch die angegebene Erfolgswahrscheinlichkeit p zugrunde liegt. Gemäß der Entscheidungsregel geht man im Folgenden fälschlicherweise davon aus, dass dem Zufallsversuch die angegebene Erfolgswahrscheinlichkeit p *nicht* zugrunde liegt.
Die Wahrscheinlichkeit α, dass zufällig eine solche signifikante Abweichung vorliegt, obwohl die angegebene Erfolgswahrscheinlichkeit richtig ist, ist daher höchstens so groß wie das vorgegebene Signifikanzniveau.

nur LF: **Fehler 2. Art:** Das Stichprobenergebnis weicht zufällig nicht signifikant vom Erwartungswert ab. Dann sieht man sich gemäß der Entscheidungsregel fälschlicherweise nicht veranlasst daran zu zweifeln, dass dem Zufallsversuch die angegebene Erfolgswahrscheinlichkeit p zugrunde liegt.

Die Wahrscheinlichkeit β für einen Fehler 2. Art kann man nur berechnen, wenn die tatsächliche Erfolgswahrscheinlichkeit p bekannt ist

Beispiele

(1) *Überprüfen, ob ein Anteil sich verändert hat (zweiseitige Fragestellung):*

Liegt dem o. a. Zufallsversuch tatsächlich eine Erfolgswahrscheinlichkeit von $p = 0{,}24$ zugrunde, dann hat der Bereich zwischen den kritischen Werten $k_u = 102$ und $k_o = 139$ eine Wahrscheinlichkeit von $P(102 \leq X \leq 139) \approx 0{,}953$.

Aufgrund der Entscheidungsregel kann es daher mit einer Wahrscheinlichkeit von $\alpha = P(X < 102) + P(X > 139) \approx 0{,}0247 + 0{,}0219 \approx 4{,}7\,\% \leq 5\,\%$ zu einem Fehler 1. Art kommen: Liegt das Stichprobenergebnis im Intervall $[0\,;101]$ oder im Intervall $[140\,;500]$, dann geht man fälschlicherweise davon aus, dass der Marktanteil sich verändert hat, obwohl dies nicht der Fall ist.

Beträgt der tatsächliche Marktanteil beispielsweise $p = 0{,}2$, dann ist die Wahrscheinlichkeit β für einen Fehler 2. Art, also dafür, dass das Stichprobenergebnis *nicht* signifikant abweicht, gleich $\beta = P_{p=0{,}2}(102 \leq X \leq 139) \approx 42{,}9\,\%$. Obwohl also der Marktanteil nicht 24 % beträgt, sieht man fälschlicherweise keinen Anlass, daran zu zweifeln.

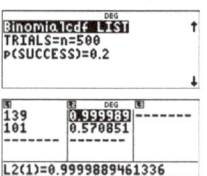

Analog ergibt sich im Fall, dass der Marktanteil beispielsweise bei $p = 0{,}3$ liegt, die Wahrscheinlichkeit $\beta = P_{p=0{,}3}(102 \leq X \leq 139) \approx 15{,}3\,\%$.

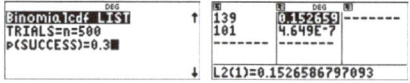

(2) *Überprüfen, ob eine Maßnahme notwendig ist (einseitige Fragestellung):*

Wenn der Bekanntheitsgrad p in der Bevölkerung (genau) 50 % beträgt, dann kommt dem Bereich $0 \leq X \leq 376$ eine Wahrscheinlichkeit von $\alpha \approx 4{,}8\,\%$ zu. Wenn der Bekanntheitsgrad p größer als 50 % ist, dann ist diese Wahrscheinlichkeit sogar noch kleiner (s. o.).

Aufgrund der Entscheidungsregel kommt es daher mit einer Wahrscheinlichkeit von höchstens 4,8 % (also $\alpha \leq 0{,}048$) zu einem Fehler 1. Art: Wenn in der Stichprobe weniger als 377 das Produkt kennen, geht man fälschlicherweise davon aus, dass der Bekanntheitsgrad kleiner ist als 50 %, und führt eine Imagekampagne durch, obwohl sie nicht notwendig ist.

Ist der tatsächliche Bekanntheitsgrad beispielsweise $p = 0{,}45$, dann ist die Wahrscheinlichkeit β für einen Fehler 2. Art, also dafür, dass das Stichprobenergebnis zufällig im Intervall $[377\,;800]$ liegt, immerhin noch 12,1 %. Obwohl der Bekanntheitsgrad geringer als 50 % ist, sieht man fälschlicherweise keinen Anlass für eine notwendige Imagekampagne.

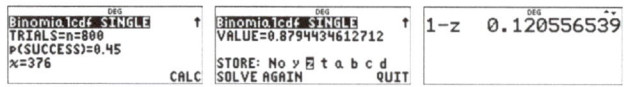

INFO Zweiseitiger Hypothesentest

K4 <u>Nur LF:</u> **Die prinzipielle Vorgehensweise bei einem zweiseitigen Hypothesentest erläutern (Annahme- und Verwerfungsbereich bestimmen, Entscheidungsregeln festlegen, Fehler 1. und 2. Art beschreiben)**

Man hat eine Hypothese über den Anteil in der Gesamtheit (d.h., man glaubt, die Erfolgswahrscheinlichkeit p zu kennen); dann bestimmt man einen Bereich (eine symmetrische Umgebung um den Erwartungswert), in dem das Ergebnis der Stichprobe mit hoher Wahrscheinlichkeit liegen wird.

Dieser Bereich wird als **Annahmebereich A** der Hypothese bezeichnet. Wenn ein Stichprobenergebnis im Annahmebereich einer Hypothese liegt, dann sieht man keinen Grund, die Hypothese zu verwerfen.

Liegt das Ergebnis außerhalb der Umgebung des Erwartungswerts, dem sog. **Verwerfungsbereich V** der Hypothese, dann bezweifelt man die Richtigkeit der Hypothese und verwirft sie.

Ist der Verwerfungsbereich der Hypothese bestimmt, kann man entsprechend die Entscheidungsregel formulieren.

Beispiel *Zweiseitiger Hypothesentest*

Hypothese: Eine gegebene Münze ist eine Laplace-Münze (d.h. dem Zufallsversuch liegt p = 0,5 zugrunde).

Die zu testende Hypothese wird mit H_0 bezeichnet: H_0: p = 0,5.

Die **Gegenhypothese** lautet dann: Die Münze ist gezinkt: H_1: p ≠ 0,5.

Zur Überprüfung der Hypothese wird die Münze 500-mal geworfen.

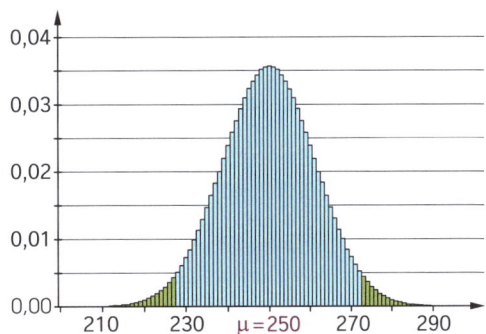

Der Annahmebereich der Hypothese p = 0,5 wird ermittelt: Mit einer Wahrscheinlichkeit von mindestens 95 % liegt die Anzahl X der Wappen im Intervall A = [228 ; 272]. Hieraus ergibt sich der Verwerfungsbereich V = [0 ; 227] ∪ [273 ; 500] und entsprechend die Entscheidungsregel: *Verwirf die Hypothese H_0: p = 0,5, wenn beim 500-fachen Münzwurf weniger als 228-mal oder mehr als 272-mal Wappen auftreten.*

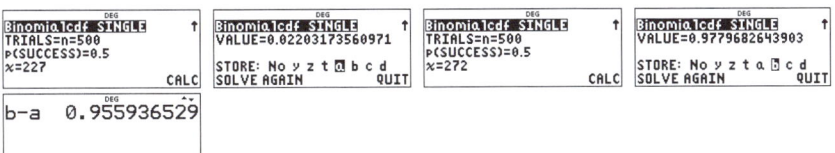

Fehler 1. Art: Das Stichprobenergebnis liegt zufällig im Verwerfungsbereich, obwohl es sich um eine Laplace-Münze mit p = 0,5 für Wappen handelt. Die Wahrscheinlichkeit α für einen Fehler 1. Art ergibt sich aus dem Signifikanzniveau: α ≤ 0,05.

Fehler 2. Art: Das Stichprobenergebnis liegt zufällig im Annahmebereich, obwohl es sich *nicht* um eine Laplace-Münze mit p = 0,5 für Wappen handelt.

Wenn die zugrunde liegende Erfolgswahrscheinlichkeit beispielsweise $p = 0{,}45$ beträgt, dann ergibt sich für die Wahrscheinlichkeit eines Fehlers 2. Art:

$\beta = P(228 \leq X \leq 272) \approx 41{,}05\,\%.$

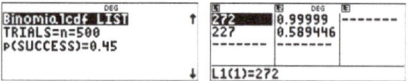

INFO Einseitiger Hypothesentest

K5 <u>Nur LF:</u> **Die prinzipielle Vorgehensweise bei einem einseitigen Hypothesentest erläutern (Standpunkt klären, Annahme- und Verwerfungsbereich bestimmen, Entscheidungsregeln festlegen)**

Beim einseitigen Hypothesentest wird nicht gefragt, ob ein Stichprobenergebnis vom Erwartungswert nach oben *oder* nach unten signifikant abweicht (vgl. **K4**). Man betrachtet also nicht die Alternativen $p = p_0$ gegen $p \neq p_0$, sondern stellt als Alternativen gegeneinander:

$p < p_0$ gegen $p \geq p_0$ oder $p > p_0$ gegen $p \leq p_0$.

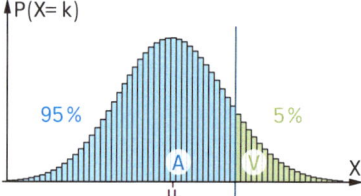

Die Hypothese $p < p_0$ wird verworfen bei extrem großen Stichprobenergebnissen.

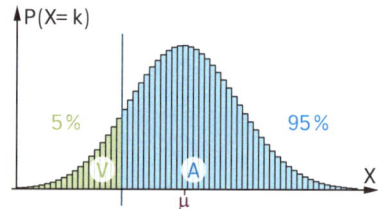

Die Hypothese $p > p_0$ wird verworfen bei extrem kleinen Stichprobenergebnissen

Wenn ein Stichprobenergebnis im **Annahmebereich A** einer Hypothese liegt, dann sieht man keinen Grund, die Hypothese zu verwerfen. Liegt das Ergebnis außerhalb der Umgebung des Erwartungswerts, dem sog. **Verwerfungsbereich V** der Hypothese, dann bezweifelt man die Richtigkeit der Hypothese und verwirft sie. Ist der Verwerfungsbereich der Hypothese bestimmt, kann man entsprechend die **Entscheidungsregel** formulieren.

Grundsätzlich können zu einem Sachverhalt zwei gegensätzliche Standpunkte eingenommen werden, die zu unterschiedlichen Hypothesen gehören und somit zu unterschiedlichen Entscheidungsregeln führen. Wenn man einen Standpunkt hat, der den eigenen Interessen entspricht, ist das Vorgehen klar. Wenn man unbedingt eine bestimmte Hypothese „statistisch beweisen" will, geht man vom logischen Gegenteil dieser Hypothese aus und testet diese.

Von einem gewählten Standpunkt geht man nur ab, wenn in der Kontrollstichprobe extreme Ergebnisse auftreten. Was *extrem* ist, wird durch die (vorgegebene) Wahrscheinlichkeit α für einen Fehler 1. Art festgelegt.

Anders als beim zweiseitigen Hypothesentest bestimmt man zunächst den Verwerfungsbereich, also diejenigen Stichprobenergebnisse, die man als *extrem abweichend* ansieht. Hieraus ergibt sich dann der Annahmebereich als Restmenge und die Entscheidungsregel.

Beispiele

(1) *Hypothesentest mit zwei möglichen Standpunkten:*
Verlernen Jugendliche die ursprünglich angeborene Linkshändigkeit? Von 6- bis 10-jährigen Kindern weiß man, dass etwa 11 % bevorzugt die linke Hand benutzen.

1. möglicher Standpunkt: $p < 0{,}11$ – man geht davon aus, dass der Anteil abgenommen hat; von diesem Standpunkt lässt man sich nur abbringen, wenn in der Kontrollstichprobe **extrem große** Anteile von Linkshändern vorkommen.
2. möglicher Standpunkt: $p \geq 0{,}11$ – man geht davon aus, dass der Anteil gleich geblieben oder sogar größer geworden ist; von diesem Standpunkt lässt man sich nur abbringen, wenn in der Kontrollstichprobe **extrem kleine** Anteile von Linkshändern vorkommen.

Test der Hypothese H_0: $p < 0{,}11$
Für eine Stichprobe vom Umfang $n = 1000$ und $p = 0{,}11$ sind bzgl. eines Signifikanzniveaus von 5 % alle Stichprobenergebnisse als extrem anzusehen, die oberhalb von $k = 126$ liegen, denn $P(X > 126) = P(127 \leq X \leq 1000) \approx 0{,}0499 \leq 0{,}05$.

Für kleinere Werte von p, beispielsweise für $p = 0{,}105$, ist die Wahrscheinlichkeit für den Verwerfungsbereich $V = [127\,;1000]$ kleiner als 5 %.

Die Entscheidungsregel lautet also:
Verwirf die Hypothese $p < 0{,}11$, falls in der Stichprobe mehr als 126 Jugendliche sind, die bevorzugt ihre linke Hand benutzen.

Fehler 1. Art: Das Stichprobenergebnis liegt zufällig im Verwerfungsbereich, obwohl der Anteil der Linkshänder abgenommen hat. Die Wahrscheinlichkeit α für einen Fehler 1. Art ergibt sich aus dem Signifikanzniveau: $\alpha \leq 0{,}05$.

Fehler 2. Art: Das Stichprobenergebnis liegt zufällig im Annahmebereich $A = [0\,;126]$, obwohl der Anteil der Linkshänder nicht abgenommen hat.
Wenn der tatsächliche Anteil beispielsweise $p = 0{,}12$ beträgt, dann ergibt sich für die Wahrscheinlichkeit eines Fehlers 2. Art: $\beta = P(0 \leq X \leq 126) \approx 73{,}9\,\%$.

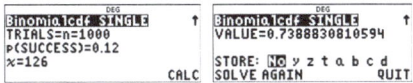

Test der Hypothese H_0: $p \geq 0{,}11$
Für eine Stichprobe vom Umfang $n = 1000$ und $p = 0{,}11$ sind bzgl. eines Signifikanzniveaus von $\alpha \leq 5\,\%$ alle Stichprobenergebnisse als extrem anzusehen, die unterhalb von $k = 94$ liegen, denn $P(X < 94) = P(0 \leq X \leq 93) \approx 0{,}0452 < 0{,}05$.

Für größere Werte von p, beispielsweise $p = 0{,}115$, ist die Wahrscheinlichkeit für den Verwerfungsbereich $V = [0\,;93]$ kleiner als $\alpha = 0{,}05$.

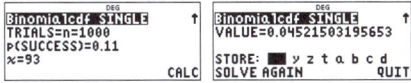

Die Entscheidungsregel lautet also:
Verwirf die Hypothese $p \geq 0{,}11$, falls in der Stichprobe weniger als 94 Jugendliche sind, die bevorzugt ihre linke Hand benutzen.

Fehler 1. Art: Das Stichprobenergebnis liegt zufällig im Verwerfungsbereich, obwohl der Anteil der Linkshänder gleichgeblieben oder sogar zugenommen hat. Die Wahrscheinlichkeit α für einen Fehler 1. Art ergibt sich aus dem Signifikanzniveau: α ≤ 0,05.

Fehler 2. Art: Das Stichprobenergebnis liegt zufällig im Annahmebereich A = [94 ; 1000], obwohl der Anteil der Linkshänder abgenommen hat.

Wenn der tatsächliche Anteil beispielsweise p = 0,09 beträgt, dann ergibt sich für die Wahrscheinlichkeit eines Fehlers 2. Art: β = P(94 ≤ X ≤ 1000) ≈ 34,5 %.

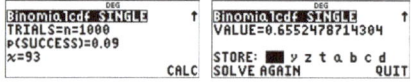

(2) *Skeptischer Standpunkt beim Hypothesentest:*

Ein Arzneimittelhersteller wirbt für ein neues Medikament mit dem Hinweis, dass es eine bessere Heilungschance hat als die bisher auf dem Markt befindlichen; deren Heilungschance ist 60 %.

Zum Testen der Behauptung des Herstellers nimmt man einen *skeptischen Standpunkt* ein, d. h., man testet die Hypothese p ≤ 0,6 (das neue Medikament ist *höchstens* so gut wie die bisherigen).

Von seinem skeptischen Standpunkt lässt man sich nur abbringen, wenn in einer Kontrollstichprobe signifikante Abweichungen *nach oben* eintreten.

Konkretes Rechenbeispiel: Für n = 400 und das (sinnvollerweise niedrigere) Signifikanzniveau α ≤ 0,01 ergibt sich die Entscheidungsregel:
Verwirf die Hypothese p ≤ 0,6, falls in der Stichprobe mehr als 263 Patienten geheilt werden.

Fehler 1. Art: Das Stichprobenergebnis liegt zufällig im Verwerfungsbereich V = [264 ; 400], obwohl das neue Medikament nicht besser ist als die bisherigen. Die Wahrscheinlichkeit α für einen Fehler 1. Art ergibt sich aus dem Signifikanzniveau: α ≤ 0,01.

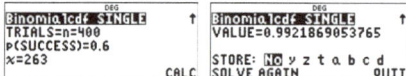

Fehler 2. Art: Das Stichprobenergebnis liegt zufällig im Annahmebereich A = [0 ; 263], obwohl das neue Medikament besser ist als die bisherigen.

Vorbereitung auf die mündliche Prüfung

Infos

Die Aufgaben zum mündlichen Abitur sollen Ihnen helfen, eine mündliche Prüfung bestmöglich zu simulieren. Jede Aufgabe besteht aus zwei Teilen. Ein Teil deckt dabei das Gebiet der Analysis ab, der andere eines der Gebiete Geometrie oder Stochastik. Ob dabei die Analysis im 1. Teil oder 2. Teil behandelt wird, legt die Prüfungskommission fest und Sie erfahren es erst zu Beginn der Prüfung.

Für den **1. Teil** haben Sie 20 Minuten Vorbereitungszeit. Dabei stehen Ihnen in der Regel neben einem Geodreieck auch ein WTR und ggf. eine Formelsammlung zur Verfügung. In dieser Zeit sollten Sie möglichst viele Teilaufgaben schriftlich bearbeiten. Die Ergebnisse präsentieren Sie dann im Anschluss mithilfe Ihres Aufschriebes der Prüfungskommission. Dafür haben Sie maximal 10 Minuten Zeit.

Für den **2. Teil** haben Sie keine Vorbereitungszeit. Nach Ihrem Kurzvortrag wird Ihnen in der Regel ein mathematischer Impuls gegeben, aus dem sich ein 10-minütiges Prüfungsgespräch entwickelt. Die Fragen dazu entsprechen den drei Anforderungsbereichen (siehe unten) und werden von der Prüfungskommission je nach Prüfungsverlauf eingesetzt.

Tipps

Nutzen Sie die Prüfungsaufgaben am Ende Ihrer Vorbereitungszeit. Idealerweise bilden Sie eine Gruppe von 3 Personen und stellen so die mündliche Prüfung möglichst real nach. Die Prüfungsfragen zum 2. Teil dienen im Übungsgespräch als Stütze. Verwenden Sie für das simulierte Prüfungsgespräch Fragen aus allen drei Anforderungsbereichen.

Anforderungsbereiche

Zusammen mit den Operatoren, die in einer Aufgabe verwendet werden, legen die Anforderungsbereiche (AFB) das Niveau einer Aufgabe fest.

Der **Anforderungsbereich I** umfasst das Wiedergeben von Sachverhalten und Kenntnissen sowie das Anwenden und Beschreiben geübter Arbeitstechniken und Verfahren.

Der **Anforderungsbereich II** umfasst das selbstständige Verarbeiten und Darstellen bekannter Sachverhalte in einem durch Übung bekannten Zusammenhang und das selbstständige Übertragen des Gelernten auf vergleichbare, neue Sachverhalte.

Der **Anforderungsbereich III** umfasst das Verarbeiten komplexer Sachverhalte mit selbstständiger Auswahl geeigneter Arbeitstechniken mit dem Ziel, zu selbstständigen Lösungen, Gestaltungen oder Deutungen, Folgerungen, Verallgemeinerungen, Begründungen und Wertungen zu gelangen und das eigene Vorgehen zu reflektieren.

Aufgabe 1

Teil 1 Analysis

Die nebenstehende Abbildung zeigt die Geschwindigkeit (in m/s) eines Modellfahrzeugs während der ersten 10 Sekunden einer Fahrt.

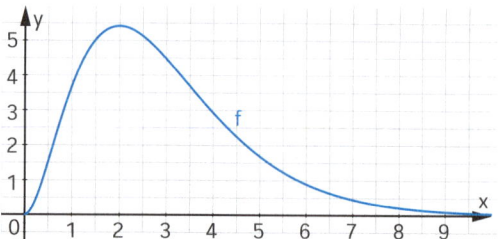

a) Bestimmen Sie graphisch die Ableitung an der Stelle x = 3.
b) Geben Sie den Zeitpunkt an, zu dem das Fahrzeug die größte Geschwindigkeit hat. `B6`
c) Geben Sie die maximale Geschwindigkeit an. `B6`

Die Bewegung kann mithilfe der Modellfunktion f mit $f(x) = 10\,x^2 \cdot e^{-x}$ beschrieben werden.

d) Überprüfen Sie Ihre Ergebnisse aus a), b) und c) rechnerisch.

e) Erläutern Sie kurz, wie man rechnerisch die Zeitpunkte der größten Geschwindigkeitsänderung bestimmen kann. `B7`

f) Zeigen Sie, dass F mit $F(x) = -10 \cdot (x^2 + 2x + 2) \cdot e^{-x}$ eine Stammfunktion von f ist. `D1` `D3`

g) Bestimmen Sie den vom Modellfahrzeug in den ersten 7 Sekunden zurückgelegten Weg.

Teil 2 Geometrie

Input: Eine Gerade g ist gegeben durch die Parameterdarstellung $g: \vec{x} = \begin{pmatrix} 1 \\ 1 \\ 0 \end{pmatrix} + \lambda \cdot \begin{pmatrix} -2 \\ 1 \\ 2 \end{pmatrix}$.

AFB I
i) Geben Sie (neben dem Stützpunkt) einen Punkt an, der auf der Geraden g liegt.
ii) Geben Sie einen Punkt an, der nicht auf der Geraden liegt. `F1`

AFB II
i) Bestimmen Sie den Schnittpunkt der Geraden g mit der $x_1 x_3$-Ebene. `F4`
ii) Bestimmen Sie die Gleichung einer Geraden h, die echt parallel zur Geraden g ist. `F1`
iii) Bestimmen Sie die Gleichung einer Geraden k, die orthogonal zur Geraden g ist. `E4`
iv) Bestimmen Sie eine Parameterdarstellung einer Ebene E, in der die Gerade g liegt. `F3`

AFB III
i) Bestimmen Sie eine Koordinatengleichung einer Ebene F, die von der Geraden g senkrecht geschnitten wird und den Ursprung enthält. `F6`
ii) Bestimmen Sie Punkte auf der Geraden g, die vom Punkt P(1|1|0) den Abstand 6 haben. `E5` `E3`
iii) Bestimmen Sie den Abstand des Punktes A(1|2|3) von der Ebene F. `G5`
iv) Spiegeln Sie den Punkt A an der Ebene F. `G5`
v) Bestimmen Sie den Schnittwinkel der Gerade g mit der $x_1 x_3$-Ebene. `G3`

Lösung

Teil 1

a) Die Ableitung an der Stelle x = 3 ist gegeben durch die Steigung m der Tangente im Punkt (3 | f(3)). Aus dem Diagramm liest man ab:

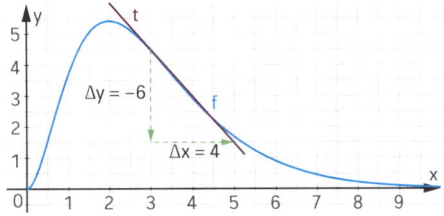

$$m = \frac{\Delta y}{\Delta x} = \frac{-6}{4} = -1,5$$

(Achtung: richtiges Vorzeichen wählen!)

Die Ableitung an der Stelle x = 3 beträgt also f′(3) ≈ −1,5.

b) Die größte Geschwindigkeit liegt vor, wenn der Graph ein Maximum hat. Dem Diagramm entnimmt man, dass dies für x = 2 (Sekunden) der Fall ist.

c) Die maximale Geschwindigkeit ist der Funktionswert an der Stelle x = 2:
$v_{max} = f(2) ≈ 5,4$ m/s.

d) *Ableitung an der Stelle 3:*
$f′(x) = 10 \cdot 2x \cdot e^{-x} + 10 \cdot x^2 \cdot e^{-x} \cdot (-1) = 10 \cdot (2x - x^2) \cdot e^{-x} \Rightarrow f′(3) = 10 \cdot (6 - 9) \cdot e^{-3} ≈ -1,49$.

Maximale Geschwindigkeit: Bestimmung des Maximums mithilfe der 1. Ableitung der Modellierungsfunktion:
Notwendige Bedingung für das Vorliegen eines Hochpunkts ist
$f′(x) = 10 \cdot (2x - x^2) \cdot e^{-x} = 0 \Leftrightarrow 2x - x^2 = 0 \Leftrightarrow x \cdot (2 - x) = 0 \Leftrightarrow x = 0 \lor x = 2$.

f′ hat an der Stelle x = 2 einen Vorzeichenwechsel von + (steigend) nach − (fallend). Daher hat der Graph von f dort einen Hochpunkt.
Es gilt: $v_{max} = f(2) = 10 \cdot 2^2 \cdot e^{-2} = 40 \cdot e^{-2} ≈ 5,4$ m/s.

e) Die erste Ableitung gibt die Geschwindigkeitsänderung an. Die Zeitpunkte maximaler Geschwindigkeitsänderung erhält man mithilfe der Nullstellen der 2. Ableitungsfunktion, also mithilfe der Wendestellen.

Rechnung (nicht verlangt): $f″(x) = 10 \cdot (2 - 2x - 2x + x^2) \cdot e^{-x} = 10 \cdot (2 - 4x + x^2) \cdot e^{-x}$, d. h. die quadratische Gleichung $x^2 - 4x + 2 = 0$ ist zu lösen.

f) Der Nachweis kann dadurch erfolgen, dass man die angegebene Funktion F ableitet:
$F′(x) = -10 \cdot (2x + 2 - x^2 - 2x - 2) \cdot e^{-x} = -10 \cdot (-x^2) \cdot e^{-x} = f(x)$.

g) Mithilfe der Stammfunktion F kann man die Länge der gesuchten Strecke berechnen:
$$\int_0^7 f(x)\,dx = \left[-10 \cdot (x^2 + 2x + 2) \cdot e^{-x} \right]_0^7 = -0,59 - (-20) ≈ 19,4 \text{ (m)}$$

Teil 2

AFB I

i) Für z. B. λ = 1 liegt P(−1 | 2 | 2) auf der Geraden.

ii) Der Punkt (−1|2|0) liegt z. B. nicht auf der Geraden, da das Gleichungssystem $\begin{vmatrix} 1 - 2\lambda = -1 \\ 1 + \lambda = 2 \\ 0 + 2\lambda = 0 \end{vmatrix}$ keine Lösung hat (Punktprobe).
Ein Punkt, bei dem zwei Koordinaten identisch mit den entsprechenden Koordinaten von P sind und eine verschieden, kann nicht auf g liegen.

AFB II

i) Um die Schnittpunkte der Gerade $g: \vec{x} = \begin{pmatrix} 1 \\ 1 \\ 0 \end{pmatrix} + \lambda \cdot \begin{pmatrix} -2 \\ 1 \\ 2 \end{pmatrix} = \begin{pmatrix} 1 - 2\lambda \\ 1 + \lambda \\ 2\lambda \end{pmatrix}$ mit der x_1x_3-Ebene

zu bestimmen, muss die x_2-Koordinate gleich null gesetzt werden, also $\lambda = -1$; Schnittpunkt ist der Punkt $S_2(3 \mid 0 \mid -2)$.

ii) Eine zu g echt parallele Gerade h hat den gleichen Richtungsvektor $\begin{pmatrix} -2 \\ 1 \\ 2 \end{pmatrix}$, der Stützpunkt von h darf aber nicht auf g liegen (Punktprobe, siehe oben).

Beispiel: $h: \vec{x} = \begin{pmatrix} -1 \\ 2 \\ 0 \end{pmatrix} + \mu \cdot \begin{pmatrix} -2 \\ 1 \\ 2 \end{pmatrix}$

iii) Eine zu g orthogonale Gerade k hat einen Richtungsvektor, der senkrecht zum Richtungsvektor von g steht, also z.B. (Skalarprodukt gleich null) $\vec{v} = \begin{pmatrix} v_1 \\ v_2 \\ v_3 \end{pmatrix}$ mit $\begin{pmatrix} v_1 \\ v_2 \\ v_3 \end{pmatrix} * \begin{pmatrix} -2 \\ 1 \\ 2 \end{pmatrix} = 0$.

Eine Lösung der Gleichung $-2v_1 + 1v_2 + 2v_3 = 0$ ist z. B. $v_1 = 1$, $v_2 = 0$, $v_3 = 1$, d.h.

$k: \vec{x} = \begin{pmatrix} -1 \\ 2 \\ 2 \end{pmatrix} + v \cdot \begin{pmatrix} 1 \\ 0 \\ 1 \end{pmatrix}$ beschreibt eine zu g orthogonale Gerade.

iv) Die Geraden k und g mit $k \perp g$ (oder eine andere ∦ g) können benutzt werden, um die gesuchte Ebene aufzuspannen; ihre Parameterdarstellung ist $E: \vec{x} = \begin{pmatrix} 1 \\ 1 \\ 0 \end{pmatrix} + r \cdot \begin{pmatrix} -2 \\ 1 \\ 2 \end{pmatrix} + s \cdot \begin{pmatrix} 1 \\ 0 \\ 1 \end{pmatrix}$.

AFB III

i) Ein Normalenvektor der Ebene ist durch den Richtungsvektor der Geraden gegeben, d.h., eine Koordinatengleichung der Ebene lautet $-2x_1 + x_2 + 2x_3 = d$; da der Ursprung in dieser Ebene liegen soll, ergibt sich $d = 0$, d.h., eine Koordinatengleichung der gesuchten Ebene ist $F: -2x_1 + x_2 + 2x_3 = 0$.

ii) Um diese beiden Punkte zu bestimmen, muss man einen Vektor der Länge 6 von P aus abtragen. Der Richtungsvektor der Geraden hat die Länge $\sqrt{(-2)^2 + 1^2 + 2^2} = 3$, also muss das 2-Fache bzw. das (-2)-Fache des Richtungsvektors von P aus abgetragen werden. Damit erhält man für $r = 2$ den Punkt $(-3 \mid 3 \mid 4)$ und für $r = -2$ den Punkt $(5 \mid -1 \mid -4)$.

iii) Der Abstand des Punktes A von F ist durch die Abstandsformel

Abstand $(A,F) = \frac{1}{|\vec{n}|} \cdot |\overrightarrow{OA} * \vec{n} - d|$ gegeben mit $\vec{n} = \begin{pmatrix} -2 \\ 1 \\ 2 \end{pmatrix}$ und $d = 0$ (siehe i):

Abstand $(A,F) = \frac{1}{\sqrt{(-2)^2 + 1^2 + 2^2}} \cdot \left| \begin{pmatrix} 1 \\ 2 \\ 3 \end{pmatrix} * \begin{pmatrix} -2 \\ 1 \\ 2 \end{pmatrix} \right| = \frac{-2 + 2 + 6}{3} = 2$

iv) Lotgerade zu F durch A: $l: \vec{x} = \begin{pmatrix} 1 \\ 2 \\ 3 \end{pmatrix} + r \cdot \begin{pmatrix} -2 \\ 1 \\ 2 \end{pmatrix}$. Um den Fußpunkt zu erhalten, setzt man in die Koordinatengleichung ein: $-2 \cdot (1 - 2r) + (2 + r) + 2 \cdot (3 + 2r) = 0 \Leftrightarrow r = -\frac{2}{3}$. Um von A zum Spiegelpunkt zu gelangen, muss das 2r-Fache abgetragen werden (Einsetzen von $r = -\frac{4}{3}$ in die Parameterform von l); man erhält $\left(\frac{11}{3} \mid \frac{2}{3} \mid \frac{1}{3} \right)$.

v) Die x_1x_3-Ebene hat den Normalenvektor $\vec{n} = \begin{pmatrix} 0 \\ 1 \\ 0 \end{pmatrix}$; für den Winkel α zwischen g und der x_1x_3-Ebene gilt ($\vec{u}$: Richtungsvektor von g):

$\sin(\alpha) = \frac{\vec{u} * \vec{n}}{|\vec{u}| \cdot |\vec{n}|} = \frac{1}{3 \cdot 1} = \frac{1}{3} \quad \Leftrightarrow \quad \alpha \approx 19{,}5°$

```
sin⁻¹(1/3)         ᴰᴱᴳ
           19.47122063
```

Aufgabe 2

Teil 1 Analysis

a) Erläutern Sie, warum der abgebildete Graph durch die Funktionsgleichung

$f(x) = 2 \cdot \sin\left(2 \cdot \left(x - \frac{\pi}{2}\right)\right) + 2$

beschrieben werden kann. `B10` `B2` `B3`

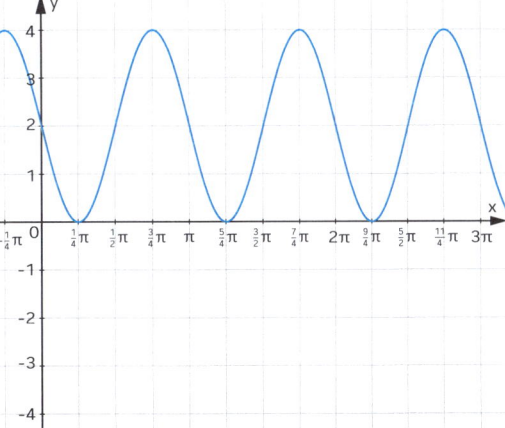

b) Berechnen Sie die Steigung des Graphen an der Stelle x = 0. `A2`

c) Skizzieren Sie den Graphen der Ableitungsfunktion von f in das o. a. Koordinatensystem. `B10`

d) Geben Sie begründet ein Intervall [a ; b] sowie eine Konstante c an, sodass gilt

$\int_a^b (f(x) - c)\, dx = 0$. `B2` `D2`

Teil 2 Geometrie

Input: Eine Ebene E ist gegeben durch die Punkte A(1 | −1 | −1), B(−1 | 2 | 1) und C(3 | 0 | 1).

AFB I
i) Bestimmen Sie eine Parameterdarstellung der Ebene E. `F3`
ii) Bestimmen Sie eine Koordinatengleichung der Ebene E. `F6`
iii) Bestimmen Sie die Gleichung einer Geraden g, die in E liegt. `F1`
iv) Beschreiben Sie die möglichen gegenseitigen Lagen von einer Ebene und einer Geraden im Raum. `F8`

AFB II
i) Bestimmen Sie den Schnittpunkt S der Ebene mit der x_1-Achse. `F4`
ii) Bestimmen Sie eine Parameterdarstellung der Schnittgeraden g der Ebene E mit der $x_1 x_3$-Ebene. `F4`
iii) Bestimmen Sie die Gleichung einer Geraden h, die orthogonal zur Ebene E liegt. `F5`

AFB III
i) Zeigen Sie: $\vec{n} = \begin{pmatrix} 1 \\ 2 \\ -2 \end{pmatrix}$ ist ein Normalenvektor der Ebene E. `F5`

ii) Bestimmen Sie den Schnittwinkel zwischen der Ebene E und der $x_1 x_3$-Ebene. `G3`
iii) Geben Sie einen Punkt an, der 5 LE von der Ebene E entfernt ist. `G5`

Lösung

Teil 1

a) Betrachtet man allgemein die Koeffizienten a, b, c, d in der allgemeinen Funktionsgleichung $f(x) = a \cdot \sin(b \cdot (x - c)) + d$, dann ergibt sich im Einzelnen aus der Abbildung:

- Die Periodenlänge beträgt π (z. B. ablesbar zwischen der Lage benachbarter Hochpunkte); hieraus ergibt sich der Faktor $b = 2$ (Streckungsfaktor in Richtung der x-Achse).

- Die Amplitude beträgt 2 Einheiten (halber Abstand zwischen den y-Werten von Tief- und Hochpunkten); hieraus ergibt sich der Faktor $a = 2$ (Streckungsfaktor in Richtung der y-Achse). Der Graph der Sinusfunktion ist um $d = 2$ Einheiten nach oben verschoben und um $c = \frac{\pi}{2}$ nach rechts.

b) Die Ableitungsfunktion f' mit $f'(x) = 2 \cdot \cos\left(2 \cdot \left(x - \frac{\pi}{2}\right)\right) \cdot 2$ hat an der Stelle $x = 0$ den Wert

$f'(0) = 4 \cdot \cos\left(2 \cdot \left(0 - \frac{\pi}{2}\right)\right) = 4 \cdot \cos(-\pi) = -4.$

c) Aus Teilaufgabe b) ergeben sich die maximalen Steigungen des Graphen von f, also die Funktionswerte $+4$ bzw. -4 in den Hoch- und Tiefpunkten des Graphen von f'.

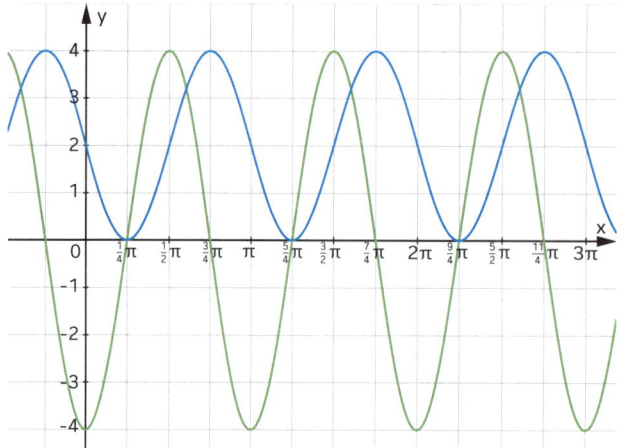

d) Verschiebt man den Graphen von f um 2 Einheiten nach unten, dann wird die o. a. Verschiebung um $d = 2$ aufgehoben. Dann ist der nach unten verschobene Graph punktsymmetrisch zu seinen Nullstellen und das Integral über eine Periodenlänge bei dieser Funktion ergibt dann den Wert null.

Daher gilt: $\displaystyle\int_{\pi/2}^{3\pi/2} (f(x) - 2)\, dx = 0.$

Teil 2

<u>AFB I</u>

i) $E: \vec{x} = \begin{pmatrix} 1 \\ -1 \\ -1 \end{pmatrix} + r \cdot \begin{pmatrix} -1-1 \\ 2-(-1) \\ 1-(-1) \end{pmatrix} + s \cdot \begin{pmatrix} 3-1 \\ 0-(-1) \\ 1-(-1) \end{pmatrix} = \begin{pmatrix} 1 \\ -1 \\ -1 \end{pmatrix} + r \cdot \begin{pmatrix} -2 \\ 3 \\ 2 \end{pmatrix} + s \cdot \begin{pmatrix} 2 \\ 1 \\ 2 \end{pmatrix} = \begin{pmatrix} 1 - 2r + 2s \\ -1 + 3r + s \\ -1 + 2r + 2s \end{pmatrix}$

ii) Man ermittelt mithilfe des Vektorprodukts einen Normalenvektor der Ebene:

$\begin{pmatrix} -2 \\ 3 \\ 2 \end{pmatrix} \times \begin{pmatrix} 2 \\ 1 \\ 2 \end{pmatrix} = \begin{pmatrix} 4 \\ 8 \\ -8 \end{pmatrix}$, d. h. ein Normalenvektor ist z. B. $\vec{n} = \begin{pmatrix} 1 \\ 2 \\ -2 \end{pmatrix}$

Das Skalarprodukt aus $\vec{n}$ und dem Stützvektor $\overrightarrow{OA}$ liefert den Parameter d für die Koordinatenform:

$$d = \begin{pmatrix} 1 \\ 2 \\ -2 \end{pmatrix} * \begin{pmatrix} 1 \\ -1 \\ -1 \end{pmatrix} = 1 - 2 + 2 = 1.$$

Eine Koordinatengleichung der Ebene lautet E: $1 \cdot x_1 + 2 \cdot x_2 - 2 \cdot x_3 = 1$.

iii) Aus dem Stützpunkt und einem Richtungsvektor der Ebene kann z. B.

$$g: \vec{x} = \begin{pmatrix} 1 \\ -1 \\ -1 \end{pmatrix} + \mu \cdot \begin{pmatrix} -2 \\ 3 \\ 2 \end{pmatrix} \text{ abgelesen werden.}$$

iv) siehe **F8**

AFB II

i) Koordinatengleichung: siehe AFB I, ii). Einsetzen von $\begin{pmatrix} 0 \\ 0 \\ 0 \end{pmatrix} + \mu \cdot \begin{pmatrix} 1 \\ 0 \\ 0 \end{pmatrix}$ in die Koordinatengleichung liefert $\mu = 1$, also ist (1; 0; 0) der gesuchte Punkt.

ii) Schnittgeraden einer Ebene E mit den Koordinatenebenen werden als Spurgeraden der Ebene bezeichnet. Sie sind durch jeweils zwei Spurpunkte einer Ebene gegeben, im Falle der $x_1 x_3$-Ebene mit $S_1(x_1; 0; 0)$ und $S_3(0; 0; x_3)$. S_1 siehe i); Einsetzen der Koordinaten von S_3 in die Koordinatenform liefert $x_3 = -\frac{1}{2}$. Mit den beiden Punkten bildet man die Parameterform der Schnittgeraden:

$$g: \vec{x} = \begin{pmatrix} 1 \\ 0 \\ 0 \end{pmatrix} + \mu \cdot \left[\begin{pmatrix} 0 \\ 0 \\ -0,5 \end{pmatrix} - \begin{pmatrix} 1 \\ 0 \\ 0 \end{pmatrix} \right] = \begin{pmatrix} 1 \\ 0 \\ 0 \end{pmatrix} + \mu \cdot \begin{pmatrix} -1 \\ 0 \\ -0,5 \end{pmatrix}.$$

iii) Mithilfe des Normalenvektors $\vec{n}$ der Ebene erhält man: $h: \vec{x} = \begin{pmatrix} 1 \\ -1 \\ -1 \end{pmatrix} + \lambda \cdot \begin{pmatrix} 1 \\ 2 \\ -2 \end{pmatrix}$

AFB III

i) Wenn man die Koordinatenform der Ebene bereits kennt (siehe oben), kann man einen Normalenvektor ablesen und untersuchen, ob der gegebene Vektor ein Vielfaches davon ist.

Ansonsten: Vektorprodukt der Spannvektoren berechnen (siehe oben) und vergleichen. Oder: Es wird gezeigt, dass das Skalarprodukt des Normalenvektors mit den beiden Richtungsvektoren der Ebene jeweils null ergibt:

$$\begin{pmatrix} -2 \\ 3 \\ 2 \end{pmatrix} * \begin{pmatrix} 1 \\ 2 \\ -2 \end{pmatrix} = -2 + 6 - 4 = 0 \text{ und } \begin{pmatrix} 2 \\ 1 \\ 2 \end{pmatrix} * \begin{pmatrix} 1 \\ 2 \\ -2 \end{pmatrix} = 2 + 2 - 4 = 0.$$

ii) Der Vektor $\vec{m} = \begin{pmatrix} 0 \\ 1 \\ 0 \end{pmatrix}$ ist ein Normalenvektor der $x_1 x_3$-Ebene. Somit ergibt sich für den

Winkel zwischen den beiden Ebenen (= Winkel zwischen den Normalenvektoren der

beiden Ebenen): $\cos(\alpha) = \dfrac{\begin{pmatrix} 1 \\ 2 \\ -2 \end{pmatrix} * \begin{pmatrix} 0 \\ 1 \\ 0 \end{pmatrix}}{\sqrt{9} \cdot 1} = \dfrac{2}{3}$, d. h. $\alpha \approx 48{,}2°$.

iii) Ein Lot auf die Ebene ist durch den Normalenvektor gegeben, d.h. eine Lotgerade

ist gegeben durch $l: \vec{x} = \begin{pmatrix} 1 \\ -1 \\ -1 \end{pmatrix} + \lambda \cdot \begin{pmatrix} 1 \\ 2 \\ -2 \end{pmatrix}$ (siehe auch AFB II; iii).

Mit $\lambda = 5$ erhält man den gesuchten Punkt: $(1 + 5 \cdot 1 \,|\, -1 + 5 \cdot 2 \,|\, -1 + 5 \cdot (-2)) = (6; 9; -11)$.

Aufgabe 3

Teil 1 Analysis

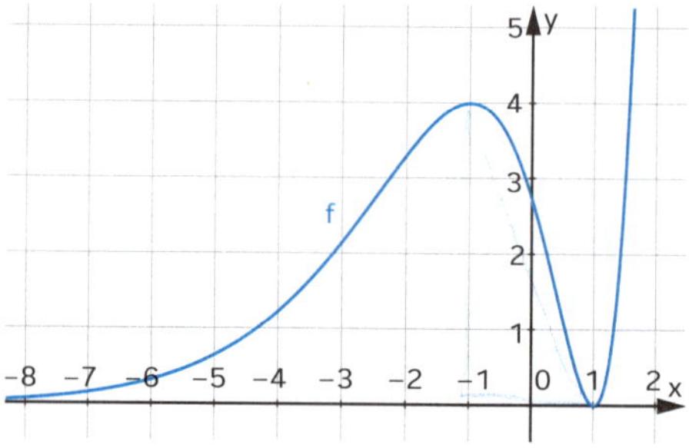

Die Abbildung zeigt den Graphen einer Funktion f.

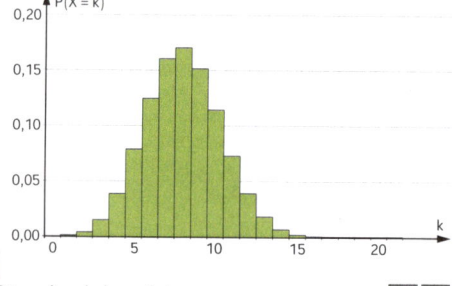

a) Es gilt f(0) = e. Bestimmen Sie näherungsweise einen Wert für f′(0). **A5**

b) Bestimmen Sie näherungsweise $\int_{-2}^{+1} f(x)\,dx$. **D2**

c) Sei F eine Stammfunktion von f. Begründen Sie, dass der Graph von F an der Stelle x = 1 eine Sattelstelle besitzt. **B6 B7 D1**

Die Funktion f mit $f(x) = (x-1)^2 \cdot e^{x+1}$ hat den oben abgebildeten Graphen.

d) Bestimmen Sie die Ableitungsfunktion von f. **A2 A3**

e) Bestimmen Sie das Verhalten der Funktion f für $x \to \pm\infty$. **B8**

f) Geben Sie die Funktionsgleichung an, die man erhält, wenn man den obigen Graphen um 1 Einheit nach links verschiebt. **B2**

g) Die Punkte (1|0), (−1|0) und (−1|f(−1)) bilden ein Dreieck. Berechnen Sie den Flächeninhalt. **G4**

Teil 2 Stochastik

Input: In einem Beutel sind 4 rote und 8 grüne Kugeln. Die Kugeln werden nacheinander mit Zurücklegen gezogen.

AFB I

i) Bestimmen Sie einen Term für die Wahrscheinlichkeit, dass beim 4-fachen Ziehen
   (1) alle gezogenen Kugeln grün sind, **I2 J3**
   (2) genauso viele grüne wie rote Kugeln gezogen werden. **J3**

Bei einem Zufallsexperiment werden 24 Kugeln wie oben beschrieben gezogen. Die Zufallsgröße X gibt die *Anzahl der gezogenen roten Kugeln* an. Das Histogramm gehört zur binomialverteilten Zufallsgröße X.

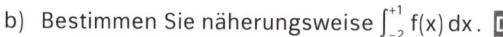

ii) Bestimmen Sie mithilfe des Histogramms näherungsweise P(X = 3).

iii) Beschreiben Sie, wie ein solches Histogramm erstellt werden kann. **J3**

iv) Berechnen Sie den Erwartungswert und die Standardabweichung. **J2 J3**

AFB II

i) Ermitteln Sie mithilfe des Histogramms die Wahrscheinlichkeit für das Ereignis, dass X die Werte 7, 8, 9 oder 10 annimmt.

ii) Überprüfen Sie das Ergebnis rechnerisch. **J3**

AFB III

i) Bestimmen Sie die Mindestanzahl an Ziehungen, damit die Wahrscheinlichkeit für mindestens 11 rote Kugeln größer ist als 10 %.

ii) Erläutern Sie, wie das Histogramm im Vergleich zum dargestellten aussieht, wenn 100 (oder 1000) Kugeln gezogen werden (X gibt wieder die Anzahl der roten Kugeln an).

Lösung

Teil 1

a) Durch Einzeichnen einer Tangente findet man eine Steigung von ungefähr $-2{,}7 \approx -e$.

b) Kästchen zählen liefert $\int_{-2}^{+1} f(x)\,dx \approx 8{,}5$.

c) Für F gilt an der Stelle $x = 1$:
$F'(1) = f(1) = 0$, da F Stammfunktion zu f ist.
Außerdem hat der Graph von f an der Stelle $x = +1$ einen Tief-punkt, d. h. $f'(1) = 0$ und f' hat einen VZW von $-$ nach $+$ an der Stelle $x = 1$. Somit gilt:

$F'(1) = 0$ und $F''(1) = f'(1) = 0$ mit VZW von F'' an der Stelle $x = 1$, d. h., der Graph von F hat an der Stelle $x = 1$ einen Wendepunkt mit horizontaler Tangente, also einen Sattelpunkt.

d) $f'(x) = 2(x-1) \cdot e^{x+1} + (x-1)^2 \cdot e^{x+1} = (2x - 2 + x^2 - 2x + 1) \cdot e^{x+1} = (x^2 - 1) \cdot e^{x+1}$

e) Das asymptotische Verhalten von f für $x \to \pm\infty$ wird durch den Term e^{x+1} bestimmt;

für $x \to +\infty$ geht $e^{x+1} \to \infty$, für $x \to -\infty$ geht $e^{x+1} \to 0$.

Also: $\lim\limits_{x \to +\infty} f(x) = +\infty$, $\lim\limits_{x \to -\infty} f(x) = 0$.

f) Verschieben des Graphen von f mit $f(x) = (x-1)^2 \cdot e^{x+1}$ um 1 Einheit nach links bedeutet:

Die Variable x durch x +1 ersetzen, also $f^*(x) = ((x+1) - 1)^2 \cdot e^{(x+1)+1} = x^2 \cdot e^{x+2}$.

g) Das von $(1|0)$, $(-1|0)$ und $(-1|f(-1)) = (-1|4)$ aufgespannte rechtwinklige Dreieck hat den

Flächeninhalt $\frac{1}{2} \cdot \Delta x \cdot \Delta y = \frac{1}{2} \cdot 2 \cdot 4 = 4\ [\text{FE}]$

Teil 2

AFB I

i) (1) $\left(\frac{8}{12}\right)^4 = \left(\frac{2}{3}\right)^4 = \frac{16}{81}$

(2) $6 \cdot \left(\frac{8}{12}\right)^2 \cdot \left(\frac{4}{12}\right)^2 = 6 \cdot \left(\frac{2}{3}\right)^2 \cdot \left(\frac{1}{3}\right)^2 = \frac{24}{81}$

Dies kann auch mithilfe des TR berechnet werden:
Binomialverteilung mit $n = 4$ und $p = \frac{1}{3}$: $P(X = 2) \approx 0{,}296$.

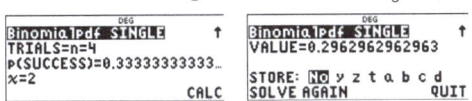

ii) Aus dem Histogramm liest man ab: $P(X = 3) \approx 0{,}02 = 2\,\%$

iii) Mithilfe der Bernoulli-Formel

$$P(X = k) = \binom{n}{k} \cdot p^k \cdot (1-p)^{n-k}$$

kann die Wahrscheinlichkeit für genau k Erfolge in n Versuchen berechnet werden.
Im vorliegenden Fall ist $n = 24$, $p = \frac{1}{3}$.

Damit wird eine Wertetabelle aufgestellt.

(Das konkrete Aufstellen der Wertetabelle

k	0	1	2	...	24
$P(X = k)$	$\left(\frac{2}{3}\right)^{24}$	$\binom{24}{1} \cdot \frac{1}{3} \cdot \left(\frac{2}{3}\right)^{23}$	$\binom{24}{2} \cdot \left(\frac{1}{3}\right)^{2} \cdot \left(\frac{2}{3}\right)^{22}$	...	$\left(\frac{1}{3}\right)^{24}$

ist **nicht** verlangt, da die Aufgabenstellung „Beschreibe ..." lautet.)

Mithilfe der Wertetabelle wird das Histogramm gezeichnet.

iv) Erwartungswert: $\mu = n \cdot p = 24 \cdot \frac{1}{3} = 8$

Standardabweichung: $\sigma = \sqrt{n \cdot p \cdot (1 - p)} = \sqrt{24 \cdot \frac{1}{3} \cdot \frac{2}{3}} = \sqrt{\frac{48}{9}} \approx 2{,}31$

AFB II

i) $P(7 \leq X \leq 10) = P(X = 7) + P(X = 8) + P(X = 9) + P(X = 10)$
   $\approx 0{,}16 + 0{,}17 + 0{,}15 + 0{,}11 = 0{,}59 = 59\,\%$

ii) Rechnerisch mithilfe der Bernoulli-Formel bzw. mithilfe des WTR:

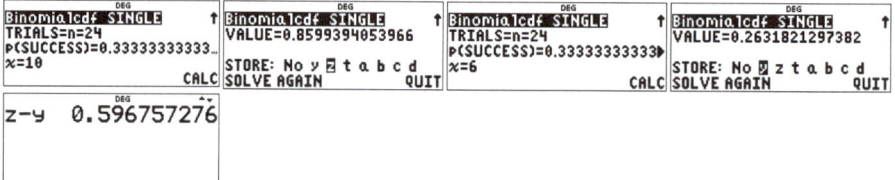

AFB III

i) X ist binomialverteilt mit n, p und gibt die Anzahl der roten Kugeln an.

p $= \frac{1}{3}$, gesucht ist n, sodass $P(X \geq 11) > 0{,}1$ ist. Das ist gleichbedeutend mit $P(X < 11) \leq 0{,}9$. Bestimmung mit dem WTR oder Wertetabelle der Binomialverteilung: $P_{22}(X < 11) \approx 0{,}92$, $P_{23}(X < 11) \approx 0{,}89$; der Versuch muss also mindestens 23-mal durchgeführt werden.

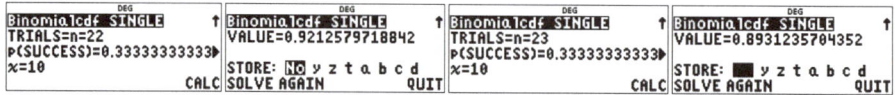

ii) Mit wachsendem n wird das Histogramm immer breiter und flacher, außerdem nimmt es immer mehr eine symmetrische Gestalt an.

Aufgabe 4

Teil 1 Geometrie

Eine Ebene E ist gegeben durch die Parameterdarstellung E: $\vec{x} = \vec{a} + r \cdot \vec{u} + s \cdot \vec{v}$ mit

$A(1\,|-1\,|\,2)$ und $\vec{u} = \begin{pmatrix} 1 \\ 0 \\ 2 \end{pmatrix}$ sowie $\vec{v} = \begin{pmatrix} 1 \\ 1 \\ -1 \end{pmatrix}$, wobei $\vec{a}$ der Ortsvektor von A ist.

a) Bestimmen Sie eine Koordinatengleichung der Ebene E.

b) Geben Sie die Spurpunkte der Ebene E an.

c) Begründen Sie, warum die Gerade g mit $g: \vec{x} = \vec{b} + r \cdot \vec{u}$ mit $B(1\,|\,1\,|\,1)$ parallel zur Ebene E verläuft. `F5` `F8`

d) Zeigen Sie: Der Punkt $P(2,25\,|-0,5\,|\,3)$ liegt in dem von den Vektoren $\vec{u}$ und $\vec{v}$ aufgespannten Parallelogramm mit Eckpunkt A. `F3`

e) Bestimmen Sie den Schnittpunkt T der Gerade g mit der x_1x_2-Ebene. `F4`

f) Berechnen Sie den Schnittwinkel, unter dem die Gerade g diese Koordinatenebene schneidet. `G1`

Teil 2 Analysis

Input: Die Abbildung zeigt den Graphen einer ganzrationalen Funktion 4. Grades f.

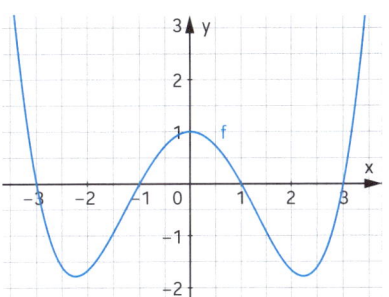

AFB I

i) Geben Sie die Achsenschnittpunkte des Graphen an. `B1` `B4`

ii) Bestimmen Sie die Stellen, an denen der Graph im Intervall $[-2;2]$ die größte bzw. kleinste Steigung hat. `B7`

iii) Bestimmen Sie die Steigung an diesen Stellen. `B7`

iv) Bestimmen Sie graphisch die Ableitung an den Stellen $x = -2$ und $x = 0$. `A4`

AFB II

i) Erläutern Sie: Mithilfe der Achsenschnittpunkte des Graphen kann man den Funktionsterm bestimmen. `C1` `B1`

ii) Begründen Sie, dass die Funktion gegeben ist durch die Gleichung $f(x) = \frac{1}{9} \cdot (x^4 - 10x^2 + 9)$.

iii) Bestimmen Sie die Ableitungsfunktion und eine Stammfunktion von f. `A3` `D1`

iv) Geben Sie (mithilfe des Graphen) alle Intervalle an, in denen die Funktion f streng monoton wachsend bzw. fallend ist. `B6`

v) Geben Sie das Krümmungsverhalten des Graphen von f an. `B7`

AFB III

i) Bestimmen Sie den Inhalt der Fläche, die der Graph mit der x-Achse im Intervall $[-1\,;+1]$ einschließt. `D1` `D2`

ii) Skizzieren Sie den Graphen einer trigonometrischen Funktion g, der die gleichen Schnittpunkte wie der Graph von f hat. Bestimmen Sie die Funktionsgleichung von g. `B10`

Lösung

Teil 1

a) Aus der Parameterdarstellung ermittelt man einen Normalenvektor von E:

$\vec{n} = \begin{pmatrix} 1 \\ 0 \\ 2 \end{pmatrix} \times \begin{pmatrix} 1 \\ 1 \\ -1 \end{pmatrix} = \begin{pmatrix} -2 \\ 3 \\ 1 \end{pmatrix}$. Um den Wert für d zu bekommen, bildet man das Skalarprodukt

aus Stützvektor und Normalenvektor: $d = \vec{n} * \overrightarrow{OA} = \begin{pmatrix} 1 \\ -1 \\ 2 \end{pmatrix} * \begin{pmatrix} -2 \\ 3 \\ 1 \end{pmatrix} = -3$.

Die Koordinatengleichung lautet E: $-2\,x_1 + 3\,x_2 + 1\,x_3 = -3$.

b) Aus $x_2 = 0$ und $x_3 = 0$ folgt $-2\,x_1 = -3$ und damit $S_1(\frac{3}{2}|0|0)$.

Aus $x_1 = 0$ und $x_3 = 0$ folgt $3\,x_2 = -3$ und damit $S_2(0|-1|0)$.

Aus $x_1 = 0$ und $x_2 = 0$ folgt $x_3 = -3$ und damit $S_3(0|0|-3)$.

c) Da der Richtungsvektor $\vec{u}$ der Geraden orthogonal ist zum Normalenvektor $\vec{w}$ der Ebene, liegt g parallel zur Ebene E.

Hinweis: Die Punktprobe $2 \cdot 1 - 3 \cdot 1 - 1 \neq 3$ zeigt, dass der Punkt B nicht in der Ebene E liegt und daher auch nicht die Gerade g.

d) Der Punkt P liegt genau dann im angegebenen Parallelogramm, wenn die Parameterwerte r und s die Ungleichung $0 \le r, s \le 1$ erfüllen. Wenn der Punkt P in der Ebene liegt, hat das lineare Gleichungssystem mit drei Gleichungen und zwei Variablen eine Lösung:

$\begin{pmatrix} 1 \\ -1 \\ 2 \end{pmatrix} + r \cdot \begin{pmatrix} 1 \\ 0 \\ 2 \end{pmatrix} + s \cdot \begin{pmatrix} 1 \\ 1 \\ -1 \end{pmatrix} = \begin{pmatrix} 2{,}25 \\ -0{,}5 \\ 3 \end{pmatrix} \Leftrightarrow \begin{vmatrix} r + s = 1{,}25 \\ s = 0{,}5 \\ 2r - s = 1 \end{vmatrix} \Leftrightarrow \begin{vmatrix} r = 0{,}75 \\ s = 0{,}5 \\ r = 0{,}75 \end{vmatrix}$.

Die Ungleichung $0 \le r, s \le 1$ ist erfüllt, der Punkt liegt also in dem von den Vektoren $\vec{u}$ und $\vec{v}$ aufgespannten Parallelogramm.

e) Für den Schnittpunkt T der Gerade g: $\vec{x} = \begin{pmatrix} 1 \\ 1 \\ 1 \end{pmatrix} + t \cdot \begin{pmatrix} 1 \\ 0 \\ 2 \end{pmatrix} = \begin{pmatrix} 1+t \\ 1 \\ 1+2t \end{pmatrix}$ mit der $x_1 x_2$-Ebene gilt:

Die x_3-Koordinate ist gleich null, d. h., es gilt $1 + 2t = 0$, also $t = -0{,}5$. Der Schnittpunkt T hat die Koordinaten $T(0{,}5|1|0)$. Für den Winkel α zwischen dem Richtungsvektor

$\vec{u} = \begin{pmatrix} 1 \\ 0 \\ 2 \end{pmatrix}$ der Geraden und dem Normalenvektor $\vec{e} = \begin{pmatrix} 0 \\ 0 \\ 1 \end{pmatrix}$ der $x_1 x_2$-Ebene gilt:

$\cos(\alpha) = \dfrac{\begin{pmatrix} 1 \\ 0 \\ 2 \end{pmatrix} * \begin{pmatrix} 0 \\ 0 \\ 1 \end{pmatrix}}{\sqrt{5} \cdot 1} = \dfrac{2}{\sqrt{5}}$, also $\alpha \approx 26{,}6°$, d. h. der gesuchte Winkel zwischen Gerade und

Ebene ist der Ergänzungswinkel hierzu, also $63{,}4°$.

Hinweis: Den gesuchten Winkel kann man auch direkt bestimmen, indem man die Gleichung $\sin(\alpha^*) = \frac{2}{\sqrt{5}}$ löst.

Teil 2

AFB I

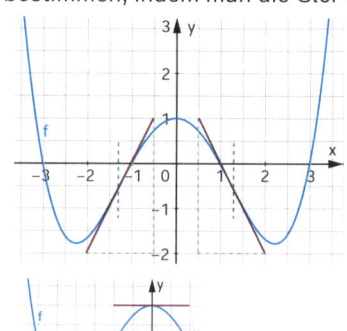

i) Aus dem Diagramm liest man ab: Schnittpunkte mit der x-Achse: $(-3|0)$, $(-1|0)$, $(1|0)$, $(3|0)$; Schnittpunkte mit der y-Achse: $(0|1)$

ii) Die kleinste bzw. größe Steigung liegt im Intervall $[-2; 2]$ an den Wendestellen vor, also bei $x_{w1} \approx -1{,}3$ und $x_{w2} \approx 1{,}3$.

iii) Für die Tangentensteigungen gilt $m_1 \approx +2$; $m_2 \approx -2$.

iv) $f'(-2) \approx 1$; $f'(0) = 0$ (siehe rechts).

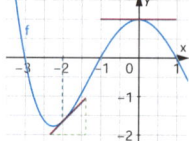

AFB II

i) Mithilfe der Nullstellen kann man die Linearfaktoren des Funktionsterms aufstellen. Aus dem Funktionswert an der Stelle $x = 0$ kann man den Streckungsfaktor bestimmen.

ii) Aus dem Produkt der Linearfaktoren ergibt sich in einem ersten Ansatz der Funktionsterm $f(x) = a \cdot (x + 3)(x + 1)(x - 1)(x - 3)$. Durch Umformen erhält man hieraus mithilfe der dritten binomischen Formel $f(x) = a \cdot (x^2 - 1)(x^2 - 9)$ und durch Ausmultiplizieren den in der Aufgabenstellung angegebenen Klammerterm $(x^4 - 10x^2 + 9)$. Wegen $f(0) = 1$ ergibt sich dann $f(0) = a \cdot (0 - 0 + 9) = a \cdot 9 = 1$, also $a = \frac{1}{9}$.

iii) $f'(x) = \frac{1}{9} \cdot (4x^3 - 20x) = \frac{4}{9} \cdot (x^3 - 5x)$, mögliche Stammfunktion: $F(x) = \frac{1}{9} \cdot \left(\frac{1}{5} x^5 - \frac{10}{3} x^3 + 9x \right)$

iv) Es gilt $f'(x) = 0 \Leftrightarrow x \cdot (x^2 - 5) = 0$. Die Extremstellen von f liegen also bei $x_1 = 0$, $x_{2,3} = \pm \sqrt{5} \approx \pm 2,24$.
   Damit ergibt sich:
   – Streng monoton fallend in $]-\infty; -2,24[$ und $]0; +2,24[$
   – Streng monoton steigend in $]-2,24; 0[$ und $]+2,24; +\infty[$

v) Graphisch: Die Wendestellen liegen bei $x_{W1} \approx -1,3$ und $x_{W2} \approx 1,3$ (vgl. AFB I, ii). Für $x < x_{W1}$ und $x > x_{W2}$ ist der Graph linksgekümmt, für $x_{W1} < x < x_{W2}$ rechtsgekrümmt.
   Rechnerisch: $f''(x) = \frac{4}{9}(3x^2 - 5) = \frac{4}{3}\left(x - \sqrt{\frac{5}{3}}\right)\left(x + \sqrt{\frac{5}{3}}\right) = 0 \Leftrightarrow x_{W1,2} = \pm\sqrt{\frac{5}{3}}$. Für $x > \sqrt{\frac{5}{3}}$ und $x < -\sqrt{\frac{5}{3}}$ ist $f''(x) > 0$, d.h. Linkskrümmung. Für $-\sqrt{\frac{5}{3}} < x < \sqrt{\frac{5}{3}}$ ist $f''(x) < 0$, d. h. Rechtskrümmung.

AFB III

i) Eine Stammfunktion F für f ist gegeben durch $F(x) = \frac{1}{9} \cdot \left(\frac{1}{5} x^5 - \frac{10}{3} x^3 + 9x \right)$. Nach dem Hauptsatz der Differenzial- und Integralrechnung und wegen der Achsensymmetrie des Graphen zur y-Achse ergibt sich daher für den Flächeninhalt

$$\int_{-1}^{+1} f(x)\, dx = \left[\frac{1}{9} \cdot \left(\frac{1}{5} x^5 - \frac{10}{3} x^3 + 9x \right) \right]_{-1}^{+1} = 2 \cdot \left[\frac{1}{9} \cdot \left(\frac{1}{5} x^5 - \frac{10}{3} x^3 + 9x \right) \right]_{0}^{+1} = \frac{2}{9} \cdot \left(\frac{1}{5} - \frac{10}{3} + 9 \right).$$

ii) Da der Graph der ganzrationalen Funktion f symmetrisch zur y-Achse ist, bietet sich ein Ansatz mithilfe einer Kosinusfunktion an: $f(x) = a \cdot \cos(b \cdot (x - c)) + d$.
   Da der gesuchte Graph weder nach oben oder unten noch nach rechts oder links verschoben ist, gilt $c = 0$ und $d = 0$.
   Da der gesuchte Graph ebenfalls durch den Schnittpunkt $(0 ; 1)$ mit der y-Achse verlaufen soll, gilt für die Amplitude: $a = 1$.
   Da die Nullstellen jeweils den Abstand 2 voneinander haben, ergibt sich eine Periodenlänge von 4 Einheiten und hieraus der Streckungsfaktor $b = \frac{\pi}{2}$ in Richtung der x-Achse und somit der Funktionsterm $f(x) = \cos\left(\frac{\pi}{2}x\right)$.

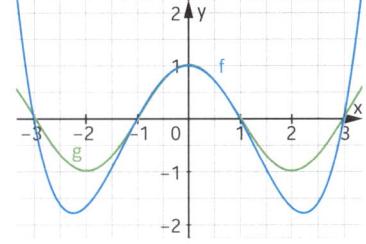

Hinweis: Ein Ansatz mithilfe einer Sinusfunktion $f(x) = a \cdot \sin(b \cdot (x - c)) + d$ ergibt abweichend für c den Wert $c = 1$, also $f(x) = \sin\left(\frac{\pi}{2} \cdot (x + 1)\right)$, da der Graph der (in x-Richtung gestreckten) Sinusfunktion um 1 Einheit nach links verschoben werden muss.

Aufgabe 5

Teil 1 Stochastik

Die Brötchen aus einer Großbäckerei haben ein durchschnittliches Gewicht von 41 g bei einer Standardabweichung von 1,5 g. Das Gewicht eines Brötchens kann näherungsweise mithilfe einer normalverteilten Zufallsgröße X beschrieben werden. Die nebenstehende Grafik zeigt die zugehörige Glockenkurve. Veranschaulichen Sie das Ergebnis Ihrer Überlegungen in den Teilaufgaben a) und b) jeweils durch Schraffuren der zughörigen Flächen unter der Glockenkurve.

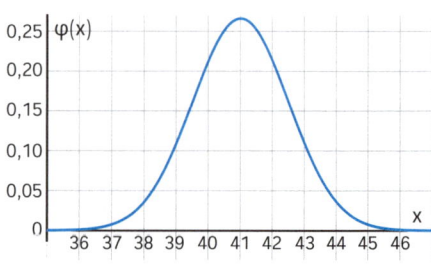

a) Bestimmen Sie die Wahrscheinlichkeit, dass ein zufällig ausgewähltes Brötchen mehr als 40 g wiegt. `J6`

b) Bestimmen Sie ein zum Erwartungswert symmetrisch liegendes Intervall, in dem das Gewicht eines Brötchens mit einer Wahrscheinlichkeit von 50 % liegt. `J6`

c) Berechnen Sie, mit welcher Wahrscheinlichkeit ein zufällig ausgewähltes Brötchen ein Gewicht von genau 39 g hat.
Wenn man im Alltag davon spricht, dass ein Brötchen ein Gewicht von 39 g hat, dann meint man üblicherweise damit, dass das Gewicht im Intervall [38,5 g ; 39,5 g [liegt. Berechnen Sie die Wahrscheinlichkeit für diesen Fall. `J6`

d) Der Brötchenlieferant garantiert, dass die ausgelieferten Brötchen mindestens ein Gewicht von 37,5 g haben. Zeigen Sie, dass man mit einer Wahrscheinlichkeit von ca. 1 % ein Brötchen findet, das dieser Angabe nicht entspricht. Bestimmen Sie die Wahrscheinlichkeit, dass man beim Kauf von 20 Brötchen mindestens ein Brötchen mit Untergewicht findet. `J6` `J3`

Teil 2 Analysis

Input: Die folgende Grafik zeigt, wie sich die Füllmenge einer Talsperre im Laufe des letzten Jahres verändert hat (Füllmenge in Millionen Kubikmeter; Zeitangaben: t = 0 ≙ 1. Januar, t = 1 ≙ 1. Februar usw., die ungleiche Länge der einzelnen Monate soll nicht beachtet werden).

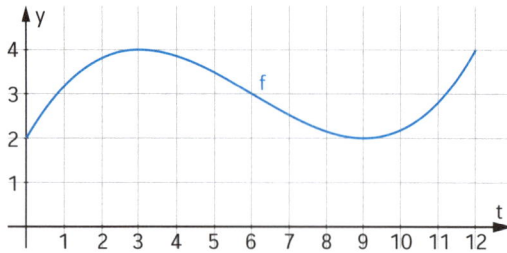

Die Entwicklung kann näherungsweise mithilfe der Modellfunktion f beschrieben werden, wobei $f(t) = \frac{1}{54} t^3 - \frac{1}{3} t^2 + \frac{3}{2} t + 2$.

AFB I
i)   Bestimmen Sie mithilfe des Graphen f(3), f(9) und f'(6).
ii) Interpretieren Sie die Werte im Sachzusammenhang.
iii) Bestimmen Sie die Ableitungsfunktion von f.
iv) Erläutern Sie das Vorgehen zur Berechnung von Extrem- und Wendestellen
     der Funktion f.

AFB II
i)   Bestimmen Sie die Zeitpunkte des Jahres, zu denen sich die Füllmenge am stärksten
     verändert hat. Vergleichen Sie diese mit den Werten am 1. Januar und 31. Dezember.
ii) Erläutern Sie, wie man beweisen könnte, dass der Graph der Funktion f
     punktsymmetrisch zum Punkt (6|3) ist.
iii) Bestimmen Sie eine Stammfunktion von f.

AFB III
i)   Bestimmen Sie die Füllmenge am Jahresende, wenn sich der Wasserstand entspre-
     chend der Änderungsrate vom 1. Juli weiterentwickelt hätte.
ii) Interpretieren Sie die Gleichung $f(t + 1) = f(t) - 1$ im Sachzusammenhang.
iii) Erläutern Sie, warum die Gleichung in diesem Fall keine Lösung hat.

Lösung

Teil 1

a) $P(X > 40) = \text{normcdf}(41, 1.5, 40, \infty) \approx 74{,}75\,\%$.

Ungefähr drei Viertel aller Brötchen haben ein Mindestgewicht von 40 g.

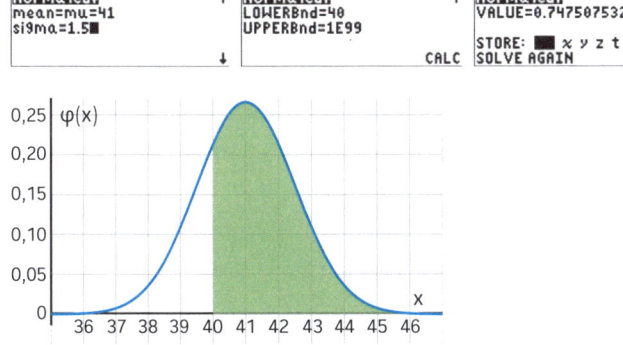

b) Unterhalb eines zum Erwartungswert symmetrisch liegenden 50 %-Intervalls liegen
    25 % der Ergebnisse, d. h., mithilfe des WTR muss der zugehörige Wert k gesucht wer-
    den, sodass gilt: $P(X \leq k) = 0{,}25$.

Es ergibt sich, dass ein Brötchen mit einer Wahrscheinlichkeit von ca. 25 % ein Gewicht von weniger als 40 g hat. Daher ist das gesuchte symmetrische Intervall gleich
$[40\,g\,;\,42\,g]$.

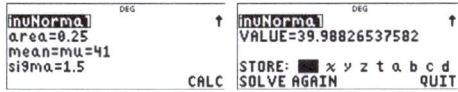

127

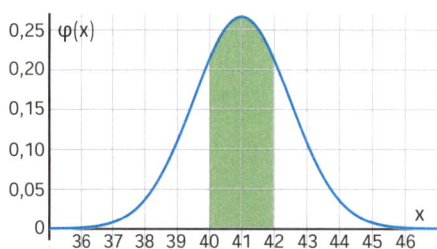

c) Bei normalverteilten Zufallsvariablen gilt für jeden Wert k, dass $P(X = k) = 0$.
Für die Intervallwahrscheinlichkeit zu einem Gewicht von 39 g ergibt sich
$P(38.5 \leq X < 39,5) = \text{normcdf}(41, 1.5, 38.5, 39,5) \approx 11,1\,\%$.

Normalcdf:	DEG	↑	Normalcdf:	DEG	↑
LOWERBnd=38.5			VALUE=0.1108649292034		
UPPERBnd=39.5					
			STORE: NO x y z t a b c d		
		CALC	SOLVE AGAIN		QUIT

d) Zu zeigen ist: $P(X < 37,5\,g) \approx 0,01$, vgl. Screenshot.

Normalcdf:	DEG	↑	Normalcdf:	DEG	↑
LOWERBnd=-1E99			VALUE=0.0098153068449		
UPPERBnd=37.5					
			STORE: ■ x y z t a b c d		
		CALC	SOLVE AGAIN		QUIT

Betrachtet wird nunmehr ein 20-stufiger Bernoulli-Versuch mit Zufallsvariable Y: *Anzahl der Brötchen mit Untergewicht* (Erfolgswahrscheinlichkeit p = 0,01). Dann gilt:
$P(Y \geq 1) = 1 - P(Y = 0) = 1 - 0,99^{20} \approx 18,2\,\%$.

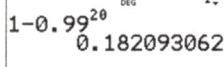

Teil 2

AFB I

i) $f(3) = 4$; $f(9) = 2$; $f'(6) \approx -\dfrac{1}{2}$

Ableitung rechnerisch:
$$f'(t) = \frac{1}{18}t^2 - \frac{2}{3}t + \frac{3}{2} = \frac{1}{18} \cdot (t^2 - 12t + 27)$$
$$= \frac{1}{18} \cdot (t - 3)(t - 9)$$
$$f'(6) = \frac{1}{18} \cdot 3 \cdot (-3) = -\frac{1}{2}$$

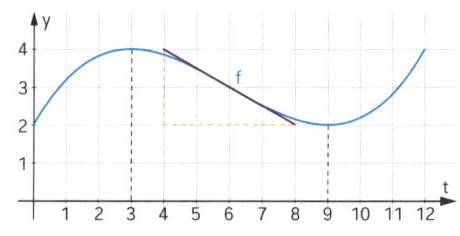

ii) Die Füllmenge wuchs bis zum 1. April (t = 3) auf 4 Mio. m³ und fiel dann bis zum 1. Oktober (t = 9) auf 2 Mio. m³. Am 1. Juli (t = 6) betrug die Abnahme der Füllmenge 0,5 Mio. m³ pro Monat.

iii) siehe i)

iv) *Extremstellen*:
notwendige Bedingung: Bestimme t_i mit $f'(t_i) = 0$ (hier: $t_1 = 3$ und $t_2 = 9$)
hinreichende Bedingung: Prüfe, ob Vorzeichenwechsel von f' an den Stellen t_i vorliegt.
Oder: Bilde $f''(t)$ und prüfe, ob $f''(t_i) \neq 0$ gilt.
Wendestellen:
notwendige Bedingung: Bestimme t_k mit $f''(t_k) = 0$.
hinreichende Bedingung: Prüfe, ob Vorzeichenwechsel von f'' an den Stellen t_k vorliegt.
Oder: Bilde $f'''(t)$ und prüfe, ob $f'''(t_k) \neq 0$ gilt.

AFB II

i) Gesucht sind Extremwerte von f'. Es gilt $f''(t) = \frac{1}{9}t - \frac{2}{3}$. Eine Nullstelle f'' liegt vor, wenn t = 6. f'' hat dort einen VZW, d. h. tatsächlich liegt hier ein Wendepunkt des Graphen. Die Änderungsrate am 1. Juli beträgt:

$$f'(6) = \frac{1}{18} \cdot 36 - \frac{2}{3} \cdot 6 + \frac{3}{2} = 2 - 4 + 1{,}5 = -0{,}5.$$

Der Betrag der Änderungsrate am 1. Januar und am 31. Dezember ist jedoch größer:

$$f'(0) = 1{,}5 \quad \text{und} \quad f'(12) = \frac{1}{18} \cdot 144 - \frac{2}{3} \cdot 12 + \frac{3}{2} = 8 - 8 + 1{,}5 = 1{,}5.$$

ii) Man könnte den Graphen der Funktion um 6 Einheiten nach links und um 3 Einheiten nach unten verschieben, also den Funktionsterm f(x + 6) – 3 berechnen. Man erhält dann einen Funktionsterm, in dem nur ungerade Potenzen von x auftreten.
Alternativ könnte man den Satz anwenden, dass die Graphen von kubischen Funktionen punktsymmetrisch zum Wendepunkt sind, und dann nachweisen, dass der Punkt (6|3) ein Wendepunkt ist, vgl. i).

iii) $F(t) = \frac{1}{216}t^4 - \frac{1}{9}t^3 + \frac{3}{4}t^2 + 2t$

AFB III

i) Gesucht ist die lineare Funktion g, deren Graph durch den Punkt (6|f(6)) verläuft und deren Steigung durch f'(6) gegeben ist:

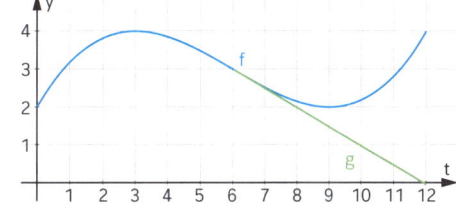

$f(6) = \frac{1}{54} \cdot 6^3 - \frac{1}{3} \cdot 6^2 + \frac{3}{2} \cdot 6 + 2$
$\quad\quad = 4 - 12 + 9 + 2 = 3$ und $f'(6) = -0{,}5$
(siehe oben).

Die Gleichung der Tangentenfunktion ist also $g(t) = -0{,}5 \cdot (t - 6) + 3 = -0{,}5\,t + 6$. Diese Gerade schneidet die t-Achse bei t = 12, d. h., am Jahresende wäre bei fortgesetzt gleicher Entwicklung die Talsperre leer gewesen.

ii) Die Gleichung f(t + 1) = f(t) – 1 besagt: Gesucht ist ein Zeitpunkt t während des Jahres, für den gilt, dass einen Monat später (also zum Zeitpunkt t + 1) die Füllmenge 1 Million Kubikmeter geringer ist als zum Zeitpunkt t (also f(t) – 1).

iii) Da in Teilaufgabe i) herausgefunden wurde, dass die betraglich größte negative Änderungsrate gleich –0,5 beträgt, besitzt die Gleichung keine Lösung – die Abnahme der Füllmenge innerhalb eines Zeitraums von einem Monat war im betrachteten Jahr stets kleiner als 0,5 Mio. m³.

Hilfsmittelfreie Aufgaben

(Lösungen ab Seite 137)

Aufgabe A1

Gegeben ist die ganzrationale Funktion f mit $f(x) = x^3 - 3bx$, $b > 0$.

(1) Zeigen Sie, dass der Graph der Funktion f punktsymmetrisch ist. `B1`
(2) Durch den Tief- und den Hochpunkt des Graphen werden Geraden gezeichnet, die parallel zu den Achsen verlaufen; diese schließen dann mit den Achsen des Koordinatensystems eine rechteckige Fläche ein. Für welchen Parameterwert b ergibt sich ein Quadrat?

Aufgabe A2

(1) Skizzieren Sie den Graphen der Funktion f mit $f(x) = x^3 - 4x$.

(2) Berechnen Sie $\int_0^2 f(x)\,dx$. `D2`

(3) Begründen Sie, dass $\int_{-2}^2 f(x)\,dx = 0$ gilt.

(4) Geben Sie einen Term an, mit dem sich der Inhalt der Fläche korrekt berechnen lässt, die vom Graphen der Funktion f und der x-Achse im Intervall $[-2\,;2]$ eingeschlossen wird.

Aufgabe A3

Die Funktion f ist gegeben durch $f(x) = x^3$.

(1) Zeigen Sie, dass die Tangente t im Punkt $P(1\,|\,1)$ an den Graphen der Funktion f durch die Gleichung $t(x) = 3x - 2$ beschrieben werden kann. `A3`
(2) Zeigen Sie, dass die Tangente t und der Graph von f auch den Punkt $P(-2\,|\,-8)$ gemeinsam haben.
(3) Fertigen Sie zu (1), (2) eine Skizze an.
(4) Bestimmen Sie den Flächeninhalt des Dreiecks, das durch die y-Achse, die x-Achse und die Tangente eingeschlossen wird.
(5) Bestimmen Sie den Flächeninhalt der Fläche, die von den Graphen von f und t eingeschlossen wird.

Aufgabe A4

(1) Zeigen Sie, dass die Gerade g mit $g(x) = -x$ den Graphen der Funktion f mit $f(x) = -x^3 + x$ im Ursprung senkrecht schneidet. `A3`
(2) Zeigen Sie, dass die Graphen von f und g auch die Punkte $P_1(-\sqrt{2}\,|\,\sqrt{2})$ und $P_2(\sqrt{2}\,|\,-\sqrt{2})$ gemeinsam haben.
(3) Fertigen Sie eine Skizze an.
(4) Begründen Sie, warum die beiden von den Graphen von f und g eingeschlossenen Flächenstücke gleich groß sind. `A2`
(5) Bestimmen Sie den Flächeninhalt der beiden Flächenstücke. `D2`

Aufgabe A5

(1) Die Abbildung zeigt den Graphen der
Funktion f mit $f(x) = a \cdot (x - b)^2 \cdot e^x$, a, b > 0.

Ermitteln Sie die Parameterwerte a und b.
Begründen Sie Ihre Ansätze.   `A1` `A2`

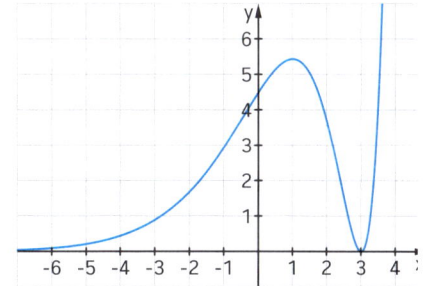

(2) Begründen Sie: Wenn man den Flächeninhalt der Fläche ermitteln will, die von dem Graphen von f mit $f(x) = 3x^2 + 2x$ und der x-Achse eingeschlossen wird, macht es wenig Sinn,

das Integral $\int_{-1}^{2} (3x^2 + 2x)\, dx$ zu berechnen.   `D1`

(3) Berechnen Sie $\int_{-1}^{2} (3x^2 + 2x)\, dx$.   `D2`

Aufgabe A6

Der Graph der ganzrationalen Funktion f mit $f(x) = a^2 - x^2$, a > 0, schließt mit der x-Achse eine Fläche ein.
Für welchen Parameterwert von a ergibt sich ein Flächeninhalt von 36 FE ?   `B4` `D2`

Aufgabe A7

Die Abbildung rechts zeigt fünf Graphen einer
Funktionenschar f_k mit $f_k(x) = x^3 - (2 - k) \cdot x^2 + 2x$.   `B4`
Bei welchem Parameterwert k
(1) ist der Graph punktsymmetrisch zum Ursprung,   `B1`
(2) verläuft der Graph durch den Punkt (1|1),
(3) hat der Graph eine Wendestelle bei x = 1?   `B7`

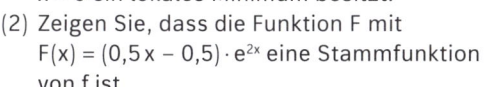

Aufgabe A8

Betrachtet wird die Funktion f mit $f(x) = (x - 0,5) \cdot e^{2x}$.

(1) Begründen Sie mithilfe des Graphen der Ableitungsfunktion, dass die Funktion f an der Stelle
x = 0 ein lokales Minimum besitzt.   `B6`
(2) Zeigen Sie, dass die Funktion F mit
$F(x) = (0,5x - 0,5) \cdot e^{2x}$ eine Stammfunktion
von f ist.   `D1`
(3) Berechnen Sie den Flächeninhalt zwischen dem
Graphen der Funktion f und der x-Achse im Intervall von 0,5 bis 1.   `D2`

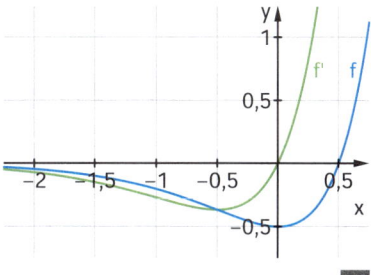

Aufgabe A9

Ein Tankwagen wird mit Heizöl gefüllt. Der zeitliche Verlauf der Zulaufgeschwindigkeit kann im nebenstehenden Diagramm abgelesen werden.

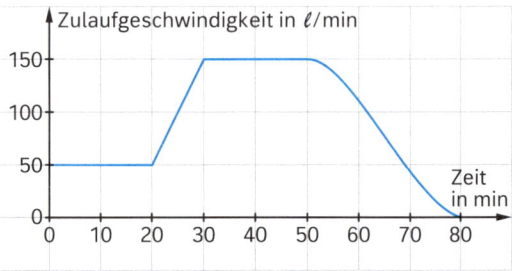

(1) Berechnen Sie, wie viel Öl in den ersten 50 Minuten näherungsweise in den Tankwagen geflossen sind. `D3`

(2) Beschreiben Sie eine Möglichkeit zur Berechnung der zugeflossenen Ölmenge im Zeitraum von 50 bis 80 Minuten und berechnen Sie einen Näherungswert dafür.

Aufgabe A10

Der rechts abgebildete Graph F ist der Graph einer Stammfunktion einer Funktion f.

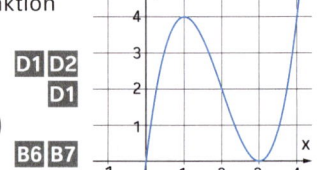

(1) Bestimmen Sie $\int_{2}^{4} f(x)\,dx$. `D1` `D2`

(2) Bestimmen Sie den Funktionswert f(1). `D1`

(3) Beschreiben Sie, welche Bedeutung der Wendepunkt (2|2) der Funktion F für den Graphen von f hat. `B6` `B7`

Aufgabe A11

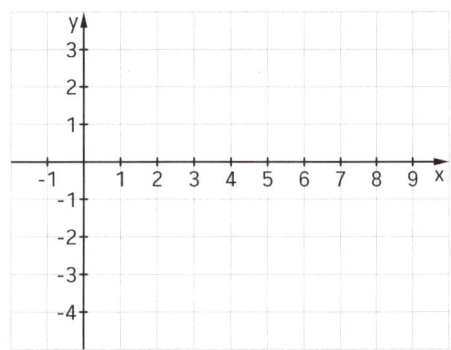

(1) Gegeben ist die Funktion f mit $f(x) = \ln(x)$. Bestimmen Sie die Gleichung der Tangente an den Graphen von f im Punkt (1|f(1)) und skizzieren sie den Graphen von f und die Tangente in der Abbildung. `A1` `A3`

(2) Geben Sie diejenige Stammfunktion der Funktion g mit $g(x) = \frac{1}{x}$ an, deren Graph durch den Punkt (1|1) verläuft, und skizzieren Sie deren Graphen in der Abbildung. `D1`

Aufgabe A12

Gegeben ist die Funktion f mit $f(x) = -6x^2 + 12x + 18$ und $x \in \mathbb{R}$. Die Abbildung zeigt den Graphen von f, der durch die Punkte H(1|24) und N(3|0) verläuft.

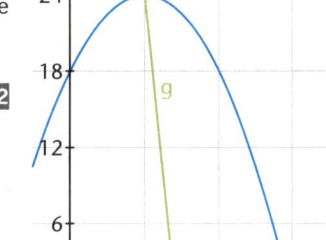

(1) Zeigen Sie, dass $\int_{0}^{1} f(x)\,dx = 22$ gilt. `D2`

(2) Die Fläche, die der Graph von f im ersten Quadranten mit den Koordinatenachsen einschließt, hat den Inhalt 54. Eine Gerade g, die durch den Punkt H verläuft, teilt diese Fläche in zwei Teilflächen gleichen Inhalts.

Bestimmen Sie rechnerisch die Stelle, an der die Gerade g die x-Achse schneidet.

Aufgabe G1

Eine Ebene E wird aufgespannt durch die Vektoren $\vec{u} = \begin{pmatrix} 2 \\ 1 \\ 0 \end{pmatrix}$ und $\vec{v} = \begin{pmatrix} -1 \\ 0 \\ 1 \end{pmatrix}$; sie enthält

den Punkt P $(-1\,|\,2\,|\,1)$. Eine Gerade g ist gegeben durch g: $\vec{x} = \begin{pmatrix} 1 \\ -2 \\ 3 \end{pmatrix} + t \cdot \begin{pmatrix} 1 \\ -2 \\ 1 \end{pmatrix}$.

(1) Geben Sie eine Parameterdarstellung der Ebene E an. `F3`

(2) Zeigen Sie, dass die Gerade g die Ebene E im Punkt P senkrecht schneidet. Geben Sie eine Koordinatengleichung der Ebene E an. `F1` `E4` `F6`

(3) Bestimmen Sie zwei Punkte auf der Geraden, die vom Schnittpunkt P die gleiche Entfernung haben. `G6`

Aufgabe G2

Die Punkte A $(1\,|\,1\,|\,1)$, B $(4\,|\,3\,|\,-1)$, C $(5\,|\,6\,|\,-4)$ sowie der Punkt D bilden das Parallelogramm ABCD.

(1) Bestimmen Sie die Koordinaten des Punktes D. `E1`

(2) Bestimmen Sie die Seitenlängen des Parallelogramms. `E3`

(3) Zeigen Sie: Die Diagonalen des Parallelogramms schneiden sich nicht im rechten Winkel. `E2`

(4) Bestimmen Sie die Koordinaten des Schnittpunkts der Diagonalen.

Aufgabe G3

(1) Welche besondere Lage hat die Ebene E mit der Gleichung E: x + y + z = 1? Fertigen Sie eine Skizze an. `F4` `F6`

(2) Welche Lage hat die Gerade g mit der Parameterform g: $\vec{x} + r \cdot \begin{pmatrix} 1 \\ 1 \\ 1 \end{pmatrix}$ in Bezug auf die Ebene E? `E4`

(3) Bestimmen Sie den gemeinsamen Punkt von Gerade und Ebene. `F8`

Aufgabe G4

(1) Zeigen Sie: Die beiden Geraden g: $\vec{x} = \begin{pmatrix} 1 \\ 0 \\ 3 \end{pmatrix} + r \cdot \begin{pmatrix} 2 \\ 1 \\ 1 \end{pmatrix}$ und h: $\vec{x} = \begin{pmatrix} 5 \\ 4 \\ -1 \end{pmatrix} + s \cdot \begin{pmatrix} 2 \\ -1 \\ 7 \end{pmatrix}$ schneiden sich im Punkt S$(7\,|\,3\,|\,6)$. `F3`

(2) Zeigen Sie: Die Punkte P$(1\,|\,0\,|\,3)$, Q$(5\,|\,4\,|\,-1)$und S bilden ein gleichschenkliges Dreieck. `E5`

(3) Zeigen Sie: Für den Flächeninhalt A des Dreiecks PQS gilt: A $= 6 \cdot \sqrt{14}$. `G4`

Aufgabe G5

(1) Geben Sie eine Parameterdarstellung einer Ebene mit den geforderten Eigenschaften an:

  (i) E_1 verläuft durch den Punkt P$(3\,|\,2\,|\,1)$ und ist parallel zur x-y-Ebene.

  (ii) E_2 schneidet von den Koordinatenachsen nur die y-Achse und zwar bei y = 6. `F3`

(2) Der Punkt A $(4\,|\,2\,|\,4)$ wird zunächst an der Ebene E_1, dann an Ebene E_2 gespiegelt. Bestimmen Sie die Koordinaten des Spiegelpunkts A″ nach der zweiten Spiegelung. `E1`

(3) Der Punkt A $(4\,|\,2\,|\,4)$ wird an der Ebene mit der Gleichung x – y + z = 3 gespiegelt. Bestimmen Sie die Koordinaten des Spiegelpunkts A′. `G5`

Aufgabe G6

(1) Das lineare Gleichungssystem $\begin{vmatrix} -1 + 2r = 4 - s \\ 1 = 5 - 2s - t \\ -3 + r = 2 + 2t \end{vmatrix}$ ergibt sich aus einer

Schnittpunktberechnung zweier geometrischer Objekte. Benennen Sie die beiden Objekte und geben Sie für beide eine mögliche Parameterdarstellung an. `F11`

(2) Bestimmen Sie die Lösungsmenge des linearen Gleichungssystems.

(3) Ein lineares Gleichungssystem besteht aus zwei Gleichungen mit drei Variablen. Ein Taschenrechner gibt als Lösungsmenge an: $\{c + 1\,;\, -c\,;\, c\}$.
Erläutern Sie diese Lösung. `F8`

Aufgabe G7

(1) Zeigen Sie: Die beiden Ebenen E: $x + y - z = 1$ und F: $x + y + 2z = 4$ sind zueinander orthogonal. `F9`

(2) Weisen Sie nach, dass die Punkte P(1|1|1) und Q(0|2|1) zu beiden Ebenen gehören.

(3) Bestimmen Sie die Schnittgerade g der beiden Ebenen E und F
sowie deren Spurpunkte mit den Koordinatenebenen. `F4` `F1`

Aufgabe S1

(1) Bei einem Glücksspiel gewinnt man mit Wahrscheinlichkeit $p = 0,25$.
Ordnen Sie den folgenden Ereignissen den richtigen Term zur Berechnung der Wahrscheinlichkeit zu: `H2` `I2`
E_1: In 5 Spielen gewinnt man mindestens 4-mal.
E_2: In 5 Spielen hat man mehr Spiele, in denen man gewinnt, als Spiele, in denen man verliert.
E_3: In 5 Spielen gewinnt man öfter als erwartet.

$P_1 = 10 \cdot 0,25^3 \cdot 0,75^2 + 5 \cdot 0,25^4 \cdot 0,75 + 0,25^5$

$P_2 = 1 - (0,75^5 + 5 \cdot 0,75^4 \cdot 0,25)$

$P_3 = 5 \cdot 0,75^4 \cdot 0,25 + 0,75^5$

$P_4 = 1 - (0,25^5 + 5 \cdot 0,25^4 \cdot 0,75)$

$P_5 = 10 \cdot 0,75^3 \cdot 0,25^2 + 5 \cdot 0,75^4 \cdot 0,25 + 0,75^5$

$P_6 = 5 \cdot 0,25^4 \cdot 0,75 + 0,25^5$

(2) Das Histogramm zeigt die
Binomialverteilung mit $n = 5$ und $p = 0,25$.
Ermitteln Sie mithilfe der Grafik ungefähre
Werte für die Wahrscheinlichkeiten der Ereignisse E_1, E_2, E_3.

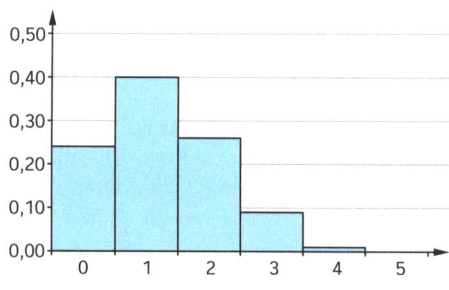

Aufgabe S2

Bei einem Spiel wird das abgebildete Glücksrad zweimal
gedreht. Der Zeiger kann auf einem der weiß (w), blau (b) oder
grün (g) gefärbten Sektoren stehen bleiben.

(1) Stellen Sie die möglichen Abläufe des Zufallsversuchs
mithilfe eines Baumdiagramms dar. `I1`

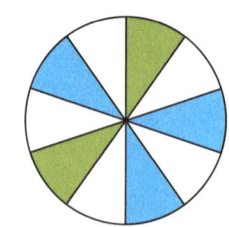

(2) Bestimmen Sie die Wahrscheinlichkeit für das Ereignis
E: *Das Rad bleibt zweimal hintereinander auf einem Sektor mit gleicher Färbung stehen*.

`I1`

(3) Der Spielveranstalter plant für das Spiel einen Einsatz von a € und es soll 2 € ausgezahlt werden, wenn das Ereignis E eintritt. Bestimmen Sie den Wert von a, bei dem das angebotene Spiel fair ist. `J2`

(4) Als das Interesse an dem Spiel nachlässt, verändert der Spielveranstalter die Regeln. Es bleibt bei der Regel, dass 2 € ausgezahlt werden, wenn der Zeiger zweimal auf einem Sektor gleicher Farbe stehen bleibt. Wenn dies nicht der Fall ist, darf der Spielteilnehmer das Rad noch einmal drehen, und er erhält seinen Einsatz zurück, wenn dann der Zeiger hintereinander auf drei verschieden gefärbten Sektoren stehen geblieben ist.
Überprüfen Sie, ob diese Spielregel für die Teilnehmer interessanter ist. `J2`

Aufgabe S3

(1) Die Zufallsvariable X ist binomialverteilt mit n = 12 und p = 0,3. Entscheiden Sie begründet, welches der folgenden drei Histogramme zu der Verteilung gehört. `J2` `J3`

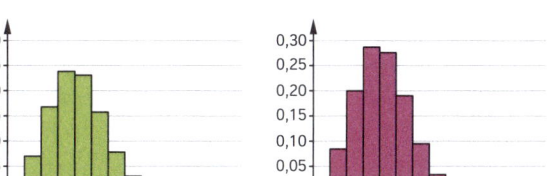

(2) Von einer Binomialverteilung sind die Parameter μ = 20 und σ = 2 bekannt. Geben Sie an, welche Stufenzahl n und welche Erfolgswahrscheinlichkeit p dem Versuch zugrundeliegen. `J2`

Aufgabe S4

Bei einem Spiel mit zwei Würfeln (Hexaeder) wird der Unterschied zwischen den Augenzahlen der beiden Würfel ermittelt; diese Zahl wird in Euro ausgezahlt. Der Spieleinsatz beträgt 2 €.
(1) Bestimmen Sie die Wahrscheinlichkeitsverteilung der Zufallsgröße X: Auszahlung in €. `J1`
(2) Beurteilen Sie, ob dies eine faire Spielregel ist. `J2`

Aufgabe S5

Bei einem Glücksspiel darf man aus einer Urne mit 6 blauen und 10 roten Kugeln zwei Kugeln ziehen.
Man gewinnt einen Euro, wenn das Ereignis *Beide Kugeln haben die gleiche Farbe* eintritt; andernfalls muss man einen Euro bezahlen.
(1) Zeigen Sie, dass dies eine faire Spielregel ist. `I2`
(2) Beurteilen Sie, für wen die Spielregel günstig ist, wenn die Anzahl der roten Kugeln
– um 1 verringert und die Anzahl der blauen Kugeln um 1 vergrößert wird.
– um 1 vergrößert und die Anzahl der blauen Kugeln um 1 verringert wird. `I2`

135

Aufgabe S6

Die Abbildung rechts zeigt den Graphen der Dichtefunktion einer normalverteilten Zufallsgröße X.

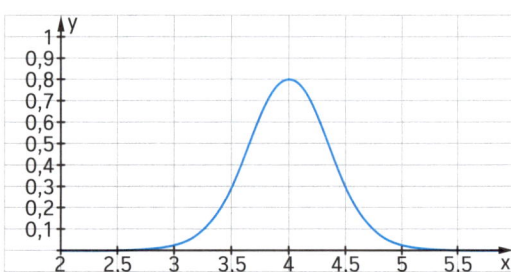

(1) Entnehmen Sie der Grafik die (ungefähren) Werte von μ und σ. `J6`

(2) Geben Sie die Wahrscheinlichkeit für folgende Ereignisse an. `J6`

    (i) $P(X = 4)$ (ii) $P(X \leq 4,5)$ (iii) $P(X > 3)$?

(3) Bestimmen Sie, für welche Werte k von X

    (i) $P(X \leq k) \approx 0,9$ (ii) $P(X > k) \approx 0,16$ `J6`

    gilt.

Aufgabe S7

(1) Für eine binomialverteilte Zufallsgröße X eines Bernoulli-Versuchs mit n = 9 gilt:
$P(X = 3) = P(X = 4)$. Bestimmen Sie die Erfolgswahrscheinlichkeit p.   `J3`

(2) Zeigen Sie: Für eine binomialverteilte Zufallsgröße X eines Bernoulli-Versuchs mit n = 8 und $p = \frac{1}{3}$ gilt:

$P(X = 4) = 10 \cdot P(X = 6)$ `J3`

Lösungen zu hilfsmittelfreien Aufgaben

Lösung A1

(1) $f(-x) = (-x)^3 - 3b(-x) = -x^3 + 3bx = -(x^3 - 3bx) = -f(x)$

(2) Notwendige Bedingung für Hoch-/Tiefpunkt:
$f'(x) = 0 \Leftrightarrow 3x^2 - 3b = 0 \Leftrightarrow x^2 = b \Leftrightarrow x = \pm\sqrt{b}$

Funktionswerte:
$f(\pm\sqrt{b}) = \pm b \cdot \sqrt{b} \mp 3b \cdot \sqrt{b} = \mp 2b \cdot \sqrt{b}$
Bedingung für ein Quadrat: $2b \cdot \sqrt{b} = \sqrt{b} \Leftrightarrow 2b = 1 \Leftrightarrow b = \frac{1}{2}$

Lösung A2

(1) Der Funktionsterm kann in der Form
$f(x) = x \cdot (x - 2) \cdot (x + 2)$ notiert werden. Mithilfe der drei Nullstellen -2, 0, $+2$ lässt sich eine Skizze des Graphen anfertigen.

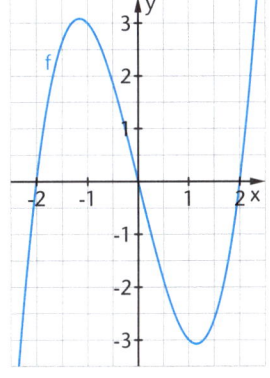

(2) $\displaystyle\int_{-2}^{2} (x^3 - 4x)\, dx = \left[\frac{1}{4}x^4 - 2x^2\right]_0^2 = (4 - 8) - (0 - 0) = -4.$

(3) Wenn das Integral einer Funktion über einem Intervall den Wert null ergibt, muss der Flächeninhalt des Flächenstücks oder der Flächenstücke oberhalb der x-Achse genauso groß sein wie der Flächeninhalt des Flächenstücks oder der Flächenstücke unterhalb der x-Achse. Da der Term der Integrandfunktion nur Potenzen mit ungeraden Exponenten enthält, ist der Graph punktsymmetrisch zum Ursprung. Und da das Integrationsintervall symmetrisch zum Ursprung liegt, werden zwei gleich große, aber auf verschiedenen Seiten der x-Achse liegende Flächenstücke von Graph und x-Achse eingeschlossen.

(4) Da das Integral über eine Funktion negativ ist, wenn der Graph im Integrationsbereich unterhalb der x-Achse verläuft, müssen Betragsstriche verwendet werden:

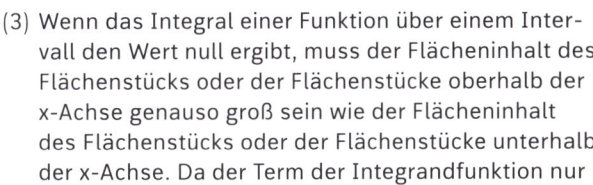

$\displaystyle\int_{-2}^{2} |(x^3 - 4x)|\, dx = 8 \quad \text{oder} \quad \int_{-2}^{0} (x^3 - 4x)\, dx + \left|\int_{0}^{2} (x^3 - 4x)\, dx\right| = 4 + |-4| = 8$

Lösung A3

(1) Die Steigung der Tangente im Punkt $(1\,|\,1)$ ist gegeben durch $f'(1) = 3 \cdot 1^2 = 3$.
Die Tangentengleichung ist daher
$t(x) = 3 \cdot (x - 1) + 1 = 3x - 3 + 1 = 3x - 2$.

(2) Die Punktproben ergeben:
$t(-2) = 3 \cdot (-2) - 2 = -8$ und
$f(-2) = (-2)^3 = -8$.

(4) Schnittstelle der Tangente mit der x-Achse:
$3x - 2 = 0 \Leftrightarrow 3x = 2 \Leftrightarrow x = \frac{2}{3} =$ Breite des Dreiecks.

Schnittpunkt der Tangente mit der y-Achse:
Aus $t(0) = -2$ ergibt sich $h = 2$ für die Höhe des Dreiecks.
Hieraus ergibt sich ein Flächeninhalt von
$A_\Delta = \frac{1}{2} \cdot \frac{2}{3} \cdot 2 = \frac{2}{3}$.

(5) Um den Flächeninhalt des Flächenstücks zu bestimmen, berechnet man das Integral über die Differenzfunktion $d(x) = f(x) - t(x)$. Da der Graph von f im Intervall $[-2;\,1]$ oberhalb der Tangente verläuft, ergibt sich ein positiver Wert für das Integral:

(3)

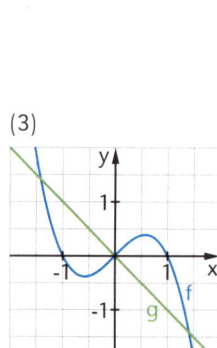

$$\int_{-2}^{1} (x^3 - (3x - 2))\, dx = \left[\frac{x^4}{4} - \frac{3x^2}{2} + 2x\right]_{-2}^{1} = \left(\frac{1}{4} - \frac{3}{2} + 2\right) - (4 - 6 - 4) = 6{,}75.$$

Lösung A4

(1) Steigung m_1 des Graphen der Funktion f im Ursprung: $f'(x) = -3x^2 + 1$, also $m_1 = f'(0) = 1$.
Die Steigung der Geraden g ist $m_2 = -1$, das Produkt der beiden Steigungen ist also $m_1 \cdot m_2 = -1$, d. h., die Gerade g schneidet den Graphen von f im rechten Winkel.

(2) Punktproben ergeben:
$f(-\sqrt{2}) = -(-\sqrt{2})^3 + (-\sqrt{2}) = 2\sqrt{2} - \sqrt{2} = \sqrt{2}$
$\quad = g(-\sqrt{2})$,
$f(\sqrt{2}) = -\sqrt{2}^3 + \sqrt{2} = -2\sqrt{2} + \sqrt{2} = -\sqrt{2} = g(\sqrt{2})$.

(3)

(4) Beide Graphen sind punktsymmetrisch zum Ursprung, da in den Funktionstermen nur Potenzen mit ungeraden Exponenten auftreten; daher kann man auch die beiden Flächenstücke durch Punktspiegelung am Ursprung jeweils ineinander überführen.

(5) Um den Flächeninhalt eines Flächenstücks zu bestimmen, berechnet man das Integral über die Differenzfunktion $d(x) = f(x) - g(x)$ für das Intervall $[0;\,\sqrt{2}]$:

$$\int_{0}^{\sqrt{2}} ((-x^3 + x) - (-x))\, dx = \int_{0}^{\sqrt{2}} (-x^3 + 2x)\, dx = \left[-\frac{x^4}{4} + x^2\right]_{0}^{\sqrt{2}} = -1 + 2 = 1.$$

Lösung A5

(1) Aus der einzigen Nullstelle mit $f(3) = 0$ ergibt sich $a \cdot (3 - b) \cdot e^3 = 0 \Leftrightarrow b = 3$ (wegen $a > 0$), und aus $f(0) = 4{,}5$ folgt $f(0) = 4{,}5 = a \cdot (0 - 3)^2 \cdot 1 = 9\,a \Leftrightarrow a = 0{,}5$.

(2) Der Graph der quadratischen Funktion ist eine nach oben geöffnete Parabel, welche die x-Achse an den Stellen $x = 0$ und $x = \frac{2}{3}$ schneidet:
$3\,x^2 + 2x = 0 \Leftrightarrow x \cdot (3x + 2) = 0 \Leftrightarrow x = 0 \lor x = -\frac{2}{3}$, d. h. ein Teil der zwischen Graph und x-Achse eingeschlossenen Fläche liegt unterhalb der x-Achse und geht negativ bei der Berechnung des Integrals ein.

(3) $\int_{-1}^{2} (3\,x^2 + 2x)\,dx = [x^3 + x^2]_{-1}^{2} = (8 + 4) - (-1 + 1) = 12$

Lösung A6

Nullstellen der Funktion: $f(x) = 0 \Leftrightarrow x^2 = a^2 \Leftrightarrow x = \pm a$

Fläche zwischen Graph und x-Achse zwischen den Nullstellen:
$\int_{-a}^{a} f(x)\,dx = 2 \cdot \int_{0}^{a} f(x)\,dx = 2 \cdot \left[a^2\,x - \frac{1}{3}x^3\right]_{0}^{a} = 2 \cdot \left(a^3 - \frac{1}{3}a^3\right) = \frac{4}{3}a^3$
Bestimmung des Parameterwerts: $\frac{4}{3}\,a^3 = 36 \Leftrightarrow a^3 = 27 \Leftrightarrow a = 3$

Lösung A7

(1) Der Graph einer ganzrationalen Funktion ist punktsymmetrisch zum Ursprung, wenn im Funktionsterm nur Potenzen von x mit ungeradem Exponenten auftreten. Dies ist der Fall, wenn $k = 2$.

(2) $f_k(1) = 1 - (2 - k) \cdot 1 + 2 = 1 \Leftrightarrow 1 + 2 - k = 3 \Leftrightarrow k = 0$

(3) $f_k'(x) = 3\,x^2 - 2 \cdot (2 - k) \cdot x + 2$
$f_k''(x) = 6\,x - 2 \cdot (2 - k)$
$f_k''(1) = 0 \Leftrightarrow 6 - 2 \cdot (2 - k) = 0 \Leftrightarrow k = -1$

Lösung A8

(1) An der Stelle $x = 0$ hat die Ableitungsfunktion f' eine Nullstelle mit Vorzeichenwechsel von – nach +, d. h. an der Stelle $x = 0$ liegt ein lokales Minimum.

(2) Nachweis der Stammfunktion durch Ableiten von F(x) gemäß Produkt- und Kettenregel:
$F(x) = (0{,}5\,x - 0{,}5)\,e^{2x}$,
$F'(x) = (0{,}5\,x - 0{,}5) \cdot 2 \cdot e^{2x} + 0{,}5 \cdot e^{2x} = (1\,x - 1)\,e^{2x} + 0{,}5 \cdot e^{2x} = (1\,x - 1 + 0{,}5)\,e^{2x} = (x - 0{,}5)\,e^{2x}$
$= f(x)$

(3) $\int_{0{,}5}^{1} (x - 0{,}5)\,e^{2x}\,dx = \left[(0{,}5\,x - 0{,}5)\,e^{2x}\right]_{0{,}5}^{1} = 0 - (0{,}25 - 0{,}5)\,e^1 = 0{,}25\,e.$

Der Flächeninhalt im Intervall von 0,5 bis 1 beträgt folglich $A = 0{,}25\,e$ FE.

Lösung A9

(1) Der dargestellte zeitliche Verlauf der Zulaufgeschwindigkeit wird abschnittweise untersucht. In den ersten 20 Minuten fließen konstant $50\,\frac{\ell}{\min}$ zu, also $20\,\min \cdot 50\,\frac{\ell}{\min} = 1000\,\ell$. Im zweiten Zeitabschnitt fließen 10 Minuten lang im Mittel $100\,\frac{\ell}{\min}$ in den Tank, insgesamt also $10\,\min \cdot 100\,\frac{\ell}{\min} = 1000\,\ell$. (Hier kann auch der Flächeninhalt des Trapezes berechnet werden.) Im dritten Zeitabschnitt kommen noch $20\,\min \cdot 150\,\frac{\ell}{\min} = 3000\,\ell$ hinzu. Insgesamt enthält der Tank nach 50 Minuten $1000\,\ell + 1000\,\ell + 3000\,\ell = 5000\,\ell$.

(2) Zur Berechnung eines Wertes für die im letzten Zeitintervall zugeflossene Ölmenge kann die Bestimmung eines Funktionsterms f (x) für eine ganzrationale Funktion 3. Grades dienen.
Anschließend ist dann das Integral $\int_{50}^{80} f(x)\,dx$ zu berechnen.

Aufgrund der naheliegenden Symmetrie kann aber auch ein näherungsweise linearer Verlauf der Zulaufgeschwindigkeit angenommen werden. Den Flächeninhalt des sich dann ergebenden Dreiecks ist ein Maß für die zugeflossene Ölmenge:

$\frac{1}{2} \cdot 30\,\min \cdot 150\,\frac{\ell}{\min} = 2250\,\ell$.

Lösung A10

(1) Gemäß Hauptsatz der Differenzial- und Integralrechnung ist $\int_{2}^{4} f(x)\,dx = F(4) - F(1) = 4 - 2 = 2$

(2) $f(1) = F'(1) = 0$, d. h., f hat an der Stelle $x = 1$ eine Nullstelle.
(3) Die Wendestelle von F ist eine Extremstelle von f.

Lösung A11

(1) Mit $f'(x) = \frac{1}{x}$ erhält man die Steigung der Tangente:
$m = f'(1) = 1$.

Die Tangente verläuft durch den Punkt (1|0). Sie hat daher die Gleichung
$t(x) = m \cdot x + b = x - 1$.

(2) Stammfunktionen zu g haben die Funktionsgleichung
$G(x) = \ln(x) + c$ mit $c \in \mathbb{R}$.
Da der Graph von G durch den Punkt (1|1) verläuft, gilt $c = 1$. Also ist $G(x) = \ln(x) + 1$ die gesuchte Funktionsgleichung.

Lösung A12

(1) $\int_{0}^{1} (-6x^2 + 12x + 18)\,dx = \left[-2x^3 + 6x^2 + 18x\right]_{0}^{1} = (-2 + 6 + 18) - (0 + 0 + 0) = 22$

Zusatz: Nachweis, dass der Flächeninhalt der eingeschlossenen Fläche 54 FE beträgt:

$\int_{0}^{3} (-6x^2 + 12x + 18)\,dx = \left[-2x^3 + 6x^2 + 18x\right]_{0}^{3} = (-54 + 54 + 54) - (0 + 0 + 0) = 54$.

(2) Das Dreieck, das gebildet wird durch den Punkt $H(1|24)$, den Punkt $(1|0)$ und den Schnittpunkt der Geraden g mit der x-Achse, muss den Flächeninhalt

$A = \left(\frac{1}{2} \cdot 54\right) - 22 = 5$ haben. Aus dem Flächeninhalt $A = 5$ und der Höhe $h = 24$ folgt für

die Breite a des Dreiecks: $a = \frac{5}{12}$, d. h., die Gerade g schneidet die x-Achse an der Stelle

$x = \frac{17}{12}$.

Lösung G1

(1) $E: \vec{x} = \begin{pmatrix} -1 \\ 2 \\ 1 \end{pmatrix} + r \cdot \begin{pmatrix} 2 \\ 1 \\ 0 \end{pmatrix} + s \cdot \begin{pmatrix} -1 \\ 0 \\ 1 \end{pmatrix}$

(2) Mithilfe einer Punktprobe zeigt man, dass $P \in g$. Zu lösen ist das lineare Gleichungssystem

$\begin{pmatrix} 1 \\ -2 \\ 3 \end{pmatrix} + t \cdot \begin{pmatrix} 1 \\ -2 \\ 1 \end{pmatrix} = \begin{pmatrix} -1 \\ 2 \\ 1 \end{pmatrix} \Leftrightarrow t \cdot \begin{pmatrix} 1 \\ -2 \\ 1 \end{pmatrix} = \begin{pmatrix} -2 \\ 4 \\ -2 \end{pmatrix} \Leftrightarrow \begin{vmatrix} t = -2 \\ -2t = 4 \\ t = -2 \end{vmatrix} \Leftrightarrow \begin{vmatrix} t = -2 \\ t = -2 \\ t = -2 \end{vmatrix} \Leftrightarrow t = -2.$

Dann muss noch gezeigt werden, dass der Richtungsvektor von g und die Richtungsvektoren von E zueinander orthogonal sind, d. h. dass die Skalarprodukte jeweils gleich null sind:

$\begin{pmatrix} 1 \\ -2 \\ 1 \end{pmatrix} * \begin{pmatrix} 2 \\ 1 \\ 0 \end{pmatrix} = 1 \cdot 2 + (-2) \cdot 1 + 1 \cdot 0 = 0; \quad \begin{pmatrix} 1 \\ -2 \\ 1 \end{pmatrix} * \begin{pmatrix} -1 \\ 0 \\ 1 \end{pmatrix} = 1 \cdot (-1) + (-2) \cdot 0 + 1 \cdot 1 = 0.$

Da die Gerade g die Ebene senkrecht schneidet, ist der Richtungsvektor von g ein Normalenvektor für die Ebene. Daher gilt:

$E: \vec{x} * \begin{pmatrix} 1 \\ -2 \\ 1 \end{pmatrix} = \begin{pmatrix} -1 \\ 2 \\ 1 \end{pmatrix} * \begin{pmatrix} 1 \\ -2 \\ 1 \end{pmatrix} = -1 - 4 + 1 = -4$, also $x - 2y + z = -4$.

(3) Da $P \in g$ gemäß (2), kann g auch durch die Parameterdarstellung

$g: \vec{x} = \begin{pmatrix} -1 \\ 2 \\ 1 \end{pmatrix} + t \cdot \begin{pmatrix} 1 \\ -2 \\ 1 \end{pmatrix}$ beschrieben werden.

Setzt man irgendeine reelle Zahl t ein und auch die Gegenzahl $-t$, dann erhält man zwei Punkte der Geraden, die zueinander Spiegelpunkte sind (Punktspiegelung an P), die also gleich weit von P entfernt sind.

Lösung G2

(1) $\vec{BC} = \begin{pmatrix} 5 - 4 \\ 6 - 3 \\ -4 - (-1) \end{pmatrix} = \begin{pmatrix} 1 \\ 3 \\ -3 \end{pmatrix}$, d. h. $\vec{OD} = \vec{OA} + \vec{AD} = \vec{OA} + \vec{BC} = \begin{pmatrix} 1 \\ 1 \\ 1 \end{pmatrix} + \begin{pmatrix} 1 \\ 3 \\ -3 \end{pmatrix} = \begin{pmatrix} 2 \\ 4 \\ -2 \end{pmatrix}$,

also $D(2|4|-2)$.

(2) $\overrightarrow{AB} = \begin{pmatrix} 4-1 \\ 3-1 \\ -1-1 \end{pmatrix} = \begin{pmatrix} 3 \\ 2 \\ -2 \end{pmatrix}$, also $|\overrightarrow{AB}| = |\overrightarrow{DC}| = \left\| \begin{pmatrix} 3 \\ 2 \\ -2 \end{pmatrix} \right\| = \sqrt{9+4+4} = \sqrt{17}$ und

$|\overrightarrow{AD}| = |\overrightarrow{BC}| = \left\| \begin{pmatrix} 1 \\ 3 \\ -3 \end{pmatrix} \right\| = \sqrt{1+9+9} = \sqrt{19}.$

(3) $\overrightarrow{AC} = \begin{pmatrix} 5-1 \\ 6-1 \\ -4-1 \end{pmatrix} = \begin{pmatrix} 4 \\ 5 \\ -5 \end{pmatrix}$; $\overrightarrow{DB} = \begin{pmatrix} 4-2 \\ 3-4 \\ -1-(-2) \end{pmatrix} = \begin{pmatrix} 2 \\ -1 \\ 1 \end{pmatrix}$; $\begin{pmatrix} 4 \\ 5 \\ -5 \end{pmatrix} * \begin{pmatrix} 2 \\ -1 \\ 1 \end{pmatrix} = 8-5-5 = -2 \neq 0.$

Da das Skalarprodukt der beiden Diagonalenvektoren ungleich null ist, gilt, dass sich die Diagonalen nicht im rechten Winkel schneiden.

(4) Wegen der Punktsymmetrie von Parallelogrammen ist der Schnittpunkt der Diagonalen gleich dem Mittelpunkt der beiden Diagonalen, also gleich dem Mittelpunkt M der Strecken AC und BD. Aus den Koordinaten der Punkte A und C ergibt sich $M\left(\frac{1}{2} \cdot (1+5) \mid \frac{1}{2} \cdot (1+6) \mid \frac{1}{2} \cdot (1+(-4))\right) = (3 \mid 3,5 \mid -1,5).$

Lösung G3

(1) Die Ebene schneidet die drei Achsen im gleichen Abstand vom Ursprung: $(1\mid 0\mid 0)$, $(0\mid 1\mid 0)$, $(0\mid 0\mid 1)$.
(2) Die Gerade g schneidet die Ebene im rechten Winkel, denn der Richtungsvektor der Geraden ist Normalenvektor der Ebene.
(3) Der Schnittpunkt von E und g ist $\left(\frac{1}{3} \mid \frac{1}{3} \mid \frac{1}{3}\right)$.

Lösung G4

(1) Nachweis durch Punktproben:

$\begin{pmatrix} 1 \\ 0 \\ 3 \end{pmatrix} + r \cdot \begin{pmatrix} 2 \\ 1 \\ 1 \end{pmatrix} = \begin{pmatrix} 7 \\ 3 \\ 6 \end{pmatrix} \Leftrightarrow \begin{vmatrix} 1+2r=7 \\ r=3 \\ 3+r=6 \end{vmatrix} \Leftrightarrow r = 3$, d.h. S liegt auf g.

$\begin{pmatrix} 5 \\ 4 \\ -1 \end{pmatrix} + s \cdot \begin{pmatrix} 2 \\ -1 \\ 7 \end{pmatrix} = \begin{pmatrix} 7 \\ 3 \\ 6 \end{pmatrix} \Leftrightarrow \begin{vmatrix} 5+2s=7 \\ 4-s=3 \\ -1+7s=6 \end{vmatrix} \Leftrightarrow s = 1$, d.h. S liegt auf h.

(2) Bestimmung der Streckenlängen:

$|\overrightarrow{PS}| = \left\| \begin{pmatrix} 1-7 \\ 0-3 \\ 3-6 \end{pmatrix} \right\| = \sqrt{36+9+9} = \sqrt{54}$, $|\overrightarrow{QS}| = \left\| \begin{pmatrix} 5-7 \\ 4-3 \\ -1-6 \end{pmatrix} \right\| = \sqrt{4+1+49} = \sqrt{54}$

(3) Flächeninhaltsbestimmung:
Mittelpunkt der Strecke PQ: $M(3\mid 2\mid 1)$
Basis: $|\overrightarrow{PQ}| = \left\| \begin{pmatrix} 1-5 \\ 0-4 \\ 3-(-1) \end{pmatrix} \right\| = \sqrt{16+16+16} = \sqrt{48}$
Höhe: $|\overrightarrow{MS}| = \begin{pmatrix} 3-7 \\ 2-3 \\ 1-6 \end{pmatrix} = \sqrt{16+1+25} = \sqrt{42}$
Flächeninhalt: $A = \frac{1}{2} \cdot \sqrt{48} \cdot \sqrt{42} = \frac{1}{2} \cdot \sqrt{48 \cdot 42} = \frac{1}{2} \cdot \sqrt{3 \cdot 16 \cdot 2 \cdot 3 \cdot 7} = \frac{1}{2} \cdot 4 \cdot 3 \cdot \sqrt{2 \cdot 7} = 6 \cdot \sqrt{14}$

Lösung G5

(1) (i) E_1 kann beispielsweise aufgespannt werden durch die Richtungsvektoren, die parallel zu der x-Achse bzw. y-Achse liegen:

$$E_1: \vec{x} = \begin{pmatrix} 3 \\ 2 \\ 1 \end{pmatrix} + r \cdot \begin{pmatrix} 1 \\ 0 \\ 0 \end{pmatrix} + s \cdot \begin{pmatrix} 0 \\ 1 \\ 0 \end{pmatrix}$$

(ii) E_2 liegt parallel zur x-z-Ebene; als Richtungsvektoren kommen daher die Vektoren in Frage, welche x-Achse bzw. die z-Achse bestimmen.

$$E_2: \vec{x} = \begin{pmatrix} 0 \\ 6 \\ 0 \end{pmatrix} + r \cdot \begin{pmatrix} 1 \\ 0 \\ 0 \end{pmatrix} + s \cdot \begin{pmatrix} 0 \\ 0 \\ 1 \end{pmatrix}$$

(2) Da E_1 parallel zur x-y-Ebene liegt, verändert sich durch Spiegelung nur die x_3-Koordinate. Der Abstand von A zu E_1 beträgt 3 LE und E_1 liegt in z-Richtung auf der Höhe 1, damit besitzt der Spiegelpunkt A' die Koordinaten (4|2|1 – 3), also A'(4|2|–2).

E_2 liegt parallel zur x-z-Ebene, wodurch die x- und die z-Koordinate von A' unverändert bleiben. Da für die Punkte auf E_2 gilt, dass y = 6, beträgt der Abstand von A' zur Ebene E_2 in y-Richtung 6 – 2 = 4 LE. Durch die Spiegelung an E_2 beträgt die y-Koordinate von A'' also 6+4 = 10. Somit ergibt sich A''(4|10|–2).

(3) $\vec{n} = \begin{pmatrix} 1 \\ -1 \\ 1 \end{pmatrix}$ ist ein Normalenvektor der Ebene.

Die Gerade mit g: $\vec{x} = \begin{pmatrix} 4 \\ 2 \\ 4 \end{pmatrix} + r \cdot \begin{pmatrix} 1 \\ -1 \\ 1 \end{pmatrix}$ verläuft durch A und trifft senkrecht auf die Spiegelebene. Man benötigt nun den Vektor von A auf die Ebene. Den zugehörigen Parameterwert erhält man aus dem Schnittansatz.
Zeilenweises Ablesen und Einsetzen ergibt:
$(4 + 1\,r) - (2 - 1\,r) + (4 + 1\,r) = 3 \;\Leftrightarrow\; 6 + 3\,r = 3 \;\Leftrightarrow\; r = -1.$

Den Spiegelpunkt A' hat den gleichen Abstand zur Ebene wie Punkt A, d. h., die Strecke von A zu A' ist doppelt so lang. Daher errechnet man den Ortsvektor des Spiegelpunkts durch folgende Gleichung:

$$\overrightarrow{OA'} = \begin{pmatrix} 4 \\ 2 \\ 4 \end{pmatrix} + 2 \cdot (-1) \cdot \begin{pmatrix} 1 \\ -1 \\ 1 \end{pmatrix} = \begin{pmatrix} 2 \\ 4 \\ 2 \end{pmatrix}.$$

Der Spiegelpunkt ist also A'(2|4|2).

Lösung G6

(1) Das lineare Gleichungssystem kann aus der Schnittpunktberechnung einer Gerade mit einer Ebene entstanden sein – die Gerade hat dabei die Parameterdarstellung

$\vec{x} = \begin{pmatrix} -1 \\ 1 \\ -3 \end{pmatrix} + r \cdot \begin{pmatrix} 2 \\ 0 \\ 1 \end{pmatrix}$, die Ebene die Parameterdarstellung $\vec{x} = \begin{pmatrix} 4 \\ 5 \\ 2 \end{pmatrix} + s \cdot \begin{pmatrix} -1 \\ -2 \\ 0 \end{pmatrix} + t \cdot \begin{pmatrix} 0 \\ -1 \\ 2 \end{pmatrix}$.

(2) Durch elementare Umformungen ergibt sich

$$\begin{vmatrix} -1 + 2\,r = 4 - s \\ 1 = 5 - 2\,s - t \\ -3 + r = 2 + 2\,t \end{vmatrix} \Leftrightarrow \begin{vmatrix} 2\,r + s - 5 \\ 2\,s + t = 4 \\ r - 2\,t = 5 \end{vmatrix} \Leftrightarrow \begin{vmatrix} 2\,r + s = 5 \\ -4\,r + t = -6 \\ r - 2\,t = 5 \end{vmatrix} \Leftrightarrow \begin{vmatrix} 2\,r + s = 5 \\ -4\,r + t = -6 \\ -7\,r = -7 \end{vmatrix} \Leftrightarrow \begin{vmatrix} s = 3 \\ t = -2 \\ r = 1 \end{vmatrix}$$

1. Schritt: umordnen, 2. Schritt: 2-Faches der 1. Zeile zur 2. Zeile addieren,
3. Schritt: 2-Faches der 2. Zeile zur 3. Zeile addieren, 4. Schritt: Einsetzen der Lösung für r

(3) Das lineare Gleichungssystem besitzt unendlich viele Lösungen, die sich in der Form

$$\vec{x} = \begin{pmatrix} c+1 \\ -c \\ c \end{pmatrix} = \begin{pmatrix} 1 \\ 0 \\ 0 \end{pmatrix} + c \cdot \begin{pmatrix} 1 \\ -1 \\ 1 \end{pmatrix}, \, c \in \mathbb{R}, \text{ darstellen lassen.}$$

(Geometrische Veranschaulichung: Die beiden Gleichungen können als Koordinatengleichungen von zwei Ebenen interpretiert werden; die Lösung ist eine Parameterdarstellung der Schnittgerade.)

Lösung G7

(1) Die Ebenen sind zueinander orthogonal, da das Skalarprodukt der beiden Normalenvektoren gleich null ist:

$$\vec{n_E} * \vec{n_F} = \begin{pmatrix} 1 \\ 1 \\ -1 \end{pmatrix} * \begin{pmatrix} 1 \\ 1 \\ 2 \end{pmatrix} = 1 + 1 - 2 = 0$$

(2) Durch Einsetzen der Koordinaten bestätigt man die Aussage bzgl. P und Q (jeweils durch Punktprobe).

(3) Mit den Punkten P und Q liegt auch die Gerade g durch P, Q in beiden Ebenen:

$$g: \vec{x} = \begin{pmatrix} 1 \\ 1 \\ 1 \end{pmatrix} + r \cdot \begin{pmatrix} 0-1 \\ 2-1 \\ 1-1 \end{pmatrix} = \begin{pmatrix} 1 \\ 1 \\ 1 \end{pmatrix} + r \cdot \begin{pmatrix} -1 \\ 1 \\ 0 \end{pmatrix}$$

Die Gerade g verläuft parallel zur x-y-Ebene, hat dort also keine Spurpunkte.
Der Punkt Q liegt in der y-z-Ebene, ist also dort Spurpunkt der Geraden g.
Spurpunkt mit der x-z-Ebene: Setze die y-Koordinate gleich null, also $1 + r = 0$. Dies ist der Fall für $r = -1$. Der zugehörige Spurpunkt ist also R(2|0|1).

Lösung S1

(1) Mithilfe der Zufallsgröße X: *Anzahl der Erfolge* ergibt sich
$P(E_1) = P(X \geq 4) = P(X = 4) + P(X = 5) = 5 \cdot 0{,}25^4 \cdot 0{,}75 + 0{,}25^5 = P_6$
$P(E_2) = P(X \geq 3) = P(X = 3) + P(X = 4) + P(X = 5)$
$\qquad = 10 \cdot 0{,}25^3 \cdot 0{,}75^2 + 5 \cdot 0{,}25^4 \cdot 0{,}75 + 0{,}25^5 = P_1$

$\mu = 5 \cdot 0{,}25 = 1{,}25$, also
$P(E_3) = P(X \geq 2) = 1 - P(X \leq 1) = 1 - (P(X = 0) + P(X = 1))$
$\qquad = 1 - (0{,}75^5 + 5 \cdot 0{,}75^4 \cdot 0{,}25) = P_2$

(2) Im Histogramm kann man ablesen: $P(X = 0) \approx 0{,}24$; $P(X = 1) \approx 0{,}40$;
$P(X = 2) \approx 0{,}26$; $P(X = 3) \approx 0{,}09$; $P(X = 4) \approx 0{,}01$; $P(X = 5) \approx 0$.

Hieraus ergibt sich:
$P(E_1) = P(X = 4) + P(X = 5) \approx 0{,}01$,
$P(E_2) = P(X = 3) + P(X = 4) + P(X = 5) \approx 0{,}10$,
$P(E_3) = 1 - (P(X = 0) + P(X = 1)) \approx 1 - 0{,}64 = 0{,}36$.

Lösung S2

(1) siehe rechts.

(2) $P(E) = 0{,}5^2 + 0{,}3^2 + 0{,}2^2 = 0{,}38$

(3) Zufallsgröße X: *Auszahlung in €*
$E(X) = 0{,}38 \cdot 2 + 0{,}62 \cdot 0 = 0{,}76 = a$. Das
Spiel ist fair, wenn der Einsatz pro Spiel
0,76 € beträgt.

(4) Die Wahrscheinlichkeit für das Ereignis
„drei verschieden gefärbte Sektoren" ist
$6 \cdot (0{,}5 \cdot 0{,}3 \cdot 0{,}2) = 0{,}18$.
Im Mittel wird dann ausgezahlt: $E(X) = 0{,}38 \cdot 2 € + 0{,}18 \cdot 1 € + 0{,}44 \cdot 0 € = 0{,}94 €$.

Im Mittel werden pro Spiel 0,94 € ausgezahlt, d.h. der Spielbetreiber hat im Mittel
nur noch einen Gewinn von 0,06 € pro Spiel.
Da der mittlere Gewinn des Spielbetreibers deutlich geringer geworden ist, wird das
Spiel für die Teilnehmer interessanter sein.

Lösung S3

(1) Infrage kommt nur das mittlere Histogramm.

Die Grafik links passt nicht zu n = 12 und p = 0,3, denn das Maximum der Verteilung
muss bei $\mu = 12 \cdot 3 = 3{,}6$ liegen (also bei k = 3 oder bei k = 4).

Die Grafik rechts passt nicht, weil die Summe aller Wahrscheinlichkeiten gleich 1 sein
muss, was hier deutlich übertroffen wird.

(2) Wegen $\mu = n \cdot p$ und $\sigma^2 = n \cdot p \cdot (1 - p)$ gilt $\frac{\sigma^2}{\mu} = 1 - p$, also hier $1 - p = \frac{2^2}{20} = 0{,}2$,

also $p = 0{,}8$. Hieraus folgt dann $n = \frac{\mu}{p} = \frac{20}{0{,}8} = 25$.

Lösung S4

(1) Kombinationstabelle: siehe rechts

Δ	1	2	3	4	5	6
1	0	1	2	3	4	5
2	1	0	1	2	3	4
3	2	1	0	1	2	3
4	3	2	1	0	1	2
5	4	3	2	1	0	1
6	5	4	3	2	1	0

Aus der Kombinationstabelle ergibt sich die
Wahrscheinlichkeitsverteilung der Zufallsgröße X.

Auszahlung in €	0	1	2	3	4	5	Summe
Anzahl	6	10	8	6	4	2	36
Wahrsch.	$\frac{6}{36}$	$\frac{10}{36}$	$\frac{8}{36}$	$\frac{6}{36}$	$\frac{4}{36}$	$\frac{2}{36}$	1

(2) Berechnung des Erwartungswerts von X:

Auszahlung in €	0	1	2	3	4	5	Summe
Anzahl	6	10	8	6	4	2	36
Wahrsch.	$\frac{6}{36}$	$\frac{10}{36}$	$\frac{8}{36}$	$\frac{6}{36}$	$\frac{4}{36}$	$\frac{2}{36}$	1
Produkt in €	0	$\frac{10}{36}$	$\frac{16}{36}$	$\frac{18}{36}$	$\frac{16}{36}$	$\frac{10}{36}$	$\frac{70}{36}$

Der Erwartungswert der Zufallsgröße, also der Auszahlung, beträgt $\frac{35}{18}$ €, d. h., die erwartete Auszahlung ist geringer als der Spieleinsatz von 2 €. Daher ist die Spielregel nicht fair.

Lösung S5

(1) Es spielt keine Rolle, ob die beiden Kugeln nacheinander oder mit einem Griff gezogen werden.

$r = 6$; $b = 10$: $P(rr, bb) = \frac{6}{15} \cdot \frac{5}{15} + \frac{10}{16} \cdot \frac{9}{15} = \frac{30 + 90}{240} = \frac{1}{2}$

Da die Wahrscheinlichkeit für einen Gewinn genauso groß ist wie für einen Verlust, ist dies eine faire Spielregel.

(2) $r = 5$; $b = 11$: $P(rr, bb) = \frac{5}{16} \cdot \frac{4}{15} + \frac{11}{16} \cdot \frac{10}{15} = \frac{20 + 110}{240} = \frac{13}{24} > \frac{1}{2}$

Diese Spielregel wäre für den Spielteilnehmer günstig.

$r = 7$; $b = 9$: $P(rr, bb) = \frac{7}{15} \cdot \frac{6}{14} + \frac{9}{15} \cdot \frac{8}{14} = \frac{42 + 72}{240} = \frac{114}{240} = \frac{19}{40} < \frac{1}{2}$

Diese Spielregel wäre für den Spielteilnehmer ungünstig.

Lösung S6

(1) $\mu = 4$ (Lage der Symmetrieachse), $\sigma \approx 0{,}5$ (Lage der Wendepunkte des Graphen)

(2) (i) $P(X = 4) = 0$ (ii) $P(X \leq 4{,}5) = P(X \leq \mu + \sigma) \approx 0{,}84$

    (iii) $P(X > 3) = P(X > \mu - 2\sigma) \approx 0{,}977$

(3) (i) $P(X \leq \mu + 1{,}28\,\sigma) \approx 0{,}9$; also $k \approx 4 + 1{,}28 \cdot 0{,}5 \approx 4{,}64$

    (ii) $P(X > \mu + \sigma) \approx 0{,}16$; also $k \approx 4{,}5$

Lösung S7

(1) $P(X = 3) = \binom{9}{3} \cdot p^3 \cdot (1 - p)^6 = \binom{9}{4} \cdot p^4 \cdot (1 - p)^5 = P(X = 4)$

$\Leftrightarrow \frac{9 \cdot 8 \cdot 7}{3 \cdot 2} \cdot p^3 \cdot (1 - p)^6 = \frac{9 \cdot 8 \cdot 7 \cdot 6}{4 \cdot 3 \cdot 2} \cdot p^4 \cdot (1 - p)^5 \Leftrightarrow 1 - p = \frac{3}{2} p \Leftrightarrow \frac{5}{2} p = 1 \Leftrightarrow p = \frac{2}{5} = 0{,}4$

(2) $P(X = 4) = \binom{8}{4} \cdot \left(\frac{1}{3}\right)^4 \cdot \left(\frac{2}{3}\right)^4$; $P(X = 6) = \binom{8}{6} \cdot \left(\frac{1}{3}\right)^6 \cdot \left(\frac{2}{3}\right)^2 = \binom{8}{2} \cdot \left(\frac{1}{3}\right)^6 \cdot \left(\frac{2}{3}\right)^2$

$P(X = 4) = 10 \cdot P(X = 6) \Leftrightarrow \frac{8 \cdot 7 \cdot 6 \cdot 5}{4 \cdot 3 \cdot 2} \cdot \left(\frac{1}{3}\right)^4 \cdot \left(\frac{2}{3}\right)^4 = 10 \cdot \frac{8 \cdot 7}{2} \cdot \left(\frac{1}{3}\right)^6 \cdot \left(\frac{2}{3}\right)^2 \Leftrightarrow \frac{6 \cdot 5}{4 \cdot 3} \cdot \left(\frac{2}{3}\right)^2 = 10 \cdot \left(\frac{1}{3}\right)^2$

$\Leftrightarrow \frac{2 \cdot 5}{4} \cdot 4 = 10 \Leftrightarrow 10 = 10$

Komplexere Trainingsaufgaben

Aufgabe 1 **Funktionsuntersuchung**

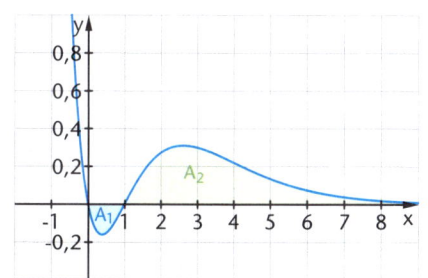 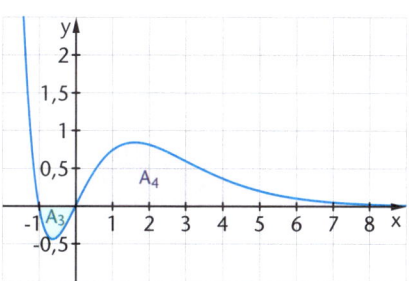

a) Die beiden Abbildungen zeigen die Graphen der Funktionen f und g mit
$f(x) = x \cdot (x - 1) \cdot e^{-x}$ und $g(x) = x \cdot (x + 1) \cdot e^{-x}$

   (1) Ordnen Sie die beiden Funktionsgleichungen den Abbildungen begründet zu. Interpretieren Sie den Verlauf der Graphen.
   Geben Sie Gemeinsamkeiten und Unterschiede an.   `B4`

   (2) Jemand behauptet: Man erhält den Graphen der einen Funktion aus dem Graphen
   der anderen Funktion durch eine Verschiebung in Richtung der x-Achse und gleich-
   zeitiger Streckung in Richtung der y-Achse.

   Beweisen Sie die Behauptung aus (2) mithilfe geeigneter algebraischer
   Umformungsschritte.   `B2`

b) (1) Die beiden Funktionen gehören zu einer Funktionenschar f_a mit
   $f_a(x) = x \cdot (x - a) \cdot e^{-x}$.

   Zeigen Sie, dass die Graphen der Funktionen dieser Schar an den Stellen

   $x = \frac{1}{2} \cdot (a + 2) \pm \frac{1}{2} \cdot \sqrt{a^2 + 4}$ eine waagerechte Tangente besitzen.   `A3` `B6`

   (2) Begründen Sie mithilfe des Terms $\frac{1}{2} \cdot (a + 2) \pm \frac{1}{2} \cdot \sqrt{a^2 + 4}$ aus Teilaufgabe (1),

   dass alle Funktionen dieser Schar einen Hoch- und einen Tiefpunkt besitzen.   `B6`

   (3) Ermitteln Sie konkret für a = 1 und für a = –1 die Lage der Hoch- und Tiefpunkte
   (vergleichen Sie zur Kontrolle Ihre Rechenergebnisse mit den o. a. Graphen).   `B6`

c) (1) Weisen Sie nach, dass die Funktion F mit $F(x) = -(x^2 + x + 1) \cdot e^{-x}$
   eine Stammfunktion für die Funktion f ist.   `A3` `D1`

   (2) Um eine Stammfunktion G der Funktion g mit $g(x) = x \cdot (x + 1) \cdot e^{-x}$ zu finden,
   kann man den Ansatz $G(x) = -(x^2 + b x + c) \cdot e^{-x}$ wählen.
   Bestimmen Sie geeignete Koeffizienten b und c.   `D1` `C2` `A2`

   (3) Stammfunktionen für die Funktion f_a sind alle vom Typ
   $F_a(x) = -(x^2 + b x + c) \cdot e^{-x}$.
   Bestimmen Sie geeignete Koeffizienten b und c, sodass gilt $F_a' = f_a$.   `C2`

d) (1) Bestimmen Sie den Flächeninhalt des Flächenstücks, das der Graph von f
im Intervall [0 ; 1] mit der x-Achse einschließt. `D2`

(2) Betrachten Sie allgemein für a > 0 die Funktionenschar $f_a(x) = x \cdot (x - a) \cdot e^{-x}$.
In Teilaufgabe b) (3) wurde gezeigt, dass $F_a(x) = - (x^2 + (2 - a) x + (2 - a)) \cdot e^{-x}$ eine
Stammfunktion für f_a ist.
Für welchen Parameterwert a ist das Flächenstück oberhalb der x-Achse
genau so groß wie das Flächenstück unterhalb der x-Achse?
Führen Sie eine Kontrollrechnung mithilfe der numerischen Integration durch. `B9`

Lösung

a) (1) An den Nullstellen kann man ablesen: Die Nullstellen von $f(x) = x \cdot (x - 1) \cdot e^{-x}$
liegen bei x = 0 und bei x = 1; die Nullstellen von $g(x) = x \cdot (x + 1) \cdot e^{-x}$ liegen bei
x = 0 und x = – 1. Daher ist links der Graph von f und rechts der Graph von g
abgebildet. Beide Graphen verlaufen nur zwischen den beiden Nullstellen im negativen Bereich, ansonsten oberhalb der x-Achse. Sie sind zunächst streng monoton
fallend bis zu einem Tiefpunkt, der zwischen den beiden Nullstellen liegt, dann
streng monoton steigend bis zu einem Hochpunkt; danach verlaufen beide Graphen streng monoton fallend mit der x-Achse als Asymptote. Beide Graphen sind
zunächst linksgekrümmt bis zu einem Wendepunkt, der zwischen Tief- und Hochpunkt liegt, dann rechtsgekrümmt bis zu einem weiteren Wendepunkt, danach wieder linksgekrümmt. Bei beiden Graphen haben die Nullstellen den Abstand 1 Einheit; allerdings sind die Funktionswerte der beiden Extrempunkte bei g weiter von
der x-Achse entfernt als bei f.

(2) Verschiebt man den Graphen von f um 1 Einheit nach links, dann muss im Funktionsterm die Variable x durch (x + 1) ersetzt werden:
$f(x + 1) = (x + 1) \cdot ((x + 1) - 1) \cdot e^{-(x + 1)} = (x + 1) \cdot x \cdot e^{-x-1} = (x + 1) \cdot x \cdot e^{-x} \cdot e^{-1} = e^{-1} \cdot g(x)$
d. h. $g(x) = e \cdot f(x + 1)$.
Damit ist gezeigt, dass der Graph von g aus dem Graphen von f durch Verschiebung
um eine Einheit nach links und Streckung mit dem Faktor e ≈ 2,718 in Richtung der
y-Achse hervorgeht.

b) (1) $f_a(x) = x \cdot (x - a) \cdot e^{-x} = (x^2 - ax) \cdot e^{-x}$,

$f_a'(x) = (2x - a) \cdot e^{-x} + (x^2 - ax) \cdot e^{-x} \cdot (-1) = (2x - a - x^2 + ax) \cdot e^{-x}$

$= -(x^2 - (a + 2) \cdot x + a) \cdot e^{-x}$

$f_a'(x) = 0 \Leftrightarrow x^2 - (a + 2) \cdot x + a = 0$

$\Leftrightarrow x^2 - (a + 2) \cdot x + \frac{1}{4} \cdot (a + 2)^2 = \frac{1}{4} \cdot a^2 + a + 1 - a$

$\Leftrightarrow (x - \frac{1}{2} \cdot (a + 2))^2 = \frac{1}{4} \cdot (a^2 + 4)$,

also $x = \frac{1}{2} \cdot (a + 2) \pm \frac{1}{2} \cdot \sqrt{a^2 + 4}$.

(2) Da der Term $a^2 + 4$ nicht null werden kann, hat die quadratische Gleichung in (2) stets zwei Lösungen. Das Vorzeichen der Ableitungsfunktion $f'_a(x) = -(x^2 - (a + 2) \cdot x + a) \cdot e^{-x}$ hängt nur von dem quadratischen Faktor ab, da $e^{-x} > 0$ für beliebige $x \in \mathbb{R}$. Da der Graph von $y = -(x^2 - (a + 2) \cdot x + a)$ eine nach unten geöffnete quadratische Parabel ist, liegt an der kleineren Nullstelle der Ableitungsfunktion [also bei $x = \frac{1}{2} \cdot (a + 2) - \frac{1}{2} \cdot \sqrt{a^2 + 4}$] ein VZW von – nach + statt vor, d. h. dort befindet sich ein lokales Minimum, und an der größeren Nullstelle [also bei $x = \frac{1}{2} \cdot (a + 2) + \frac{1}{2} \cdot \sqrt{a^2 + 4}$] ein VZW von + nach – statt, d. h. dort befindet sich ein lokales Maximum der Funktion.

(3) Beim Einsetzen von $a = +1$ ergeben sich der Tiefpunkt T $(0,38 \,|\, -0,16)$ und der Hochpunkt H $(2,62 \,|\, 0,31)$,

$f(x) = x*(x-1)*e^{-x}$ DEG	$f\left(\frac{3}{2} - \frac{1}{2} * \sqrt{5}\right)$ DEG -0.161120703	$f\left(\frac{3}{2} + \frac{1}{2} * \sqrt{5}\right)$ DEG 0.309004786

beim Einsetzen von $a = -1$ entsprechend der Tiefpunkt T $(-0,62 \,|\, -0,44)$ und der Hochpunkt H $(1,62 \,|\, 0,84)$,

$g(x) = x*(x+1)*e^{-x}$ DEG	$g\left(\frac{1}{2} - \frac{1}{2} * \sqrt{5}\right)$ DEG -0.437971479	$g\left(\frac{1}{2} + \frac{1}{2} * \sqrt{5}\right)$ DEG 0.839962095

c) (1) Nachweis durch Ableiten gemäß Produkt- und Kettenregel:

$$F'(x) = -(2x + 1) \cdot e^{-x} - (x^2 + x + 1) \cdot e^{-x} \cdot (-1) = (-2x - 1 + x^2 + x + 1) \cdot e^{-x}$$
$$= (x^2 - x) \cdot e^{-x} = x \cdot (x - 1) \cdot e^{-x} = f(x)$$

(2) Bestimmen der Ableitung der Funktion $G(x) = -(x^2 + bx + c) \cdot e^{-x}$ mit Produkt- und Kettenregel:

$$G'(x) = -(2x + b) \cdot e^{-x} - (x^2 + bx + c) \cdot e^{-x} \cdot (-1) = (-2x - b + x^2 + bx + c) \cdot e^{-x}$$

$$= (x^2 + (b - 2) \cdot x + (c - b)) \cdot e^{-x}.$$

Koeffzientenvergleich mit $g(x) = (x^2 + x) \cdot e^{-x}$ ergibt $b - 2 = 1$ und $c - b = 0$, also $b = c = 3$. $G(x) = -(x^2 + 3x + 3) \cdot e^{-x}$ ist also eine Stammfunktion für g.

(3) Koeffizientenvergleich von $F'_a(x) = (x^2 + (b - 2) \cdot x + (c - b)) \cdot e^{-x}$ mit $f_k(x) = x \cdot (x - a) \cdot e^{-x} = (x^2 - ax) \cdot e^{-x}$ ergibt allgemein die Bedingungen $-a = b - 2$ und $c - b = 0$, also $b = 2 - a$ und $c = b = 2 - a$.

Folglich ist $F_a(x) = -(x^2 + (2 - a)x + (2 - a)) \cdot e^{-x}$ eine Stammfunktion für f_a.

d) (1) $\int_0^1 f(x)\, dx = [-(x^2 + x + 1) \cdot e^{-x}]_0^1 = -3 e^{-1} - (-1) = 1 - \frac{3}{e} \approx -0,104$

Das Flächenstück hat ungefähr einen Flächeninhalt von 0,104 FE.

(2) Betrachtet werden die beiden Intervalle $[0\,;a]$ und $[a\,;+\infty[$.

Für die Integrale soll gelten: $\left|\int_0^a f_a(x)\,dx\right| = -\int_0^a f_a(x)\,dx = \int_a^{+\infty} f_a(x)\,dx$.

Im Einzelnen ist

$$\int_0^a f_a(x)\,dx = -[-(x^2 + (2-a)x + (2-a))\cdot e^{-x}]_0^a$$

$$= (a^2 + 2a - a^2 + 2 - a)\cdot e^{-a} - (2-a) = (a+2)\cdot e^{-a} - (2-a),$$

$$\int_a^{\infty} f_a(x)\,dx = [-(x^2 + (2-a)\cdot x + (2-a))\cdot e^{-x}]_a^{\infty}$$

$$= 0 - (-(a^2 + (2-a)\cdot a + (2-a))\cdot e^{-a}) = (a+2)\cdot e^{-a}.$$

Die beiden Integrale unterscheiden sich nur um den Summanden $(2-a)$. Damit beide Integrale gleich sind, muss also $a = 2$ sein.

Kontrollrechnung: Für $a = 2$ ist $F_2(x) = -x^2\cdot e^{-x}$ eine Stammfunktion für $f_2(x) = x\cdot(x-2)\cdot e^{-x} = (x^2 - 2x)\cdot e^{-x}$, denn

$$F_2'(x) = (-2x)\cdot e^{-x} + (-x^2)\cdot e^{-x}\cdot(-1) = (-2x + x^2)\cdot e^{-x} = f_2(x).$$

Aufgabe 2   Besucheransturm im Stadion

Ein Fan des VfL Bochum möchte mit einem mathematischen Modell den Besucheransturm beim nächsten Heimspiel beschreiben. Der Ansturm der Besucher wird (in Tausend Zuschauern pro Stunde) näherungsweise beschrieben durch die Funktion f mit $f(x) = 120\,x\cdot e^{-2x}$ (vgl. Grafik). Dabei stellt $x = 0$ den Zeitpunkt der Öffnung des Stadions um 14.00 Uhr dar. Das Spiel wird anderthalb Stunden später angepfiffen, also bei $x = 1{,}5$.

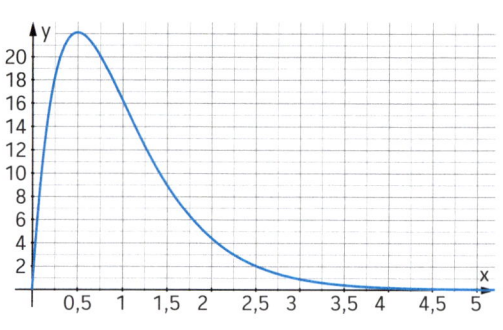

a) Geben Sie an, wie groß der Besucheransturm um 14.15 Uhr und um 15.00 Uhr ist. Rechnen Sie das Ergebnis auch in Besucher pro Minute um.   A5

b) Berechnen Sie, zu welchem Zeitpunkt der Besucheransturm am größten ist. (zur Kontrolle: $f'(x) = 120\cdot(1-2x)\cdot e^{-2x}$)   A2 A3

c) Der Funktionsterm der Ableitungsfunktion lässt sich auch schreiben als

$$f'(x) = -\frac{2}{e}\cdot 120\cdot\left(x - \frac{1}{2}\right)\cdot e^{-2\cdot\left(x-\frac{1}{2}\right)} = -\frac{2}{e}\cdot f\left(x - \frac{1}{2}\right).$$

Erläutern Sie die Darstellung der Ableitungsfunktion, indem Sie die Termumformungen begründen.   A3

d) Beschreiben Sie, mit welchen Transformationen der Graph der Ableitungsfunktion f' aus dem Graphen der Funktion f entsteht.   B2 B3

e) Begründen Sie, dass für die zweite Ableitungsfunktion $f''(x) = \frac{2^2}{e^2}\cdot f(x-1)$ gilt.   B7

f) Für die Sicherheit im Stadion ist von großer Bedeutung, wie viele Besucher zu Spielbeginn um 15.30 Uhr im Stadion sind (es kann angenommen werden, dass das Stadion bei der Öffnung um 14.00 Uhr leer war). Begründen Sie, dass

$F(x) = -\frac{e}{2} \cdot f\left(x + \frac{1}{2}\right)$ eine Stammfunktion von f ist und $\int_0^{1,5} f(x)\,dx = \frac{e}{2} \cdot [f(0,5) - f(2)]$ gilt.

Berechnen Sie dann die Besucheranzahl bei Anpfiff des Fußballspiels. **D4**

g) Die vorangehende Teilaufgabe f) stellt eine Verbindung zwischen der Integralrechnung und der Bestimmung von Extremstellen her. Dieser Zusammenhang kann verallgemeinert werden.
Begründen Sie die folgende Aussage: Die Funktion g mit $g(x) = c \cdot x \cdot e^{-ax}$ mit a > 0 hat die Extremstelle $x_E = \frac{1}{a}$.

Lösung

a) Aus dem Graphen kann man ungefähre Werte ablesen:
Der Besucheransturm um 14.15 Uhr beträgt $f(0,25) \approx 18$ [1000 Besucher/h], das entspricht $18 \cdot \frac{1000}{60} = 300$ Besuchern pro Minute, die das Stadion betreten.
Um 15.00 Uhr beträgt der Besucheransturm $f(1) \approx 16$ [1000 Besucher/h] ≈ 267 Besucher pro Minute.

b) Am Graphen kann man ablesen:
Der größte Besucheransturm wird zum Zeitpunkt x = 0,5, also um 14.30 Uhr, erreicht.
Der Besucheransturm beträgt $f(0,5) \approx 22$ [1000 Besucher/h], also ungefähr 367 Besucher pro Minute.
Genauere Werte für a) und b) (siehe WTR):
f(0,25) = 18,20   f(0,5) = 22,07   f(1) = 16,24
also
g(0,25) = 303 Besucher pro Minute   g(0,5) = 368 Besucher pro Minute
g(1) = 271 Besucher pro Minute

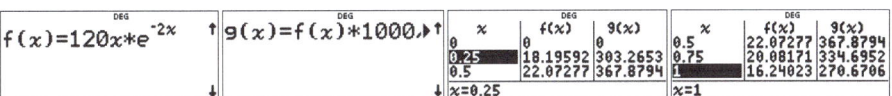

Rechnerische Lösung:
$f'(x) = 120 \cdot e^{-2x} + 120\,x \cdot e^{-2x} \cdot (-2) = 120 \cdot (1 - 2x) \cdot e^{-2x}$

Notwendige Bedingung: f'(x) = 0
$\Leftrightarrow 120 \cdot (1 - 2x) \cdot e^{-2x} = 0$ (Satz vom Nullprodukt: Ein Produkt ist null genau dann, wenn ein Faktor null ist)
$\Leftrightarrow 1 - 2x = 0$
$\Leftrightarrow x = 0,5$

Hinreichende Bedingung: f''(0,5) < 0:
$f''(x) = 120 \cdot (-2) \cdot e^{-2x} - 2 \cdot 120 \cdot (1 - 2x) \cdot e^{-2x} = 480 \cdot (x-1) \cdot e^{-2x}$
$f''(0,5) = 480 \cdot (-0,5) \cdot e^{-2x} < 0$

c) Anhand der obigen Rechnung bzw. Kontrolllösung formen wir um:

$$f'(x) = 120 \cdot (1 - 2x) \cdot e^{-2x} = -2 \cdot 120 \cdot \left(x - \tfrac{1}{2}\right) \cdot e^{-2x+1-1} \quad \text{(Ausklammern des Faktors -2)}$$

$$f'(x) = -\tfrac{2}{e} \cdot 120 \cdot \left(x - \tfrac{1}{2}\right) \cdot e^{-2\left(x - \tfrac{1}{2}\right)} \quad \text{(Umschreiben des Exponenten)}$$

$$f'(x) = -\tfrac{2}{e} \cdot f\left(x - \tfrac{1}{2}\right) \quad \text{(Deutung als Funktionswert an der Stelle } x - \tfrac{1}{2} \text{)}$$

d) Die folgenden Transformationen werden auf den Graphen von f angewendet:
   - Verschiebung des Graphen um eine halbe Einheit in Richtung der x-Achse
   - Streckung mit dem Faktor $\tfrac{2}{e} \approx 0{,}736$ in Richtung der y-Achse
   - Spiegelung an der x-Achse

   Bemerkung: Die obigen Transformationen sind in jeder beliebigen Reihenfolge möglich.

e) Mit der Beschreibung der Ableitungsfunktion $f'(x) = -\tfrac{2}{e} \cdot f\left(x - \tfrac{1}{2}\right)$ erhalten wir für die zweite Ableitungsfunktion

$$f''(x) = -\tfrac{2}{e} \cdot f'\left(x - \tfrac{1}{2}\right) = -\tfrac{2}{e} \cdot \left(-\tfrac{2}{e}\right) \cdot f(x - 1) = \tfrac{2^2}{e^2} \cdot f(x - 1)$$

Die Funktionsgleichung kann zweimal angewandt werden, um im ersten Schritt auf die Ableitungsfunktion und im zweiten Schritt auf die Funktion zurückzugehen. Beachten Sie, dass bei der obigen Rechnung auch die Kettenregel verwendet wird: $(x - \tfrac{1}{2})' = 1$.

f) Nachweis der Stammfunktion:

$$F'(x) = -\tfrac{e}{2} \cdot f'\left(x + \tfrac{1}{2}\right) = -\tfrac{e}{2} \cdot \left(-\tfrac{2}{e}\right) \cdot f\left(x + \tfrac{1}{2} - \tfrac{1}{2}\right) = f(x)$$

Berechnung des Integrals:

$$\int_0^{1,5} f(x)\,dx = [F(x)]_0^{1,5} = F(1{,}5) - F(0) = -\tfrac{e}{2} \cdot (f(2) - f(0{,}5)) = \tfrac{e}{2} \cdot (f(0{,}5) - f(2))$$

$$\approx 24 \ \text{[Tausend Besucher]} \quad \text{(vgl. WTR-Rechnung)}$$

```
                          DEG        ▲▼
e/2*(f(0.5)-f(2))
                24.0255518
```

Im Stadion sind zu Spielbeginn ca. 24000 Besucher.

g) Berechnung der Ableitungsfunktion:

$$g'(x) = -a \cdot c \cdot x \cdot e^{-a \cdot x} + c \cdot e^{-a \cdot x} = -a \cdot c \cdot \left(x - \tfrac{1}{a}\right) \cdot e^{-a \cdot x}$$

Mögliche Extremstelle: $x_E = \tfrac{1}{a}$

Da an der Stelle x_E ein Vorzeichenwechsel im Linearfaktor auftritt, liegt bei x_E ein Extremum vor (Vorzeichenwechselkriterium).
Wir schreiben die Ableitungsfunktion und eine Stammfunktion mithilfe des Funktionsterms:

$$g'(x) = -a \cdot c \cdot \left(x - \tfrac{1}{a}\right) \cdot e^{-a \cdot \left(x - \tfrac{1}{a}\right) - 1} = -\tfrac{a}{e} \cdot g\left(x - \tfrac{1}{a}\right)$$

$$G(x) = -\tfrac{e}{a} \cdot g\left(x + \tfrac{1}{a}\right)$$

Kontrolle: $G'(x) = -\tfrac{e}{a} \cdot g'\left(x + \tfrac{1}{a}\right) = -\tfrac{e}{a} \cdot \left(-\tfrac{a}{e}\right) \cdot g\left(x + \tfrac{1}{a} - \tfrac{1}{a}\right) = g(x)$

Aufgabe 3 Warteschlange vor dem Kino

Das Kino *Cinestar* ist sehr beliebt – abends bildet sich vor der Kinokasse eine lange Schlange. Das wiederholt sich an jedem Abend in ähnlicher Weise. Zwei befreundete Personen überlegen sich, wann der günstigste Zeitpunkt ist, sich vor dem Kino zu verabreden und in die Schlange einzureihen. Dazu haben sie einmal gezählt, wie viele Kinobesucher bis zu einem bestimmten Zeitpunkt vor dem Kino ankommen.

Zeitintervall	angekom-mene Kino-besucher	Zeitintervall	angekom-mene Kino-besucher
bis 19.30 Uhr	0	bis 19.38 Uhr	83
bis 19.31 Uhr	2	bis 19.39 Uhr	100
bis 19.32 Uhr	5	bis 19.40 Uhr	116
bis 19.33 Uhr	12	bis 19.41 Uhr	132
bis 19.34 Uhr	21	bis 19.42 Uhr	147
bis 19.35 Uhr	34	bis 19.43 Uhr	161
bis 19.36 Uhr	49	bis 19.44 Uhr	173
bis 19.37 Uhr	65	bis 19.45 Uhr	184

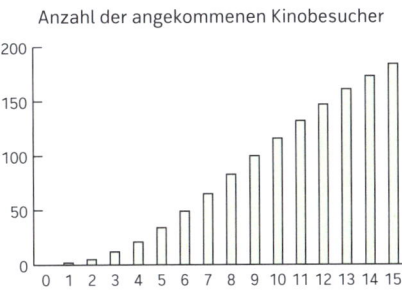

Anzahl der angekommenen Kinobesucher

a) Berechnen Sie, wie viele Kinobesucher sich in der Zeit zwischen 19.35 und 19.40 Uhr in der Warteschlange anstellen.

b) Auf Basis der Beobachtungen wird der Besucheransturm (in Besuchern pro Minute) durch die Funktion f mit $f(t) = 2t^2 \cdot e^{-0,25t}$ modelliert. Dabei bezeichnet t die Anzahl der Minuten seit Beobachtungsbeginn um 19.30 Uhr (t = 10 steht also für den Zeitpunkt 19.40 Uhr und die davor liegende Minute). `A2` `A3`
   (i) Berechnen Sie auf Basis der Modellfunktion, wie groß der Besucheransturm um 19.40 Uhr ist.
   (ii) Bestimmen Sie für den größten Besucheransturm den exakten Zeitpunkt sowie die ungefähre Anzahl der Personen.

c) Mithilfe der Modellfunktion soll eine Vorhersage erstellt werden, wie viele Besucher sich von 19.45–20.00 Uhr sich an der Kasse anstellen. Bestimmen Sie dazu $\int_{15}^{30} f(t)\, dt$.
   Ermitteln Sie dazu eine Stammfunktion für f mithilfe eines Koeffizientenvergleichs mit dem Ansatz $F(t) = (At^2 + Bt + C) \cdot e^{-0,25t}$. `D3` `D1`

d) Der Film wird um 20.00 Uhr im großen Saal mit 300 Plätzen gestartet. Beurteilen Sie mithilfe der Modellfunktion, ob alle Personen, die sich an der Kasse angestellt haben, auch tatsächlich Einlass erhalten. `D3`

e) Ab 19.50 Uhr wird der Kinosaal geöffnet (nach der Reinigung im Anschluss an die vorherige Vorstellung). Pro Minute können 30 Gäste eintreten (inkl. Kartenkontrolle).
   Es sei $F_0(t) = \int_0^t f(x)\, dx$ die Integralfunktion von f zur unteren Grenze 0.
   (i) Weisen Sie nach, dass die Anzahl der wartenden Kinogäste nach 19.50 Uhr durch die Funktion g mit $g(t) = F_0(t) - 30(t - 20)$ beschrieben wird. `C3`
   (ii) Untersuchen Sie, wann alle Personen mit Eintrittskarte eingelassen sind. `B4`
   (iii) Begründen Sie, warum die Funktion g den Sachkontext für t < 20 nicht sinnvoll beschreiben kann.

Lösung

a) Die Anzahl der zwischen 19.35 Uhr und 19.40 Uhr eintreffenden Besucher ergibt sich aus der dokumentierten Liste als Differenz der kumulierten Häufigkeiten bis zum Zeitpunkt 19.40 Uhr und bis zum Zeitpunkt 19.35 Uhr: $116 - 34 = 82$.

b) (i) Um 19.40 Uhr (d. h. $t = 10$) beträgt der Besucheransturm
$f(10) = 2 \cdot 10^2 \cdot e^{-0,25 \cdot 10} = 200 \cdot e^{-2,5} = 16,42$
≈ 16 Besucher pro Minute.

(ii) Zur Ermittlung des Maximums des Besucherandrangs wird die Ableitungsfunktion bestimmt:
$f'(t) = 4\,t \cdot e^{-0,25t} - 0,5\,t^2 \cdot e^{-0,25t} = (4\,t - 0,5\,t^2) \cdot e^{-0,25t}$
$= 0,5 \cdot t \cdot (8 - t) \cdot e^{-0,25t}$

$f''(t) = (4 - t) \cdot e^{-0,25t} + (4\,t - 0,5\,t^2) \cdot e^{-0,25t} \cdot (-0,25)$
$= (4 - 2\,t + 0,125\,t^2) \cdot e^{-0,25t}$

Notwendige Bedingung: $f'(t) = 0 \Leftrightarrow t = 0 \lor t = 8$

Hinreichende Bedingung: $f''(0) = 4 > 0$ (Minimum),
$f''(8) = -4 \cdot e^{-2} < 0$ (Maximum).

Der größte Ansturm liegt um 19.38 Uhr vor und beträgt
$f(8) = 2 \cdot 8^2 \cdot e^{-0,25 \cdot 8} = 17,32 \approx 18$ Besucher pro Minute.

c) Bestimmung einer Stammfunktion mithilfe des Ansatzes
$F(t) = (A\,t^2 + B\,t + C) \cdot e^{-0,25t}$.

Ableitungsfunktion:
$F'(t) = (2\,A\,t + B) \cdot e^{-0,25t} + (A\,t^2 + B\,t + C) \cdot e^{-0,25t} \cdot (-0,25)$.

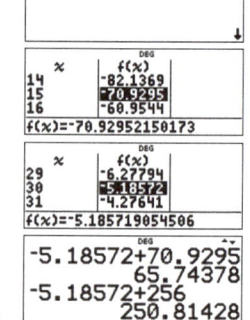

Ein Koeffizientenvergleich ergibt
$A \cdot (-0,25) = 2 \quad \Leftrightarrow A = -8$
$2\,A - 0,25\,B = 0 \Leftrightarrow B = -64$
$B - 0,25\,C = 0 \quad \Leftrightarrow C = -256$

Eine Stammfunktion von f ist folglich
$F(t) = (-8\,t^2 - 64\,t - 256) \cdot e^{-0,25t}$

Berechnung des Integrals: $\int_{15}^{30} f(t)\,dt = [F(t)]_{15}^{30} = F(30) - F(15) = 65,7$.

Zwischen 19.45 und 20.00 Uhr reihen sich 66 Personen in die Warteschlange ein.

d) Bestimmung des Integrals mithilfe der Stammfunktion:
$\int_{0}^{30} f(t)\,dt = [F(t)]_{0}^{30} = F(30) - F(0)$

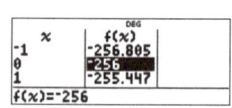

$= (-8 \cdot 30^2 - 64 \cdot 30 - 256) \cdot e^{-7,5} + 256 \approx 251$.

Die Anzahl der Personen, die sich bis 20.00 Uhr an der Kasse angestellt haben, ergibt sich im Rahmen der Modellfunktion als Integral $\int_{0}^{30} f(t) = 251$.

e) (i) Die Integralfunktion $F_0(t)$ beschreibt, wie viele Kinobesucher sich zum Zeitpunkt t in die Warteschlange eingereiht haben. Dabei gilt $F_0(0) = 0$. Ab 19.50 Uhr (also t = 20) betreten 30 Gäste pro Minute den Kinosaal. Also betreten für t ≥ 20 insgesamt $30 \cdot (t - 20)$ Gäste bis zum Zeitpunkt t den Kinosaal, diese werden von der Anzahl der wartenden Gäste subtrahiert.

(ii) Es gilt $F_0(t) = F(t) - F(0)$, da die Ableitungsfunktion jeweils f(t) ist und $F_0(0) = F(0) - F(0) = 0$ gilt.

D. h., es gilt

$$F_0(t) = (-8t^2 - 64t - 256) \cdot e^{-0,25t} + 256 \quad \text{und}$$

$$g(t) = (-8t^2 - 64t - 256) \cdot e^{-0,25t} + 256 - 30(t - 20).$$

Der Wertetabelle der Funktion g(t) entnehmen wir: Zum Zeitpunkt t ≈ 28, also etwa um 19.58 Uhr, sind alle Gäste im Kinosaal.

(iii) Die Funktion g ergibt im Kontext für t < 20 keinen Sinn, da der Summand $30(t - 20)$ hier einen „negativen Einfluss" beschreiben würde, d. h., es würde von der Anzahl der wartenden Kinobesucher noch eine negative Größe subtrahiert und damit die Anzahl der wartenden Gäste noch vergrößert werden.

Aufgabe 4   Verkehrszählungen und Stauprognosen auf der A40

Zur Beobachtung des Verkehrsaufkommens auf den Autobahnen gibt es sogenannte Dauerzählstellen – das sind fest installierte Geräte, die zählen, wie viele Pkw bzw. Lkw in die jeweilige Richtung vorbeifahren. Auf Basis dieser Daten wird die Verkehrsdichte in Pkw pro Stunde ermittelt.

Die untenstehende Tabelle gibt das Verkehrsaufkommen an einem Werktag von der 6. Stunde (5–6 Uhr) bis zur 19. Stunde (18–19 Uhr) an.

Stunde	6	7	8	9	10	11	12	13	14	15	16	17	18	19
Pkw	742	2153	4011	4347	3788	3540	3553	3957	4668	5259	5364	5476	5412	3999

a) (1) Bestimmen Sie, wie viele Autos im morgendlichen Berufsverkehr von 7–9 Uhr gezählt wurden.

   (2) Berechnen Sie die durchschnittliche Verkehrsdichte (in Pkw/h) in der Zeit von 14–17 Uhr.   `H1`

Im Folgenden soll das Verkehrsaufkommen in der Zeit zwischen 12 Uhr und 20 Uhr näherungsweise durch die Verkehrsdichtefunktion f mit $f(t) = -120\,t^2 + 3840\,t - 25240$ beschrieben werden. Dabei bezeichnet t die Zeit und $f(t)$ die Verkehrsdichte in Pkw/h.)

Hinweis: Die Verkehrszählung ist ein diskreter Prozess, der einerseits statistischen Schwankungen unterliegt, aber an vergleichbaren Wochentagen ein sehr stabiles Verhalten zeigt. Die Modellierung durch eine stetige Funktion stellt in dieser Hinsicht eine Vereinfachung dar.

b) Berechnen Sie auf Basis des Modells die Verkehrsdichte um 15 Uhr und um 18 Uhr.

c) Ermitteln Sie, zu welchem Zeitpunkt im Modell die größte Verkehrsdichte vorliegt.   `A1` `A3` `B6`

Mittags kann die Strecke noch frei befahren werden, doch nachmittags entsteht auf Höhe des Zählpunkts ein Stau, wenn auf den drei Fahrspuren mehr als 4000 Pkw pro Stunde fahren (und keine Geschwindigkeitsbegrenzungen vorgenommen werden).

d) (1) Bestimmen Sie die Zeitpunkte t_1 und t_2, an denen die Verkehrsdichte größer ist als $4000\,\frac{Pkw}{h}$.   `B5`

   (2) Vom Zeitpunkt t_1 an wächst also der Stau. Berechnen Sie auf Basis des o. a. Modells die maximale Staulänge (= Anzahl der Pkw).   `D1` `D2` `D3`

   (3) Interpretieren Sie Ihr Ergebnis und geben Sie die Staulänge in km an (Modellannahmen: Länge eines Pkw: 5 m, Abstand zwischen zwei aufeinander folgender Pkw: 5 m).

Bei erhöhtem Verkehrsaufkommen (also über $4000\,\frac{Pkw}{h}$) wird die Höchstgeschwindigkeit auf $80\,\frac{km}{h}$ reduziert, dann können sogar 5000 Pkw pro Stunde fahren. Diese Verkehrsdichte wird im Modell um 13 Uhr erreicht.

e) (1) Weisen Sie nach, dass sich die Anzahl der Pkws im Stau durch die Funktion $A(t) = -40\,t^3 + 1920\,t^2 - 30240\,t + 156800$ beschreiben lässt ($t \geq 13$).   `D1`

   (2) Skizzieren Sie den Graphen von A(t). Ermitteln Sie den Zeitpunkt, zu dem sich der Stau vollständig aufgelöst hat. Beschreiben Sie die Bedeutung, welche das lokale Maximum des Graphen hat.   `D2`

Lösung

a) (1) Die Stunde 8 beginnt um 7 Uhr und endet um 8 Uhr, die Stunde 9 reicht von 8 bis 9 Uhr. In der 8. Stunde wurden von der Dauerzählstelle 4011 Pkw gezählt, in der 9. Stunde waren es 4387 Pkw. Folglich wurden am ausgewählten Werktag zwischen 7 und 9 Uhr insgesamt 4011 + 4347 = 8358 Pkw gezählt.

(2) Die durchschnittliche Verkehrsdichte im Zeitraum von 14 bis 17 Uhr ergibt sich über das (arithmetische) Mittel der Verkehrszählungen: $\frac{5259 + 5364 + 5476}{3} = \frac{16099}{3} \approx 5366 \left[\frac{Pkw}{h}\right]$.

Durchschnittlich sind also 5366 Pkw pro Stunde an der Zählstelle in Essen-Kray vorbeigefahren.

b) Berechnung der Funktionswerte: $g(15) = 5360$ und $g(18) = 5000$.

Um 15:00 Uhr liegt folglich eine sehr hohe Verkehrsdichte mit 5360 $\frac{Pkw}{h}$ vor, um 18.00 Uhr liegt immer noch eine hohe Verkehrsdichte mit 5000 $\frac{Pkw}{h}$ vor.

c) Zur Bestimmung der höchsten Verkehrsdichte wird das Maximum der gegebenen Funktion berechnet. Dazu wird die Ableitungsfunktion gebildet und auf kritische Werte untersucht (d. h. Werte t_0 mit $f'(t_0) = 0$):

$f'(t) = -240\,t + 3840$
$f'(t) = 0 \quad \Leftrightarrow \quad -240\,t + 3840 = 0 \quad \Leftrightarrow \quad t = 16$

An der Stelle $t = 16$ findet ein Vorzeichenwechsel der Funktion f' von + nach − statt, also liegt an der Stelle ein lokales Maximum vor.

Alternativ: $f''(t) = -240$, also $f''(16) < 0$, an der Stelle $t = 16$ liegt also ein lokales Maximum vor. Die Verkehrsdichte beträgt um 16 Uhr: $f(16) = 5480\,\frac{Pkw}{h}$.

d) (1) Um die Zeitpunkte zu berechnen, an denen die Verkehrsdichte 4000 $\frac{Pkw}{h}$ beträgt, nutzen wir die Option des TR, Funktionswerte von f zu bestimmen.

Auf diese Weise finden wir die beiden – symmetrisch zu $t = 16$ liegenden – Zeitpunkte $t_2 = 12,5$ und $t_2 = 19,5$, also 12:30 Uhr und 19:30 Uhr.

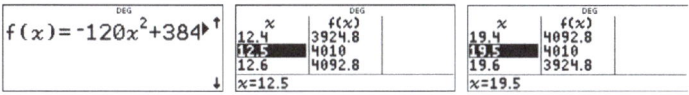

(2) Der Stau entsteht durch den sehr hohen Verkehrsfluss, der über die Autobahn nicht (ab-)fließen kann, es handelt sich also um die Differenz der Verkehrsdichte $f(t)$ zur konstanten Abflussdichte $g(t)$. Dieser Effekt kumuliert sich von 12:30 Uhr bis 19:30 Uhr, so dass unter den Modellannahmen um 19:30 Uhr der maximale Stau erreicht wird. Die maximale Staulänge berechnet sich folglich als Integral über die Differenz der Funktionen f und g mit $g(t) = 4000$:

$$\int_{t_1}^{t_2}(f(t) - g(t))\,dt = \int_{12,5}^{19,5}(-120\,t^2 + 3840\,t - 29240)\,dt$$

$$= [-40\,t^3 + 1920\,t^2 - 29240\,t]_{12,5}^{19,5}$$

$$= 6930\ [\text{Pkw}]$$

Hinweis: Die angegebene Stammfunktion wird im TR mit g bezeichnet.

(3) Ein Pkw benötigt mit seiner Länge und dem Abstand zum vorausfahrenden Fahrzeug etwa 10 m Platz, d. h., 6930 Pkw bilden eine Strecke von 69,3 km. Verteilt man diese auf 3 Fahrbahnen (und berücksichtigt in der Rechnung die Lkw nicht), so ergibt sich eine Staulänge von 23,1 km.

e) (1) Die Staulänge ergibt sich (wie in Teilaufgabe d)) über das Integral über die Differenzfunktion f – h mit
h (t) = 5000.

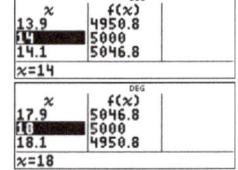

Analog zu Teilaufgabe d) werden die Schnittstellen der Funktionsgraphen von f und h bestimmt: Mithilfe des TR ergeben sich $t_1 = 14$ und $t_2 = 18$. In diesem Zeitintervall wächst also der Stau an.

Um die gesuchte Integralfunktion zu bestimmen, muss gemäß Hauptsatz der Differential- und Integralrechnung eine Stammfunktion ermittelt werden. Da eine solche hier angegeben ist, muss nur durch Ableiten nachgewiesen werden, dass die Funktion A eine Stammfunktion von f – h ist.

Es gilt: $A'(t) = -120t^2 + 3840t - 30240$. Dies ist genau der Funktionsterm der Differenzfunktion f(t) – h(t).

Die Staulänge L(t) zum Zeitpunkt t ist dann gleich dem Integral über die Funktion f – h im Intervall zwischen 14 Uhr und dem beliebigen Zeitpunkt t,
d. h. L (t) = A (t) – A (14).

Da $A(14) = -40 \cdot 14^3 + 1920 \cdot 14^2 - 30240 \cdot 14 + 156800 = 0$, vereinfacht sich die Differenz L(t) = A (t) – A (14) zu A (t).

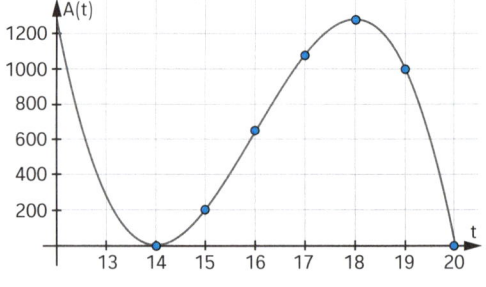

Hinweis: Für die Berechnung mit dem TR wurde die veränderte Stammfunktion unter g abgespeichert.

(2) Die Funktion A beschreibt die Staulänge. Der Stau beginnt um 14 Uhr (Nullstelle der Funktion A(t)); er ist aufgelöst, wenn die Funktion die nächste Nullstelle hat.

Mithilfe des TR ermittelt man einige Funktionswerte der Funktion A(t), um den Graphen zu skizzieren, vgl. rechts. Um 20 Uhr hat sich also der Stau vollständig aufgelöst.

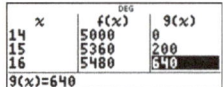 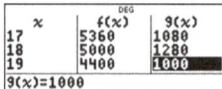

Hinweis: Das lokale Maximum von A(t) liegt beim Zeitpunkt t = 18, da die Verkehrsdichte bis zu diesem Zeitpunkt über dem Wert 5000 $\frac{Pkw}{h}$ liegt.

Aufgabe 5   Staubecken

Vor einigen Jahrzehnten wurde zur Wasserversorgung eines Dorfs ein kleiner See ange-
legt, in den ein Bach mündet. Wenn der See bis zum Rand gefüllt ist, läuft das Wasser in
dem alten Bachbett weiter.

Allerdings kam es immer wieder vor, dass der See gefüllt war und der Bach nach starken
Regenfällen über seine Ufer trat. Um zukünftig in solchen Situationen Schäden zu vermei-
den, wird überlegt, ob ein Staubecken oberhalb des Dorfes gebaut werden soll, in das das
Wasser bei Bedarf umgeleitet werden kann.

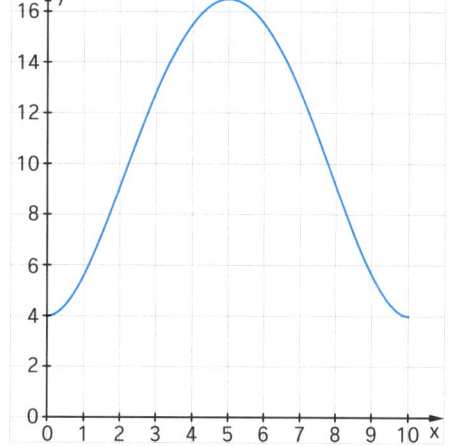

Aus Messungen während eines Zeitraums von
zehn Stunden nach einem wolkenbruchartigen
Regen ergab sich folgende Modellierungsfunktion für die momentane Durchflussrate an
der Übergangsstelle vom See zum Bach:

$$f(t) = \frac{1}{50} \cdot (t^4 - 20\,t^3 + 100\,t^2 + 200), \quad 0 \leq t \leq 10$$

(Angaben von t in Stunden, von f(t) in $100\,m^3/h$).

Während sonst durchschnittlich eine momentane Durchflussrate von $400\ m^3/h$ vorliegt,
wuchs diese nach dem Wolkenbruch auf über
$1600\ m^3/h$ an.

a) Der Graph der Modellierungsfunktion ist symmetrisch zu einer Parallelen zur y-Achse.
    Erläutern Sie, wie man dies nachweisen könnte.   `B1`

b) Bestimmen Sie rechnerisch den Zeitpunkt, zu dem die Durchflussrate ihr Maximum
    annimmt und ermitteln Sie diesen maximalen Wert.   `B6`

c) Beschreiben Sie, welche Bedeutung die beiden Wendepunkte des Graphen im
    Sachzusammenhang haben. Bestimmen Sie deren Koordinaten.   `B7`

d) (1) Zeigen Sie, dass $F(t) = \frac{1}{250} \cdot t^5 - \frac{1}{10} t^4 + \frac{2}{3} t^3 + 4\,t$ eine Stammfunktion für f ist.   `D1`

    (2) Ermitteln Sie, welche zusätzliche Regenmenge das geplante Staubecken
        in Folge des o. a. Starkregens auffangen können müsste.   `D3`

    (3) Skizzieren Sie den Graphen von F(t) im Intervall $0 \leq t \leq 10$.

    (4) Beurteilen Sie, welche Bedeutung die Wendestelle des Graphen von F hat.   `D1` `B6`

    (5) Beschreiben Sie die Bedeutung des Quotienten $\frac{F(5) - F(0)}{5}$ im
        Sachzusammenhang.   `D3`

e) Man plant, dass das Staubecken im Extremfall eine doppelt so große Menge Wasser
    aufnehmen soll wie nach dem oben modellierten Wolkenbruch. Entwickeln Sie einen
    Funktionsterm g(t), durch den dann die zugehörige momentane Durchflussrate model-
    liert werden kann.

Lösung

a) Verschiebt man den Graphen um 5 Einheiten nach links, dann ergibt sich ein Graph der achsensymmetrisch zur y-Achse ist. Der zugehörige Funktionsterm

$$f^*(t) = f(t+5) = \frac{1}{50} \cdot ((t+5)^4 - 20(t+5)^3 + 100(t+5)^2 + 200)$$

enthält dann nur noch Potenzen von x mit geraden Exponenten.

Hinweis: Die Berechnung des Terms wird nicht verlangt; es ergibt sich
$f^*(t) = \frac{1}{50} \cdot (t^4 - 50 t^2 + 825)$.

b) $f'(t) = \frac{1}{50} \cdot (4 t^3 - 60 t^2 + 200 t) = \frac{4}{50} \cdot t \cdot (t^2 - 15 t + 50)$

$f''(t) = \frac{1}{50} \cdot (12 t^2 - 120 t + 200) = \frac{6}{25} \cdot \left(t^2 - 10 t + \frac{50}{3}\right)$

notwendige Bedingung: $f'(t) = 0 \Leftrightarrow t = 0 \vee t^2 - 15t + 50 = 0$
$\Leftrightarrow t = 0 \vee (t - 7,5)^2 = 6,25$
$\Leftrightarrow t = 0 \vee t = 5 \vee t = 10$

hinreichende Bedingung: $f''(0) = 4 > 0$, $f''(5) = -2 < 0$,
$f''(10) = 4 > 0$.

An der Stelle $t = 5$ liegt ein lokales (und absolutes) Maximum vor mit $f(5) = 16,5$, das ist eine momentane Zuflussrate von 1650 m³/h.

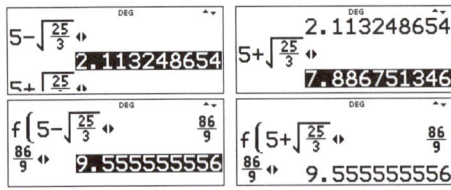

c) *notwendige Bedingung*: $f''(t) = 0 \Leftrightarrow t^2 - 10t + \frac{50}{3} = 0 \Leftrightarrow (t - 5)^2 = \frac{25}{3} \Leftrightarrow t = 5 \pm \sqrt{\frac{25}{3}} \approx 5 \pm 2,89$

hinreichende Bedingung: Da der Graph von $f''(t)$ eine nach oben geöffnete quadratische Parabel ist, liegt an den beiden Nullstellen der 2. Ableitung ein VZW von + nach – bzw. von – nach + vor.

Die Wendepunkte von f haben die Koordinaten (2,11 | 9,56) und (7,89 | 9,56).

Zum Zeitpunkt $t_1 \approx 2,11 \approx 2$ Std. 7 Min. nimmt der Zufluss der Regenmenge am stärksten zu, zum Zeitpunkt $t_2 \approx 7,89 \approx 7$ Std. 53 Min. nimmt der Zufluss der Regenmenge am stärksten ab.

d) (1) Nachweis der Stammfunktion beispielsweise durch Ableiten von

$$F(t) = \frac{1}{250} \cdot t^5 - \frac{1}{10} t^4 + \frac{2}{3} t^3 + 4 t:$$

$$F'(t) = \frac{5}{250} \cdot t^4 - \frac{4}{10} t^3 + 2 t^2 + 4 = \frac{1}{50} \cdot (t^4 - 20 t^3 + 100 t^2 + 200) = f(t).$$

(2) Die zusätzliche Regenmenge ergibt sich aus dem Integral der Modellierungsfunktion über dem gesamten Intervall, vermindert um die üblicherweise durchlaufende Wassermenge, also durch Integration der Differenzfunktion f(t) – 4:

$$\int_0^{10} (f(t) - 4)\, dt = \left[\frac{1}{250} \cdot t^5 - \frac{1}{10} t^4 + \frac{2}{3} t^3\right]_0^{10} = \frac{200}{3} \approx 66{,}7.$$

Im betrachteten Zeitraum fließt eine zusätzliche Regenmenge von ca. 6700 m³ in den Bach.

(3)

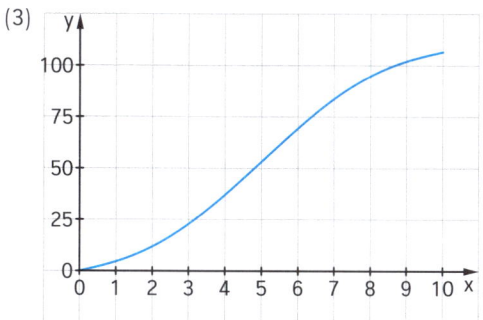

Mit dem WTR (Bezeichnung g(x) für die Stammfunktion von f(x)) erhält man nacheinander die folgenden Werte:

t	0	1	2	3	4	5	6	7	8	9	10
F(t)	0	4,6	11,9	22,9	37,2	53,3	69,5	83,8	94,8	102,1	106,7

(4) Die Wendestelle des Graphen von F entspricht dem lokalen Maximum des Graphen von f, d.h. dem Zeitpunkt, zu dem die Intensität des Wasserzuflusses wieder zurückgeht.

(5) Die Differenz F(5) – F(0) gibt an, welche Wassermenge insgesamt im Zeitraum der ersten fünf Stunden vom See in den Bach fließt, der Quotient $\frac{F(5) - F(0)}{5} = \frac{32}{3} \approx 10{,}7$ beschreibt daher die mittlere Zuflussmenge pro Stunde; das sind ca. 1070 $\frac{m^3}{h}$.

e) Die Verdopplung der Regenmenge bezieht sich auf die über die üblichen 400 $\frac{m^3}{h}$ hinausgehende Menge. Verdoppelt wird also die Differenz f(t) – 4, d.h.
g(t) = 2 · (f(t) – 4) + 4 = 2 · f(t) – 4 ,

also g(t) = $\frac{1}{25}$ · (t⁴ – 20t³ + 100t² + 200) – 4 = $\frac{1}{25}$ · (t⁴ – 20t³ + 100t² + 100).

Aufgabe 6   Gezeiten in Cuxhaven

a) Im Gezeitenkalender für Cuxhaven-Steubenhöft findet man für einen bestimmten Zeitpunkt (Zeitpunkt: 0) die Angabe 3,40 m *Hochwasser* und 6 h 18 min = 6,3 h später die Angabe 0,70 m *Niedrigwasser*. B10

Bestimmen Sie eine geeignete Sinusfunktion, mit deren Hilfe man den Vorgang modellieren kann.

b) Der Zeitpunkt des nächsten Hochwassers ist mit 12 h 6 min = 12,1 h angegeben. Welche Sinusfunktion ergibt sich, wenn man nur die beiden Informationen bzgl. des Hochwassers und den Wasserstand des Niedrigwassers berücksichtigt? B10

c) Betrachten Sie den Graphen der Sinusfunktion mit y = sin(x). In den „ersten Bogen" des Graphen werde ein Rechteck maximaler Größe eingezeichnet; dabei liegen zwei Eckpunkte des Rechtecks auf der x-Achse und die anderen beiden auf dem Graphen der Sinusfunktion.

(1) Begründen Sie, warum der Flächeninhalt eines solchen Rechtecks beschrieben werden kann durch $A(x) = (\pi - 2x) \cdot \sin(x)$ für $0 \leq x \leq \frac{\pi}{2}$.

(2) Skizzieren Sie den Graphen von A(x) und bestätigen Sie mithilfe der 1. Ableitung von A(x), dass für x ≈ 0,71 der Flächeninhalt des Rechtecks maximal ist.

(3) Zeigen Sie, dass der Anteil der Fläche des maximalen Rechtecks an der Fläche des ersten Bogens der Sinusfunktion ca. 56 % beträgt.

Betrachten Sie jetzt allgemein eine Funktionsschar von Sinusfunktionen mit $y = \sin(k \cdot x)$, $k \in \mathbb{N}$.
Auch hier soll analog zu oben ein Rechteck in den „ersten Bogen" des betreffenden Sinusgraphen eingezeichnet werden.

(4) Geben Sie den Term an, mit dem der Flächeninhalt dieses Rechtecks berechnet werden kann.

(5) Begründen Sie, dass auch für beliebiges k der Anteil des Flächeninhalts des maximalen Rechteck am Flächeninhalt des Bogens ca. 56 % beträgt.

Lösung

a) Wir betrachten eine allgemeine Sinusfunktion f mit $f(x) = a \cdot \sin(b \cdot (x + c)) + d$.

Wenn H(0|3,4) ein Hochpunkt und T(6,3|0,7) der folgende Tiefpunkt einer Sinusfunktion sind, dann kann man folgende Eigenschaften ablesen:

Die Mittellinie kann durch $d = \frac{1}{2} \cdot (3,4 + 0,7) = 2,05$ (m) beschrieben werden.

Die Auslenkung gegenüber der Mittellage beträgt $a = 3,4 - 2,05 = 2,05 - 0,7 = 1,35$ (m).

Die Periodenlänge beträgt $p = 2 \cdot 6,3 = 12,6$ (h); daher ist $b = \frac{2\pi}{12,6} \approx 0,499$.

Da der Hochpunkt an der Stelle x = 0 liegt und die Periodenlänge 12,6 beträgt, ist der Graph gegenüber der Ausgangslage um $c = \frac{12,6}{4} = 3,15$ (nach links) verschoben.

Der gesuchte Graph der Funktion f erfüllt die Funktionsgleichung

$f(x) = 1,35 \cdot \sin(0,499 \cdot (x + 3,15)) + 2,05$.

b) Gegeben sind die Hochpunkte $H_1(0\,|\,3,4)$ und $H_2(12,1\,|\,3,4)$ sowie die Angabe, dass der niedrigste Wasserstand $y = 0,7$ m beträgt.
Aus a) übernehmen wir $d = 2,05$ (m) und $a = 1,35$ (m).
Aus der Lage der Hochpunkte entnehmen wir:
Die Periodenlänge beträgt $p = 12,1$ (h); daher ist $b = \frac{2\pi}{12,1} \approx 0,519$.

Da der Hochpunkt an der Stelle $x = 0$ liegt und die Periodenlänge 12,1 beträgt, ist der Graph gegenüber der Ausgangslage um $c = \frac{12,1}{4} = 3,025$ (nach links) verschoben.

Der Graph der Funktion f mit $f(x) = 1,35 \cdot \sin(0,519 \cdot (x + 3,025)) + 2,05$ erfüllt die Bedingungen.

c) (1) Ein Rechteck, das – wie in der Aufgabenstellung beschrieben – in den ersten Bogen des Graphen von $y = \sin(x)$ hineinpasst, hat die Breite $a = \pi - 2x$ und die Höhe $b = \sin(x)$, d. h., der Flächeninhalt lässt sich berechnen mithilfe der Funktion A mit $A(x) = (\pi - 2x) \cdot \sin(x)$ für $0 \le x \le \frac{\pi}{2}$.

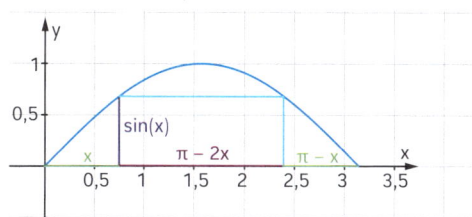

(2) Bestimmung einer Wertetabelle mit Schrittweite $\Delta x = 0,1$

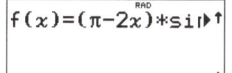

Verfeinerung der
Schrittweite
zur Bestimmung des
Maximums:

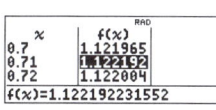

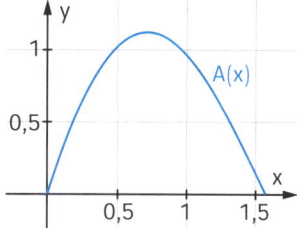

Für die 1. Ableitung gilt: $A'(x) = (-2) \cdot \sin(x) + (\pi - 2x) \cdot \cos(x)$,
$A'(0,71) = (-2) \cdot \sin(0,71) + (\pi - 1,42) \cdot \cos(0,71) \approx 0,002 \approx 0$

(3) $A(0,71) \approx 1,122$, vgl. Wertetabelle.

Fläche unter dem Sinus-Bogen: $\int_0^\pi \sin(x)\,dx = \left[-\cos(x)\right]_0^\pi = 1 - (-1) = 2.$

Anteil der Rechteckfläche: $\frac{1,122}{2} = 0,561 = 56,1\,\%$.

(4) Für beliebiges $k \in \mathbb{N}$ ergibt sich: Die Breite beträgt $a = \frac{\pi}{k} - 2x$
und die Höhe $b = \sin(kx)$, d. h., der Flächeninhalt lässt sich berechnen mit
$A(x) = \left(\frac{\pi}{k} - 2x\right) \cdot \sin(kx)$ für $0 \le x \le \frac{\pi}{2k}$.

(5) Dass der Anteil ebenfalls ca. 56 % beträgt, ist plausibel, da der Parameter k angibt, wie stark der Graph der Funktion in Richtung der x-Achse gestaucht wird (Verkürzung des Bogens mit dem Faktor 1/k). Die maximalen Rechtecke werden dann ebenfalls mit dem Streckungsfaktor 1/k gestaucht und ihr Anteil an der Fläche bleibt gleich.

Aufgabe 7   Getreidesilo

Die folgende Abbildung zeigt in Blau den Füllstand f(t) eines Getreidesilos einer landwirt-schaftlichen Genossenschaft im Laufe eines 12-Stunden-Tages (Zeitangaben in Stunden, Füllstand in Volumeneinheiten (VE)). Der unten in Grün eingezeichnete Graph gibt die jeweilige momentane Änderungsrate (in VE/h) wieder.

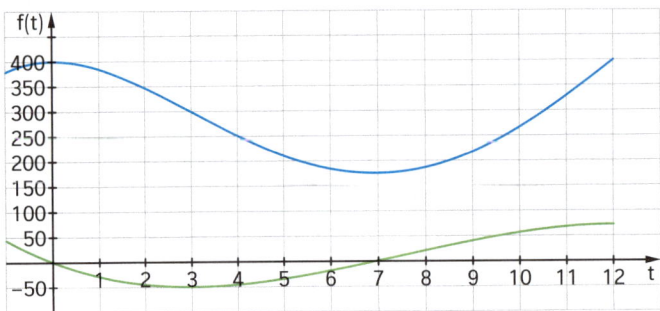

a) (1) Markieren Sie im Graphen den Zeitpunkt im Intervall $0 \le t \le 12$, zu dem sich der Füllstand am stärksten ändert. Begründen Sie Ihre Entscheidung.   `B7`

   (2) Ermitteln Sie die ungefähre mittlere Änderungsrate während der ersten vier Stunden.   `A5`

   (3) Markieren Sie den ungefähren Zeitpunkt, in dem die Bedingung $f(t_0 + 2) = f(t_0) - 50$ erfüllt ist. Beschreiben Sie, was diese Bedingung im Sachzusammenhang bedeutet.

b) Bei einem anderen Getreidesilo kann die Änderungsrate im gleichen Zeitraum mithilfe der Funktion g mit $g(t) = -\frac{1}{3}t^3 + 9t^2 - 42t$ modelliert werden.

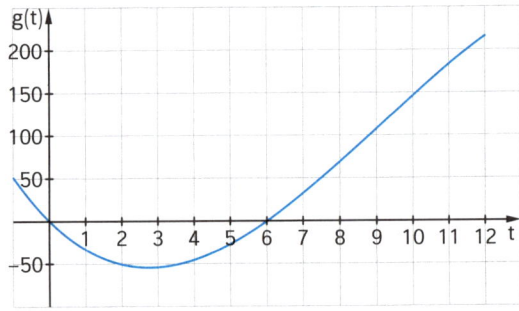

   (1) Entscheiden Sie, ob die folgenden Aussagen wahr oder falsch sind. Begründen Sie jeweils Ihre Antwort.   `B6` `D3`
       (A) Die geringste Füllmenge des Silos ist nach 6 Stunden erreicht.
       (B) Nach 12 Stunden ist das Silo stärker gefüllt als zu Beginn.
       (C) Nach 6 Stunden ist die Füllmenge genauso groß wie zu Beginn (also zum Zeit-punkt $t = 0$).
       (D) Im Intervall $6 \le t \le 12$ nimmt die Füllmenge nahezu gleichmäßig (linear) zu.

   (2) Zum Zeitpunkt $t = 0$ betrug der Füllstand des Silos 300 VE. Bestimmen Sie eine Funktion G(t), mit der der Füllstand zum Zeitpunkt t mit $0 \le t \le 12$ modelliert werden kann.   `D1` `D3`

   (3) Ermitteln Sie mithilfe des WTR den jeweiligen Füllstand nach $t = 1, 2, 3, …, 12$ Stun-den und skizzieren Sie den Graphen der Funktion G.

(4) Ermitteln Sie mithilfe der Skizze aus (3) den Zeitpunkt, zu dem im Silo die gleiche Füllmenge enthalten ist wie zu Beginn.

(5) Angenommen, man hätte – anders als in (2) – bzgl. der Füllmenge die Information, dass nach 6 Stunden 300 VE im Silo enthalten sind. Beschreiben Sie, wie man die Füllmenge zu Beginn berechnen kann. Bestimmen Sie diese. **D1 D3**

Lösung

a) (1) Gesucht sind die Wendepunkte von $f(t)$, also die Extrempunkte von $f'(t)$; diese liegen bei $t = 3$ und bei $t = 12$. Da der Betrag des Funktionswerts $f'(3)$ kleiner ist als der an der Stelle $t = 12$, also $|f'(3)| < |f'(12)|$, liegt die stärkste Änderung zum Zeitpunkt $t = 12$ vor.

Hinweis: Die folgende Berechnung der Nullstellen der 2. Ableitung (notwendige Bedingung) ist in der Aufgabenstellung nicht verlangt, aber zur Kontrolle möglich:
$f''(t) = 0 \Leftrightarrow -x^2 + 15x - 36 = 0 \Leftrightarrow (x - 7,5)^2 = 20,25 \Leftrightarrow x = 3 \vee x = 12$.

(2) $\dfrac{f(4) - f(0)}{4 - 0} \approx \dfrac{250 - 400}{4} = -37,5 \ (VE/h)$

(3) Gesucht ist ein Zeitpunkt t_0, für den gilt, dass die Füllmenge um 50 VE größer ist als 2 Stunden danach; ein solcher Zeitpunkt liegt also in dem Bereich, in dem der Graph streng monoton fällt. Es gilt $t_0 \approx 4,5$, vgl. Grafik.

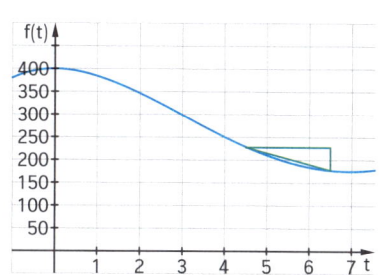

b) (1) Aussage A ist richtig, da während der ersten 6 Stunden die Änderungsrate negativ ist, die Füllmenge also ständig verringert wird.
Aussage B ist richtig, denn die Gesamtänderung ist positiv (Fläche oberhalb der t-Achse, also für $6 \leq t \leq 12$, ist größer als die Fläche unterhalb der t-Achse, also $0 \leq t \leq 6$).
Aussage C ist falsch, vgl. Aussage A.
Aussage D ist falsch, denn wenn die Änderungsrate für größer werdendes t näherungsweise linear wächst bedeutet dies, dass die Füllmenge quadratisch wächst.

(2) Gesucht ist eine Stammfunktion G von g mit $G(0) = 300$:

Aufleiten von $g(t) = -\frac{1}{3}t^3 + 9t^2 - 42t$: $\ G(t) = -\frac{1}{12}t^4 + 3t^3 - 21t^2 + C$.

Da $G(0) = 300$, ist die gesuchte Stammfunktion gegeben durch

$G(t) = -\frac{1}{12}t^4 + 3t^3 - 21t^2 + 300$.

(3) Mithilfe des WTR werden die gewünschten Funktionswerte berechnet und im Koordinatensystem eingetragen, danach der Graph skizziert.

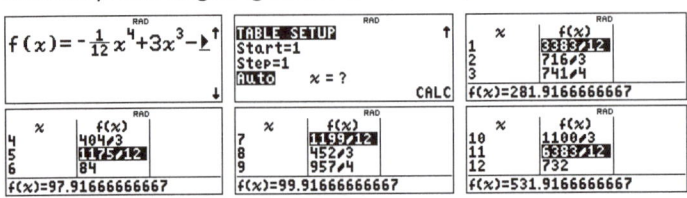

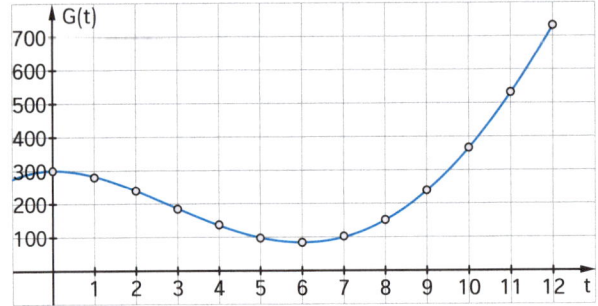

(4) Der Grafik ist zu entnehmen, dass ungefähr nach $9\frac{1}{2}$ Stunden die ursprüngliche Füllmenge wieder erreicht ist.

(5) Gesucht ist eine Stammfunktion $G(t) = -\frac{1}{12}t^4 + 3t^3 - 21t^2 + C$ mit $G(6) = 300$.

Durch Einsetzen von $t = 6$ kann die Integrationskonstante C ermittelt werden.

Mithilfe des WTR erhält man $G(6) = G_0(6) + C = -216 + C$, also $C = 516$. Die Füllmenge zu Beginn betrug 516 VE.

Hinweis: Im WTR wird $G_0(t)$ als $g(x)$ definiert.

Aufgabe 8   Marienkirche in Dortmund

Die Turmspitze der Marienkirche in Dortmund hat eine quadratische Grundfläche ABCD (die Seitenlänge werde mit 8 m angenommen), auf der vier senkrecht gemauerte gleichseitige Dreiecke stehen; die vierteiligen Dachflächen der Turmspitze sind rautenförmig.

Ein lokales Koordinatensystem ist so festgelegt, dass die Straßenebene durch $z = 0$ bestimmt ist und die Ecken A, B, C, D folgende Koordinaten haben:
$A(-4\,|-4\,|\,z)$, $B(+4\,|-4\,|\,z)$, $C(+4\,|+4\,|\,z)$ und $D(-4\,|+4\,|\,z)$, mit $z > 0$.

Die Turmspitze liegt 42,50 m über dem Straßenniveau.

a) Bestimmen Sie die Koordinaten der oberen Eckpunkte P_{AB}, P_{BC}, P_{CD}, P_{DA} der gleichseitigen Dreiecke zunächst in Abhängigkeit von z sowie die Koordinaten der Turmspitze S (auf der das Kreuz steht). Geben Sie die Koordinaten der Eckpunkte der Grundfläche auch numerisch an. (Angaben mit 2 Dezimalstellen). [Kontrollergebnis: $z = 28{,}64$] **E1**

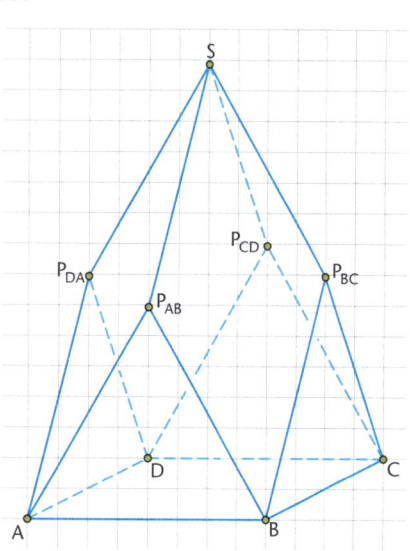

   Aus der Formelsammlung:
Für die Höhe h im gleichseitigen Dreieck mit Seitenlänge a gilt: $h = \frac{a}{2} \cdot \sqrt{3}$.

b) Bestimmen Sie die Ebenengleichung für die Dachfläche, die den Punkt A enthält, in Parameterform. **F3**

c) Das Kreuz auf der Turmspitze soll durch vier Laserstrahler so beleuchtet werden, dass der Strahl genau über die zum Kreuz führenden Dachkanten führt und diese zusätzlich beleuchtet. Die Laserstrahler sollen ebenerdig montiert werden.
Berechnen Sie, in welcher Entfernung von der Turmmitte die Strahler zu montieren sind, und bestimmen Sie den Winkel, den ein Strahl mit der Straße auf dem Boden einschließt. Führen Sie Ihre Untersuchungen für einen der vier Laserstrahler durch. **F1 F4 G1**

d) Berechnen Sie die Innenwinkel β und γ der Rauten und die Neigung δ der rautenförmigen Dachflächen gegenüber dem Grundniveau. **G2**

e) Bestimmen Sie das Volumen des Dachraums der Turmspitze oberhalb des Quadrats ABCD (die Dicke der Mauern und des Dachs werden vernachlässigt). **G4**

f) Die Statik der Dachkonstruktion soll durch Stützbalken verstärkt werden. Diese verbinden die Mitten der Rauten mit dem jeweils gegenüberliegenden Eckpunkt des Grundquadrats ABCD. Bestimmen Sie die Länge dieser Balken (die sich im Innern der Kirchturmspitze gegenseitig durchdringen) sowie deren Neigungswinkel ε mithilfe der Methoden der Vektorgeometrie. **E5 G1**

Lösung

a) Koordinaten der oberen Eckpunkte der gleichseitigen Dreiecke: Für die Höhe h im gleichseitigen Dreieck gilt: $h = \frac{a}{2} \cdot \sqrt{3}$, also hier $h = \frac{8}{2} \cdot \sqrt{3} = 4 \cdot \sqrt{3} \approx 6{,}93$ m.

Die oberen Eckpunkte der Dreiecke haben daher die Koordinaten $P_{AB}(0\,|-4\,|\,z+6{,}93)$, $P_{BC}(4\,|\,0\,|\,z+6{,}93)$, $P_{CD}(0\,|\,4\,|\,z+6{,}93)$, $P_{DA}(-4\,|\,0\,|\,z+6{,}93)$.

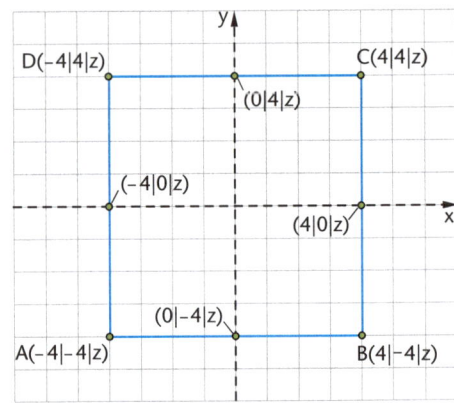

Die Turmspitze S liegt dann noch einmal 6,93 m höher, wie sich aus der Rautenform der Dachflächen ergibt.
Da die Turmspitze über der Mitte des Quadrats ABCD liegt, gilt für deren Koordinaten: $S(0\,|\,0\,|\,42{,}50)$.

Da sich für die eigentliche Turmspitze eine Höhe von $2 \cdot 6{,}93$ m $= 13{,}86$ m ergibt, muss gelten:
$z = 42{,}50 - 13{,}86 = 28{,}64$.

Es gilt also: $A(-4\,|-4\,|\,28{,}64)$, $B(+4\,|-4\,|\,28{,}64)$, $C(+4\,|+4\,|\,28{,}64)$ und $D(-4\,|+4\,|\,28{,}64)$ sowie $P_{AB}(0\,|-4\,|\,35{,}57)$, $P_{BC}(4\,|\,0\,|\,35{,}57)$, $P_{CD}(0\,|\,4\,|\,35{,}57)$, $P_{DA}(-4\,|\,0\,|\,35{,}57)$.

b) Die Dachflächen-Ebene wird aufgespannt durch die beiden Vektoren, die vom Eckpunkt A ausgehen und zu je zwei benachbarten Punkten P_{AB} und P_{DA} führen.
Für die Ebene, die den Punkt A enthält, gilt also:

$$E_A : \vec{x} = \overrightarrow{OA} + r \cdot \overrightarrow{AP_{DA}} + s \cdot \overrightarrow{AP_{AB}} = \begin{pmatrix} -4 \\ -4 \\ 28{,}64 \end{pmatrix} + r \cdot \begin{pmatrix} -4-(-4) \\ 0-(-4) \\ 35{,}57-28{,}64 \end{pmatrix} + s \cdot \begin{pmatrix} 0-(-4) \\ -4-(-4) \\ 35{,}57-28{,}64 \end{pmatrix} =$$

$$= \begin{pmatrix} -4 \\ -4 \\ 28{,}68 \end{pmatrix} + r \cdot \begin{pmatrix} 0 \\ 4 \\ 6{,}93 \end{pmatrix} + s \cdot \begin{pmatrix} 4 \\ 0 \\ 6{,}93 \end{pmatrix}.$$

c) Gesucht wird die Gerade, die sich aus der Verlängerung z. B. der Strecke zwischen P_{AB} und S ergibt, also:

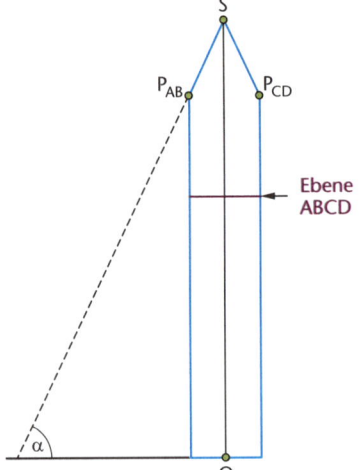

$$g_{AB} : \vec{x} = \overrightarrow{OP_{AB}} + r \cdot \overrightarrow{P_{AB}S} = \begin{pmatrix} 0 \\ -4 \\ 35{,}57 \end{pmatrix} + r \cdot \begin{pmatrix} 0-0 \\ 0-(-4) \\ 42{,}50-35{,}57 \end{pmatrix}$$

$$= \begin{pmatrix} 0 \\ -4 \\ 35{,}57 \end{pmatrix} + r \cdot \begin{pmatrix} 0 \\ 4 \\ 6{,}93 \end{pmatrix}.$$

Diese Gerade schneidet die x_1-x_2-Ebene genau dann, wenn $x_3 = 0$, also wenn
$35{,}57 + 6{,}93 \cdot r = 0$, d. h. für $r \approx -5{,}133$.
Einsetzen dieses Parameterwerts in der Geradengleichung ergibt die Koordinaten des Montagepunkts des Laserstrahlers:

$$\vec{x} = \begin{pmatrix} 0 \\ -4 \\ 35{,}57 \end{pmatrix} + (-5{,}133) \cdot \begin{pmatrix} 0 \\ 4 \\ 6{,}93 \end{pmatrix} = \begin{pmatrix} 0 \\ -24{,}532 \\ 0 \end{pmatrix}.$$

Der Laserstrahler müsste ca. 24,53 m von der Turmmitte entfernt montiert werden.

Der zu bestimmende Winkel α wird bestimmt durch den Richtungsvektor der Geraden und einen Vektor, der vom Montagepunkt des Laserstrahlers auf den Ursprung des Koordinatensystems weist:

$$\cos(\alpha) = \frac{\left\| \begin{pmatrix} 0 \\ 24{,}53 \\ 0 \end{pmatrix} * \begin{pmatrix} 0 \\ 4 \\ 6{,}93 \end{pmatrix} \right\|}{24{,}53 \cdot \sqrt{4^2 + 6{,}93^2}} \approx \frac{98{,}12}{196{,}28} \approx 0{,}500 \;\Rightarrow\; \alpha \approx 60{,}0°.$$

Alternativ ist auch eine Argumentation möglich, dass das Dreieck $P_{AB}P_{CD}S$ gleichseitig ist und daher in diesem Dreieck, also auch am Montagepunkt, ein Winkel von 60° auftritt.

d) Innenwinkel β der Rauten = Winkel zwischen den Richtungsvektoren der Ebene E_A:

$$\cos(\beta) = \frac{\left\| \begin{pmatrix} 0 \\ 4 \\ 6{,}93 \end{pmatrix} * \begin{pmatrix} 4 \\ 0 \\ 6{,}93 \end{pmatrix} \right\|}{\sqrt{4^2 + 6{,}93^2} \cdot \sqrt{4^2 + 6{,}93^2}} \approx \frac{48{,}0249}{64{,}0249} \approx 0{,}7501 \;\Rightarrow\; \beta \approx 41{,}4°.$$

Der Komplementärwinkel der Raute ist $\gamma = 180° - \beta = 180° - 41{,}4° = 138{,}6°$.

Neigungswinkel δ der Dachfläche = Winkel zwischen einem Normalenvektor der Ebene, die durch ABCD geht (parallel zur x_1-x_2-Ebene) und zu einem Normalenvektor der Ebene E_A:

$$\cos(\delta) = \frac{\left\| \begin{pmatrix} 0 \\ 0 \\ 1 \end{pmatrix} * \begin{pmatrix} 6{,}93 \\ 6{,}93 \\ -4 \end{pmatrix} \right\|}{\sqrt{1^2} \cdot \sqrt{6{,}93^2 + 6{,}93^2 + (-4)^2}} \approx \frac{4}{10{,}5854} \approx 0{,}3779 \;\Rightarrow\; \delta \approx 67{,}8°,$$

denn offensichtlich ist der Vektor $\vec{n_1} = \begin{pmatrix} 6{,}93 \\ 6{,}93 \\ -4 \end{pmatrix}$ ein Normalenvektor zu den beiden

Richtungsvektoren der Ebene, da gilt $\begin{pmatrix} 0 \\ 4 \\ 6{,}93 \end{pmatrix} * \begin{pmatrix} 6{,}93 \\ 6{,}93 \\ -4 \end{pmatrix} = 0$ und $\begin{pmatrix} 4 \\ 0 \\ 6{,}93 \end{pmatrix} * \begin{pmatrix} 6{,}93 \\ 6{,}93 \\ -4 \end{pmatrix} = 0$.

e) Man betrachtet getrennt das Volumen des Körpers bis zu den Punkten P_{AB}, P_{BC}, P_{CD}, P_{DA} und der darauf sitzenden quadratischen Pyramide mit Seitenlänge $4\sqrt{2}$ und der Höhe 6,93 m. Der untere Teilkörper ergibt sich, wenn man vom Volumen eines Quader mit quadratischer Grundfläche (Seitenlänge 8 m) und Höhe 6,93 m die Volumina von vier Pyramiden subtrahiert, deren Grundfläche rechtwinklig ist (Kathetenlänge 4 m) und deren Höhe 6,93 m.

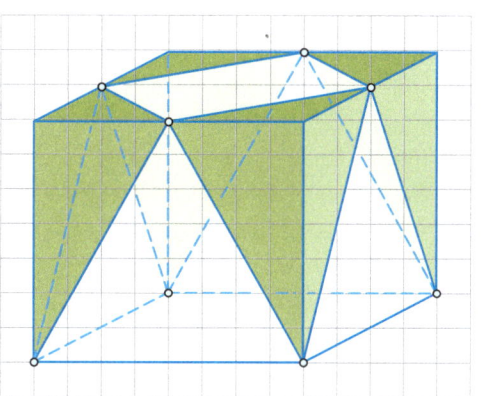

Insgesamt ergibt sich:

$$V = 8^2 \cdot 6{,}93 - 4 \cdot \left(\frac{1}{3} \cdot \frac{1}{2} \cdot 4^2 \cdot 6{,}93 \right) + \frac{1}{3} \cdot (4\sqrt{2})^2 \cdot 6{,}93 \approx 443{,}5 \text{ m}^3.$$

f) Einer der Balken verbindet den Mittelpunkt $M_A(-2 \,|\, -2 \,|\, 35{,}57)$ der Strecke $P_{DA}P_{AB}$ mit dem gegenüber liegenden Punkt $C(+4 \,|\, +4 \,|\, 28{,}64)$. Die Länge dieses Balkens, also die

Länge des Vektors $\overrightarrow{CM_A} = \begin{pmatrix} -6 \\ -6 \\ 6{,}93 \end{pmatrix}$, ist $\sqrt{(-6)^2 + (-6)^2 + 6{,}93^2} \approx 10{,}96$ m.

Der Neigungswinkel ε des Balkens ergibt sich aus dem Winkel zwischen dem Vektor

$\overrightarrow{CM_A} = \begin{pmatrix} -6 \\ -6 \\ 6{,}93 \end{pmatrix}$ und dem Verbindungsvektor $\overrightarrow{CA} = \begin{pmatrix} -8 \\ -8 \\ 0 \end{pmatrix}$ von C nach A:

$$\cos(\varepsilon) = \frac{\begin{pmatrix} -6 \\ -6 \\ 6{,}93 \end{pmatrix} * \begin{pmatrix} -8 \\ -8 \\ 0 \end{pmatrix}}{\sqrt{(-6)^2 + (-6)^2 + 6{,}93^2} \cdot \sqrt{(-8)^2 + (-8)^2 + 0^2}} \approx \frac{96}{123{,}948} \approx 0{,}7745 \ \Rightarrow \ \varepsilon \approx 39{,}2°.$$

Aufgabe 9   Tower Bridge in London

Die 1894 eröffnete Tower Bridge ist eine Klappbrücke über die Themse in London. Die beiden beweglichen und gleichlangen Brückenteile sind hochklappbar, so dass auch große Schiffe die Themse befahren können. Die beiden Türme bilden Gegengewichte zu den klappbaren Brückenteilen. Oberhalb der Fahrbahn befinden sich zwischen den Türmen Fußgängerstege, die dauerhaften Fußgängerverkehr erlauben.

Alle Angaben in Längeneinheiten (LE). Eine Längeneinheit entspricht ca. 2 Metern in der Realität.

Die Punkte A(10|1|2), B(15|−3|3) und C(20|8|−1) liegen in der Ebene E, in der die Fahrbahn der Brücke verläuft.

a) Geben Sie die Gleichung der Ebene in Parameterform an.   F3

b) Zeigen Sie, dass die Ebene x + 5 y + 15 z = 45 zur Beschreibung der Fahrbahn geeignet ist.   F7 F5 F6

c) Bestimmen Sie die Spurpunkte der Ebene E.   F4

d) Zeigen Sie, dass die Punkte T_1(30|0|1) und T_2(0|6|1) in der Ebene E liegen.   F3

e) T_1 und T_2 stellen die Punkte auf der Fahrbahn dar, in denen die beiden Türme stehen. Untersuchen Sie, in welcher Höhe die Fußgängerstege mindestens verlaufen, damit diese bei einer vollständig senkrecht geklappten Fahrbahn nicht beschädigt werden.   E5

f) Das im Punkt T_1 einmündende Fahrbahnteil wird hochgeklappt und durch die Gerade g beschrieben, die durch den Punkt P(15|3|20) verläuft. Bestimmen Sie die Größe des Winkels, um den die Fahrbahn hochgeklappt wurde.   G1

g) Der Vektor $\vec{v} = \begin{pmatrix} 4 \\ 20 \\ 60 \end{pmatrix}$ steht im Punkt T_1 senkrecht zur Ebene E.
Berechnen Sie die Koordinaten der Spitze des Brückenturms, wenn diese sich in 28 LE Höhe genau über T_1 befindet.   E5 F1

h) Zeigen Sie, dass die Fußgängerstege in der Ebene F: 0,2 x + y + 3 z = 63 liegen und in einer Höhe von etwa 17 LE über der Fahrbahn verlaufen.   F10 G5

i) Bestimmen Sie eine Gleichung der Ebene G, die die Oberfläche der Themse beschreibt, die 4,5 LE unterhalb der Fahrbahn fließt.   F10 G5

j) Die Gerade g beschreibt die hochgeklappte Brücke bei einem bestimmten Winkel und verläuft durch die Punkte T_1 und $Q(10\,|\,4\,|\,12)$. Bestimmen Sie, wie breit ein Schiff auf der Themse höchstens sein darf, das bei einer solchen Brückenposition die Brücke passiert. `E5` `F1` `G6`

Lösung

a) Parameterform durch die 3 Punkte mit A als Aufpunkt:

$$\overrightarrow{AB} = \begin{pmatrix} 5 \\ -4 \\ 1 \end{pmatrix}; \ \overrightarrow{AC} = \begin{pmatrix} 10 \\ 7 \\ -3 \end{pmatrix}; \ E_1: \vec{x} = \begin{pmatrix} 10 \\ 1 \\ 2 \end{pmatrix} + r \cdot \begin{pmatrix} 5 \\ -4 \\ 1 \end{pmatrix} + s \cdot \begin{pmatrix} 10 \\ 7 \\ -3 \end{pmatrix}$$

b) Ermittlung eines Normalenvektors:

$$\vec{n} = \overrightarrow{AB} \times \overrightarrow{AC} = \begin{pmatrix} 5 \\ -4 \\ 1 \end{pmatrix} \times \begin{pmatrix} 10 \\ 7 \\ -3 \end{pmatrix} = \begin{pmatrix} 5 \\ 25 \\ 75 \end{pmatrix} = 5 \cdot \begin{pmatrix} 1 \\ 5 \\ 15 \end{pmatrix} = 5 \cdot \vec{n}_E$$

Rechnet man mit $\vec{n}_E$ weiter, ergibt sich E: $\begin{pmatrix} 1 \\ 5 \\ 15 \end{pmatrix} * \vec{x} = \begin{pmatrix} 1 \\ 5 \\ 15 \end{pmatrix} * \begin{pmatrix} 10 \\ 1 \\ 2 \end{pmatrix}$

⇒ E: $x + 5y + 15z = 10 + 5 + 30 = 45$.

Alternative: Punktprobe von A, B, C mit der angegebenen Koordinatengleichung, da eine Ebene durch 3 Punkte eindeutig festgelegt ist.

c) Spurpunkte:

Bestimmen der Parameterform mithilfe der Ebenengleichung:

$$\begin{pmatrix} x \\ 0 \\ 0 \end{pmatrix} = \begin{pmatrix} 10 \\ 1 \\ 2 \end{pmatrix} + r \cdot \begin{pmatrix} 5 \\ -4 \\ 1 \end{pmatrix} + s \cdot \begin{pmatrix} 10 \\ 7 \\ -3 \end{pmatrix}.$$

Die beiden unteren Zeilen beschreiben ein LGS für die Parameter r und s:

$$\begin{vmatrix} -4r + 7s = -1 \\ r - 3s = -2 \end{vmatrix} \Leftrightarrow \begin{vmatrix} -5s = -9 \\ r - 3s = -2 \end{vmatrix} \Leftrightarrow \begin{vmatrix} s = \frac{9}{5} \\ r = \frac{17}{5} \end{vmatrix}.$$

Einsetzen in die obere Zeile ergibt: $x = 45$.

Für $\begin{pmatrix} 0 \\ y \\ 0 \end{pmatrix}$ erhält man analog: $r = -2$; $s = 0$; $y = 9$. Für $\begin{pmatrix} 0 \\ 0 \\ z \end{pmatrix}$: $r = -\frac{4}{3}$; $s = -\frac{3}{5}$, $z = 3$.

Die Spurpunkte lauten also: $S_x(45\,|\,0\,|\,0)$; $S_y(0\,|\,9\,|\,0)$; $S_z(0\,|\,0\,|\,3)$.

Bestimmen der Spurpunkte mithilfe der Koordinatenform:

$S_x(x\,|\,0\,|\,0)$: $\quad x + 5 \cdot 0 + 15 \cdot 0 = 45 \ \Leftrightarrow \ x = 45$, also $S_x(45\,|\,0\,|\,0)$

$S_y(0\,|\,y\,|\,0)$: $\quad 0 + 5y + 15 \cdot 0 = 45 \ \Leftrightarrow \ y = 9$, also $S_y(0\,|\,9\,|\,0)$

$S_z(0\,|\,0\,|\,z)$: $\quad 0 + 5 \cdot 0 + 15 \cdot z = 45 \ \Leftrightarrow \ z = 3 \ \Rightarrow \ S_z(0\,|\,0\,|\,3)$

d) Punktprobe:
Parameterform: Einsetzen der Ortsvektoren von T_1 und T_2 in die Parameterform von E ergibt ein LGS mit drei Gleichungen und zwei Variablen:

$$T_1: \begin{pmatrix} 30 \\ 0 \\ 1 \end{pmatrix} = \begin{pmatrix} 10 \\ 1 \\ 2 \end{pmatrix} + r \cdot \begin{pmatrix} 5 \\ -4 \\ 1 \end{pmatrix} + s \cdot \begin{pmatrix} 10 \\ 7 \\ -3 \end{pmatrix} \Leftrightarrow \begin{vmatrix} 30 = 10 + 5\,r + 10\,s \\ 0 = 1 - 4\,r + 7\,s \\ 1 = 2 + 1\,r - 3\,s \end{vmatrix} \Leftrightarrow \begin{vmatrix} r = 2 \\ s = 1 \end{vmatrix}$$

T_1 liegt also in E. Für T_2 erhält man auf gleichem Weg: $r = -\frac{8}{5}$; $s = -\frac{1}{5}$; T_2 liegt also in E.

Koordinatenform: Einsetzen der Punktkoordinaten in die Koordinatenform vou E;
• $T_1(30\,|\,0\,|\,1)$: $30 + 5 \cdot 0 + 15 \cdot 1 = 45$ (wahre Aussage); T_1 liegt in E.
• $T_2(0\,|\,6\,|\,1)$: $30 \cdot 0 + 5 \cdot 6 + 15 \cdot 1 = 45$ (wahre Aussage); T_2 liegt in E.

e) Gemäß Aufgabentext sind beide Brückenteile gleich lang. Ein Brückenteil ist also halb so lang wie die Strecke $\overline{T_1 T_2}$.

$$\overrightarrow{T_1 T_2} = \overrightarrow{OT_2} - \overrightarrow{OT_1} = \begin{pmatrix} 0 \\ 6 \\ 1 \end{pmatrix} - \begin{pmatrix} 30 \\ 0 \\ 1 \end{pmatrix} = \begin{pmatrix} -30 \\ 6 \\ 0 \end{pmatrix}; \quad \frac{1}{2} \cdot \left| \begin{pmatrix} -30 \\ 6 \\ 0 \end{pmatrix} \right| = \frac{1}{2} \cdot \sqrt{30^2 + 6^2 + 0^2} = \frac{1}{2} \cdot 6 \cdot \sqrt{26} \approx 15{,}3$$

(nach oben gerundet). Die Fußgängerbrücke muss mindestens in einer Höhe von $2 \cdot 15{,}3 = 30{,}6$ m verlaufen (1 LE $\triangleq$ 2 m).

f) Berechnung des Winkels zwischen den Vektoren $\overrightarrow{T_1 T_2}$ und $\overrightarrow{T_1 P} = \begin{pmatrix} 15 \\ 3 \\ 20 \end{pmatrix} - \begin{pmatrix} 30 \\ 0 \\ 1 \end{pmatrix} = \begin{pmatrix} -15 \\ 3 \\ 19 \end{pmatrix}$:

$$\cos(\alpha) = \frac{\left| \overrightarrow{T_1 T_2} * \overrightarrow{T_1 P} \right|}{\left| \overrightarrow{T_1 T_2} \right| \cdot \left| \overrightarrow{T_1 P} \right|} = \frac{\left| \begin{pmatrix} -30 \\ 6 \\ 0 \end{pmatrix} * \begin{pmatrix} -15 \\ 3 \\ 19 \end{pmatrix} \right|}{6 \cdot \sqrt{26} \cdot \sqrt{15^2 + 3^2 + 19^2}} = \frac{468}{6 \cdot \sqrt{26} \cdot \sqrt{595}} \Rightarrow \alpha \approx 51{,}2°.$$

Das Brückenteil wurde um 51,2° (zur Fahrbahn) hochgeklappt.

g) $\overrightarrow{OS} = \overrightarrow{OT_1} + t \cdot \vec{v}$ mit $|t \cdot \vec{v}| = 28$; $|\vec{v}| = \sqrt{4^2 + 20^2 + 60^2} = 4 \cdot \sqrt{251}$.
Zu lösen ist also: $t \cdot 4\sqrt{251} = 28 \Leftrightarrow t \approx 0{,}44$, also $\overrightarrow{OS} \approx \overrightarrow{OT_1} + 0{,}44 \cdot \vec{v} \approx \begin{pmatrix} 31{,}8 \\ 8{,}8 \\ 27{,}4 \end{pmatrix}$.
Die Spitze des Turms liegt im Punkt $S(31{,}8\,|\,8{,}8\,|\,27{,}4)$.

h) Die Fußgängerstege müssen parallel zur Fahrbahnebene verlaufen und einen Abstand von 17 LE zur Fahrbahn besitzen.
• Parallelität von E und F: $\vec{n}_E \parallel \vec{n}_F$.

Es gilt $\vec{n}_E = 5 \cdot \vec{n}_F$, da $\begin{pmatrix} 1 \\ 5 \\ 15 \end{pmatrix} = 5 \cdot \begin{pmatrix} 0{,}2 \\ 1 \\ 3 \end{pmatrix}$. Damit sind E und F parallel.

• Die Höhe über der Fahrbahn ergibt sich aus dem Abstand der parallelen Ebenen E und F:

F: $0{,}2\,x + y + 3\,z = 63 \quad \Leftrightarrow \quad x + 5\,y + 15\,z = 315$.

$d = \dfrac{|315 - 45|}{\left\| \begin{pmatrix} 1 \\ 5 \\ 15 \end{pmatrix} \right\|} = \dfrac{270}{\sqrt{251}} \approx 17$ (LE); der Abstand von E und F beträgt 17 LE (ca. 34 m).

i) G besitzt den gleichen Normalenvektor wie E: $\vec{n}_E = \begin{pmatrix} 1 \\ 5 \\ 15 \end{pmatrix}$. Die Koordinatenform lautet
also: $x + 5y + 15z = c_0$.

Es gilt: $d = \dfrac{|c_1 - c_0|}{|\vec{n}_E|}$, also $4{,}5 = \dfrac{|45 - c_0|}{\sqrt{251}}$; da $c_0 < c_1$, gilt $|45 - c_0| > 0$ und man erhält $c_0 \approx 26{,}3$.

Die Themse fließt also in der Ebere G: $x + 5y + 15z \approx 26{,}3$.

j) Lösungsskizze: siehe rechts.

(1) Zuerst bestimmt man, in welchem Punkt R auf g das Brückenteil endet.

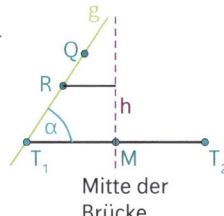

$\overrightarrow{OM} = \frac{1}{2}(\overrightarrow{OT_1} + \overrightarrow{OT_2}) = \frac{1}{2}\left(\begin{pmatrix} 30 \\ 0 \\ 1 \end{pmatrix} + \begin{pmatrix} 0 \\ 6 \\ 1 \end{pmatrix}\right) = \begin{pmatrix} 15 \\ 3 \\ 1 \end{pmatrix}$,

$|\overrightarrow{OM}| = \sqrt{15^2 + 9^2 + 1^2} = \sqrt{307}$.

Mitte der Brücke

Das Brückenteil ist also $\sqrt{307}$ LE lang.

(2) $\overrightarrow{OR} = \overrightarrow{OT_1} + t \cdot \overrightarrow{T_1Q}$ mit $t \cdot |\overrightarrow{T_1Q}| = \sqrt{307}$.

$|\overrightarrow{T_1Q}| = \left|\begin{pmatrix} -20 \\ 4 \\ 11 \end{pmatrix}\right| = \sqrt{537} \Rightarrow t = \dfrac{\sqrt{307}}{\sqrt{537}} \approx 0{,}76$.

$\overrightarrow{OR} = \begin{pmatrix} 30 \\ 0 \\ 1 \end{pmatrix} + 0{,}76 \cdot \begin{pmatrix} -20 \\ 4 \\ 11 \end{pmatrix} = \begin{pmatrix} 14{,}8 \\ 3{,}04 \\ 9{,}36 \end{pmatrix}$.

(3) Gesucht ist der Abstand des Punkts R zur Geraden h (durch M).

• Aufstellen der Ebenengleichung einer Ebene E_R, die zu h orthogonal verläuft und
den Punkt R enthält. Der Richtungsvektor von h ist der Normalenvektor der gesuchten Ebene E_R.

h: $\vec{x} = \overrightarrow{OM} + t \cdot \vec{n}_1 = \begin{pmatrix} 15 \\ 3 \\ 1 \end{pmatrix} + t \cdot \begin{pmatrix} 1 \\ 5 \\ 15 \end{pmatrix}$,

E_R: $\begin{pmatrix} 1 \\ 5 \\ 15 \end{pmatrix} * \vec{x} = \begin{pmatrix} 1 \\ 5 \\ 15 \end{pmatrix} * \begin{pmatrix} 14{,}8 \\ 3{,}04 \\ 9{,}36 \end{pmatrix} = 170{,}4 \Leftrightarrow x + 5y + 15z = 170{,}4$.

• Bestimmung des Schnittpunkts S von E_R und h durch Einsetzen des Terms für h in
die Ebenengleichung $1 \cdot (15 + t) + 5 \cdot (3 + 5t) + 15 \cdot (1 + 15t) = 170{,}4$

$\Leftrightarrow 45 + 251t = 170{,}4 \Leftrightarrow t \approx 0{,}5$ und damit $\overrightarrow{OS} = \begin{pmatrix} 15 \\ 3 \\ 1 \end{pmatrix} + 0{,}5 \cdot \begin{pmatrix} 1 \\ 5 \\ 15 \end{pmatrix} = \begin{pmatrix} 15{,}5 \\ 5{,}5 \\ 8{,}5 \end{pmatrix}$.

(4) Abstand von R zu S:

$|\overrightarrow{RS}| = \left|\begin{pmatrix} 15{,}5 \\ 5{,}5 \\ 8{,}5 \end{pmatrix} - \begin{pmatrix} 14{,}8 \\ 3{,}04 \\ 9{,}36 \end{pmatrix}\right| = \left|\begin{pmatrix} 0{,}7 \\ 2{,}46 \\ -0{,}86 \end{pmatrix}\right| = \sqrt{7{,}2812} \approx 2{,}7$ LE.

Die Öffnung der Brücke ist doppelt so weit, d. h. 5,4 LE. Dies entspricht ca. 10,8 m.

Ein die Brücke passierendes Schiff muss schmaler als 10,8 Meter sein.

Aufgabe 10   Atomium

In der belgischen Hauptstadt Brüssel steht das als Wahrzeichen für die Weltausstellung 1958 gebaute Atomium. Es stellt eine Vergrößerung der Elementarzelle eines Eisenkristalls dar und zeigt somit die Anordnung von neun Eisenatomen zueinander. Die Eisenatome werden durch Kugeln symbolisiert, die Verbindungsstreben stellen das sogenannte Gitter dar, das die geometrische Anordnung der Atome zueinander verdeutlicht. Hier handelt es sich um einen Würfel, in dessen Zentrum ein Eisenatom sitzt. Im Inneren einiger der Kugeln befinden sich ein Restaurant und mehrere Ausstellungsräume. Das Atomium ist eine der bekanntesten Sehenswürdigkeiten der Stadt.

Von den Eckpunkten des Atomiums sind die Koordinaten der Kugeln A(4|0|3), C(0|5|0), F(−3|0|4) und H(1|5|7) bekannt. Die Kugel B liegt im Ursprung eines dreidimensionalen Koordinatensystems, dessen x-y-Ebene nicht dem Erdboden entspricht. Die mit H bezeichnete Kugel befindet sich – bezogen auf den Erdboden – senkrecht über B.

a) Bestimmen Sie die Koordinaten der Eckpunkte D, E und G.   `E1`

b) Geben Sie die Koordinaten der Kugel im Zentrum des Atomiums an.   `E3`

c) Berechnen Sie den Winkel, den eine Außenkante des Atomiums und eine diese Außenkante schneidende Diagonale des Atomiums einschließen.   `G1`

d) Die Kugeln und Verbindungsrohre des Atomiums sollen mit einem neuen Schutzanstrich versehen werden. Die Rohre haben einen Durchmesser von 3 Längeneinheiten (LE). Die Kugeln an den Eckpunkten werden zur Vereinfachung als punktförmig angenommen, dafür werden 15 % mehr Farbe als für die Rohre benötigt bestellt.

   Bestimmen Sie die benötigte Menge an Farbe, wenn man für 5 Flächeneinheiten (FE) einen Liter Farbe benötigt.   `E5`

e) Wie oben angegeben, befindet sich die Kugel H – bezogen auf den Erdboden – senkrecht über der Kugel B.
   Eine Parameterdarstellung der Fläche, die den Erdboden bestimmt, kann daher dadurch ermittelt werden, dass man irgendwelche zwei (nicht kollineare) Vektoren als Richtungsvektoren für die Bodenebene sucht, die senkrecht zu BH sind.

   Geben Sie zwei solcher Vektoren an und stellen Sie damit eine mögliche Parameterdarstellung der Bodenebene auf.   `E4` `F3` `F11`

f) Erläutern Sie, dass der Erdboden im gewählten Koordinatensystem durch die Ebene mit der Gleichung $E_{Erdboden}: x + 5y + 7z = 0$ beschrieben werden kann.   `F6`

g) Geben Sie eine Parameterdarstellung der Ebene $E_{Erdboden}$ an.   `F3` `F7`

h) Über die Kugel im Punkt H fällt paralleles Sonnenlicht mit der Richtung $\vec{u} = \begin{pmatrix} 10 \\ 7 \\ -15 \end{pmatrix}$ ein.

   Berechnen Sie die Koordinaten des Schattenpunkts auf dem Erdboden und in welchem Winkel der Lichtstrahl auf den Erdboden trifft. Bestimmen Sie zudem die Länge des Schattens auf dem Erdboden.   `F1` `F8` `E5`

Anlässlich des 65. Geburtstags des Atomiums im Jahre 2023 wird eine Lasershow geplant. Als Projektionsfläche sollen die Außenflächen des Atomiums dienen, die für diesen Zweck mit Planen abgehängt werden. Einer der Laserstrahlen soll im Mittelpunkt der Außenfläche ABCD unter einem Winkel von 90° auftreffen; der zugehörige Projektor soll auf dem Erdboden montiert werden.

i) Berechnen Sie, welchen Abstand dieser Projektor zum Mittelpunkt der Außenfläche ABCD besitzt und in welchem Winkel zum Erdboden der Projektor eingestellt werden muss. F5 F8 G3 G5

Lösung

a) Da B im Ursprung liegt, sind alle von B ausgehenden Vektoren gleich den Ortvektoren der Endpunkte, d. h. $\overrightarrow{BA} = \overrightarrow{OA}$ usw.

Berechnung der Ortsvektoren der Punkte D, E, G:

$$\overrightarrow{OD} = \overrightarrow{BD} = \overrightarrow{BA} + \overrightarrow{AD} = \overrightarrow{BA} + \overrightarrow{BC} = \begin{pmatrix} 4 \\ 0 \\ 3 \end{pmatrix} + \begin{pmatrix} 0 \\ 5 \\ 0 \end{pmatrix} = \begin{pmatrix} 4 \\ 5 \\ 3 \end{pmatrix}, \text{ also } D(4\,|\,5\,|\,3).$$

$$\overrightarrow{OE} = \overrightarrow{BE} = \overrightarrow{BA} + \overrightarrow{AE} = \overrightarrow{BA} + \overrightarrow{BF} = \begin{pmatrix} 4 \\ 0 \\ 3 \end{pmatrix} + \begin{pmatrix} -3 \\ 0 \\ 4 \end{pmatrix} = \begin{pmatrix} 1 \\ 0 \\ 7 \end{pmatrix}, \text{ also } E(1\,|\,0\,|\,7).$$

$$\overrightarrow{OG} = \overrightarrow{BG} = \overrightarrow{BC} + \overrightarrow{CG} = \overrightarrow{BC} + \overrightarrow{BF} = \begin{pmatrix} 0 \\ 5 \\ 0 \end{pmatrix} + \begin{pmatrix} -3 \\ 0 \\ 4 \end{pmatrix} = \begin{pmatrix} -3 \\ 5 \\ 4 \end{pmatrix}, \text{ also } G(-3\,|\,5\,|\,4).$$

b) Die Mittelkugel liegt im Mittelpunkt der Strecke BH:

$$\overrightarrow{OM} = \frac{1}{2} \cdot \left(\overrightarrow{OB} + \overrightarrow{OH} \right) = \frac{1}{2} \cdot \begin{pmatrix} 1 \\ 5 \\ 7 \end{pmatrix} = \begin{pmatrix} 0{,}5 \\ 2{,}5 \\ 3{,}5 \end{pmatrix}, \text{ also } M(0{,}5\,|\,2{,}5\,|\,3{,}5).$$

c) Es stehen eine Vielzahl an Kanten und Diagonalen zur Auswahl, da durch den symmetrischen Körper an jeder Ecke der gleiche Winkel zur Diagonale entsteht. Exemplarisch wird hier der Winkel ∢HBC berechnet:

$$\cos{(\alpha)} = \frac{\left| \overrightarrow{BH} * \overrightarrow{BC} \right|}{\left| \overrightarrow{BH} \right| \cdot \left| \overrightarrow{BC} \right|} = \frac{\left\| \begin{pmatrix} 1 \\ 5 \\ 7 \end{pmatrix} * \begin{pmatrix} 0 \\ 5 \\ 0 \end{pmatrix} \right\|}{\left\| \begin{pmatrix} 1 \\ 5 \\ 7 \end{pmatrix} \right\| \cdot \left\| \begin{pmatrix} 0 \\ 5 \\ 0 \end{pmatrix} \right\|} = \frac{25}{\sqrt{75} \cdot 5} = \frac{5}{\sqrt{75}} \quad \Rightarrow \quad \alpha = \cos^{-1}\left(\frac{5}{\sqrt{75}} \right) \approx 54{,}74°.$$

$$\boxed{\cos^{-1}\left(\frac{5}{\sqrt{75}} \right) \quad \text{DEG} \\ 54.73561032}$$

Der Winkel zwischen der Raumdiagonalen und einer Seitenkante beträgt ca. 54,74°.

d) Alle Verbindungsrohre können als Zylinder modelliert werden, deren Mantelfläche gesucht ist. Es gilt: $M_{\text{Zylinder}} = 2\,\pi\,r \cdot h = \pi\,d \cdot h$.

Für die Seitenkanten ergibt sich: Die Länge h einer Seitenkante beträgt 5 LE, da

$$\left| \overrightarrow{BC} \right| = \left\| \begin{pmatrix} 0 \\ 5 \\ 0 \end{pmatrix} \right\| = \sqrt{25} = 5,$$ und der Durchmesser ist 3 LE. Für die Oberfläche aller zwölf

Verbindungsrohre, die die Außenkanten des Atomiums bilden, erhält man:

$$O_{\text{Seitenkanten}} = 12 \cdot M_{\text{Zylinder}} = 12 \cdot (\pi \cdot 3 \cdot 5) = 180\,\pi.$$

Für die Länge einer der vier Raumdiagonalen berechnet man: $\left| \overrightarrow{BH} \right| = \left\| \begin{pmatrix} 1 \\ 5 \\ 7 \end{pmatrix} \right\| = \sqrt{75}$.

Für deren Oberfläche erhält man: $O_{Raumdiagonalen} = 4 \cdot (\pi \cdot 3 \cdot \sqrt{75} = 12 \cdot \sqrt{75} \cdot \pi$.

Daraus ergibt sich: $O_{gesamt} = 180\,\pi + 12 \cdot \sqrt{75} \cdot \pi \approx 891{,}97$.

Die zu streichende Oberfläche beträgt also ca. 892 FE, das entspricht also

$5\,\frac{L}{FE} \cdot 892\,FE = 4460\,L$ Farbe zuzüglich 15 % für die Kugeln.

Insgesamt müssen also 4460 L · 1,15 = 5129 L Farbe bestellt werden.

e) Da der Vektor $\overrightarrow{BH}$ senkrecht auf dem Erdboden steht, gilt für jeden Ortsvektor $\begin{pmatrix} a \\ b \\ c \end{pmatrix}$

in der Ebene des Erdbodens das Orthogonalitätskriterium: $\begin{pmatrix} 1 \\ 5 \\ 7 \end{pmatrix} * \begin{pmatrix} a \\ b \\ c \end{pmatrix} = 0$.

Es gibt unendlich viele solcher zu $\overrightarrow{BH}$ orthogonalen Vektoren – die Gleichung $1\,a + 5\,b + 7\,c = 0$ ist unterbestimmt. Setzt man für zwei der drei Variablen eine (möglichst geschickt gewählte) Zahl ein, so kann man die dritte Variable berechnen und erhält einen orthogonalen Vektor.

Wählt man zum Beispiel für den ersten Vektor a = −5 und c = 0, so ergibt sich b = 1, damit die Gleichung erfüllt ist. Der orthogonale Vektor lautet dann: $\vec{v} = \begin{pmatrix} -5 \\ 1 \\ 0 \end{pmatrix}$.

Wählt man z. B. b=0 und c = 1, dann ist a = −7. Man erhält einen zweiten Vektor: $\vec{w} = \begin{pmatrix} -7 \\ 0 \\ 1 \end{pmatrix}$.

Die beiden Vektoren sind nicht kollinear zueinander und daher kann man eine Parametergleichung für den Erdboden erstellen: $E_{Erdboden}: \vec{x} = \overrightarrow{OB} + r \cdot \vec{v} + s \cdot \vec{w} = r \cdot \begin{pmatrix} -5 \\ 1 \\ 0 \end{pmatrix} + s \cdot \begin{pmatrix} -7 \\ 0 \\ 1 \end{pmatrix}$.

f) Die Ebenengleichung ist in der Normalenform $n_1 \cdot x + n_2 \cdot y + n_3 \cdot z = d$ gegeben. Die Komponenten eines Normalenvektors der Ebene können also direkt abgelesen werden.

Es gilt: $\vec{n} = \begin{pmatrix} 1 \\ 5 \\ 7 \end{pmatrix}$. Man erkennt sofort, dass dieses gleich dem Vektor $\overrightarrow{BH}$ ist, welcher nach Konstruktion senkrecht auf dem Erdboden (nicht der x-y-Ebene) steht. Aus der Lage des Eckpunkts B (auf dem Erdboden und außerdem im Ursprung) ergibt sich für die Koordinatengleichung $\vec{x} * \vec{n} = \overrightarrow{OB} * \vec{n} = 0 = d$.
Damit ist x + 5 y + 7 z = 0 eine gültige Ebenengleichung für den Erdboden, auf dem das Atomium steht.

g) Eine Parameterdarstellung der Ebene kann man beispielsweise dadurch finden, indem man die Spurpunkte der Ebene ermittelt
• $S_x(0\,|\,7\,|-5)$, da $0 \cdot 1 + 5 \cdot 7 + 7 \cdot (-5) = 0$
• $S_y(7\,|\,0\,|-1)$, da $7 \cdot 1 + 5 \cdot 0 + 7 \cdot (-1) = 0$
• $S_z(5\,|-1\,|\,0)$, da $5 \cdot 1 + 5 \cdot (-1) + 7 \cdot 0 = 0$

Hieraus folgt $E_{Erdboden}: \vec{x} = \overrightarrow{OS}_y + r \cdot \overrightarrow{S_yS_z} + s \cdot \overrightarrow{S_yS_x} = \begin{pmatrix} 7 \\ 0 \\ -1 \end{pmatrix} + r \cdot \begin{pmatrix} 5-7 \\ -1-0 \\ 0-(-1) \end{pmatrix} + s \cdot \begin{pmatrix} 0-7 \\ 7-0 \\ -5-(-1) \end{pmatrix}$

$= \begin{pmatrix} 7 \\ 0 \\ -1 \end{pmatrix} + r \cdot \begin{pmatrix} -2 \\ -1 \\ 1 \end{pmatrix} + s \cdot \begin{pmatrix} -7 \\ 7 \\ -4 \end{pmatrix}$

Alternativ kann man irgendwelche nicht kollineare Vektoren wählen, die orthogonal zu $\overrightarrow{BH}$ sind und somit als Richtungsvektoren der Bodenflächenebene geeignet sind,

beispielsweise $\vec{x} = \begin{pmatrix} 0 \\ 0 \\ 0 \end{pmatrix} + r \cdot \begin{pmatrix} 5 \\ -1 \\ 0 \end{pmatrix} + s \cdot \begin{pmatrix} 7 \\ 0 \\ -1 \end{pmatrix}$.

h) Der Lichtstrahl über die Spitze H des Atomium. ...den kann durch eine Gerade mit $\overrightarrow{BH}$ als Stützvektor und $\vec{u}$ als Richtungsvekto. ...iert werden:

$$g: \vec{x} = \begin{pmatrix} 1 \\ 5 \\ 7 \end{pmatrix} + t \cdot \begin{pmatrix} 10 \\ 7 \\ -15 \end{pmatrix}$$

Den Schattenpunkt erhält man als Schnittpunkt dieser Geraden und der Bodenflächenebene (vgl. Teilaufgabe g).

Bestimmung mithilfe der Parameterdarstellung der Ebene:

$$E_{Erdboden}: \vec{x} = r \cdot \begin{pmatrix} 5 \\ -1 \\ 0 \end{pmatrix} + s \cdot \begin{pmatrix} 7 \\ 0 \\ -1 \end{pmatrix}$$

Der Schnittansatz $\begin{pmatrix} 1 \\ 5 \\ 7 \end{pmatrix} + t \cdot \begin{pmatrix} 10 \\ 7 \\ -15 \end{pmatrix} = r \cdot \begin{pmatrix} 5 \\ -1 \\ 0 \end{pmatrix} + s \cdot \begin{pmatrix} 7 \\ 0 \\ -1 \end{pmatrix}$ führt auf das lineare

Gleichungssystem $\begin{vmatrix} 5r + 7s = & 10t + 1 \\ -r = & 7t + 5 \\ -s = & -15t + 7 \end{vmatrix}$. Die Variablen r und s kann man in der oberen

Gleichung ersetzen und erhält die Lösung $r = -\frac{55}{4}$; $s = \frac{47}{4}$; $t = \frac{5}{4}$.

Bestimmung mithilfe der Koordinatengleichung der Ebene:

$E_{Erdboden}: x + 5y + 7z = 0$

Aus der Parameterdarstellung von g erhält man komponentenweise:
$x = 1 + 10t$, $y = 5 + 7t$ und $z = 7 - 15t$. Einsetzen in die Koordinatengleichung ergibt
$1 \cdot (1 + 10t) + 5 \cdot (5 + 7t) + 7 \cdot (7 - 15t) = 0$, also $75 - 60t = 0$ und weiter $t = \frac{5}{4}$.

Durch Einsetzen in eine der beiden Parameterdarstellungen (oder als Probe in beide) erhält man dann für den Schattenpunkt S die Koordinaten (13,5|13,75|-11,75), denn:

$$\overrightarrow{OS} = \begin{pmatrix} 1 \\ 5 \\ 7 \end{pmatrix} + \frac{5}{4} \cdot \begin{pmatrix} 10 \\ 7 \\ -15 \end{pmatrix} = \begin{pmatrix} 13,50 \\ 13,75 \\ -11,75 \end{pmatrix}.$$

Die Länge des Schattens beträgt somit $|\overrightarrow{OS}| \approx 22,57$ LE.

Der gesuchte Winkel ist ein Winkel zwischen einer Gerade g und der Erdboden-Ebene. Es gilt:

$$\sin(\varphi) = \frac{|\vec{u} * \vec{n}_{Erdboden}|}{|\vec{u}| \cdot |\vec{n}_{Erdboden}|} = \frac{\left|\begin{pmatrix} 10 \\ 7 \\ -15 \end{pmatrix} * \begin{pmatrix} 1 \\ 5 \\ 7 \end{pmatrix}\right|}{\left|\begin{pmatrix} 10 \\ 7 \\ -15 \end{pmatrix}\right| \cdot \left|\begin{pmatrix} 1 \\ 5 \\ 7 \end{pmatrix}\right|} = \frac{|-60|}{\sqrt{374} \cdot \sqrt{75}} \Rightarrow \varphi \approx 20,99°.$$

$\sin^{-1}\left(\frac{60}{\sqrt{374}*\sqrt{75}}\right)$
20.99269143

Das Licht trifft in einem Winkel von ungefähr 21° auf den Erdboden.

177

i) Die quadratische Außenfläche wird durch die Punkte A, B, C und D festgelegt. Da sich die Diagonalen im Mittelpunkt eines Quadrats schneiden und die Diagonalen dabei jeweils halbiert werden, sind der Mittelpunkt der Außenfläche und der Mittelpunkt zweier gegenüberliegender Eckpunkte identisch:

$$\overrightarrow{OM}_{\text{Außenfläche}} = \overrightarrow{OM}_{AC} = \frac{1}{2} \cdot \begin{pmatrix} 4 \\ 0 \\ 3 \end{pmatrix} + \begin{pmatrix} 0 \\ 5 \\ 0 \end{pmatrix} = \begin{pmatrix} 2 \\ 2,5 \\ 1,5 \end{pmatrix}$$

Der Laserstrahl soll in $\overrightarrow{OM}_{AC}$ in einem 90°-Winkel auftreffen, d. h., der Laserstrahl steht senkrecht auf der Ebene ABCD. Die Richtung des Laserstrahls ist also durch einen Normalenvektor der Ebene ABCD bestimmt:

$$\vec{n}_{ACE} = \overrightarrow{BA} \cdot \overrightarrow{BC} = \begin{pmatrix} 4 \\ 0 \\ 3 \end{pmatrix} * \begin{pmatrix} 0 \\ 5 \\ 0 \end{pmatrix} = \begin{pmatrix} -15 \\ 0 \\ 20 \end{pmatrix} = 5 \cdot \begin{pmatrix} -3 \\ 0 \\ 4 \end{pmatrix}$$

Hieraus ergibt sich die Parameterdarstellung der Gerade, durch die der Laserstrahl beschrieben wird:

$$g: \vec{x} = \begin{pmatrix} 2 \\ 2,5 \\ 1,5 \end{pmatrix} + p \cdot \begin{pmatrix} -3 \\ 0 \\ 4 \end{pmatrix} = \begin{pmatrix} 2 - 3p \\ 2,5 \\ 1,5 + 4p \end{pmatrix}$$

Der Standort des Projektors ist der Schnittpunkt P von g mit der Erdbodenebene (x + 5y + 7z = 0). Einsetzen der Komponenten in die Koordinatengleichung ergibt:

$$1 \cdot (2 - 3p) + 5 \cdot (2,5) + 7 \cdot (1,5 + 4p) = 0 \quad \Leftrightarrow \quad (2 + 12,5 + 10,5) + 25p = 0 \Leftrightarrow p = -1.$$

Und damit: $\overrightarrow{OP} = \begin{pmatrix} 2 \\ 2,5 \\ 1,5 \end{pmatrix} - 1 \cdot \begin{pmatrix} -3 \\ 0 \\ 4 \end{pmatrix} = \begin{pmatrix} 5 \\ 2,5 \\ -2,5 \end{pmatrix}$

Der Abstand d des Projektors zum Mittelpunkt der Außenfläche ist dann:

$$d = \left| -\frac{1}{5} \cdot \left(\begin{pmatrix} -15 \\ 0 \\ 20 \end{pmatrix} \right) \right| = \sqrt{3^2 + 0^2 + (-4)^2} = 5.$$

Die Winkeleinstellung des Projektors ist durch den Winkel zwischen dem Richtungsvektor der Geraden g und des Normalenvektors der Ebene E_{Erdboden} gegeben:

$$\sin(\varphi) = \frac{\left| \begin{pmatrix} 1 \\ 5 \\ 7 \end{pmatrix} * \begin{pmatrix} -3 \\ 0 \\ 4 \end{pmatrix} \right|}{\left| \begin{pmatrix} 1 \\ 5 \\ 7 \end{pmatrix} \right| \cdot \left| \begin{pmatrix} -3 \\ 0 \\ 4 \end{pmatrix} \right|} = \frac{25}{\sqrt{75} \cdot 5} \quad \Rightarrow \quad \varphi = \sin^{-1}\left(\frac{25}{\sqrt{75} \cdot 5} \right) \approx 35,26°.$$

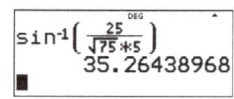

Der Projektor steht also im Punkt P(5|2,5|−2,5) in einem Abstand von 5 LE zum Mittelpunkt der Außenfläche ABCD und wird auf den Winkel von 35,26° zum Erdboden eingestellt.

Aufgabe 11   Der Rodelhang

Eine Einheit in der Modellierung entspricht einem Meter in der Realität.

Ein Rodelhang wird durch eine Ebene R beschrieben, die die drei Punkte A(6|0|2), B(1|0|1) und C(3,5|4|1,5) enthält.

a) (1) Bestimmen Sie eine Parameterform der Ebene R.   `F3`
   (2) Bestimmen Sie eine Koordinatenform der Ebene R.   `F5` `F6`

   [Kontrollergebnis: E: x − 5z = −4]

b) (1) Berechnen Sie die Spurpunkte der Ebene R und skizzieren Sie die Ebene in einem Koordinatensystem.   `F4`
   (2) Die Ebene R besitzt keinen Spurpunkt auf der y-Achse. Weisen Sie nach, dass der Spurpunkt auf der z-Achse $S_z(0|0|\frac{4}{5})$ lautet. Berechnen Sie den Spurpunkt auf der x-Achse und skizzieren Sie die Ebene in einem Koordinatensystem.   `F4`

c) Die Ebene R und die drei Koordinatenebenen schließen einen geometrischen Körper ein. Berechnen Sie dessen Volumen, wenn der Körper in y-Richtung 15 Meter lang ist.   `E3` `E5`

d) Kinder unter 6 Jahren dürfen aus Sicherheitsgründen den Rodelhang nicht alleine befahren, wenn dieser steiler als 10° zum Horizont verläuft.
   Beurteilen Sie den Rodelhang diesbezüglich und verfassen Sie einen Text für ein Warnschild am Aufgang des Rodelhangs.   `G2`

e) (1) Der Rodelhang wird seitlich durch einen nicht befahrbaren Hang, der durch die Ebene Q mit der Gleichung Q: y − z = 20 beschrieben wird, begrenzt. Damit kein Rodler auf diesen Hang gerät, wird auf der Kante zwischen den Hängen ein Fangzaun aufgestellt.
   Beschreiben Sie die Kante zwischen den Ebenen R und Q durch eine Gerade.   `F10`
   (2) Ausgehend vom Punkt W(−4|20|0) soll in Richtung des Vektors $\vec{u} = \begin{pmatrix} 5 \\ 1 \\ 1 \end{pmatrix}$ auf dem Rodelhang R ein 1,50 m hoher und 300 m langer Fangzaun zur Absicherung der Rodler aufgebaut werden. Der Fangzaun steht orthogonal zum Rodelhang R.
   Beschreiben Sie den Fangzaun mithilfe einer Ebene und geben Sie Bedingungen für die Parameter an, sodass die gegebenen Maße eingehalten werden.   `E5` `F3`

Über dem Rodelhang verläuft ein Schlepplift, der die Besucher mit ihren Schlitten den Hang hinauf zieht. Eines der beiden Seile des Lifts wird beschrieben durch

$$g: \vec{x} = \begin{pmatrix} 3,5 \\ -2 \\ 5 \end{pmatrix} + r \cdot \begin{pmatrix} 7,5 \\ -3 \\ 1,5 \end{pmatrix}.$$

Das andere Seil verläuft geradlinig durch die Punkte
$P_1(-19|5|0,5)$ und $P_2(29,75|-14,5|10,25)$.

f) Zeigen Sie, dass die beiden Seile des Lifts parallel verlaufen und berechnen Sie deren Abstand.   `F2` `G6`

g) Die beiden Seile des Schlepplifts sind parallel zum Rodelhang.
   Ermitteln Sie, in welchem Abstand die Seile des Schlepplifts über dem Hang verlaufen.   `G5`

Über den Rodelhang verläuft zusätzlich eine Überlandleitung für Strom. Die Leitung verläuft entlang der Geraden i: $\vec{x} = \begin{pmatrix} 2 \\ 6 \\ 15 \end{pmatrix} + r \cdot \begin{pmatrix} 5 \\ 9 \\ 1,5 \end{pmatrix}$.

h) Untersuchen Sie die Lagebeziehung zwischen Überlandleitung und dem Seil des Schlepplifts, das durch die Gerade g beschrieben wird. **F2**

Nun wird gerodelt: Schlitten S_1 startet im Punkt E(1|8|1) und durchfährt nach einer Sekunde den Punkt F(−4|5|0). Ein zweiter Schlitten S_2 startet 2 Sekunden später als S_1 im Punkt G(1|−14|1) und fährt in jeder Sekunde die Länge und Richtung des Vektors $\vec{w} = \begin{pmatrix} -2,5 \\ 6 \\ -0,5 \end{pmatrix}$ den Hang hinab.

i) Vergleichen Sie die Geschwindigkeit der beiden Schlitten in Kilometern pro Stunde. **E5**

j) Erläutern Sie, weshalb es nicht zu einer Kollision der Schlitten kommen muss, obwohl die Fahrbahnen sich kreuzen (kein Nachweis erforderlich).

k) Berechnen Sie, wie nah sich die Schlitten auf ihrer Fahrt höchstens kommen. **E5** **B6**

Lösung

a) Ebene in Parameterform:

R: $\vec{x} = \overrightarrow{OA} + \overrightarrow{AB} + \overrightarrow{AC}$ mit $\overrightarrow{AB} = \begin{pmatrix} 1 \\ 0 \\ 1 \end{pmatrix} - \begin{pmatrix} 6 \\ 0 \\ 2 \end{pmatrix} = \begin{pmatrix} -5 \\ 0 \\ -1 \end{pmatrix}$, $\overrightarrow{AC} = \begin{pmatrix} 3,5 \\ 4 \\ 1,5 \end{pmatrix} - \begin{pmatrix} 6 \\ 0 \\ 2 \end{pmatrix} = \begin{pmatrix} -2,5 \\ 4 \\ -0,5 \end{pmatrix}$,

R: $\vec{x} = \begin{pmatrix} 6 \\ 0 \\ 2 \end{pmatrix} + r \cdot \begin{pmatrix} -5 \\ 0 \\ -1 \end{pmatrix} + s \cdot \begin{pmatrix} -2,5 \\ 4 \\ -0,5 \end{pmatrix}$

Ebene in Normalform:

$\vec{n} = \begin{pmatrix} -5 \\ 0 \\ -1 \end{pmatrix} \times \begin{pmatrix} -2,5 \\ 4 \\ -0,5 \end{pmatrix} = \begin{pmatrix} 4 \\ 0 \\ -20 \end{pmatrix} = 4 \cdot \begin{pmatrix} 1 \\ 0 \\ -5 \end{pmatrix}$; $\begin{pmatrix} 1 \\ 0 \\ -5 \end{pmatrix} * \vec{x} = \begin{pmatrix} 1 \\ 0 \\ -5 \end{pmatrix} * \begin{pmatrix} 6 \\ 0 \\ 2 \end{pmatrix} = 6 - 10 = -4$

Ebene in Koordinatenform: R: x − 5z = −4.

b) Für die Spurpunkte gilt allgemein: $S_x(x|0|0)$; $S_y(0|y|0)$, $S_z(0|0|z)$.
Eingesetzt in die Ebenengleichung von R erhält man:
S_x: x − 5·0 = −4 ⇒ $S_x(−4|0|0)$
S_y: 0 − 5·0 = −4 ⇒ Widerspruch: Es gibt keinen Spurpunkt mit der y-Achse.

S_z: 0 − 5z = −4 ⇔ z = $\frac{4}{5}$ ⇒ $S_z(0|0|\frac{4}{5})$.

Skizze: siehe rechts.

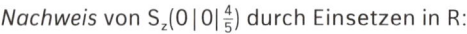

Nachweis von $S_z(0|0|\frac{4}{5})$ durch Einsetzen in R:

$\begin{pmatrix} 0 \\ 0 \\ \frac{4}{5} \end{pmatrix} = \begin{pmatrix} 6 \\ 0 \\ 2 \end{pmatrix} + r \cdot \begin{pmatrix} -5 \\ 0 \\ -1 \end{pmatrix} + s \cdot \begin{pmatrix} -2,5 \\ 4 \\ -0,5 \end{pmatrix}$

Aus Zeile 2 wird s = 0 deutlich. Damit Zeile 1 dann erfüllt wird, muss 0 = 6 − 5r gelöst werden. Man erhält r = $\frac{6}{5}$.

Eingesetzt in Zeile 3 erhält man die wahre Aussage $\frac{4}{5} = 2 + \frac{6}{5} \cdot (-1)$. S_z ist also der Spurpunkt von R mit der z-Achse.

Berechnung von $S_x(x|0|0)$:
$$\begin{pmatrix} x \\ 0 \\ 0 \end{pmatrix} = \begin{pmatrix} 6 \\ 0 \\ 2 \end{pmatrix} + r \cdot \begin{pmatrix} -5 \\ 0 \\ -1 \end{pmatrix} + s \cdot \begin{pmatrix} -2,5 \\ 4 \\ -0,5 \end{pmatrix}.$$

Aus Zeile 2 folgt wieder s = 0. Zeile 3 liefert somit: $0 = 2 + r \cdot (-1) \Leftrightarrow r = 2$.
Eingesetzt in Zeile 1 ergibt sich $x = 6 + 2 \cdot (-5) = -4$ und damit $S_x(-4|0|0)$.

c) Es handelt sich um ein Dreiecksprisma. Es gilt: $V = A_\Delta \cdot h$.
Zur Berechnung des Flächeninhalts des Dreiecks nutzt man die Kenntnis über die Spurpunkte und das entstehende rechtwinklige Dreieck mit den Eckpunkten O, S_x und S_z:

$$A_\Delta = \tfrac{1}{2} |\overrightarrow{OS_x}| \cdot |\overrightarrow{OS_z}| = \tfrac{1}{2} \cdot \left\| \begin{pmatrix} -4 \\ 0 \\ 0 \end{pmatrix} \right\| \cdot \left\| \begin{pmatrix} 0 \\ 0 \\ \frac{4}{5} \end{pmatrix} \right\| = \tfrac{1}{2} \cdot 4 \cdot \tfrac{4}{5} = \tfrac{16}{10} = 1,6 \ [m^2]$$

und damit $V_{Prisma} = 1,6 \ m^2 \cdot 15 \ m = 24 \ m^3$

d) Der Horizont wird durch eine Ebene parallel zur x_1-x_2-Ebene modelliert. Ein Normalenvektor einer solchen Ebene lautet z. B. $\vec{n}_H = \begin{pmatrix} 0 \\ 0 \\ 1 \end{pmatrix}$. Den Winkel zwischen zwei Ebenen berechnet man über:

$$\cos(\alpha) = \frac{|\vec{n}_R * \vec{n}_H|}{|\vec{n}_R| \cdot |\vec{n}_H|} = \frac{\left\| \begin{pmatrix} 1 \\ 0 \\ -5 \end{pmatrix} * \begin{pmatrix} 0 \\ 0 \\ 1 \end{pmatrix} \right\|}{\sqrt{26} \cdot 1} = \frac{5}{\sqrt{26}} \Leftrightarrow \alpha = \cos^{-1}\left(\frac{5}{\sqrt{26}}\right) \approx 11,3°.$$

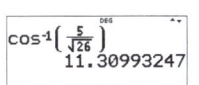

Ein Text für das Warnschild könnte lauten: „Kinder unter 6 Jahren nur in Begleitung eines Erwachsenen!"

e) (1) Der Zaun steht auf der Schnittgeraden der Ebenen R und Q. Bestimmung der Schnittgeraden durch Lösen des unterbestimmten Gleichungssystems

$$\begin{vmatrix} x - 5z = -4 \\ y - z = 20 \end{vmatrix} \Leftrightarrow \begin{vmatrix} x = -4 + 5z \\ y = 20 + z \end{vmatrix}, \quad \text{mit } z = t \text{ erhält man als 3. Zeile } z = 0 + 1t.$$

Man liest nun die Gleichung der Schnittgeraden ab: $g: \begin{pmatrix} x \\ y \\ z \end{pmatrix} = \begin{pmatrix} -4 \\ 20 \\ 0 \end{pmatrix} + t \begin{pmatrix} 5 \\ 1 \\ 1 \end{pmatrix}.$

(2) Der gesuchte Vektor $\vec{v}$ steht jeweils auf den Richtungsvektoren von R orthogonal.
Daher muss gelten:

$$\vec{v} * \begin{pmatrix} -5 \\ 0 \\ -1 \end{pmatrix} = 0 \text{ und } \vec{v} * \begin{pmatrix} -2,5 \\ 4 \\ -0,5 \end{pmatrix} = 0.$$

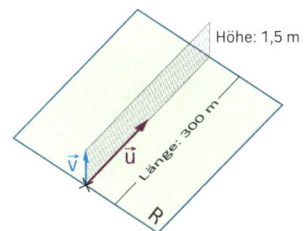

Höhe: 1,5 m

Länge: 300 m

Das LGS $\begin{vmatrix} -5v_1 + 0 \cdot v_2 - 1v_3 = 0 \\ -2,5v_1 + 4v_2 - 0,5v_3 = 0 \end{vmatrix}$ besitzt die

Lösungen $v_1 = -0,2 \cdot k$; $v_2 = 0$; $v_3 = k$, also $\vec{v} = k \cdot \begin{pmatrix} -0,2 \\ 0 \\ 1 \end{pmatrix}$. Man wählt z. B. k = 10 und

erhält $\vec{v}_{10} = \begin{pmatrix} -2 \\ 0 \\ 10 \end{pmatrix}$ als zweiten Spannvektor der gesuchten Ebene.

Eine mögliche Gleichung der Ebene, die den Fangzaun beschreibt, lautet:

$$\vec{x} = \overrightarrow{OW} + r \cdot \vec{u} + s \cdot \vec{v} = \begin{pmatrix} -4 \\ 20 \\ 0 \end{pmatrix} + r \cdot \begin{pmatrix} 5 \\ 1 \\ 1 \end{pmatrix} + s \cdot \begin{pmatrix} -2 \\ 0 \\ 10 \end{pmatrix}.$$

Da die Höhe des Zauns 1,50 m betragen soll, muss gelten:
$s \cdot |\vec{v}| = 1,5 \Leftrightarrow s \cdot \sqrt{104} = 1,5 \Leftrightarrow s \approx 0,15$.

Für die Länge der Zauns gilt: $r \cdot |\vec{u}| = 300 \Leftrightarrow r \cdot \sqrt{27} = 300 \Leftrightarrow r \approx 57,74$.
Somit wird der Fangzaun beschrieben durch:

$$\vec{x} = \begin{pmatrix} -4 \\ 20 \\ 0 \end{pmatrix} + r \cdot \begin{pmatrix} 5 \\ 1 \\ 1 \end{pmatrix} + s \cdot \begin{pmatrix} -2 \\ 0 \\ 10 \end{pmatrix}; \ 0 \le r \le 57,74, \ 0 \le s \le 0,15.$$

f) $g_1: \vec{x} = \begin{pmatrix} 3,5 \\ -2 \\ 5 \end{pmatrix} + r \begin{pmatrix} 7,5 \\ -3 \\ 1,5 \end{pmatrix}; \ g_2: \vec{x} = \begin{pmatrix} -19 \\ 5 \\ 0,5 \end{pmatrix} + s \begin{pmatrix} 48,75 \\ -19,5 \\ 9,75 \end{pmatrix}$ mit $\overrightarrow{P_1P_2}$ als Richtungsvektor.

Nachweis der Parallelität:
1) Prüfen der Richtungsvektoren auf Kollinearität:

Das Gleichungssystem $\begin{pmatrix} 7,5 \\ -3 \\ 1,5 \end{pmatrix} \cdot k = \begin{pmatrix} 48,75 \\ -19,5 \\ 9,75 \end{pmatrix}$ liefert in jeder Zeile $k = 6,5$. Die Richtungsvektoren sind damit Vielfache voneinander (kollinear).

2) Ausschluss von Identität durch Punktprobe: Einsetzen des Stützvektors von g_2 in die Gleichung von g_1:

$\begin{pmatrix} -19 \\ 5 \\ 0,5 \end{pmatrix} = \begin{pmatrix} 3,5 \\ -2 \\ 5 \end{pmatrix} + r \cdot \begin{pmatrix} 7,5 \\ -3 \\ 1,5 \end{pmatrix}$ liefert in der 1. und 2. Zeile schon verschiedene Werte für den

Parameter r. Damit haben die Geraden keine gemeinsamen Punkte und die Seile sind parallel zueinander.

Berechnung des Abstands zweier paralleler Geraden:
Die Berechnung lässt sich auf den Fall „Abstand eines Punkts von einer Geraden"
übertragen, indem man den Abstand des Aufpunkts von g_2 zur Geraden g_1 bestimmt.

$g_1: \vec{x} = \begin{pmatrix} 3,5 \\ -2 \\ 5 \end{pmatrix} + r \begin{pmatrix} 7,5 \\ -3 \\ 1,5 \end{pmatrix}; \quad \overrightarrow{OP} = \begin{pmatrix} -19 \\ 5 \\ 0,5 \end{pmatrix}$

Zur Bestimmung des Lotfußpunkts benötigt man den Wert des Parameters r:

$$(\overrightarrow{OP} - \overrightarrow{OA}) * \vec{v} = \left[\begin{pmatrix} -19 \\ 5 \\ 0,5 \end{pmatrix} - \begin{pmatrix} 3,5 \\ -2 \\ 5 \end{pmatrix} \right] * \begin{pmatrix} 7,5 \\ -3 \\ 1,5 \end{pmatrix} = \begin{pmatrix} -22,5 \\ 7 \\ -4,5 \end{pmatrix} * \begin{pmatrix} 7,5 \\ -3 \\ 1,5 \end{pmatrix} = -196,5$$

$|\vec{v}|^2 = 7,5^2 + (-3)^2 + 1,5^2 = 67,5; \quad r = \dfrac{-196,5}{67,5} \approx -2,91;$

also $\overrightarrow{PF} \approx \begin{pmatrix} 22,5 \\ -7 \\ 4,5 \end{pmatrix} + (-2,91) \cdot \begin{pmatrix} 7,5 \\ -3 \\ 1,5 \end{pmatrix} = \begin{pmatrix} 0,675 \\ 1,73 \\ 0,135 \end{pmatrix}$ und damit $|\overrightarrow{PF}| \approx 1,86$.

Der Abstand der Seile beträgt also etwa 1,86 Meter.

g) Man berechnet die Höhe über dem Hang über den Fall „Abstand zwischen Punkt und Ebene" and nutzt einen der Aufpunkte von g_1 und g_2.

P(3,5|−2|5), R: $x - 5z = -4$.
Es gilt: Abstand$(P; R) = \dfrac{|\vec{n} * \overrightarrow{OP} - d|}{|\vec{n}|}$; mit $\vec{n} * \overrightarrow{OP} = \begin{pmatrix} 1 \\ 0 \\ -5 \end{pmatrix} * \begin{pmatrix} 3,5 \\ -2 \\ 5 \end{pmatrix} = -21,5$ und $|\vec{n}| = \sqrt{26}$
ergibt sich:
Abstand$(P; R) = \dfrac{|-21,5 - (-4)|}{\sqrt{26}} = \dfrac{17,5}{\sqrt{26}} \approx 3,43$.

Die Seile verlaufen in einer Höhe von 3,43 Metern über dem Hang.

h) Untersuchung der Lagebeziehung zweier Geraden:

i: $\vec{x} = \begin{pmatrix} 2 \\ 6 \\ 15 \end{pmatrix} + r \cdot \begin{pmatrix} 5 \\ 9 \\ 1{,}5 \end{pmatrix}$; g: $\vec{x} = \begin{pmatrix} 3{,}5 \\ -2 \\ 5 \end{pmatrix} + s \cdot \begin{pmatrix} 7{,}5 \\ -3 \\ 1{,}5 \end{pmatrix}$.

Prüfung der Richtungsvektoren auf Kollinearität:
Da die beiden Richtungsvektoren den gleichen Eintrag in der z-Koordinate aufweisen, müssten die anderen Einträge auch übereinstimmen, damit die Vektoren kollinear sein können. Das ist nicht so. Also liegt keine Kollinearität vor.

Prüfung auf Windschiefe durch Gleichsetzen:

Durch Umformung zeigt man, dass das LGS $\left| \begin{matrix} 2 + 5r = 3{,}5 + 7{,}5s \\ 6 + 9r = -2 - 3s \\ 15 + 1{,}5r = 5 + 1{,}5s \end{matrix} \right|$ keine Lösung

besitzt, also sind die Geraden bzw. Liftseil und Überlandleitung windschief zueinander.

i) $S_1: \overrightarrow{EF} = \begin{pmatrix} -4 \\ 5 \\ 0 \end{pmatrix} - \begin{pmatrix} 1 \\ 8 \\ 1 \end{pmatrix} = \begin{pmatrix} -5 \\ -3 \\ -1 \end{pmatrix}$; $|\vec{v}| = \left| \begin{pmatrix} -5 \\ -3 \\ -1 \end{pmatrix} \right| = \sqrt{35} \approx 5{,}92$; $5{,}92\,\frac{m}{s} \cdot 3{,}6 = 21{,}31\,\frac{km}{h}$.

$S_2: |\vec{w}| = \sqrt{2{,}5^2 + 6^2 + 0{,}5^2} \approx 6{,}52$; $\qquad 6{,}52\,\frac{m}{s} \cdot 3{,}6 = 23{,}47\,\frac{km}{h}$.

Schlitten 2 fährt ca. $2\,\frac{km}{h}$ schneller als Schlitten 1.

j) Die Schlitten kollidieren nur, wenn sie sich zum gleichen Zeitpunkt an dem Punkt aufhalten, an dem die Fahrbahnen sich kreuzen.

k) Abstand der Schlitten: $S_1: \vec{x} = \begin{pmatrix} 1 \\ 8 \\ 1 \end{pmatrix} + r \cdot \begin{pmatrix} -5 \\ -3 \\ -1 \end{pmatrix}$; $\qquad S_2: \vec{x} = \begin{pmatrix} 1 \\ -14 \\ 1 \end{pmatrix} + s \cdot \begin{pmatrix} -2{,}5 \\ 6 \\ -0{,}5 \end{pmatrix}$

Der Abstand der Schlitten ergibt sich zu jedem Zeitpunkt aus $|\overrightarrow{S_1S_2}|$.
Es gilt weiterhin: $s = r - 2$.
Man erhält also:

$$\overrightarrow{S_1S_2} = \overrightarrow{OS_2} - \overrightarrow{OS_1} = \begin{pmatrix} 1 - 2{,}5 \cdot (r-2) - 1 + 5r \\ -14 + 6 \cdot (r-2) - 8 + 3r \\ 1 - 0{,}5 \cdot (r-2) - 1 + 1r \end{pmatrix} = \begin{pmatrix} 1 - 2{,}5r + 5 - 1 + 5r \\ -14 + 6r - 12 - 8 + 3r \\ 1 - 0{,}5r + 1 - 1 + 1r \end{pmatrix}$$

$$= \begin{pmatrix} 5 + 2{,}5r \\ -34 + 9r \\ 1 + 0{,}5r \end{pmatrix}$$

$$|\overrightarrow{S_1S_2}| = \sqrt{(5 + 2{,}5r)^2 + (-34 + 9r)^2 + (1 + 0{,}5r)^2}$$

Der Term auf der rechten Seite enthält nur eine Variable und soll möglichst gering sein, also ein Minimum annehmen.

Statt des Wurzelterms kann man auch den Radikanden untersuchen (also das Quadrat des Wurzelterms):

$f(r) = (5 + 2{,}5r)^2 + (-34 + 9r)^2 + (1 + 0{,}5r)^2$

$\quad = 25 + 25r + 6{,}25r^2 + 1156 - 612r + 81r^2 + 1 + r + 0{,}25r^2$

$\quad = 1182 - 586r + 87{,}5r^2$

Das Minimum dieser quadratischen Funktion liegt bei der Nullstelle der 1. Ableitung:
$f'(r) = -586 + 175r = 0 \Leftrightarrow r \approx 3{,}35$ mit $\sqrt{f(r)} \approx 14{,}2$.

Aufgabe 12   Gesundheitstests

Für die Teilnahme am Schulunterricht muss ein Gesundheits-Schnelltest absolviert werden. Eine wichtige Rolle hinsichtlich der Qualität eines Schnelltests ist die Spezifizität des Tests, d. h. die Wahrscheinlichkeit, dass eine Testperson, die gesund ist, auch tatsächlich ein negatives Testergebnis erhält.

Die hier benutzten Gesundheits-Schnelltests haben eine Spezifität von 96 %, d. h., in den übrigen 4 % der Fälle erhalten Getestete ein falsch-positives Testergebnis.
Da die Kinder nur dann zur Schule gehen sollen, wenn sie sich gesund fühlen, soll in den Teilaufgaben a) und b) davon ausgegangen werden, dass alle diese Kinder gesund sind.

a) Eine Schulklasse mit 28 Kindern muss vor dem Unterricht einen solchen
    Gesundheitstest vornehmen.   `J3`
    (1) Begründen Sie, warum die Zufallsgröße X: *Anzahl der negativ getesteten Kinder* als
        binomialverteilt angesehen werden kann.
    (2) Berechnen Sie die Wahrscheinlichkeit, dass alle 28 Kinder ein negatives Testergebnis erhalten und daher am Unterricht teilnehmen dürfen.
    (3) Ermitteln Sie die Wahrscheinlichkeit, dass mehr als drei Kinder ein positives Testergebnis erhalten.

b) Insgesamt besuchen 850 Schülerinnen und Schüler die Schule, die alle einen solchen
    Gesundheits-Schnelltest absolvieren müssen.

    Bestimmen Sie die Wahrscheinlichkeit dafür, dass ...   `J3`
    (1) ... weniger als 800 Testergebnisse negativ sind.
    (2) ... mindestens 820 und höchstens 830 Testergebnisse negativ sind.
    (3) Berechnen Sie die Wahrscheinlichkeit, dass die Anzahl negativer Testergebnisse
        sich vom Erwartungswert um höchstens zwei Standardabweichungen unterscheidet.   `J5`
    (4) Ermitteln Sie die Anzahl der Gesundheitstests, die durchgeführt werden müssen,
        bis mit einer Wahrscheinlichkeit von mindestens 99,9 % mindestens ein falsch-
        positives Testergebnis vorliegt.   `J4`

c) Die sog. *Prävalenz* des Tests beträgt 0,5 %, d. h., 0,5 % der Bevölkerung sind von der
    Krankheit betroffen, die durch den Schnelltest nachgewiesen werden soll.
    Die *Sensitivität* eines Schnelltests gibt die Wahrscheinlichkeit dafür an, dass eine er-
    krankte Testperson auch ein tatsächlich positives Testergebnis erhält.

    Bei den hier verwendeten Gesundheits-Schnelltests beträgt diese Sensitivität 99 %,
    d. h., in 1 % der Fälle erhalten Getestete ein falsch-negatives Testergebnis. `I2` `I4`

    (1) Stellen Sie den Zusammenhang zwischen der Qualität des Schnelltests und den
        möglichen Testergebnissen in einem zweistufigen Baumdiagramm sowie in einer
        Vierfeldertafel dar.
    (2) Ermitteln Sie auf Grundlage der gegebenen Daten die Wahrscheinlichkeit, dass
        eine Testperson mit negativem Ergebnis tatsächlich erkrankt ist.
    (3) Bestimmen Sie die Wahrscheinlichkeit, dass bei der Durchführung der Schnelltests
        falsche Testergebnisse auftreten.
    (4) Vergleichen Sie die Wahrscheinlichkeiten für das Auftreten von falsch-positiven
        und von falsch-negativen Ergebnissen und beziehen Sie Stellung zu diesem Ver-
        hältnis.

d) Ein anderer Anbieter behauptet, dass die Spezifität seiner Tests größer als 96 % ist. Dies soll durch eine Stichprobe an 850 Personen werden, die nachweislich nicht infiziert sind.

   (1) Bestimmen Sie eine Entscheidungsregel auf einem Signifikanzniveau von 5 % für die Nullhypothese H_0: *Die Spezifität des aktuellen Schnelltests beträgt höchstens 96 %.* **K2**

   (2) Geben Sie Überlegungen an, die zur Wahl dieser Nullhypothese geführt haben könnten, und begründen Sie diese. **K5**

   (3) Interpretieren Sie den Fehler 2. Art im Sachzusammenhang und bestimmen Sie die Wahrscheinlichkeit hierfür für die in (1) bestimmte Entscheidungsregel, wenn die neuen Tests tatsächlich eine Spezifität von 98 % hätten. **K3**

e) Für die Auswertung des Gesundheitstests wird die auf den Teststreifen aufgetragene Menge an Testflüssigkeit (in Millilitern) benötigt. In einer Stichprobe von 20 untersuchten Teststreifen ergeben sich folgende auf 0,1 ml gerundete Mengen: **H1**

Flüssigkeitsmenge (in ml)	0,3	0,4	0,5	0,6	0,7	0,8	0,9
Häufigkeit in der Stichprobe	1	2	4	6	3	2	2

   (1) Stellen Sie den Sachverhalt in einem Histogramm dar.

   (2) Berechnen Sie den Mittelwert und die Standardabweichung der aufgetragenen Menge an Testflüssigkeit.

f) Für die Brauchbarkeit des Gesundheitstests ist es wichtig, dass auf dem Teststreifen mindestens 0,5 ml Testflüssigkeit aufgetragen wurden. Es soll angenommen werden, dass die Zufallsgröße X: *Menge der aufgetragenen Testflüssigkeit (in ml)* normalverteilt ist mit den Parametern $\mu = 0,62$ und $\sigma = 0,07$. **J6**

   (1) Ermitteln Sie den Anteil unbrauchbarer Teststreifen. Bestimmen Sie die zu erwartende Anzahl unbrauchbarer Teststreifen, wenn 850 Kinder der Schule getestet werden.

   (2) Bestimmen Sie das untere und das obere Quartil der Testflüssigkeitsmenge auf den Teststreifen.

   (3) Begründen Sie, ob es für die Brauchbarkeit der Tests wichtiger ist, bei einem verbesserten Test den Mindestwert der Testflüssigkeitsmenge auf 0,45 ml abzusenken oder die Standardabweichung auf 0,04 ml zu verkleinern.

Lösung

a) (1) Da der Gesundheitstest nur die beiden Ergebnisse „positiv" und „negativ" hat und die Spezifität des Tests unabhängig von der getesteten Person 96 % beträgt, handelt es sich hierbei um ein Bernoulli-Experiment. Das Testen mehrerer Personen kann demzufolge durch eine Bernoulli-Kette modelliert werden und somit ist die Zufallsgröße X: *Anzahl der negativ getesteten Kinder* binomialverteilt mit dem Parameter p = 0,96.

   (2) Für n = 28 gilt: $P(X = 28) = \binom{28}{28} \cdot 0,96^{28} \cdot 0,04^0 = 0,96^{28} \approx 0,319$.

   Mit einer Wahrscheinlichkeit von knapp 32 % erhalten alle 28 Kinder ein negatives Testergebnis und dürfen demzufolge am Unterricht teilnehmen.

(3) Mehr als drei Kinder mit positivem Testergebnis bedeutet weniger als 25 mit einem negativen Testergebnis: $P(X < 25) \approx 0,024 = 2,4\,\%$.

Alternativ kann man (2) und (3) auch mit der binomialverteilten Zufallsgröße Y: *Anzahl der positiv getesteten Kinder* mit den Parameterwerten n = 28 und p = 0,04 berechnen: $P(Y = 0) \approx 0,319$ und $P(Y > 3) = 1 - P(Y \leq 3) \approx 0,024$

b) Die Anzahl der getesteten Personen beträgt nun n = 850.

(1) $P(X < 800) \approx 0,003$, d. h., die Wahrscheinlichkeit beträgt nur etwa 0,3 %.

(2) $P(820 \leq X \leq 830) \approx 0,272 = 27,2\,\%$.

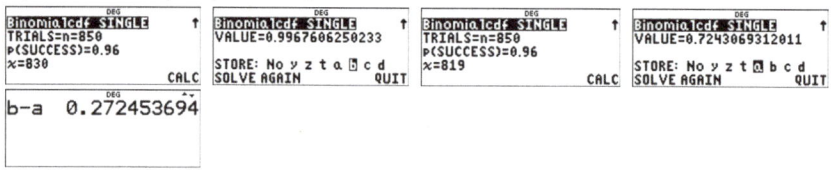

(3) Für den Erwartungswert gilt $\mu = n \cdot p = 816$, für die Standardabweichung

$\sigma = \sqrt{n \cdot p \cdot (1 - p)} \approx 5,71$. Somit ist das gesuchte Intervall der negativ Getesteten

$[805\,;827]$ und die gesuchte Wahrscheinlichkeit

$P(\mu - 2\sigma \leq X \leq \mu + 2\sigma) = P(804,58 \leq X \leq 827,42) = P(805 \leq X \leq 827) \approx 0,957 = 95,7\,\%$.

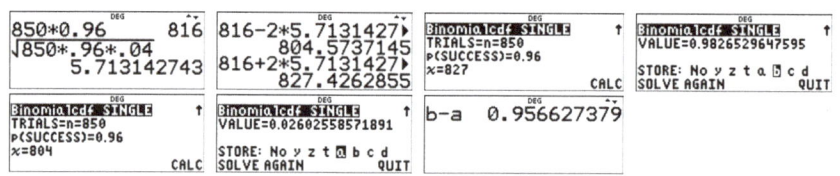

(4) Gesucht ist $P(Y \geq 1) \geq 0,999$ oder nach der Komplementärregel

$P(Y = 0) = 0,96^n \leq 0,001 \Leftrightarrow n \geq \frac{\ln(0,001)}{\ln(0,96)} \approx 169,2$.

Mit dem TR erhält also man das Ergebnis, dass $P(Y \geq 1) \leq 0,999$ für n = 169 und $P(Y \geq 1) \geq 0,999$ für n = 170 gilt. Also müssten mindestens 170 Tests durchgeführt werden, um mit einer Wahrscheinlichkeit von mindestens 99,9 % mindestens ein falsch-positives Ergebnis zu erhalten.

c) (1) Vierfeldertafel und Baumdiagramm

	Krank-heit liegt vor	Krankheit liegt nicht vor	gesamt
Test positiv	0,495 %	3,98 %	4,475%
Test negativ	0,005 %	95,52 %	95,525 %
gesamt	0,5 %	99,5 %	100 %

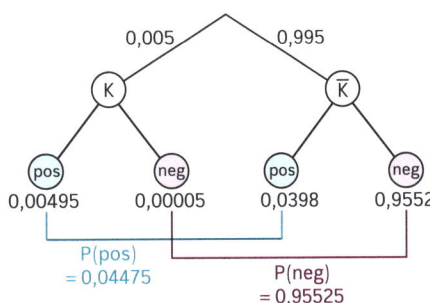

(2) $P_{neg}(K) = \dfrac{P(K \cap neg)}{P(neg)} = \dfrac{0,00005}{0,95525} \approx 0,000052$

Die Wahrscheinlichkeit, dass eine Person mit negativem Testergebnis tatsächlich erkrankt ist, beträgt nur 0,0052 %.

(3) Die Wahrscheinlichkeit für ein falsch-positives Testergebnis beträgt 3,98 %, die Wahrscheinlichkeit für ein falsch-negatives Testergebnis dagegen nur 0,005 %.

(4) $\dfrac{0,0398}{0,00005} = 796$, d. h., es ist ca. 800-mal so wahrscheinlich, ein falsch-positives Ergebnis zu erhalten wie ein falsch-negatives. Der – individuell ärgerliche – Fall „falsch-positiv" wird normalerweise mit einem weiteren Test mit höherer Spezifität überprüft, bevor es zu weiteren Konsequenzen wie z. B. Quarantäne-Maßnahmen kommt. Der für die Allgemeinheit viel gefährlichere Fall, dass jemand die Erkrankung unbemerkt weiterverbreiten kann, tritt dagegen beim betrachteten Gesundheitstest viel seltener ein.

d) (1) Die einseitige Hypothese H_0: Die Spezifität des aktuellen Schnelltests beträgt höchstens 96 % ($p \leq 0,96$) soll bei einem Stichprobenumfang von n = 850 auf einem Signifikanzniveau von 5 % getestet werden. Diese Hypothese kann nur verworfen werden, wenn extrem viele Personen der Testpopulation ein positives Testergebnis haben, obwohl sie nicht infiziert sind.

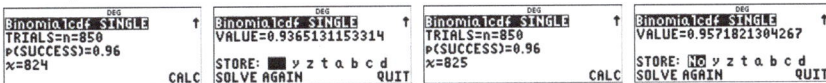

Wenn p = 0,96 ist, dann wird es mit einer Wahrscheinlichkeit von ca. 93,65 % zufällig höchstens 824 negative Testergebnisse geben und mit einer Wahrscheinlichkeit von ca. 95,72 % höchstens 825 negative Testergebnisse.

k	$P(X \leq k)$	
824	0,936513	< 95 %
825	0,957182	> 95 %

Wenn p < 0,96 ist, hat das Ereignis X ≤ 825 eine noch größere Wahrscheinlichkeit.

Daher gilt: Annahmebereich A = [0 ; 825], Verwerfungsbereich V = [826 ; 830].

Die zugehörige Entscheidungsregel lautet also:
Verwirf die Hypothese H_0: p ≤ 0,96, wenn mehr als 825 der 850 getesteten gesunden Personen ein negatives Testergebnis erhalten.

Erhalten dagegen weniger als 826 der getesteten Personen ein negatives Ergebnis, dann sieht man keinen Anlass, an der Gültigkeit der Hypothese zu zweifeln. Sie wird beibehalten.

187

(2) Man will den Fehler vermeiden, dass man aufgrund des Stichprobenergebnisses die Spezifität des Gesundheitstests des anderen Anbieters für höher hält (p > 0,96), als es tatsächlich der Fall ist (p ≤ 0,96). Daher wird die Wahrscheinlichkeit für ein Auftreten dieses Fehlers mit dem Signifikanzniveau auf höchstens 5 % begrenzt.

(3) Der Fehler 2. Art, dass also eine falsche Hypothese irrtümlich beibehalten wird, besteht in diesem Sachzusammenhang darin, dass in der Stichprobe zufällig vergleichsweise wenige negative Ergebnisse auftreten, obwohl der Test eigentlich eine bessere Spezifität besitzt. Bei diesem Fehler würde möglicherweise ein besserer Test aufgrund des Stichprobenergebnisses nicht eingesetzt. Bei einer tatsächlichen Spezifität von 98 % der Tests kann dieser Fehler mit einer Wahrscheinlichkeit von ungefähr 3,9 % auftreten.

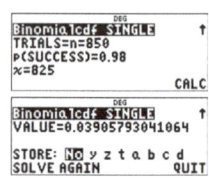

e) (1) siehe unten
(2) Der Mittelwert der Testflüssigkeitsmenge ist 0,61 ml bei einer empirischen Standardabweichung von etwa 0,158 [ml].

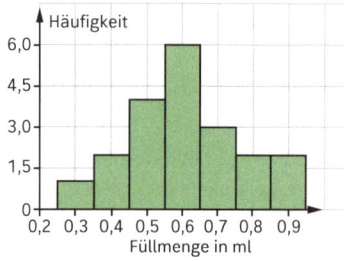

f) (1) Die Zufallsgröße X: *Menge der aufgetragenen Testflüssigkeit (in ml)* ist normalverteilt mit den Parameterwerten μ = 0,62 und σ = 0,07. Ein Streifen ist unbrauchbar, wenn er weniger als 0,5 ml Testflüssigkeit enthält. Die Wahrscheinlichkeit dafür liegt hierfür bei 4,3 %. Bei 850 durchgeführten Tests sind etwa 37 unbrauchbaren Teststreifen zu erwarten.

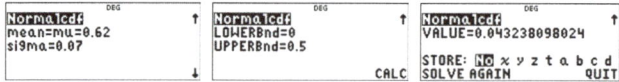

(2) Das untere Quartil liegt bei etwa 0,573 ml und das obere Quartil bei etwa 0,667 ml, d.h., die Teststreifen enthalten in einem Viertel der Fälle weniger als 0,573 ml Flüssigkeit, in einem Viertel der Fälle aber auch mehr als 0,667 ml.

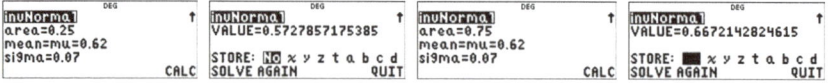

(3) Beide Verbesserungen führten zu einer deutlichen Abnahme unbrauchbarer Teststreifen. Ließe sich die Mindestmenge der Testflüssigkeit auf 0,45 ml senken, so wären nur noch knapp 0,8 % unbrauchbar. Noch geringer ist der Anteil bei einer Verringerung der Standardabweichung auf 0,04 ml. In diesem Fall wären – trotz Mindestmenge von 0,5 ml – sogar nur etwa 0,1 % der Teststreifen unbrauchbar.

Aufgabe 13 Haushaltsgrößen in Deutschland

Die nebenstehende Grafik veranschaulicht die Entwicklung der Haushaltsgrößen in Deutschland.

Für die folgende Rechnungen sei angenommen, dass die Angaben für das aktuelle Jahr auch noch gültig sind. Für eine Stichprobe werden n Haushalte zufällig ausgewählt.

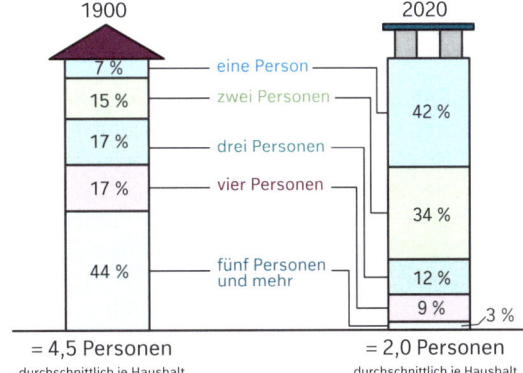

a) Bestimmen Sie die Wahrscheinlichkeit, dass bei einer Auswahl von n = 3 Haushalten
   (1) in allen drei ausgewählten Haushalten höchstens zwei Personen leben,
   (2) unter den drei Haushalten mindestens ein 3-Personen-Haushalt ist,
   (3) je ein Haushalt mit einer Person, mit zwei Personen und drei Personen erfasst wird.　　　　　**I2**

b) Bestimmen Sie die Wahrscheinlichkeit, dass bei einer Auswahl von n = 100 Haushalten
   (1) genau 40
   (2) mehr als 35
   (3) mindestens 38, höchstens 45

   1-Personen-Haushalte erfasst sind.　　　　　**J3**

c) Bei einer Stichprobe mit n = 50 Haushalten sind zufällig lauter Haushalte mit weniger als fünf Personen erfasst. Bestimmen Sie die Wahrscheinlichkeit für ein solches Ereignis.　　　　　**J3**

d) Bestimmen Sie, welchen Mindestumfang eine Stichprobe haben muss, damit mit einer Wahrscheinlichkeit von mindestens 90 % unter den ausgewählten Haushalten mindestens ein Haushalt mit mindestens fünf Personen ist.　　　　　**J4**

e) Für eine Verbraucher-Befragung wird eine Stichprobe vom Umfang n = 600 genommen. Ermitteln Sie ein symmetrisches Intervall, in dem mit einer Wahrscheinlichkeit von ca. 95 % die Anzahl der 2-Personen-Haushalte liegen wird.　　　　　**J3**

f) Aufgrund von detaillierteren Untersuchungen weiß man, dass die Verteilung der Haushaltsgrößen regional sehr unterschiedlich ist. Der Bürgermeister einer Kleinstadt vermutet, dass in seiner Gemeinde der Anteil der 1-Personen-Haushalte (der bundesweit bei den kleinen und mittleren Gemeinden 35 % beträgt) signifikant größer ist als in den übrigen Gemeinden mit einer Einwohnerzahl unter 100 000. Wenn der Bürgermeister Recht hat mit seiner Vermutung, dann hat dies Auswirkungen auf die zukünftige Wohnungsbaupolitik der Gemeinde.

189

Da man sich hinsichtlich der tatsächlichen Situation in den Haushalten nicht allein auf die Informationen verlassen kann, die den Einwohnermeldeämtern zur Verfügung stehen, möchte er dies mithilfe eines *statistischen Beweises* belegen. Aufgrund der Haushaltssituation ist nur eine Stichprobe in n = 250 Haushalten möglich.

(1) Erläutern Sie die prinzipielle Vorgehensweise für ein solches Testverfahren. `K5`
(2) Bestimmen Sie eine Entscheidungsregel auf dem 90 %-Niveau.
(3) Beschreiben Sie die Auswirkungen eines Fehlers 1. bzw. 2. Art in dieser Sachsituation. `K4`
(4) Berechnen Sie die Wahrscheinlichkeit für einen Fehler 2. Art, wenn der tatsächliche Anteil an 1-Personen-Haushalten in der Gemeinde 45 % beträgt. `J3`

Lösung

a) (1) Die Wahrscheinlichkeit, dass in *einem* zufällig ausgewählten Haushalt höchstens zwei Personen leben, beträgt laut Grafik ca. 76 %. Daher ist die Wahrscheinlichkeit, dass in allen drei zufällig ausgewählten Haushalten eine oder zwei Personen leben, nach Pfadmultiplikationsregel gleich $0{,}76^3 \approx 0{,}439 = 43{,}9\,\%$.

(2) Das Ereignis *Unter den drei Haushalten ist mindestens ein 3-Personen-Haushalt* ist das Gegenereignis zu *Unter den drei Haushalten ist kein 3-Personen-Haushalt*. Die Wahrscheinlichkeit, dass in einem zufällig ausgewählten Haushalt drei Personen leben, beträgt laut Grafik 12 %. Die gesuchte Wahrscheinlichkeit berechnet sich also nach Komplementärregel und Pfadmultiplikationsregel zu $1 - 0{,}88^3 \approx 1 - 0{,}681 = 0{,}319 = 31{,}9\,\%$.

(3) Nach Pfadmultiplikationsregel ergibt sich für ein Ergebnis EZD (*Haushalt mit einer Person, mit zwei Personen und drei Personen,* in dieser Reihenfolge) die Wahrscheinlichkeit $0{,}42 \cdot 0{,}34 \cdot 0{,}12$. Da aber keine Reihenfolge vorgegeben ist, handelt es sich um ein Ereignis mit sechs gleichwahrscheinlichen Ergebnissen (EZD, EDZ, ZED, ZDE, DEZ, DZE), also $6 \cdot 0{,}42 \cdot 0{,}34 \cdot 0{,}12 \approx 0{,}103 = 10{,}3\,\%$.

b) Da man sich auf die Betrachtung nur eines Ergebnisses beschränkt, liegt hier eine binomialverteilte Zufallsvariable X: *Anzahl der 1-Personen-Haushalte in einem 100-stufigen Bernoulli-Versuch mit Erfolgswahrscheinlichkeit p = 0,42* vor:

(1) $P(X = 40) = 0{,}0748$

(2) $P(X > 35) = 1 - P(X \leq 35) = 0{,}907$

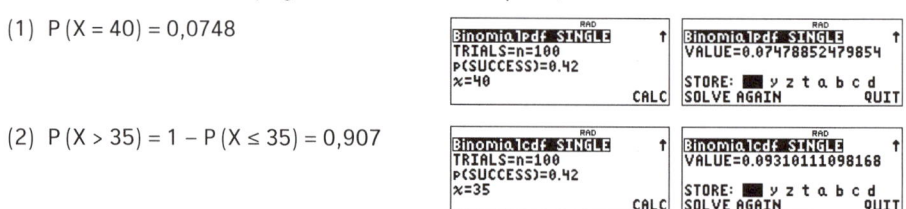

(3) $P(38 \leq X \leq 45) = 0{,}580$

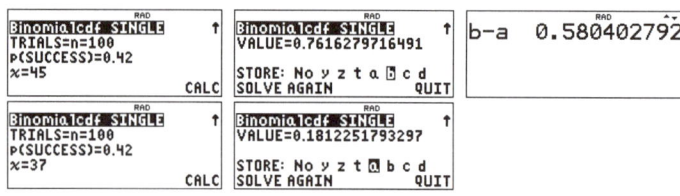

c) Hier wird die Zufallsvariable X: *Anzahl der Haushalte mit weniger als fünf Personen in einem 50-stufigen BERNOULLI-Versuch mit p = 0,97* betrachtet:

$P(X = 50) = 0{,}97^{50} = 0{,}218$.

```
                          RAD      ▲▾
0.97⁵⁰
              0.218065375
```

d) Hier wird die Zufallsvariable X: *Anzahl der Haushalte mit mindestens fünf Personen in einem n-stufigen Bernoulli-Versuch mit p = 0,03* betrachtet: Das Ereignis *Mindestens ein Haushalt mit mindestens fünf Personen* hat die Wahrscheinlichkeit

$P(X \geq 1) = 1 - P(X = 0) = 1 - 0{,}97^n$.

Für diese Wahrscheinlichkeit so gelten: $P(X \geq 1) \geq 0{,}90$, also

$1 - 0{,}97^n \geq 0{,}9 \Leftrightarrow 0{,}97^n \leq 0{,}1 \Leftrightarrow n \cdot \log(0{,}97) \leq \log(0{,}1)$

$\Leftrightarrow n \geq 75{,}6 \Leftrightarrow n \geq 76$.

```
                          RAD      ▲▾
ln(0.1)
ln(0.97)
              75.5956994
```

Es ist also eine Stichprobe mit mindestens einem Stichprobenumfang von n = 76 notwendig, damit man in dieser mindestens einen Haushalt findet, in dem fünf oder mehr Personen leben.

e) X: *Anzahl der 2-Personen-Haushalte in einer Stichprobe vom Umfang n = 600*

Die Symmetrie der Wahrscheinlichkeitsverteilung zum Erwartungswert µ kann dazu benutzt werden, zunächst das folgende Problem zu lösen:

Gesucht wird eine Anzahl a von Erfolgen, sodass $P(X \leq a) \approx 0{,}025$.

Durch systematisches Probieren findet man: $P(X \leq 180) \approx 0{,}021$.

Wegen der Symmetrie der Wahrscheinlichkeitsverteilung zum Erwartungswert µ = 600 · 0,34 = 204 und wegen 204 – 180 = 24 folgt hieraus:

$P(X \geq 204 + 24) = P(X \geq 228) \approx 0{,}023$, also $P(185 \leq X \leq 223) \approx 0{,}957$.

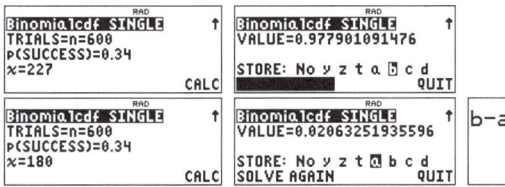

f) (1) Bei einem statistischen Beweis wählt man das logische Gegenteil dessen, was man „beweisen" möchte, als zu testende Hypothese aus. Wenn man dann in der Stichprobe eine signifikante Abweichung findet, sieht man sich veranlasst, daran zu zweifeln, ob die getestete Erfolgswahrscheinlichkeit tatsächlich der Stichprobe zugrunde liegt, sodass man zukünftig das Gegenteil der getesteten Hypothese als richtig ansehen darf.

(2) Hier vermutet der Bürgermeister, dass der Anteil der 1-Personen-Haushalte in seiner Gemeinde größer ist als 35 %. Um dies statistisch zu beweisen, muss er die Hypothese H_0: $p \leq 0{,}35$ testen.

Gesucht ist ein kritischer Wert K derart, dass dem Bereich unterhalb von K eine Wahrscheinlichkeit von mindestens 90 % zukommt. Diesen kritischen Wert K ermittelt man durch systematisches Probieren.

Es zeigt sich, dass für p = 0,35 gilt: P (X ≤ 97) > 0,90.

Kontrollrechnung:

Für Erfolgswahrscheinlichkeiten p < 0,35 würde sich eine größere Wahrscheinlichkeit für P (X ≤ 97) ergeben. Der Annahmebereich der Hypothese p ≤ 0,35 ist also gegeben durch A = {0, 1, 2, …, 97}, der Verwerfungsbereich durch V = {98, 99, …, 250}.

Entscheidungsregel: *Verwirf die Hypothese p ≤ 0,35, falls in der Stichprobe von n = 250 zufällig ausgewählten Haushalten mehr als 97 1-Personen-Haushalte sind.*

(3) Bei einem Fehler 1. Art würde die Hypothese p ≤ 0,35 verworfen, obwohl sie zutrifft, d. h., der Bürgermeister fühlt sich in seiner Vermutung bestätigt, dass seine Gemeinde einen deutlich höheren Anteil an 1-Personen-Haushalten hat als es dem Bundesdurchschnitt entspricht, dies ist aber nicht zutreffend.
Bei einem Fehler 2. Art würde die Hypothese p ≤ 0,35 nicht verworfen, obwohl sie falsch ist, d. h., der Bürgermeister hätte mit seiner Vermutung recht, aber dies wird durch die Stichprobe nicht bestätigt.

(4) Zu berechnen ist die Wahrscheinlichkeit für einen Fehler 2. Art, wenn das wahre p, das der Stichprobe zugrunde liegt, 45 % beträgt:
$P_{p = 0,45}(A) = P_{p = 0,45}(X ≤ 97) = 0,028 = 2,8 \%$.

Die Wahrscheinlichkeit für einen Fehler 2. Art ist also nur gering, falls der tatsächliche Anteil der 1-Personen-Haushalte in der Gemeinde gleich 45 % ist.

Aufgabe 14   Umsatz im Restaurant

Viele Gastronomiebetriebe bemängeln mittlerweile, dass über Buchungsportale zwar viele Reservierungen, meist online, gemacht werden, Gäste aber häufig trotzdem nicht erscheinen, und zwar ohne eine vorherige Absage; neudeutsch wird dies auch als „No show" bezeichnet. Um gegenzusteuern, gibt es für Restaurants verschiedene Strategien, z. B. eine sog. „No show"-Gebühr zu erheben oder für mehr Tische als eigentlich vorhanden Reservierungen anzunehmen (sog. „Überbuchung").

Ein Sterne-Restaurant hat 36 Plätze anzubieten. Aus langjähriger Erfahrung wird die Wahrscheinlichkeit, dass eine Reservierung nicht wahrgenommen und auch nicht abgesagt wird, d. h. die sog. „No show"-Rate, mit 10 % angenommen. Im Folgenden wird die Anzahl der wahrgenommenen Reservierungen als binomialverteilt mit $p = 0,9$ vorausgesetzt. Für einen betrachteten Abend sind alle 36 Plätze reserviert.

a) Bestimmen Sie die Wahrscheinlichkeit für folgende Ereignisse.
    i. E_1: Es sind tatsächlich alle 36 Plätze im Restaurant belegt.
    ii. E_2: Es sind mindestens 32 Plätze im Restaurant belegt.   `J3`

b) Um der „No show"-Rate entgegenzuwirken, lässt das Restaurant fortan 40 Reservierungen für die vorhandenen 36 Plätze zu. Ermitteln Sie die Wahrscheinlichkeit dafür, dass mehr als ein Gast trotz Reservierung keinen Platz im Restaurant erhalten kann.   `J3`

c) Bestimmen Sie die Anzahl der Reservierungen, die das Restaurant höchstens annehmen dürfte, um das Risiko, dass mindestens ein Gast aufgrund von Überbuchung keinen Platz trotz Reservierung erhielte, auf 10 % zu begrenzen.   `J4`

Das Restaurant rechnet mit einem bestimmten Umsatz pro Gast. Als Maßnahme führt das Restaurant eine Reservierungsgebühr ein, die im Voraus bei der Reservierung berechnet (und nachher mit dem Umsatz im Restaurant verrechnet) wird. Im Falle des Nichterscheinens wird sie als sog. „No show"-Gebühr einbehalten. Erhält umgekehrt ein Gast trotz Reservierung keinen Platz, so wird er stattdessen entschädigt und erhält natürlich auch die Reservierungsgebühr zurückerstattet. Das Restaurant nimmt weiterhin immer 40 Platzreservierungen für die 36 Plätze an.

Die Zufallsgröße U gibt den Umsatz in Abhängigkeit von der realisierten Gästezahl k an:

$$U(k) := \begin{cases} k \cdot 180 + (40 - k) \cdot 50, & k \leq 36 \\ 36 \cdot 180 + (40 - k) \cdot 50 - (k - 36) \cdot 300, & k > 36 \end{cases}$$

d) Erläutern Sie alle Bestandteile des Terms im Sachzusammenhang.   `J2`

Nur LF: Der Umsatz im Sterne-Restaurant kann durch eine normalverteilte Zufallsgröße Y mit $\mu_Y = 180$ und $\sigma_Y = 10$ modelliert werden.

e) Ermitteln Sie die Wahrscheinlichkeit für folgende Ereignisse.   `J6`
    i. E_1: Der Umsatz des Gastes beträgt höchstens 155 €.
    ii. E_2: Der Umsatz des Gastes beträgt mehr als 200 €.
    iii. E_3: Der Umsatz des Gastes beträgt zwischen 175 € und 190 €.
f) Ein anderer Gastronomiebetrieb hat eine Verteilung des Umsatzes seiner Gäste wie in der Abbildung (folgende Seite) dargestellt.   `J6`
    i. Ermitteln Sie Schätzwerte für den Mittelwert des Umsatzes sowie die Standardabweichung.
    ii. Untersuchen Sie, ob mehr als 90 % der Gäste einen Umsatz von mehr als 90 € generieren.

193

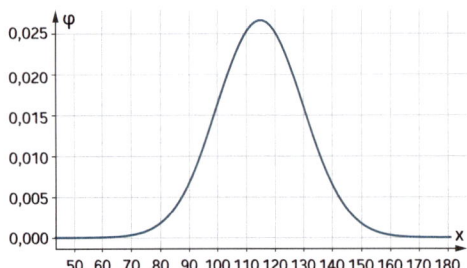

Lösung

a) Gegeben: n = 36 Plätze, p = 0,9 und die Zufallsvariable X: *Anzahl wahrgenommener Reservierungen*

$$P(E_1) = P(X = 36) = \binom{36}{36} \cdot 0,9^{36} \cdot 0,1^0 = 0,9^{36} \approx 2,3\,\%$$

$$P(E_2) = P(X \geq 32) = 1 - P(X \leq 31) \approx 71,1\,\%$$

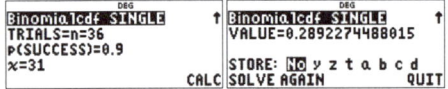

b) Gegeben: n = 40 Reservierungen, p = 0,9 und
X: *Anzahl wahrgenommener Reservierungen*

$$P(X > 36 + 1) = P(X \geq 38) = 1 - P(X \leq 37) \approx 22,3\,\%$$

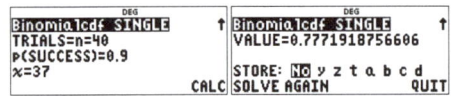

c) Gesucht ist hier die Anzahl der angenommenen Reservierungen n.

n = 38: P(X > 36) = 1 − P(X ≤ 36) ≈ 9,5 % < 10 %

n = 39: P(X > 36) = 1 − P(X ≤ 36) ≈ 23,8 % > 10 %

Wenn das Restaurant das Überbuchungsrisiko auf höchstens 10 % begrenzen will, so darf es maximal 38 Reservierungen pro Abend annehmen.

d) Für den Umsatz U(k) gibt es grundsätzlich zwei Fälle, die zu unterscheiden sind, weil nur im Falle von Überbuchungen, also mehr als 36 Gästen, Entschädigungen anfallen:

1. Für eine Gästezahl k bis zu 36 rechnet das Restaurant mit 180 € Umsatz pro Gast sowie von allen übrigen (40 – k) Gästen mit einer einbehaltenen „No show"-Gebühr von 50 €.

2. Für eine Gästezahl oberhalb von 36 bleibt der Umsatz gedeckelt bei 36 · 180 € = 6480 €, von (40 – k) Gästen wird eine „No show"-Gebühr von 50 € einbehalten, aber für jeden Gast mehr als die 36 vorhandenen Plätze muss eine Entschädigung von 300 € gezahlt werden.

e) Die gesuchten Wahrscheinlichkeiten für die Umsätze lassen sich mithilfe geeigneter Integration der zu Y gehörigen Dichtefunktion $\varphi_{180,10}$ ermitteln:

i. $\displaystyle\int_{-\infty}^{155} \varphi_{180,10}(x)\,dx \approx \int_{0}^{155} \varphi_{180,10}(x)\,dx \approx 0,6\,\%$

ii. $\displaystyle\int_{200}^{\infty} \varphi_{180,10}(x)\,dx \approx \int_{200}^{400} \varphi_{180,10}(x)\,dx \approx 2,3\,\%$

iii. $\displaystyle\int_{175}^{190} \varphi_{180,10}(x)\,dx \approx 53,3\,\%$

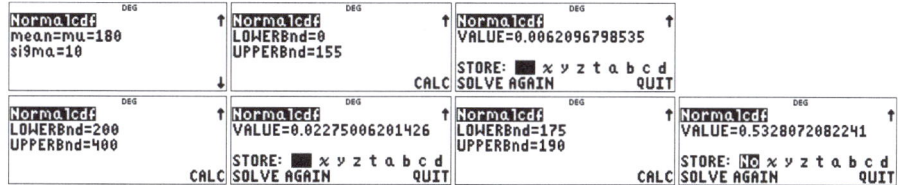

f) i. Der Mittelwert des Umsatzes lässt sich am Hochpunkt der Glockenkurve bei $\mu = 115\,[€]$ ablesen.
Dadurch, dass sich $\varphi(\mu) \approx 0,0265$ ebenfalls ablesen lässt, erhält man einen Schätzwert für die Standardabweichung aus dem Funktionsterm der Dichte φ:

$$\frac{1}{\sigma \cdot \sqrt{2\pi}} \cdot e^0 \approx 0,0265 \quad\Rightarrow\quad \sigma \approx 15$$

ii. Mit den in i. geschätzten Parameterwerten ergibt sich

$$\int_{90}^{\infty} \varphi_{115,15}(x)\,dx \approx \int_{90}^{200} \varphi_{115,15}(x)\,dx \approx 95,2\,\% > 90\,\%.$$

Alternativ kann auch elementargeometrisch gearbeitet werden, z.B. durch Kästchenzählung.

Normalcdf DEG	Normalcdf DEG	Normalcdf DEG
mean=mu=115 si9ma=15	LOWERBnd=90 UPPERBnd=200	VALUE=0.9522096623397 STORE: No x y z t a b c d SOLVE AGAIN QUIT

195

Aufgabe 15   Spargelklassen

Frühjahrszeit ist Spargelzeit. Deutschland ist derzeit mit über 100 000 Tonnen, die jährlich hier geerntet werden, Europas größter und weltweit der viertgrößte Spargelproduzent. Je nach Länge, Durchmesser, Krümmung und Färbung der Stangen wird Spargel in die drei unterschiedlichen Handels- bzw. Güteklassen „Extraklasse", „Klasse I" und „Klasse II" eingeteilt.

Auf einem großen Spargelbauernhof wurde viel Spargel gestochen und muss sortiert werden; dabei können Fehler auftreten. Erfahrungsgemäß sind unter den Spargelstangen, die als „Extraklasse" einsortiert werden, 10 % Stangen, die eigentlich nicht zur „Extraklasse" gehören.

a) Erläutern Sie, warum es angemessen ist, die Sortierung bzw. Auswahl von Spargel der „Extraklasse" mithilfe einer binomialverteilten Zufallsgröße zu modellieren.   `J3`

b) Ein Spargelbauer verpackt 400 Stangen Spargel mit der Bezeichnung „Extraklasse" für den Verkauf auf einem kleinen Wochenmarkt. Es ist davon auszugehen, dass 10 % der ausgewählten Spargelstangen der „Klasse I" angehören.
    (1) Bestimmen Sie die Wahrscheinlichkeit dafür, dass von den 400 Spargelstangen genau 42 Spargelstangen zur „Klasse I" gehören.   `J3`
    (2) Bestimmen Sie die Wahrscheinlichkeit dafür, dass von den 400 Spargelstangen mindestens 37 Spargelstangen zur „Klasse I" gehören.   `J3`
    (3) Berechnen Sie die Wahrscheinlichkeit dafür, dass die Anzahl der „Klasse I"-Stangen vom Erwartungswert um mindestens $1,5\,\sigma$ nach unten abweicht.   `J5`

c) Ermitteln Sie, wie viele mit „Extraklasse" deklarierte Spargelstangen man mindestens zufällig auswählen muss, um mit mindestens $M = 99$ %-iger Wahrscheinlichkeit mindestens eine Stange der „Klasse I" zu finden.   `J4`

d) Um zur „Extraklasse" zu gehören, muss der Stangendurchmesser mindestens 12 mm betragen, für „Klasse I" mindestens 10 mm und für „Klasse II" mindestens 8 mm. Der Stangendurchmesser soll nun mithilfe einer normalverteilten Zufallsgröße Y mit dem Erwartungswert 10 mm und der Standardabweichung 2 mm modelliert werden.
    (1) Bestimmen Sie die aus dieser Modellierung resultierende Verteilung des geernteten Spargels auf die verschiedenen Güteklassen „Extraklasse", „Klasse I" und „Klasse II".   `J6`
    (2) Beurteilen Sie, ob die Modellierung mithilfe der Normalverteilung sinnvoll ist.   `J6`

Spargel der „Extraklasse" kann für 12 €/kg verkauft werden, „Klasse I" für 10 €/kg und „Klasse II" für 8 €/kg. Die Entsorgung der für den Verkauf ungeeigneten Restmenge kostet 3 €/kg.

e) Geben Sie einen Term für den erwarteten Umsatz (in €/kg) des Spargelbauern an und berechnen Sie diesen.   `J2`

Ein Markthändler kauft eine große Menge vom Bauernhof. Der Bauer verspricht überdurchschnittlich viel guten Spargel der „Extraklasse". Der Markthändler ist jedoch skeptisch und will vermeiden, dass ihm der Spargelbauer mehr als 10 % minderwertigeren Spargel der „Klasse I" verkauft. Dies will er durch eine stichprobenartige Überprüfung einer Kiste mit 200 Spargelstangen mit einer Sicherheitswahrscheinlichkeit von 95 % ausschließen.

f) Beschreiben Sie aus Sicht des Markthändlers einen Binomialtest für $\alpha = 5$ % mit möglichen Fehlern, bestimmen Sie Annahme- und Ablehnungsbereich der Hypothese und geben Sie eine Entscheidungsregel an.   `K3` `K5`

Lösung

a) Eine Spargelstange kann entweder zur „Extraklasse" gehören oder nicht, d. h., es handelt sich hierbei um ein Bernoulli-Experiment. Die Spargelstangen werden unabhängig voneinander ausgewählt, d. h., die Wahrscheinlichkeit dafür bleibt konstant. Somit ist die Modellierung mithilfe einer binomialverteilten Zufallsgröße angemessen und sinnvoll.

b) Die betrachtete Zufallsgröße X: *Anzahl der Spargelstangen aus „Klasse I"* ist binomialverteilt mit Stichprobenumfang n = 400 und Erfolgswahrscheinlichkeit p = 0,1.

(1) $P(X = 42) = \binom{400}{42} \cdot 0,05^{42} \cdot 0,95^{358} \approx 0,061 = 6,1\,\%$

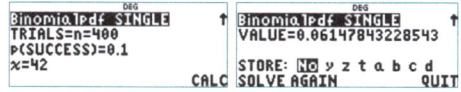

(2) $P(X \geq 37) = 1 - P(X \leq 36) \approx 1 - 0,285 = 0,715 = 71,5\,\%$

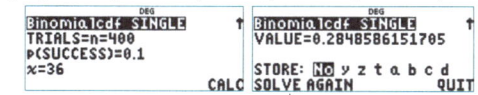

(3) Zunächst berechnet man die Kenngrößen $\mu = n \cdot p = 40$ und $\sigma = \sqrt{n \cdot p \cdot (1 - p)} = 6$ und somit $1,5\,\sigma = 9$. Gesucht ist dann die Wahrscheinlichkeit
$P(X \leq \mu - 1,5\,\sigma) = P(X \leq 31) \approx 7,5\,\%$.

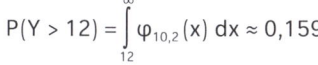

c) Gesucht ist der Parameterwert für n bei $P(X \geq 1) \geq 0,99$ und p = 0,1. Durch Anwendung der Komplementärregel gilt $P(X = 0) = (1 - p)^n \leq 0,01 = 1 - M$ und somit $n \geq \frac{\ln(0,01)}{\ln(0,9)}$ ≈ 43,7. Daher müssten mindestens 44 Spargelstangen untersucht werden.

d) (1) Betrachtet wird hier eine normalverteilte Zufallsgröße mit der Dichtefunktion $\varphi_{10,2}$.
Für die Verteilung auf die Güteklassen gilt dann:
„Extraklasse" knapp 16 %:

$$P(Y > 12) = \int_{12}^{\infty} \varphi_{10,2}(x)\,dx \approx 0,159$$

„Klasse I" und „Klasse II" jeweils etwas mehr als 34 %:

$P(8 < Y < 10) = P(10 < Y < 12) \approx 0,341$

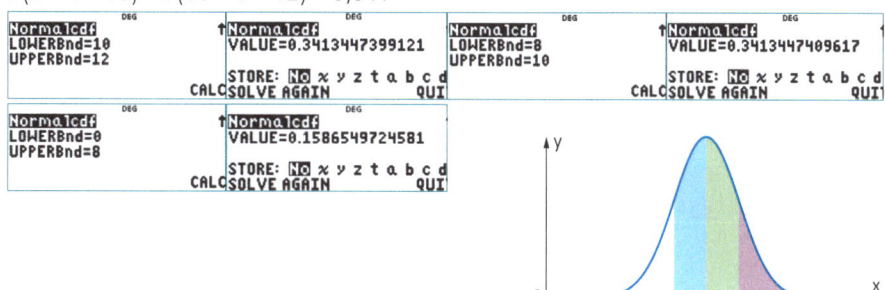

(2) Ein Argument *für* eine Modellierung mithilfe einer Normalverteilung ist, dass der Durchmesser eine stetige/kontinuierliche Größe ist. *Gegen* die Modellierung mit der Normalverteilung spricht, dass diese auf allen reellen Zahlen definiert ist. Allerdings treten negative oder sehr große Zahlen (> 18 mm) nur mit vernachlässigbaren Wahrscheinlichkeiten auf, so dass eine Modellierung mit der Normalverteilung in diesem Fall als sinnvoll angesehen werden kann.

e) Für den Erwartungswert U des Umsatzes gilt das gewichtete Mittel, für den konkreten Fall:
$E(U) = 12 \cdot 15{,}9\,\% + 10 \cdot 34{,}1\,\% + 8 \cdot 34{,}1\,\% - 3 \cdot 15{,}9\,\% \approx 7{,}57$

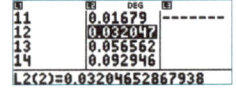

Der Spargelbauer kann also bei dieser Verteilung mit einem Umsatz von etwa 7,57 €/kg Spargel rechnen.

f) Da beim Hypothesentest immer ein skeptischer Standpunkt eingenommen wird, muss der Markthändler die Hypothese H_0: p ≥ 0,1 testen (gegen die Alternative H_1: p < 0,1), d. h., der Hypothesentest ist linksseitig mit n = 200 und der binomialverteilten Zufallsgröße X: *Anzahl der Spargelstangen aus „Klasse I".*

Beim Fehler 1. Art wird die Nullhypothese fälschlicherweise abgelehnt, d. h., die Stichprobe enthält zufällig „extrem wenig" Spargel der „Klasse I", obwohl der Anteil in der Gesamtmenge mindestens 10 % beträgt. Beim Fehler 2. Art wird die Nullhypothese fälschlicherweise nicht abgelehnt, d. h., in der untersuchten Stichprobe ist „zufällig viel" Spargel der „Klasse I", obwohl in der Gesamtmenge weniger als 10 % zur „Klasse I" gehören.

Der Fehler 1. Art ist aus Sicht des Markthändlers schwerwiegender als der Fehler 2. Art, denn als Konsequenz im Sachzusammenhang lässt sich der Markthändler beim Fehler 1. Art unbemerkt schlechteren Spargel „andrehen", beim Fehler 2. Art lehnt der Markthändler eigentlich besseren Spargel ab, weil in der von ihm untersuchten Stichprobe „zufällig viel" Spargel der „Klasse I" vorhanden war. Daher will der Markthändler das Risiko für einen Fehler 1. Art durch das vorgegebene Signifikanzniveau α = 0,05 kontrollieren.

Um die Entscheidungsregel zu bestimmen, muss also die Verteilung der Zufallsgröße X: *Anzahl der Spargelstangen der „Klasse I" mit Erfolgswahrscheinlichkeit p = 0,1* untersucht werden. Aus der Wertetabelle ergibt sich, dass P(X ≤ 12) < 0,05. (Falls dem Zufallsversuch eine größere Erfolgswahrscheinlichkeit zugrunde liegt, also p > 0,1, ist die Wahrscheinlichkeit P(X ≤ 12) sogar noch kleiner.)

Entscheidungsregel: Verwirf die Hypothese p ≥ 0,1, wenn die Anzahl der Spargelstangen der „Klasse I" kleiner ist als 13, d. h.,
– wenn in der Stichprobe mindestens 13 Stangen der „Klasse I" sind, nimmt der Händler die Warenlieferung nicht an, und
– wenn in der Stichprobe höchstens 12 Stangen der „Klasse I" sind, kann der Markthändler mit einer Fehlerwahrscheinlichkeit von 5 % ausschließen, dass zu viel minderwertiger Spargel in der gekauften Ware vorhanden ist und daher die Ware annehmen.

Original-Prüfungsaufgaben

Pflichtteil – Aufgabensatz 1

Aufgabe 1

Die Abbildung zeigt die Graphen der Funktionen f mit

$f(x) = 4 - \frac{4}{x^2}$ und g mit $g(x) = 15 - 3x^2$, $x > 0$, sowie die Gera-

de mit der Gleichung $x = 1$.

a) Zeigen Sie, dass sich die Graphen von f und g an der Stelle $x_0 = 2$ schneiden. `B5`

b) Berechnen Sie den Inhalt der markierten Fläche. `D1` `D2`

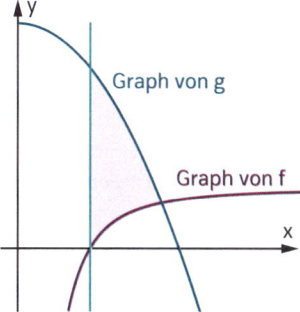

Graph von g

Graph von f

Lösung

a) Nachweis durch Einsetzen von $x_0 = 2$ in die beiden Funktionsterme
$f(2) = 4 - 1 = 3$ und $g(2) = 15 - 12 = 3$, also $f(2) = g(2)$.

Hinweis: Eine Lösung durch algebraische Umformungen, vgl. wie folgt, ist nicht verlangt

$$4 - \frac{4}{x^2} = 15 - 3x^2 \Leftrightarrow 4x^2 - 4 = 15x^2 - 3x^4 \Leftrightarrow 3x^4 - 11x^2 = 4 \Leftrightarrow x^4 - \frac{11}{3}x^2 = \frac{4}{3}$$

$$z^2 - \frac{11}{3}z = \frac{4}{3} \Leftrightarrow z^2 - \frac{11}{3}z + \left(\frac{11}{6}\right)^2 = \frac{4}{3} + \frac{121}{36} \Leftrightarrow \left(z - \frac{11}{6}\right)^2 = \frac{169}{36} \Leftrightarrow z = \frac{24}{6} = 4 \vee z = -\frac{2}{6} = -\frac{1}{3}$$

$$z = 4 \Rightarrow x = 2 \vee x = -2$$

b) $\int_1^2 (15 - 3x^2) - \left(4 - \frac{4}{x^2}\right) dx = \left[11x - x^3 - \frac{4}{x}\right]_1^2 = (22 - 8 - 2) - (11 - 1 - 4) = 12 - 6 = 6$

Aufgabe 2

Betrachtet werden die in $\mathbb{R}$ definierten Funktionen f und F, wobei F eine Stammfunktion von f ist. Abbildung 1 zeigt den Graphen G_F von F.

a) Bestimmen Sie den Wert

des Integrals $\int_1^7 f(x)\, dx$. `D1` `D2`

b) Bestimmen Sie den Funktionswert von f an der Stelle $x_0 = 1$. Veranschaulichen Sie Ihr Vorgehen in der Abbildung. `D1` `A5`

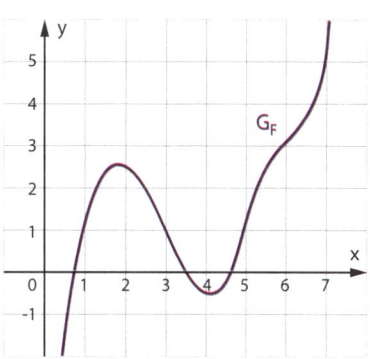

G_F

Lösung

a) $\int_{1}^{7} f(x)\,dx = F(7) - F(1) = 5 - 1 = 4$

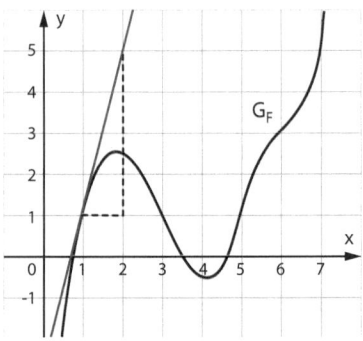

b) Der Funktionswert von f an der Stelle x = 1 ist gleich dem Wert der 1. Ableitung von F(x) an der Stelle x = 1: $f(1) = F'(1) \approx 4$.

Durch Einzeichnen einer Tangente an den Graphen im Punkt (1 | 1) sowie eines eines Steigungsdreiecks ermittelt man den ungefähren Funktionswert.

Aufgabe 3

Gegeben sind die in $\mathbb{R}$ definierten ganzrationalen Funktionen f_k mit
$f_k(x) = x^4 + (2 - k) \cdot x^3 - k \cdot x^2$ mit $k \in \mathbb{R}$.

a) Begründen Sie, dass der Graph von f_2 symmetrisch bezüglich der y-Achse ist. **B1**

b) Es gibt einen Wert von k, für den $x_W = 1$ eine Wendestelle von f_k ist. Berechnen Sie diesen Wert von k. **B7**

Lösung

a) Da der Funktionsterm $f_2(x) = x^4 + 0 \cdot x^3 - 2x^2$ nur Potenzen mit geraden Exponenten enthält, ist der Graph achsensymmetrisch zur y-Achse.

b) $f_k'(x) = 4x^3 + 3 \cdot (2 - k) \cdot x^2 - 2kx$ und $f_k''(x) = 12x^2 + 6 \cdot (2 - k) \cdot x - 2k$.

$f_k''(1) = 0 \Leftrightarrow 24 - 8k = 0 \Leftrightarrow k = 3$.

Für k = 3 ist die notwendige Bedingung für das Vorliegen einer Wendestelle erfüllt. Überprüfen der hinreichenden Bedingung (nicht verlangt):
$f_3'''(x) = 24x - 6$; $f_3'''(1) = 18 \neq 0$.

Alternativ: $f_3''(0) = -6 < 0$ (rechtsgekrümmt), $f_3''(2) = 40 > 0$ (linksgekrümmt), also VZW von $f_3''(x)$ an der Stelle $x_W = 1$.

Aufgabe 4

Ermitteln Sie eine Gleichung derjenigen quadratischen Funktion g, die die beiden folgenden Eigenschaften hat: **C1**
– Der Graph von g schneidet die Gerade mit der Gleichung $y = \frac{1}{4}x + 1$ im Punkt P(0 | 1) unter einem rechten Winkel.
– Die x- und die y-Koordinate des Extrempunkts des Graphen von g stimmen überein.

Lösung

Ansatz: $g(x) = ax^2 + bx + c$; $g'(x) = 2ax + b$
Es gilt g(0) = 1, also gilt: c = 1.
Die Gerade hat die Steigung $\frac{1}{4}$, also hat der Graph an der Stelle x = 0 die Steigung $g'(0) = -4$. Also gilt: b = –4.
Extrempunktbestimmung: Notwendige Bedingung: $g'(x) = 0$, also $2ax - 4 = 0$, d. h., an der Stelle $x = \frac{2}{a}$ liegt eine Extremstelle vor. (Da es sich um eine quadratische Funktion handelt, braucht die Erfüllung einer hinreichenden Bedingung nicht überprüft werden.)

Aus der Bedingung $g\left(\frac{2}{a}\right) = \frac{2}{a}$ ergibt sich:

$a \cdot \left(\frac{2}{a}\right)^2 - 4 \cdot \frac{2}{a} + 1 = \frac{2}{a} \Leftrightarrow \frac{4}{a} - \frac{8}{a} + 1 = \frac{2}{a} \Leftrightarrow \frac{6}{a} = 1 \Leftrightarrow a = 6,$

Die quadratische Funktion hat die Funktionsgleichung $g(x) = 6x^2 - 4x + 1$.

Aufgabe 5

Gegeben sind die Gerade g: $\vec{x} = \begin{pmatrix} 7 \\ 3 \\ 3 \end{pmatrix} + r \cdot \begin{pmatrix} 3 \\ 0 \\ -1 \end{pmatrix}$, $r \in \mathbb{R}$, und die Ebene E: $3x_1 - x_3 = -2$.

a) Begründen Sie, dass g orthogonal zu E ist.

b) Die Gerade h: $\vec{x} = \begin{pmatrix} 7 \\ 3 \\ 3 \end{pmatrix} + s \cdot \begin{pmatrix} 1 \\ 2 \\ 3 \end{pmatrix}$, $s \in \mathbb{R}$, hat mit E keinen gemeinsamen Punkt.

Es gibt Geraden, die in E liegen und parallel zu h verlaufen. Bestimmen Sie eine Gleichung derjenigen dieser Geraden, die von h den kleinsten Abstand hat.

Lösung

a) Da der Richtungsvektor von g parallel ist zum Normalenvektor von E, sind Gerade und Ebene zueinander orthogonal.

b) Der Punkt $(7|3|3)$ liegt nicht in der Ebene E, denn $3 \cdot 7 + 0 \cdot 3 - 3 = -2$ ist eine falsche Aussage. Außerdem verläuft die Gerade h parallel zur Ebene, denn das Skalarprodukt des Richtungsvektors der Gerade h und des Normalenvektors von E ist gleich null:

$\begin{pmatrix} 1 \\ 2 \\ 3 \end{pmatrix} * \begin{pmatrix} 3 \\ 0 \\ -1 \end{pmatrix} = 1 \cdot 3 + 2 \cdot 0 + 3 \cdot (-1) = 0.$ (*Diese beiden Begründungen waren gemäß Aufgabenstellung nicht verlangt.*)

Gesucht ist der Fußpunkt des Lotes vom Punkt $P(7|3|3)$ auf die Ebene E:

Geradengleichung des Lotes: $\vec{x} = \begin{pmatrix} 7 \\ 3 \\ 3 \end{pmatrix} + r \cdot \begin{pmatrix} 3 \\ 0 \\ -1 \end{pmatrix} = \begin{pmatrix} 7 + 3r \\ 3 \\ 3 - r \end{pmatrix}$

Gemeinsamer Punkt von Lot und Ebene:

$3 \cdot (7 + 3r) - (3 - r) = -2 \Leftrightarrow 21 + 9r - 3 + r = -2 \Leftrightarrow 10r = -20 \Leftrightarrow r = -2.$

Einsetzen von $r = -2$ ergibt die Koordinaten des Fußpunkts $F(1|3|5)$.

Eine zu h parallele Gerade durch F ist daher $\vec{x} = \begin{pmatrix} 1 \\ 3 \\ 5 \end{pmatrix} + r \cdot \begin{pmatrix} 3 \\ 0 \\ -1 \end{pmatrix}$.

Aufgabe 6

Wird der Punkt $P(1|2|3)$ an der Ebene E gespiegelt, so ergibt sich der Punkt $Q(7|2|11)$.

a) Bestimmen Sie eine Gleichung von E in Koordinatenform. **F5 F6**

b) Auf der Gerade durch P und Q liegen die Punkte R und S symmetrisch bezüglich E; dabei liegt R bezüglich E auf der gleichen Seite wie P. Der Abstand von R und S ist doppelt so groß wie der Abstand von P und Q. Bestimmen Sie die Koordinaten von R. **E3**

Lösung

a) Aus der Spiegelung an der Ebene E ergibt sich, dass die Verbindungsgerade zwischen dem Punkt und dem Spiegelpunkt senkrecht zur Ebene ist, also ist

$$\overrightarrow{PQ} = \begin{pmatrix} 7-1 \\ 2-2 \\ 11-3 \end{pmatrix} = \begin{pmatrix} 6 \\ 0 \\ 8 \end{pmatrix} \text{ ein Normalenvektor der Ebene E.}$$

Da die Ebene die Verbindungsstrecke $\overrightarrow{PQ}$ in der Mitte schneidet, also im Punkt M(4|2|7), ergibt sich durch Einsetzen in die Normalenform ax + by + cz = d:
D = 6 · 4 + 0 · 2 + 8 · 7 = 80, also E: 6x + 8z = 80 (oder 3x + 4z = 40).

b) Der nebenstehenden Skizze entnimmt man

$$\overrightarrow{OR} = \overrightarrow{OP} - \tfrac{1}{2}\overrightarrow{PQ} = \begin{pmatrix} 1 \\ 2 \\ 3 \end{pmatrix} - \tfrac{1}{2} \cdot \begin{pmatrix} 6 \\ 0 \\ 8 \end{pmatrix} = \begin{pmatrix} -2 \\ 2 \\ -1 \end{pmatrix}$$

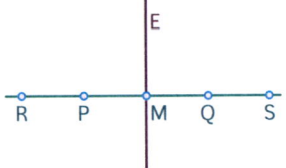

Aufgabe 7

Die Zufallsgröße X ist binomialverteilt mit den Parametern n und p = 0,5. Sie hat den Erwartungswert μ = 18.
a) Bestimmen Sie den Wert von n und die Standardabweichung von X.
b) Entscheiden Sie, ob P(X = 14) < P(X = 22) ist, und begründen Sie Ihre Entscheidung.

Lösung

a) $\mu = 18 = n \cdot 0,5 \Leftrightarrow n = 36$; $\sigma = \sqrt{n \cdot p \cdot (1-p)} = \sqrt{36 \cdot 0,5 \cdot 0,5} = \sqrt{9} = 3$.

b) Wegen der Symmetrie einer Binomialverteilung mit p = 0,5 gilt:
P(X = 14) = P(X = μ − 4) = P(X = μ + 4) = P(X = 22). Daher ist die Behauptung falsch.

Aufgabe 8

Für ein Spiel wird ein Behälter mit 100 Kugeln gefüllt. Dafür stehen rote und blaue Kugeln zur Verfügung. Vor jedem Spiel legt der Spieler die Anzahl der blauen Kugeln im Behälter fest. Anschließend wird dem Behälter eine Kugel zufällig entnommen. Ist diese Kugel rot, so wird dem Spieler die festgelegte Anzahl blauer Kugeln in Cent ausgezahlt; ist die Kugel blau, so beträgt die Auszahlung 10 Cent.
Ermitteln Sie, wie der Spieler die Anzahl blauer Kugeln für ein Spiel festlegen muss, damit der Erwartungswert der Auszahlung möglichst groß ist. `J2` `A1` `B6`

Lösung

Bezeichnet man die Anzahl der blauen Kugeln mit b, dann gilt gemäß der Spielregel die folgende Verteilung:

Ergebnis	Wahrscheinlichkeit	Auszahlung in Cent	Produkt
rot	$1 - \dfrac{b}{100}$	b	$\dfrac{b \cdot (100-b)}{100}$
blau	$\dfrac{b}{100}$	10	$\dfrac{10 \cdot b}{100}$

$$E(X) = \frac{100\,b - b^2}{100} + \frac{10\,b}{100} = \frac{110\,b - b^2}{100}$$

Das Maximum dieser quadratischen Funktion (nach unten geöffnete Parabel) kann man beispielsweise mithilfe der 1. Ableitung ermitteln:

$$E'(X) = \frac{110 - 2\,b}{100} = 0 \Leftrightarrow b = 55.$$

Wenn 55 blaue Kugeln verwendet werden, dann ist die Auszahlung *im Mittel* maximal (dann gilt $E(X) = 30{,}25$, Rechnung nicht verlangt).

Pflichtteil – Aufgabensatz 2

Aufgabe 1

Gegeben ist die Funktion f mit $f(x) = e^{0{,}5\,x^2}$.
Bestimmen Sie den Wert der zweiten Ableitung von f an der Stelle $x_0 = 0$.

Lösung

Ableitung gemäß Ketten – und Produktregel:
$f'(x) = e^{0{,}5\,x^2} \cdot x$
$f''(x) = (e^{0{,}5\,x^2} \cdot x) \cdot x + e^{0{,}5\,x^2} \cdot 1 = e^{0{,}5\,x^2} \cdot (x^2 + 1)$
$f''(0) = e^0 \cdot (0^2 + 1) = 1$

Aufgabe 2

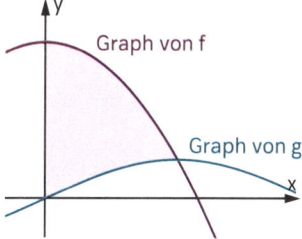

Graph von f

Graph von g

Abgebildet sind die Graphen der Funktionen f und g mit
$f(x) = 4 - 3\,x^2$ und $g(x) = \sin\left(\frac{\pi}{2}\,x\right)$.

a) Zeigen Sie, dass sich die beiden Graphen an der Stelle
   $x_0 = 1$ schneiden.
b) Berechnen Sie den Inhalt der markierten Fläche.

Lösung

a) Einsetzen von $x_0 = 1$ ergibt: $f(1) = 4 - 3 = 1$ und $g(1) = \sin\left(\frac{\pi}{2}\right) = 1$. Daher schneiden sich beide Graphen an der Stelle $x_0 = 1$.

b) $\int_0^1 (4 - 3\,x^2) - \sin\left(\frac{\pi}{2}\,x\right)\,dx = \left[4\,x - x^3 - \left(-\frac{2}{\pi} \cdot \cos\left(\frac{\pi}{2}\,x\right)\right)\right]_0^1 = (4 - 1 + 0) - \left(0 - 0 + \frac{2}{\pi}\right) = 3 - \frac{2}{\pi}$

Aufgabe 3

Der Graph G_f der Funktion f besitzt den Tiefpunkt $T(1|-2)$. Der Graph der Funktion g mit $g(x) = \frac{1}{9}\,x^3 - 3\,x$ entsteht, indem G_f um a Einheiten nach rechts und um b Einheiten nach unten verschoben wird. Bestimmen Sie die Werte von a und b.

Lösung

Bestimmen des Tiefpunkts der Funktion g(x):
Notwendige Bedingung: $g'(x) = \frac{1}{3}\,x^2 - 3 = 0 \Leftrightarrow x^2 = 9 \Leftrightarrow x = -3 \lor x = 3$.
Da an der Stelle $x = 3$ ein VZW von $g'(x)$ von – nach + vorliegt, ist dort das Minimum.
Der Funktionswert beträgt: $g(3) = 3 - 9 = -6$, der Tiefpunkt hat also die Koordinaten $(3|-6)$.

Um vom T(1|2) zum Punkt (3|−6) zu gelangen, muss man eine Verschiebung um a = 2 Einheiten nach rechts und um b = 8 Einheiten nach unten vornehmen.

Aufgabe 4

Die Graphen einer Schar ganzrationaler Funktionen dritten Grades berühren die x-Achse im Punkt O(0|0). Jeder Graph der Schar besitzt die Extremstelle $x_0 = -2$.
Untersuchen Sie, ob alle Graphen der Schar den Punkt P(−3|0) gemeinsam haben.

Lösung

Ansatz: $f(x) = a x^3 + b x^2 + c x + d$; $f'(x) = 3 a x^2 + 2 b x + c$.

Die Graphen verlaufen durch (0|0): $f(0) = 0$, also d = 0.

Die Graphen berühren die x-Achse an der Stelle x = 0: $f'(x) = 0$, also c = 0.
Extremstelle bei $x_0 = -2$ bedeutet: $f'(-2) = 0$, also $3 a \cdot (-2)^2 + 2b \cdot (-2) = 0$, d. h. $12 a - 4 b = 0$ und somit b = 3 a.

Die Funktionsschar hat somit die Funktionsgleichung $f_a(x) = a x^3 + 3 a x^2$.
Setzt man x = −3 ein, so ergibt sich $f_a(-3) = a \cdot (-3)^3 + 3a \cdot (-3)^2 = 0$, d. h., alle Graphen der Schar verlaufen durch den Punkt.

Aufgabe 5

Gegeben sind die Ebene E: $2 x_1 + 3 x_2 - 4 x_3 = 12$ und für jedes $a \in \mathbb{R}$ eine Gerade

$g_a: \vec{x} = \begin{pmatrix} -1 \\ 5 \\ 3 \end{pmatrix} + t \cdot \begin{pmatrix} a \\ -5 \\ -4 \end{pmatrix}$, $t \in \mathbb{R}$.

a) Bestimmen Sie den Wert von a, für den die Gerade g_a parallel zu E ist.

b) Für jedes $a \in \mathbb{R}$ ist P_a der Schnittpunkt von g_a mit der $x_1 x_3$-Ebene. Bestimmen Sie den Wert von a, für den P_a in E liegt.

Lösung

a) Der Vektor $\vec{n} = \begin{pmatrix} 2 \\ 3 \\ -4 \end{pmatrix}$ ist Normalenvektor der Ebene E. Für Geraden, die parallel zu E verlaufen, gilt, dass das Skalarprodukt des Richtungsvektors mit dem Normalenvektor gleich null sein muss:

$\begin{pmatrix} 2 \\ 3 \\ -4 \end{pmatrix} * \begin{pmatrix} a \\ -5 \\ -4 \end{pmatrix} = 2a - 15 + 16 = 2a + 1 = 0 \Leftrightarrow a = \frac{1}{2}$

b) Schnittpunkt von g_a mit der $x_1 x_3$-Ebene (also $x_2 = 0$): $5 - 5t = 0 \Leftrightarrow t = 1$. Die Koordinaten von Pa sind also (−1 + a | 0 | −1).
Setzt man diese Koordinaten in die Koordinatenform von E ein, so ergibt sich
$2 \cdot (-1 + a) + 3 \cdot 0 - 4 \cdot (-1) = -2 + 2a + 4 = 2 + 2a = 12$, also a = 5.
Für a = 5 liegt P_a in E.

Aufgabe 6

Gegeben sind die parallelen Geraden

$$g: \vec{x} = \begin{pmatrix} 6 \\ 5 \\ -2 \end{pmatrix} + s \cdot \begin{pmatrix} 1 \\ 4 \\ -1 \end{pmatrix}, s \in \mathbb{R}, \text{ und } h: \vec{x} = \begin{pmatrix} 0 \\ -1 \\ 4 \end{pmatrix} + t \cdot \begin{pmatrix} 1 \\ 4 \\ -1 \end{pmatrix}, t \in \mathbb{R}.$$

a) Der Punkt A(4|−3|0) liegt auf g. Weisen Sie nach, dass A derjenige Punkt auf g ist, der vom Punkt B(0|−1|4) den kleinsten Abstand hat.

b) Die Gerade h ist die Bildgerade von g bei einer Spiegelung an der Ebene E. Ermitteln Sie eine Gleichung von E.

Lösung

a) Da die Richtungsvektoren der beiden Geraden übereinstimmen, verlaufen die Geraden parallel (vgl. auch Aufgabenstellung).
Der kleinste Abstand eines Punktes der Gerade g vom Punkt B liegt vor, wenn die Verbindungsgerade orthogonal zu den Richtungsvektoren verläuft:

$$\begin{pmatrix} 6 + s - 0 \\ 5 + 4s - (-1) \\ -2 - s - 4 \end{pmatrix} * \begin{pmatrix} 1 \\ 4 \\ -1 \end{pmatrix} = (6 + s) \cdot 1 + (6 + 4s) \cdot 4 + (-6 - s) \cdot (-1)$$

$$= 6 + s + 24 + 16s + 6 + s = 36 + 18s = 0 \Leftrightarrow s = -2$$

Setzt man s = −2 in die Parameterform von g ein, so ergeben sich die Koordinaten des Punkts A.

b) Wenn h durch Spiegelung aus g hervorgeht, dann ist der Mittelpunkt M(2|−2|2) der Strecke AB in dieser Ebene E enthalten. Der Verbindungsvektor von A nach B ist dann ein Normalenvektor für die Ebene E, also

$$\vec{n} = \begin{pmatrix} 4 - 0 \\ -3 - (-1) \\ 0 - 4 \end{pmatrix} = \begin{pmatrix} 4 \\ -2 \\ -4 \end{pmatrix} ; \text{ d. h.}$$

$$E: \vec{n} * \vec{x} = \begin{pmatrix} 4 \\ -2 \\ -4 \end{pmatrix} * \begin{pmatrix} 2 \\ -2 \\ 2 \end{pmatrix} = 8 + 4 - 8 = 4 \Leftrightarrow 4x_1 - 2x_2 - 4x_3 = 4 \Leftrightarrow x_1 - 0{,}5x_2 - x_3 = 1$$

Aufgabe 7

Ein Glücksrad besteht aus einem gelben, einem blauen und einem roten Sektor. Wird das Glücksrad einmal gedreht, erscheint der gelbe Sektor mit der Wahrscheinlichkeit $\frac{1}{3}$ und der rote Sektor mit der Wahrscheinlichkeit $\frac{1}{2}$.

a) Berechnen Sie die Wahrscheinlichkeit dafür, dass bei zweimaligem Drehen der blaue Sektor zweimal erscheint.

b) Beschreiben Sie im Sachzusammenhang ein Zufallsexperiment und ein Ereignis, dessen Wahrscheinlichkeit sich mit dem Term $\left(\frac{1}{3}\right)^5 + 5 \cdot \left(\frac{1}{3}\right)^4 \cdot \frac{2}{3}$ berechnen lässt.

Lösung

a) Der blaue Sektor erscheint mit Wahrscheinlichkeit $b = 1 - \left(\frac{1}{3} + \frac{1}{2}\right) = \frac{1}{6}$, also zweimal blau mit Wahrscheinlichkeit $b^2 = \frac{1}{36}$.

b) $\left(\frac{1}{3}\right)^5$ ist die Wahrscheinlichkeit für das Ereignis 5-mal hintereinander *gelb*.

$5 \cdot \left(\frac{1}{3}\right)^4 \cdot \left(\frac{2}{3}\right)^1$ ist die Wahrscheinlichkeit für das Ereignis 4-mal *gelb* und 1-mal *nicht-gelb*.

Die angegebene Summe ist also die Wahrscheinlichkeit, dass bei einem 5-fachen Drehen des Glücksrads mindestens 4-mal der Zeiger auf dem gelben Sektor stehenbleibt.

Aufgabe 8

Gegeben sind die im Folgenden beschriebenen Zufallsgrößen X und Y:
- Ein Würfel, dessen Seiten mit den Zahlen von 1 bis 6 durchnummeriert sind, wird zweimal geworfen. X gibt die Summe der dabei gewürfelten Zahlen an.

- Aus einem Behälter mit 60 schwarzen und 40 weißen Kugeln wird zwölfmal nacheinander jeweils eine Kugel zufällig entnommen und wieder zurückgelegt. Y gibt die Anzahl der entnommenen schwarzen Kugeln an.

a) Begründen Sie, dass die Wahrscheinlichkeit P(X = 4) mit der Wahrscheinlichkeit P(X = 10) übereinstimmt.

b) Die Wahrscheinlichkeitsverteilungen von X und Y werden jeweils durch eines der folgenden Diagramme I, II und III dargestellt. Ordnen Sie X und Y jeweils dem passenden Diagramm zu und begründen Sie Ihre Zuordnung.

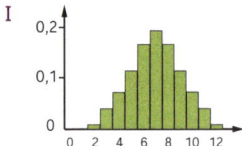 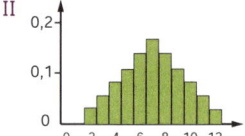 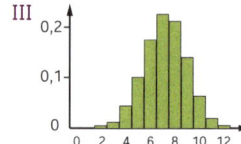

Lösung

a) Die Verteilung der Zufallsgröße X ist symmetrisch zu X = 7, d. h. beispielsweise P(X = 7 − 3) = P(X = 7 + 3), wie man der folgenden Kombinationstabelle entnehmen kann (jede Kombination hat die Wahrscheinlichkeit $\frac{1}{36}$).

	1	2	3	4	5	6
1	2	3	4	5	6	7
2	3	4	5	6	7	8
3	4	5	6	7	8	9
4	5	6	7	8	9	10
5	6	7	8	9	10	11
6	7	8	9	10	11	12

b) Die symmetrische Verteilung der Zufallsgröße X ist durch das Diagramm II dargestellt, da die Wahrscheinlichkeiten für die Augensummen 2, 3, 4, 5, 6, 7 um jeweils $\frac{1}{36}$ zunehmen und danach wieder jeweils um $\frac{1}{36}$ abnehmen.

Der Verteilung der Zufallsgröße Y liegt ein 12-stufiger Bernoulli-Versuch mit p = 0,6 zugrunde; das Maximum dieser nicht-symmetrischen Verteilung liegt bei μ = 12 · 0,6 ≈ 7. Diese Eigenschaft (nicht-symmetrisch, da p ≠ 0,5, und Maximum bei X = 7) ist bei Diagramm III gegeben.

Wahlteil Analysis

Aufgabe A1.1   Analysis

Die Abbildung zeigt den Graphen G_f der Funktion f mit
$f(x) = x^3 - 6\,x^2 + 8\,x$.

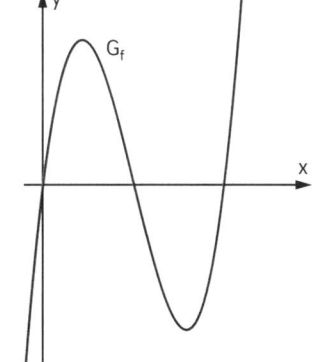

a) (1) Berechnen Sie die Nullstellen von f.   **B4**
   (2) Berechnen Sie die Koordinaten des
       Wendepunktes W von G_f.   **B7**
   (3) Die Gerade t_1 ist die Tangente an G_f in W.
       Zeigen Sie, dass $y = -4x + 8$ eine Gleichung von t_1 ist.   **A4**

b) Die Gerade t_2 ist die Tangente an G_f im Ursprung O. Die
   Geraden t_1 und t_2 schneiden sich im Punkt Q.
   (1) Berechnen Sie für das Dreieck OWQ die Weite des
       Innenwinkels bei Q.

   Für ein u > 0 ist die Tangente an G_f im Punkt B(u | f(u)) parallel zu t_2.
   (2) Bestimmen Sie den Wert von u.   **A4** **A6**

c) Die Funktion I_0 mit $I_0(x) = \int_0^x f(t)\,dt$ besitzt im Intervall $[0\,;4]$ ihren maximalen Wert an
   der Stelle x_0. Geben Sie x_0 an und begründen Sie Ihre Angabe.   **D1** **B6** **B1**

d) Für die Funktion h mit $h(x) = x^3 - 4\,x$ gilt $f(x) = h(x - 2)$. Erläutern Sie, welche
   Symmetrieeigenschaft daraus für G_f folgt.   **B1**

e) Der Graph G_{f^*} entsteht durch Spiegelung des Graphen G_f an der Geraden mit der Gleichung x = a. Die Tangente an G_{f^*} im Wendepunkt von G_{f^*} schneidet die y-Achse
   im Punkt S(0 | 16). Bestimmen Sie den Wert von a.   **A4** **B1**

Lösung

a) (1) Nullstellen von f: Durch Ausklammern erhält man $f(x) = x \cdot (x^2 - 6x + 8)$.
       $f(x) = 0 \Leftrightarrow x \cdot (x^2 - 6x + 8) = 0 \Leftrightarrow x = 0 \lor x^2 - 6x + 8 = 0$.

       Die Gleichung $x^2 - 6x + 8 = 0$ hat die Lösungen $x_2 = 2$; $x_3 = 4$.
       Die Nullstellen von f sind $x_1 = 0$; $x_2 = 2$; $x_3 = 4$.

   (2) Wendepunkt des Graphen:
       Ableitungen: $f'(x) = 3\,x^2 - 12\,x + 8$; $f''(x) = 6\,x - 12$; $f'''(x) = 6 \neq 0$.

       Aus $f''(x) = 6\,x - 12 = 0$ folgt x = 2. Hinreichende Bedingung: $f'''(2) \neq 0$.

       Somit ist W(2 | 0) der Wendepunkt des Graphen.

   (3) Nachweis: t_1 ist Wendetangente des Graphen

       (i) Punktprobe mit W(2 | 0): $0 = -4 \cdot 2 + 8$, d. h. W liegt auf t_1.
       (ii) $m_1 = f'(2) = 12 - 24 + 8 = -4$, d. h. die Steigungen von f und t_1 stimmen überein.
            Also ist $y = -4x + 8$ eine Gleichung der Wendetangente.

b) (1) Steigung von t_2: $m_2 = f'(0) = 8$, also lautet die Gleichung der Tangente t_2 im Ursprung:
       $y = 8x$

(2) Die Innenwinkel bei den Eckpunkten O und W können mithilfe der Steigung der Tangente bestimmt werden, da bei diesen jeweils die x-Achse einen Schenkel des Winkels bildet.

Innenwinkel α beim Eckpunkt O des Dreiecks OWQ: $\tan(\alpha) = f'(0) = 8 \Rightarrow \alpha \approx 82{,}9°$

Innenwinkel β beim Eckpunkt W des Dreiecks OWQ: $\tan(\beta) = |f'(2)| = 4 \Rightarrow \beta \approx 76{,}0°$

Für den Innenwinkel γ beim Eckpunkt Q des Dreiecks OWQ gilt dann:
$\gamma = 180° - \alpha - \beta \approx 21{,}1°$

(3) Da die Tangente t_3 parallel zu t_2 ist, gilt $m_3 = 8$.
$f'(u) = 3u^2 - 12u + 8 = 8 \Leftrightarrow 3u \cdot (u - 4) = 0$ mit den Lösungen $u_1 = 0$; $u_2 = 4$.
Für $u_1 = 0$ erhält man die Tangente t_2.
Damit gilt: für $u = 4$ ist die Tangente parallel zu t_2.

c) Die Funktion I_0 beschreibt den orientierten Flächeninhalt zwischen dem Graphen von f und der x-Achse. Untersuchung von I_0 auf lokale Extrema:
(1) $I_0'(0) = f(0) = 0$ und $I_0''(0) = f'(0) = 8 > 0$

(2) $I_0'(4) = f(4) = 0$ und $I_0''(4) = f'(4) = 8 > 0$.

Der Graph von I_0 hat an den Stellen $x = 0$ und $x = 4$ jeweils einen Tiefpunkt.
Da der Graph einer ganzrationalen Funktion 3. Grades punktsymmetrisch zum Wendepunkt $W(2\,|\,0)$ ist, ist der Graph von I_0 achsensymmetrisch zur Geraden mit der Gleichung $x = 2$. Deshalb hat der Graph von I_0 an der Stelle $x = 2$ einen Hochpunkt.
Die Integralfunktion I_0 nimmt daher an dieser Stelle im Intervall $[0\,;4]$ ihren maximalen Wert an.

d) Der Graph von h ist punktsymmetrisch zum Ursprung, da der Funktionsterm nur Potenzen von x mit ungeraden Exponenten enthält. $f(x) = h(x - 2)$ bedeutet, dass der Graph von f aus dem Graphen von h durch eine Verschiebung um 2 Einheiten nach rechts entsteht.
Dabei wird der Wendepunkt $W_h(0\,|\,0)$ auf den Wendepunkt $W_f(2\,|\,0)$ verschoben.
Somit ist der Graph von f punktsymmetrisch zum Punkt $W_f(2\,|\,0)$.

e) Die Wendetangente t_1 des Graphen von f hat die Steigung $m_1 = -4$.
Bei der Spiegelung an einer Parallelen zur y-Achse wird die Wendetangente t_1 auf die Wendetangente t_1^* des Graphen von f* abgebildet, welche die Steigung $m_1^* = +4$ hat.
Die Gleichung von t_1^* ist also $y = 4x + b$.
Außerdem liegt der Punkt $S(0\,|\,16)$ auf t_1^*, also muss gelten $16 = 4 \cdot 0 + b$, daher ist $b = 16$.
Damit erhält man t_1^*: $y = 4x + 16$.
Bei der Spiegelung wird $W(2\,|\,0)$ auf den Wendepunkt W^* des Graphen von f* abgebildet, der ebenfalls auf der x-Achse liegt.
W^* ist der Schnittpunkt der Wendetangente t_1^* mit der x-Achse, also $W^*(-4\,|\,0)$.
Wird bei der Spiegelung an der Geraden mit $x = a$ der Punkt $W(2\,|\,0)$ auf $W^*(-4\,|\,0)$ abgebildet, so liegt die Spiegelachse in der Mitte zwischen W und W*.
Damit gilt: $a = \frac{-4 + 2}{2} = -1$.

Aufgabe A1.2   Analysis

Für jedes a > 0 ist die Funktion f_a gegeben durch $f_a(x) = a \cdot \sin(a \cdot \pi \cdot x)$. Die zugehörigen Graphen werden mit G_a bezeichnet. Der Punkt $H_a\left(\frac{1}{2a} \mid a\right)$ ist ein Hochpunkt von G_a.

a) (1) Geben Sie die Periode von f_a an.

   (2) Der Punkt H_a bildet mit den beiden von H_a am wenigsten weit entfernten Tiefpunkten von G_a ein Dreieck. Zeigen Sie, dass der Flächeninhalt dieses Dreiecks unabhängig von a ist.   `B10`

b) Ermitteln Sie den Wert von a, für den H_a vom Ursprung den Abstand 1 hat.

c) (1) Bestimmen Sie eine Gleichung der Kurve K, auf der alle Punkte H_a liegen.

   (2) Auf K gibt es einen Punkt H_a, in dem die Tangente an K parallel zur Geraden mit der Gleichung y = −2 x ist. Bestimmen Sie den Wert von a.   `B9` `A4`

Lösung

a) (1) Periode von f_a: $p = \frac{2\pi}{a \cdot \pi} = \frac{2}{a}$

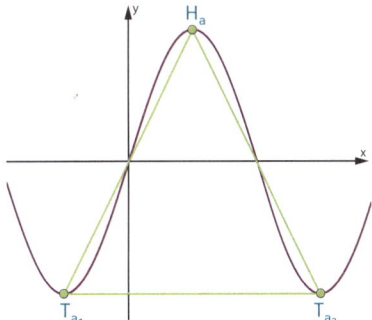

   (2) Skizze: siehe rechts.

   Das Dreieck $T_{a_1}T_{a_2}H_a$ ist ein gleichschenkliges Dreieck mit der Basis $\left|T_{a_1}T_{a_2}\right| = p = \frac{2}{a}$ und der Höhe 2 a. Sein Flächeninhalt beträgt $A = \frac{1}{2} \cdot \frac{2}{a} \cdot 2\,a = 2$ und ist somit von a unabhängig.

b) Abstand von H_a zum Ursprung:

$$d = \sqrt{\left(\frac{1}{2a}\right)^2 + a^2} = \sqrt{\frac{1}{4a^2} + a^2} = \sqrt{\frac{4a^4 + 1}{4a^2}}$$

$$d = 1 \quad \Leftrightarrow \quad \frac{4a^4 + 1}{4a^2} = 1 \quad \Leftrightarrow \quad 4a^4 - 4a^2 + 1 = 0.$$

Substituiert man $a^2 = z$, dann ergibt sich $4z^2 - 4z + 1 = 0 \quad \Leftrightarrow \quad z^2 - z = -\frac{1}{4}$

$$\Leftrightarrow \quad \left(z - \frac{1}{2}\right)^2 = \frac{1}{4} - \frac{1}{4} \quad \Leftrightarrow \quad z = \frac{1}{2}.$$

Die Rücksubstitution $a^2 = \frac{1}{2}$ ergibt $a = \frac{1}{2}$ ($a = -\sqrt{\frac{1}{2}}$ entfällt wegen a > 0).

c) (1) Gleichung der Kurve K: Aus $x = \frac{1}{2a}$, a > 0 erhält man $a = \frac{1}{2x}$, x > 0.

   Somit ist $y = g(x) = \frac{1}{2x}$, x > 0 eine Gleichung von K.

   (2) Aus $g'(x) = -\frac{1}{2x^2} = -2$ erhält man $x = -\frac{1}{2}$ oder $x = \frac{1}{2}$. Wegen x > 0 kommt nur $x = \frac{1}{2}$ in Frage. Aus $\frac{1}{2a} = \frac{1}{2}$ erhält man a = 1.

   Für a = 1 ist die Tangente an K parallel zur Geraden mit y = −2 x.

Aufgabe A2.1   Analysis

Die Abbildung zeigt den Graphen der Funktion f mit
$f(t) = (2t - t^2) \cdot e^{2-t}$, die für $0 \leq t \leq 10$ die momentane
Änderungsrate des Wasservolumens in einem Be-
cken beschreibt (t in Stunden nach Beobachtungsbeginn, $f(t)$ in Kubikmeter pro Stunde).

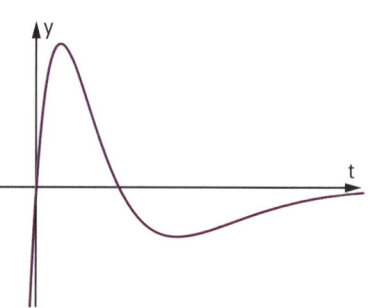

a) (1) Geben Sie die momentane Änderungsrate des
Wasservolumens eine Stunde nach Beobachtungsbeginn an.

(2) Begründen Sie, dass das Wasservolumen in den ersten beiden Stunden nach Beobachtungsbeginn niemals abnimmt.

(3) Die momentane Änderungsrate des Wasservolumens besitzt ein Minimum. Bestimmen Sie den Zeitpunkt, zu dem dieses Minimum angenommen wird.
(Teilergebnis: $t_{min} = 2 + \sqrt{2}$)   B4 B6

Die Funktion F mit $F(t) = t^2 \cdot e^{2-t}$ ist eine Stammfunktion von f. Zwei Stunden nach Beobachtungsbeginn enthält das Becken 6 m³ Wasser.

b) (1) Ermitteln Sie das Wasservolumen, das sich zu Beobachtungsbeginn im Becken befand.

(2) Es gibt einen 45-Minuten-Zeitraum, in welchem das Wasservolumen um genau
einen Kubikmeter zunimmt. Geben Sie eine Gleichung an, deren Lösung den Beginn
dieses Zeitraums darstellt.   D3

c) Über eine Schaltuhr kann ein Zeitpunkt t_0 gewählt werden, so dass die momentane Änderungsrate des Wasservolumens nur bis t_0 durch die Funktion f beschrieben wird und
danach konstant auf dem Wert $f(t_0)$ bleibt. Zeigen Sie, dass t_0 nicht so gewählt werden
kann, dass das Becken sieben Stunden nach Beobachtungsbeginn leer ist.   B6 D3

Für ein anderes Becken beschreiben die Funktion g die momentane Zuflussrate und
die Funktion h die momentane Abflussrate des Wassers in Abhängigkeit von der Zeit t
($0 \leq t \leq 17$, t in Stunden nach Beobachtungsbeginn, g(t) und h(t) in Kubikmeter pro Stunde). Die Abbildung zeigt die Graphen der beiden Funktionen g und h.

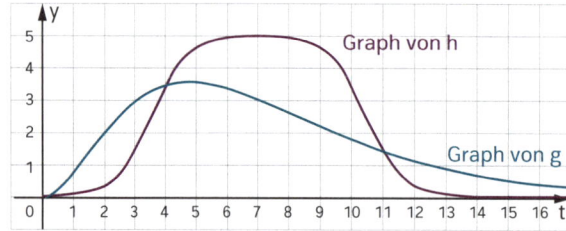

d) (1) Geben Sie den Zeitraum an, in dem das Wasservolumen in diesem Becken abnimmt.

(2) Das abfließende Wasser wird in einem quaderförmigen Tank mit der Grundfläche
12 m² gesammelt. Dieser ist zu Beobachtungsbeginn leer. Untersuchen Sie, ob das
Wasser im Tank höher als 5 m steigt.

(3) Entscheiden Sie, ob das Becken zu Beobachtungsbeginn leer war, und begründen
Sie Ihre Entscheidung.   D3

Lösung

a) (1) Momentane Änderungsrate nach einer Stunde: $f(1) = (2 - 1) \cdot e^{2-1} = e \approx 2,72$.

Die momentane Änderungsrate eine Stunde nach Beobachtungsbeginn beträgt ca. $2,72 \, m^2$ pro Stunde.

(2) Da $f(t) = (2t - t^2) \cdot e^{2-t} = t \cdot (2 - t) \cdot e^{2-t}$ hat f hat die beiden Nullstellen $t_1 = 0$ und $t_2 = 2$.

Dem beigefügten Graphen entnimmt man, dass $f(t) \geq 0$ im Intervall $[0\,;2]$.

Das Wasservolumen nimmt in den ersten beiden Stunden nicht ab, da die Änderungsrate in diesem Bereich nicht negativ wird.

(3) $f'(t) = (2 - 2t) \cdot e^{2-t} + (2t - t^2) \cdot e^{2-t} \cdot (-1) = (2 - 4t + t^2) \cdot e^{2-t}$;

$f'(t) = 0 \Leftrightarrow t^2 - 4t + 2 = 0 \Leftrightarrow (t - 2)^2 = 2 \Leftrightarrow t = 2 - \sqrt{2} \approx 0,59 \vee t = 2 + \sqrt{2} \approx 3,41$

Dem Graphen kann man entnehmen, dass das Minimum rechts von $t = 2$ liegt. Somit wird das Minimum nach ca. 3,4 Stunden angenommen.

b) (1) Wasservolumen zu Beobachtungsbeginn:

$$V(t) = V_0 + \int_0^t f(x)\, dx, \text{ also } V(2) = V_0 + \int_0^2 f(x)\, dx = V_0 + F(2) - F(0)$$

Aus $6 = V_0 + 4 \cdot e^0 - 0$ ergibt sich $V_0 = 2$.

Zu Beginn der Beobachtung befanden sich $2 \, m^3$ Wasser im Becken.

(2) Die in der Aufgabenstellung genannte Bedingung bedeutet $V(t + 0,75) = V(t) + 1$,

also $V_0 + F(t + 0,75) - F(0) = F(t) - F(0) + 1 \quad \Leftrightarrow \quad F(t + 0,75) = F(t) + 1$.

Die gesuchte Gleichung lautet $F(t + 0,75) = F(t) + 1$.

c) Die Änderungsrate ist negativ im Intervall $[2\,;10]$, d.h. in diesem Zeitraum fließt Wasser ab.

Betrachtet wird ein Zeitraum von 7 Stunden nach Beobachtungsbeginn, also nur 5 Stunden lang könnte Wasser abfließen. Das Minimum von f liegt bei $t = 2 + \sqrt{2} \approx 3,41$ mit $|f(t_{min})| \approx 1,17$ der größtmögliche Betrag der negativen Änderungsrate. Selbst wenn 5 Stunden lang die maximal mögliche Abflussrate von $1,17 \, m^3$ pro Stunde abfließen würde, wären dies nur $5 \cdot 1,17 = 5,85 \, m^3$ Wasser. Da 2 Stunden nach Beobachtungsbeginn $6 \, m^3$ Wasser im Becken waren, kann das Becken nach 7 Stunden nicht leer sein, unabhängig von der Wahl von t_0.

d) (1) Im Intervall $4 < t < 11$ liegt der Graph von h oberhalb des Graphen von g, d.h. die Abflussrate ist höher als die Zuflussrate. Im Zeitraum zwischen der 4. und der 11. Stunde nimmt die Wassermenge ab.

(2) Wenn das Wasser im Tank 5 m hoch steht, dann sind $60 \, m^3$ Wasser im Tank. Das Volumen des abfließenden Wassers wird beschrieben durch die Fläche zwischen dem Graphen von h und der x-Achse. Dabei beträgt die Fläche eines Kästchens $1 \, m^3$. Durch Abzählen in der beigelegten Abbildung erkennt man schnell, dass diese Fläche deutlich kleiner als 60 Kästchen ist. Das Wasser steht somit im Tank weniger als 5 m hoch.

(3) Im Intervall $[0\,;4]$ fließt mehr Wasser zu als abfließt. Diese Wassermenge wird dargestellt durch die Fläche A_1 zwischen den beiden Graphen im Intervall $[0\,;4]$.

Im Intervall $[4;11]$ fließt mehr Wasser ab als zu. Diese Wassermenge wird dargestellt durch die Fläche A_2 zwischen den beiden Graphen im Intervall $[4;11]$. Wie man leicht erkennt, ist die Fläche A_2 deutlich größer als die Fläche A_1. Es fließt somit in den ersten 11 Stunden insgesamt mehr Wasser ab als zu. Das Becken war also zu Beginn nicht leer.

Aufgabe A2.2   Analysis

Für jede reelle Zahl $a \neq 0$ ist eine Funktion k_a gegeben durch $k_a(x) = \frac{1}{x} - \frac{a}{x^2}$. G_a ist der Graph von k_a.

a) (1) Geben Sie Gleichungen der Asymptoten des Graphen G_a an.

   (2) Weisen Sie nach, dass für die Ableitung k_a' von k_a gilt: $k_a'(x) = \frac{2a - x}{x^3}$.

   Zeigen Sie, dass jeder Graph G_a genau einen Extrempunkt besitzt, und untersuchen Sie, für welche Werte von a ein Hochpunkt vorliegt.   `B11` `B6` `B7`

b) Jeder Graph G_a besitzt einen Punkt P_a mit der folgenden Eigenschaft: Die Tangente im Punkt P_a an G_a verläuft durch den Ursprung.
   Bestimmen Sie die x-Koordinate von P_a.   `A4` `B11`

Lösung

a) (1) Für $x \to \pm\infty$ gilt: $k_a(x) \to 0$, d.h. die waagerechte Asymptote hat die Gleichung $y = 0$.
   $D = \mathbb{R} \setminus \{0\}$; $x = 0$ Pol mit Vorzeichenwechsel, d.h. die senkrechte Asymptote hat die Gleichung $x = 0$.

   (2) $k_a(x) = x^{-1} - a \cdot x^{-2}$; $k_a'(x) = -x^{-2} - a \cdot (-2) \cdot x^{-3} = -\frac{1}{x^2} + \frac{2a}{x^3} = \frac{2a - x}{x^3}$,

   $k_a''(x) = 2x^{-3} - 6a \cdot x^{-4} = \frac{2}{x^3} - \frac{6a}{x^4}$

   Notwendige Bedingung: $k_a' = 0 \Leftrightarrow \frac{2a - x}{x^3} = 0 \Leftrightarrow x = 2a$ (einzige Lösung)

   Hinreichende Bedingung: $k_a''(2a) = \frac{2}{8 \cdot a^3} - \frac{6a}{16 \cdot a^4} = \frac{2}{8 \cdot a^3} - \frac{3}{8 \cdot a^3} = -\frac{1}{8 \cdot a^3} \neq 0$

   für alle $a \neq 0$, d.h. jeder Graph besitzt genau einen Extrempunkt.

   An der Stelle $x = 2a$ liegt ein Hochpunkt, falls $k_a''(2a) < 0$, also falls $-\frac{1}{8 \cdot a^3} < 0$. Dies ist für alle Werte $a > 0$ der Fall.

b) Berührpunkt der Tangente: $P_a(u \mid k_a(u))$.

   Steigung der Tangente: $m = k_a'(u) = \frac{2a - u}{u^3}$

   Gleichung der Tangente: $y = \frac{2a - u}{u^3} \cdot (x - u) + k_a(u) = \frac{2a - u}{u^3} \cdot (x - u) + \frac{u - a}{u^2}$.

   Die Tangente verläuft durch den Koordinatenursprung, damit gilt:

   $0 = \frac{2a - u}{u^3} \cdot (0 - u) + \frac{u - a}{u^2} = \frac{u - 2a}{u^2} + \frac{u - a}{u^2} = \frac{2u - 3a}{u^2}$

   $\Leftrightarrow 2u - 3a = 0 \Leftrightarrow u = \frac{3}{2} \cdot a$

   Der Punkt P_a hat die x-Koordinate $x = \frac{3}{2} \cdot a$.

Aufgabe B1   Analytische Geometrie

Für $k \in \mathbb{R}$ mit $0 < k \le 6$ werden die Pyramiden $ABCD_k$ mit $A(0|0|0)$, $B(4|0|0)$, $C(0|4|0)$ und $D_k(0|0|k)$ betrachtet (vgl. Abbildung 1).

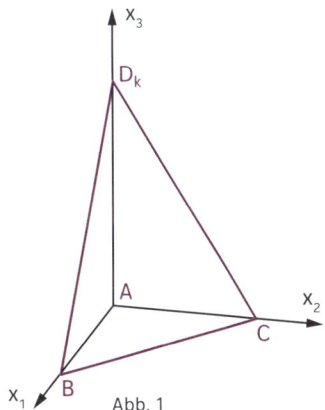

a) (1) Begründen Sie, dass das Dreieck BCD_k gleichschenklig ist.

Der Mittelpunkt der Strecke BC ist $M(2|2|0)$.

$\left|\overrightarrow{MD_k}\right| = \begin{pmatrix} -2 \\ -2 \\ k \end{pmatrix}$ ist die Länge einer Höhe des Dreiecks BCD_k.

(2) Bestimmen Sie den Flächeninhalt des Dreiecks BCD_k.   `E5` `G4`

Für jeden Wert von k liegt die Seitenfläche BCD_k in der Ebene L_k: $k\,x_1 + k\,x_2 + 4\,x_3 = 4\,k$.

b) Ermitteln Sie denjenigen Wert von k, für den die Größe des Winkels, unter dem die x_3-Achse die Ebene L_k schneidet, 30° beträgt.   `F5` `G3`

c) Zusätzlich zu den Pyramiden wird der in der Abbildung 2 gezeigte Quader betrachtet. Die Punkte A und $Q(1|1|3)$ sind Eckpunkte des Quaders, die Seitenflächen des Quaders sind parallel zu den Koordinatenebenen.
Für $k = 6$ enthält die Seitenfläche BCD_k der Pyramide den Eckpunkt Q des Quaders. Für kleinere Werte von k schneidet die Seitenfläche BCD_k den Quader in einem Vieleck.

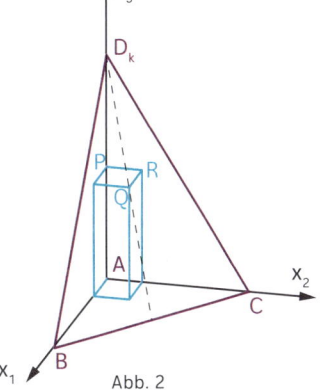

Abb. 2

(1) Für einen Wert von k verläuft die Seitenfläche BCD_k durch die Eckpunkte P und R des Quaders. Bestimmen Sie diesen Wert von k.

(2) Geben Sie in Abhängigkeit von k die Anzahl der Eckpunkte des Vielecks an, in dem die Seitenfläche BCD_k den Quader schneidet.   `F10`

d) Nun wird die Pyramide $ABCD_6$, d. h. diejenige für $k = 6$, betrachtet. Dieser Pyramide werden Quader einbeschrieben (vgl. Abbildung 3). Die Grundflächen der Quader liegen in der x_1x_2-Ebene, haben den Eckpunkt A gemeinsam und sind quadratisch. Die Höhe h der Quader durchläuft alle reellen Werte mit $0 < h < 6$. Für jeden Wert von h liegt der Eckpunkt Q_h in der Seitenfläche BCD_6 der Pyramide. Ermitteln Sie die Koordinaten des Punkts Q_h. **F10**

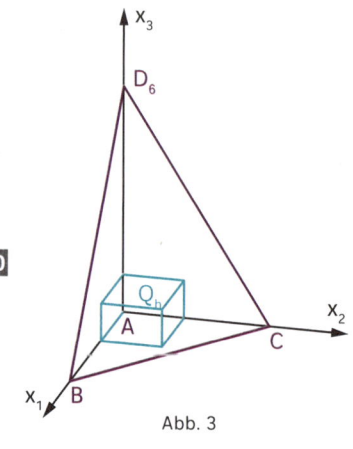

Abb. 3

Lösung

a) (1) Nachweis, dass das Dreieck BCD_k gleichschenklig ist:

$$\left| \overrightarrow{BD_k} \right| = \left\| \begin{pmatrix} -4 \\ 0 \\ k \end{pmatrix} \right\| = \sqrt{k^2 + 16}; \quad \left| \overrightarrow{CD_k} \right| = \left\| \begin{pmatrix} 0 \\ -4 \\ k \end{pmatrix} \right\| = \sqrt{k^2 + 16}$$

(2) Flächeninhalt des Dreieck BCD_k:

$$A_{\text{Dreieck}} = \tfrac{1}{2} \cdot \left| \overrightarrow{BC} \right| \cdot \left| \overrightarrow{MD_k} \right| = \tfrac{1}{2} \cdot \left\| \begin{pmatrix} -4 \\ 4 \\ 0 \end{pmatrix} \right\| \cdot \left\| \begin{pmatrix} -2 \\ -2 \\ k \end{pmatrix} \right\| = \tfrac{1}{2} \cdot \sqrt{32} \cdot \sqrt{k^2 + 8} = 2 \cdot \sqrt{2 \cdot (k^2 + 8)}$$

b) Der gesuchte Winkel kann mithilfe eines Normalenvektors der Ebene L_k bestimmt werden:

$$\vec{n}_k = \begin{pmatrix} k \\ k \\ 4 \end{pmatrix}$$

Winkel zwischen L_k und der x_3-Achse:

$$\sin(\alpha) = \frac{\vec{n}_k * \begin{pmatrix} 0 \\ 0 \\ 1 \end{pmatrix}}{|\vec{n}_k| \cdot 1} = \frac{\begin{pmatrix} k \\ k \\ 4 \end{pmatrix} * \begin{pmatrix} 0 \\ 0 \\ 1 \end{pmatrix}}{|\vec{n}_k| \cdot 1} = \frac{4}{\sqrt{2k^2 + 16}}$$

Wegen $\sin(30°) = \tfrac{1}{2}$ muss die Gleichung $\tfrac{1}{2} = \frac{4}{\sqrt{2k^2 + 16}}$ untersucht werden:

$$\tfrac{1}{2} = \frac{4}{\sqrt{2k^2 + 16}} \quad \Leftrightarrow \quad 8 = \sqrt{2k^2 + 16}$$

Hieraus folgt $64 = 2k^2 + 16$ mit den Lösungen $k_1 = \sqrt{24}$; $k_2 = -\sqrt{24}$
Wegen $k > 0$ ist $k = \sqrt{24}$ die einzige Lösung.
Für $k = \sqrt{24}$ schneidet die x_3-Achse die Ebene L_k unter einem Winkel von 30°.

c) (1) Der Eckpunkt $P(1\,|\,0\,|\,3)$ liegt in einer der Ebenen L_k, somit gilt: $k + 4 \cdot 3 = 4k \Leftrightarrow k = 4$.
Für $k = 4$ liegen die Eckpunkte P und R in .

(2) Für $k = 6$ haben die Ebene L_6 und der Quader genau einen Punkt, nämlich den Punkt Q, gemeinsam.

Für k = 4 schneidet die Ebene L_4 den Quader in einem Dreieck mit den Eckpunkten P, R und einem dritten Eckpunkt, der auf der Seitenkante $\overline{CQ}$ liegt.

Für k = 3 enthält die Ebene L_3 den Eckpunkt (0|0|3) des Quaders sowie drei Schnittpunkte mit den Seitenkanten $\overline{BP}$, $\overline{CQ}$ und $\overline{DR}$. Die Schnittfigur ist ein Viereck.

Für 3 < k < 4 schneidet die Ebene L_k die Kanten $\overline{PS}$ und $\overline{RS}$ sowie die Seitenkanten $\overline{BP}$, $\overline{CQ}$ und $\overline{DR}$. Die Schnittfigur ist ein Fünfeck.

Für 0 < k < 3 schneidet die Ebene L_k alle vier Seitenkanten des Quaders. Die Schnittfigur ist ein Viereck.

Damit ergibt sich:
0 < k ≤ 3: 4 Eckpunkte, 3 < k < 4: 5 Eckpunkte, 4 ≤ k < 6: 3 Eckpunkte

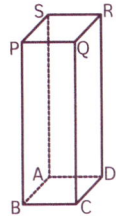 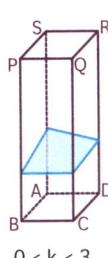 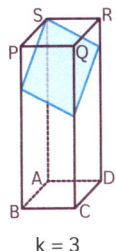 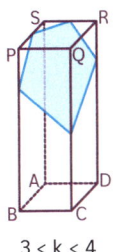 

| | 0 < k < 3 | k = 3 | 3 < k < 4 | k = 4 |

d) Die Seitenfläche BCD_6 liegt in der Ebene L_6: $6x_1 + 6x_2 + 4x_3 = 24$.
Der Punkt $Q_h(a|a|h)$ liegt in der Ebene L_6, also gilt
$6a + 6a + 4h = 24 \Leftrightarrow 12a = 24 - 4h \Leftrightarrow a = 2 - \frac{1}{3}h$.

Der Punkt Q_h hat die Koordinaten $Q_h(2 - \frac{1}{3}h \mid 2 - \frac{1}{3}h \mid h)$.

Aufgabe B2   Analytische Geometrie

Gegeben sind die Geradenschar g_a: $\vec{x} = \begin{pmatrix} 1 \\ 0 \\ -2 \end{pmatrix} + t \cdot \begin{pmatrix} a \\ 3 \\ -1 \end{pmatrix}$, $t \in \mathbb{R}$, $a \in \mathbb{R}$, und die Gerade

h: $\vec{x} = \begin{pmatrix} 1 \\ -6 \\ 0 \end{pmatrix} + s \cdot \begin{pmatrix} 0 \\ 3 \\ -1 \end{pmatrix}$, $s \in \mathbb{R}$.

a) (1) Beschreiben Sie die besondere Lage der Gerade h im Koordinatensystem.

   (2) Zeigen Sie, dass die Gerade h zur Schar g_a gehört.

   (3) Alle Geraden der Schar g_a liegen in einer Ebene E.
   Bestimmen Sie eine Koordinatengleichung der Ebene E.
   (Teilergebnis: E: $x_2 + 3x_3 = -6$)   F10 F5 G3

b) Bestimmen Sie denjenigen Wert von a, für den g_a die x_2-Achse schneidet. Es gibt zwei Geraden der Schar g_a, die die Gerade h im Winkel 45° schneiden. Ermitteln Sie die zugehörigen Werte von a.

c) Bestimmen Sie eine Gleichung einer Gerade, die von allen Geraden der Schar g_a den Abstand $\sqrt{40}$ besitzt und zu allen Geraden der Schar g_a windschief verläuft.   F10 F2 G5

Lösung

a) (1) Am Richtungsvektor $\begin{pmatrix} 0 \\ 3 \\ -1 \end{pmatrix}$ von h erkennt man, dass h parallel zur x_2x_3-Koordinatenebene verläuft.

(2) Damit h zur Geradenschar gehört, muss a = 0 sein; dann stimmen die

Richtungsvektoren h und g_0 überein, wobei g_0: $\vec{x} = \begin{pmatrix} 1 \\ 0 \\ -2 \end{pmatrix}$

Weiterhin ist zu überprüfen, ob der Aufpunkt (1|0|−2) auf der Geraden h liegt.

$$\begin{pmatrix} 1 \\ 0 \\ -2 \end{pmatrix} = \begin{pmatrix} 1 \\ -6 \\ 0 \end{pmatrix} + s \cdot \begin{pmatrix} 0 \\ 3 \\ -1 \end{pmatrix} \Leftrightarrow \begin{pmatrix} 0 \\ 6 \\ -2 \end{pmatrix} = s \cdot \begin{pmatrix} 0 \\ 3 \\ -1 \end{pmatrix} \Leftrightarrow s = 2$$

Die Geraden h und g_0 sind also identisch.

(3) Wenn alle Geraden der Schar in E liegen, kann man zwei beliebige Geraden der Schar betrachten, z. B. g_0 und g_1, um mithilfe der Richtungsvektoren die Ebene aufzuspannen.

$\vec{u}_0 = \begin{pmatrix} 0 \\ 3 \\ -1 \end{pmatrix}$ und $\vec{u}_1 = \begin{pmatrix} 1 \\ 3 \\ -1 \end{pmatrix}$ sind Richtungsvektoren der Geraden g_0 und g_1, daher ist

$$\begin{pmatrix} 0 \\ 3 \\ -1 \end{pmatrix} \times \begin{pmatrix} 1 \\ 3 \\ -1 \end{pmatrix} = \begin{pmatrix} 0 \\ -1 \\ -3 \end{pmatrix} = \vec{n} \text{ ist ein Normalenvektor von E und es gilt}$$

$$E: \begin{pmatrix} 0 \\ 1 \\ 3 \end{pmatrix} * \left(\vec{x} - \begin{pmatrix} 1 \\ 0 \\ -2 \end{pmatrix} \right) = 0, \text{ also E: } x_2 + 3x_3 + 6 = 0$$

b) (1) Ist S(0|y|0) der Schnittpunkt von g_a mit der x_2-Achse, dann muss gelten

$$\begin{pmatrix} 0 \\ y \\ 0 \end{pmatrix} = \begin{pmatrix} 1 \\ 0 \\ -2 \end{pmatrix} + t \cdot \begin{pmatrix} a \\ 3 \\ -1 \end{pmatrix} \Leftrightarrow \begin{vmatrix} 0 = 1 + a \cdot t \\ y = 0 + 3t \\ 0 = -2 - t \end{vmatrix}$$

Hieraus ergibt sich: t = −2, y = −6 und $a = \frac{1}{2}$, d. h. die Gerade $g_{1/2}$ schneidet die x_2-Achse im Punkt S(0|−6|0).#

(2) Für den Schnittwinkel zwischen g_a und h gilt

$$\cos(\alpha) = \frac{\left| \begin{pmatrix} 0 \\ 3 \\ -1 \end{pmatrix} * \begin{pmatrix} a \\ 3 \\ -1 \end{pmatrix} \right|}{\left| \begin{pmatrix} 0 \\ 3 \\ -1 \end{pmatrix} \right| \cdot \left| \begin{pmatrix} a \\ 3 \\ -1 \end{pmatrix} \right|} = \frac{10}{\sqrt{10} \cdot \sqrt{a^2 + 10}} = \sqrt{\frac{10}{10a^2 + 100}}$$

Für $\alpha = 45°$ gilt $\cos(45°) = \frac{\sqrt{2}}{2} \Leftrightarrow \sqrt{\frac{10}{10a^2 + 100}} = \frac{\sqrt{2}}{2} \Leftrightarrow \frac{100}{10a^2 + 100} = \frac{1}{2}$

mit den Lösungen $a_1 = \sqrt{10}$ und $a_2 = -\sqrt{10}$.
Die Geraden g_a mit $a_1 = \sqrt{10}$ oder $a_2 = -\sqrt{10}$ schneiden die Gerade h unter einem Winkel von 45°.

c) Eine mögliche Gerade k liegt in einer Ebene F, die parallel zu E ist und von dieser den Abstand $\sqrt{40}$ hat. Ansatz für F: $x_2 + 3x_3 = d$.

Da $P(1|0|-2)$ in E liegt, gilt: $d(E;F) = d(P;F) = \dfrac{|-6-d|}{\sqrt{10}}$.

Mit $d(P;F) = \sqrt{40}$ erhält man die Gleichung $\dfrac{|-6-d|}{\sqrt{10}} = \sqrt{40}$ mit den Lösungen $d_1 = 14$ und $d_2 = -26$.

Für $d_1 = 14$ erhält man die Ebene F mit F: $x_2 + 3x_3 = 14$.

Man kann einen beliebigen Punkt von F, z. B. $Q(1|14|0)$, als Aufpunkt einer möglichen Geraden k wählen.

Da k windschief zu allen Geraden g_a sein soll, darf ein Richtungsvektor von k kein Vielfaches von $\begin{pmatrix} a \\ 3 \\ -1 \end{pmatrix}$ sein. Ein möglicher Richtungsvektor ist der Vektor $\begin{pmatrix} 1 \\ 0 \\ 0 \end{pmatrix}$,

Somit ist k: $\vec{x} = \begin{pmatrix} 1 \\ 14 \\ 0 \end{pmatrix} + r \cdot \begin{pmatrix} 1 \\ 0 \\ 0 \end{pmatrix}$ eine Gerade, die windschief zu allen Geraden g_a ist und von ihnen den Abstand $\sqrt{40}$ hat.

217

Aufgabe C1   Stochastik

Ein Onlineshop bietet Patronen mit schwarzer Tinte und Patronen mit farbiger Tinte an.

a) Erfahrungsgemäß beträgt der Verkaufsanteil der Patronen mit schwarzer Tinte 65 %.
   Betrachtet wird eine zufällige Auswahl von 100 verkauften Patronen. Es wird davon
   ausgegangen, dass dabei die Anzahl der Patronen mit schwarzer Tinte binomialverteilt
   ist. Bestimmen Sie die Wahrscheinlichkeiten folgender Ereignisse:
   A: „Genau 66 der verkauften Patronen sind mit schwarzer Tinte gefüllt."
   B: „Die Anzahl der verkauften Patronen mit schwarzer Tinte weicht um mehr als 10 %
   vom Erwartungswert dieser Anzahl ab."   J3 J5

b) Im Folgenden werden nur Patronen betrachtet, die mit schwarzer Tinte gefüllt sind. Die
   Füllmenge einer solchen Patrone wird als normalverteilt mit dem Erwartungswert 8 ml
   und der Standardabweichung 0,04 ml angenommen. Eine der beiden Abbildungen
   zeigt den Graphen der zugehörigen Dichtefunktion.   J6

(I)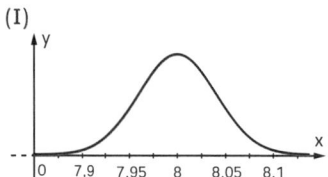
(II)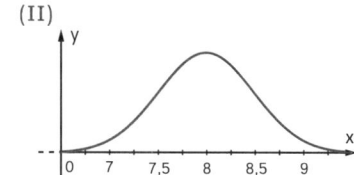

(1) Geben Sie die Abbildung an, die den Graphen der zugehörigen Dichtefunktion nicht
    zeigt, und begründen Sie Ihre Angabe.

(2) Berechnen Sie die Wahrscheinlichkeit dafür, dass eine zufällig ausgewählte Patrone
    weniger als 7,95 ml Tinte enthält.

(3) Betrachtet wird das Ereignis, dass eine zufällig ausgewählte Patrone zwischen
    7,98 ml und 8,04 ml Tinte enthält. Geben Sie ein anderes Ereignis im Sachzusam-
    menhang an, welches exakt dieselbe Wahrscheinlichkeit hat.

(4) Bestimmen Sie das kleinste Intervall [a; b], so dass die Füllmenge einer zufällig
    ausgewählten Patrone mit einer Wahrscheinlichkeit von 92 % in [a; b] liegt.

c) Betrachtet wird die für $x \geq 0$ definierte Funktion f mit $f(x) = 0,25 \cdot e^{-0,25x}$.
   (1) Weisen Sie nach, dass f eine Dichtefunktion über ihrem Definitionsbereich ist.

   (2) Die Zeitdauer in Stunden zwischen dem Eingang einer Bestellung im Onlineshop
       und dem Versand der Ware kann modellhaft durch eine stetige Zufallsgröße mit der
       Dichtefunktion f beschrieben werden.
       Mit einer Wahrscheinlichkeit von 85 % wird eine Ware innerhalb von t Stunden
       nach Eingang der Bestellung versandt. Bestimmen Sie den Wert von t.   J6

Lösung

a) Die Zufallsgröße X gibt die Anzahl der verkauften Patronen mit schwarzer Tinte an.
   X ist binomialverteilt mit n = 100 und p = 0,65.
   $P(A) = P(X = 66) \approx 0,0821$.
   Erwartungswert $\mu = E(X) = 100 \cdot 0,65 = 65$.
   $P(B) = P(|X - 65| > 6,5) = P(X < 58,5 \text{ oder } X > 71,5) = P(X \leq 58) + P(X \geq 72)$
   $= P(X \leq 58) + 1 - P(X \leq 71) \approx 0,0877 + 0,0848 = 0,1725$

b) (1) Die Wendepunkte des Graphen der Dichtefunktion liegen an den Stellen
$x_1 = \mu - \sigma = 7{,}96$ und $x_2 = \mu + \sigma = 8{,}04$. Die Wendepunkte des bei (II) abgebildeten Graphen liegen in den Intervallen $[7; 7{,}5]$ bzw. $[8{,}5; 9]$. Folglich zeigt die Abbildung (II) nicht den Graphen der zugehörigen Dichtefunktion.

(2) Die Zufallsgröße Y gibt die Füllmenge der ausgewählten Patrone in ml an.
Y ist normalverteilt mit $\mu = 8$ und $\sigma = 0{,}04$.
$P(Y < 7{,}95\,) \approx 0{,}1056$

(3) Der Graph der Dichtefunktion ist symmetrisch zur Geraden mit $x = 8$. Wird das Intervall $[7{,}98; 8{,}04]$ an der Symmetrieachse gespiegelt, erhält man das Intervall $[7{,}96; 8{,}02]$.

Es gilt: $P(7{,}98 < X < 8{,}04) = P(7{,}96 < X < 8{,}02)$.

Das Ereignis „Eine zufällig ausgewählte Patrone enthält zwischen 7,96 ml und 8,02 ml Tinte" hat die gleiche Wahrscheinlichkeit wie das Ereignis „Eine zufällig ausgewählte Patrone enthält zwischen 7,98 ml und 8,04 ml Tinte".

(4) Das gesuchte Intervall $[a; b]$ muss symmetrisch zur Symmetrieachse liegen.

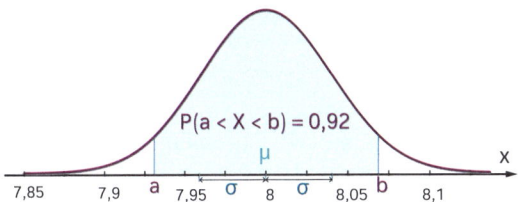

Aus $P(a < X < b) = 0{,}92$ erhält man aufgrund der Symmetrie $P(X \le a) = 0{,}04$.
Mithilfe des TR erhält man $a \approx 7{,}93$. Das gesuchte Intervall ist also $[7{,}93; 8{,}07]$.

c) (1) Um zu zeigen, dass die Funktion f eine Dichtefunktion ist, müssen folgende Eigenschaften nachgewiesen werden:
$f(x) \ge 0$ für alle $x \ge 0$ – dies ist der Fall, da $f(x) = 0{,}25 \cdot e^{-0{,}25 \cdot x} > 0$, da $e^x > 0$ für alle $x \in \mathbb{R}$.
$\int_0^\infty f(x)\, dx = 1$; dies ist der Fall, da $F(u) = \int_0^u (0{,}25 \cdot e^{-0{,}25 \cdot x})\, dx = [-e^{-0{,}25 \cdot x}]_0^u = -e^{-0{,}25 \cdot u} + 1$
Für $u \to \infty$ gilt $F(u) \to 1$ wegen $e^{-0{,}25 \cdot u} \to 0$.
Damit ist nachgewiesen, dass die Funktion f eine Dichtefunktion über ihrem Definitionsbereich ist.

(2) Bestimmen eines Wertes für t

$\int_0^t (0{,}25 \cdot e^{-0{,}25 \cdot x})\, dx = 0{,}85 \iff -e^{-0{,}25 \cdot t} + 1 = 0{,}85 \iff e^{-0{,}25 \cdot t} = 0{,}15$

$\iff -0{,}25\,t = \ln(0{,}15) \iff t = \dfrac{\ln(0{,}15)}{-0{,}25} \approx 7{,}59$

219

Aufgabe C2   Stochastik

Beim einmaligen Drehen des abgebildeten Glücksrads erhält man eine von vier möglichen Punktzahlen. Die Tabelle gibt für jede Punktzahl die zugehörige Wahrscheinlichkeit an.

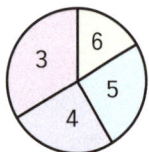

Punktzahl	3	4	5	6
Wahrscheinlichkeit	$\frac{1}{3}$	$\frac{1}{4}$	$\frac{1}{4}$	$\frac{1}{6}$

a) Zehn Personen drehen das Glücksrad jeweils einmal. Bestimmen Sie die Wahrscheinlichkeiten der folgenden Ereignisse:
   A: „Genau zwei Personen erzielen jeweils die Punktzahl 4."
   B: „Mindestens drei Personen erzielen jeweils eine Punktzahl, die kleiner als 5 ist."
   C: Die Summe der erzielten Punktzahlen aller zehn Personen ist höchstens 31."   J3

b) Mehrere Spieler verwenden das Glücksrad bei einem Spiel mit folgenden Regeln:
   – Jeder Spieler dreht das Glücksrad einmal.
   – Der Spieler mit der größten erzielten Punktzahl gewinnt.
   – Erzielen mehrere Spieler diese größte Punktzahl, so gewinnt derjenige von innen, der als letzter gedreht hat.

   Achim ist der erste Spieler und erzielt die Punktzahl 5.
   Beschreiben Sie, bei welchem weiteren Spielverlauf Achim gewinnt.
   Die Wahrscheinlichkeit, dass Achim das Spiel gewinnt, ist kleiner als 2 %.
   Bestimmen Sie die Mindestanzahl der Spieler.   I2 J4

c) Ein Spieler vermutet, dass die Wahrscheinlichkeit für die Punktzahl 3 bei dem vorliegenden Glücksrad nicht $\frac{1}{3}$ ist. Daher soll ein einseitiger Hypothesentest mit einer Stichprobe von 100 Drehungen auf einem Signifikanzniveau von 5 % durchgeführt werden. Dabei soll möglichst vermieden werden, dass irrtümlich von einer zu hohen Wahrscheinlichkeit für die Punktzahl 3 ausgegangen wird. Der Spieler entscheidet sich für die folgende Nullhypothese:
   „Die Wahrscheinlichkeit für die Punktzahl 3 beträgt höchstens $\frac{1}{3}$."
   (1) Beurteilen Sie, ob dieser Test der genannten Zielsetzung entspricht.
   (2) Formulieren Sie den Fehler zweiter Art im Sachzusammenhang.
   (3) Beim durchgeführten Test ergibt sich der Ablehnungsbereich $A = \{42, ..., 100\}$.
      Bestimmen Sie die Wahrscheinlichkeit für den Fehler zweiter Art unter der Annahme, dass die Wahrscheinlichkeit für die Punktzahl 3 tatsächlich 40 % beträgt.   K3 K5 J3

Lösung

a) (1) Die Zufallsgröße X_1 gibt die Anzahl der Personen an, die 4 Punkte erzielt haben.
      X_1 ist binomialverteilt mit $n = 10$ und $p = 0,65$.
      $P(A) = P(X_1 = 2) \approx 0,2816$.

   (2) Die Zufallsgröße X_2 gibt die Anzahl der Personen an, die weniger als 5 Punkte erzielt haben. X_2 ist binomialverteilt mit $n = 10$ und $p = \frac{1}{3} + \frac{1}{4} = \frac{7}{12}$.

      $P(B) = P(X_2 \geq 3) = 1 - P(X_2 \leq 2) \approx 0,9837$

(3) 10 Spieler erreichen eine Summe von höchstens 31 Punkten, wenn entweder alle 10 Spieler die Punktzahl 3 erzielen oder 9 Spieler die Punktzahl 3 und ein Spieler die Punktzahl 4.

$$P(C) = \left(\tfrac{1}{3}\right)^{10} + 10 \cdot \left(\tfrac{1}{3}\right)^{9} \cdot \tfrac{1}{4} \approx 0{,}00014$$

b) Achim gewinnt, wenn alle Spieler, die auf ihn folgen, höchstens eine 4 erzielen.
Ist n die Gesamtzahl der Spieler, so folgen auf Achim noch n – 1 Spieler.

$$P\,(\text{Achim gewinnt}) = \left(P(\text{höchstens eine 4})\right)^{n-1} = \left(\tfrac{7}{12}\right)^{n-1}$$

Gesucht ist die kleinste natürliche Zahl n, für die gilt: $\left(\tfrac{7}{12}\right)^{n-1} < 0{,}02$,

also $(n-1) \cdot \ln\left(\tfrac{7}{12}\right) < \ln(0{,}02) \Leftrightarrow n > 1 + \dfrac{\ln(0{,}02)}{\ln\left(\tfrac{7}{12}\right)} \approx 8{,}26$.

Es sind mindestens 9 Spieler.

c) (1) Mithilfe eines Hypothesentests soll die Wahrscheinlichkeit begrenzt werden, dass die Nullhypothese fälschlicherweise abgelehnt wird. Im vorliegenden Fall ist dies die Wahrscheinlichkeit dafür, dass fälschlicherweise von einer zu hohen Erfolgswahrscheinlichkeit für die Punktzahl 3 ausgegangen wird. Der vorgesehene Test entspricht somit der Zielsetzung.

(2) Fehler zweiter Art: Die Nullhypothese wird nicht abgelehnt, obwohl tatsächlich die Wahrscheinlichkeit für die Punktzahl 3 höher als $\tfrac{1}{3}$ ist.

(3) Die Zufallsgröße Y gibt die Anzahl der Drehungen an, bei denen die Punktzahl 3 auftritt.
Y ist binomialverteilt mit n = 100 und p = 0,4.
$P\,(Y \le 41) \approx 0{,}6225$;
die Wahrscheinlichkeit für den Fehler zweiter Art beträgt ca. 62,3 %.

Stichwortverzeichnis

Bildquellenverzeichnis

Alamy Stock Photo, Abingdon/Oxfordshire: Burmeister, Holger 162.1. |Alamy Stock Photo (RMB), Abingdon/Oxfordshire: Otto, Werner 167.1. |ARTWORK Agentur für visuelle Kommunikation, Hannover: 4.1. |Getty Images, München: NurPhoto/Raa, Jonathan 174.1. |iStockphoto.com, Calgary: Goddard, Mark 170.1. |Kilian, Ulrich - science & more redaktionsbüro, Frickingen: 14.1, 14.2, 14.3, 14.4, 14.5, 14.6, 14.7, 22.1, 24.1, 27.1, 38.1, 38.2, 39.1, 39.2, 41.2, 56.2, 60.1, 77.1, 78.1, 79.1, 83.1, 87.1, 92.1, 94.3, 114.1, 115.1, 117.1, 118.1, 120.1, 120.2, 121.1, 123.1, 124.1, 124.2, 125.1, 126.1, 126.2, 127.4, 128.1, 128.7, 129.1, 131.2, 132.2, 137.1, 140.1, 150.1, 153.1, 158.5, 163.1, 163.4, 173.1, 180.1, 181.2, 188.5, 189.1, 194.1, 197.15, 199.1, 199.2, 200.1, 202.1, 203.1, 206.1, 207.1, 209.1, 210.1, 210.2, 213.1, 213.2, 214.1, 215.1, 218.1, 219.1, 220.1. |Langner & Partner Werbeagentur GmbH, Hemmingen: 17.1, 19.1, 19.2, 26.1, 29.1, 30.1, 30.2, 53.1. |Peter Wirtz Fotografie, Dormagen: Titel. |Texas Instruments Education Technology GmbH, Freising: 90.2, 90.3, 90.4, 90.5, 90.6, 90.7, 99.1, 99.2, 99.3, 99.4, 99.5, 99.6, 99.7, 99.8, 99.9, 99.10, 101.1, 101.2, 101.3, 101.4, 101.5, 101.6, 103.1, 103.2, 103.3, 103.4, 103.5, 103.6, 103.7, 103.8, 103.9, 104.1, 104.2, 104.3, 104.4, 104.5, 104.6, 106.1, 106.2, 107.1, 107.2, 107.3, 107.4, 108.1, 108.2, 108.3, 108.4, 108.5, 108.6, 108.7, 109.2, 109.3, 109.4, 109.5, 109.6, 110.1, 110.2, 111.1, 111.2, 111.3, 111.4, 111.5, 111.6, 112.1, 112.2, 112.3, 112.4, 116.1, 121.2, 121.3, 122.1, 122.2, 122.3, 122.4, 122.5, 122.6, 122.7, 122.8, 122.9, 127.1, 127.2, 127.3, 127.5, 127.6, 128.2, 128.3, 128.4, 128.5, 128.6, 149.1, 149.2, 149.3, 149.4, 149.5, 149.6, 151.1, 151.2, 151.3, 151.4, 152.1, 154.1, 154.2, 154.3, 154.4, 154.5, 154.6, 154.7, 154.8, 154.9, 155.1, 155.2, 157.1, 157.2, 157.3, 157.4, 157.5, 158.1, 158.2, 158.3, 158.4, 158.6, 158.7, 160.1, 160.2, 160.3, 160.4, 160.5, 160.6, 161.2, 161.3, 163.2, 163.3, 163.5, 166.1, 166.2, 166.3, 166.4, 166.5, 166.6, 166.8, 166.9, 175.1, 177.1, 178.1, 181.1, 185.1, 185.2, 186.1, 186.2, 186.3, 186.4, 186.5, 186.6, 186.7, 186.8, 186.9, 186.10, 186.11, 186.12, 186.13, 186.14, 186.15, 186.16, 186.17, 186.18, 186.19, 187.2, 187.3, 187.4, 187.5, 188.1, 188.2, 188.3, 188.4, 188.6, 188.7, 188.8, 188.9, 188.10, 188.11, 188.12, 188.13, 188.14, 188.15, 188.16, 188.17, 190.1, 190.2, 190.3, 190.4, 190.5, 190.6, 190.7, 190.8, 190.9, 191.1, 191.2, 191.3, 191.4, 191.5, 191.6, 191.7, 192.1, 192.2, 192.3, 192.4, 194.2, 194.3, 194.4, 194.5, 194.6, 194.7, 194.8, 194.9, 194.10, 194.11, 195.1, 195.2, 195.3, 195.4, 195.5, 195.6, 195.7, 195.8, 195.9, 195.10, 197.1, 197.2, 197.3, 197.4, 197.5, 197.6, 197.7, 197.8, 197.9, 197.10, 197.11, 197.12, 197.13, 197.14, 198.1, 198.2. |Wojczak, Michael, Braunschweig: 17.2, 17.3, 19.3, 20.1, 20.2, 21.1, 22.2, 23.1, 24.2, 28.1, 31.1, 32.1, 33.1, 33.2, 34.1, 34.2, 36.1, 36.2, 36.3, 37.1, 37.2, 37.3, 37.4, 41.1, 45.1, 46.1, 46.2, 47.1, 47.2, 49.1, 49.2, 49.3, 49.4, 50.1, 51.1, 51.2, 52.1, 52.2, 53.2, 54.1, 54.2, 55.1, 55.2, 55.3, 56.1, 57.1, 57.2, 59.1, 60.2, 62.1, 62.2, 62.3, 62.4, 63.1, 64.1, 65.1, 65.2, 68.1, 72.1, 73.1, 73.2, 73.3, 75.1, 80.1, 80.2, 81.1, 82.1, 83.2, 84.1, 85.1, 85.2, 85.3, 86.1, 87.2, 88.1, 90.1, 91.1, 94.1, 94.2, 96.1, 105.1, 105.2, 105.3, 109.1, 110.3, 110.4, 131.1, 131.3, 132.1, 132.3, 132.4, 134.1, 134.2, 135.1, 136.1, 138.1, 138.2, 145.1, 147.1, 147.2, 159.1, 161.1, 164.1, 164.2, 165.1, 166.7, 167.2, 168.1, 168.2, 169.1, 187.1